3/08/02

I-SCHON

D0475490

WITHDRAWN

Enciclopedia Océano de México

Enciclopedia Océano de

México

Enciclopedia Océano de México

México

4

SAN DIEGO PUBLIC LIBRARY
ISABEL SCHON COLLECTION

SAN DIEGO PUBLIC LIBRARY

3 1336 05728 8731

OCEANO

Es una obra de
OCEANO
GRUPO EDITORIAL

EQUIPO EDITORIAL

Dirección
Carlos Gispert

Dirección de Producción y Subdirección
José Gay

Dirección de Edición
José A. Vidal

* * *

Coordinación editorial
Graciela d'Angelo

Dirección de la obra
Rafael Muñoz Saldaña

Redacción
Manuel Andrade Castro, Silvia Patricia Arce Garza,
Luis Felipe Brice Mondragón, Carlos Agustín Chimal García Pavón,
Laura Díaz de la Vega, Lena García Feijó, Gerardo Grobet,
María Engracia Hernández Cerda, María del Carmen Hinojosa Lechuga,
Ángeles Lafuente García, Eloísa Lafuente García, Susana Marbán,
Sofía Elena Miselem García, Luis Bernardo Pérez Puente, Jacobo Abel Pohulanik,
José Ramón Rivas Salas, Margarita Salas de Paul

Edición
Victoria Llorente, Carlos Sampayo

Adjunta de edición
Patricia Mora Gómez

Corrección
Sergio Negrete Salinas

Diseño de cubiertas
Álvaro Elizalde

Diseño interior
Ferran Cartes / Montse Plass

Investigación iconográfica
Edna Aponte

Edición gráfica y maquetación
Josep Antoni Borrell, Victoria Grasa, Marta Masdeu

Preimpresión
Daniel Gómez, Didac Puigcerver, Ramón Reñé

Producción
Antonio Aguirre, Antonio Corpas, Alex Llimona, Antonio Surís

Sistema de cómputo
María Teresa Jané, Gonzalo Ruiz

© MMII OCEANO GRUPO EDITORIAL, S.A.
Milanesat, 21-23
EDIFICIO OCEANO
08017 Barcelona (España)
Tel. 34 932 802 020* – Fax 34 932 041 073
www.oceano.com

Reservados todos los derechos. Quedan rigurosamente prohibidas, sin la autorización
escrita de los titulares del copyright, bajo las sanciones establecidas en las leyes,
la reproducción total o parcial de esta obra por cualquier medio o procedimiento,
comprendidos la reprografía y el tratamiento informático, y la distribución
de ejemplares de ella mediante alquiler o préstamo públicos.

IMPRESO EN ESPAÑA - PRINTED IN SPAIN

ISBN: 84-494-1412-1 (Obra completa)
ISBN: 84-494-1416-4 (Volumen 4)
Depósito legal: B-19504-XLII
9091100090901

Vista panorámica de un sector de la laguna de Bacalar, ubicada en el sur del estado de Quintana Roo.

FOTOGRAFÍA E ILUSTRACIÓN

Age Fotostock
Aisa
Aizpuru, Ricardo
Archambeau, Olivier
Archive photos
Archivo Casasola
Archivo Cempros
Archivo General de la Nación
Archivo de la Secretaría de Turismo
Atencio, Graciela

Balanyà, Jaume
Biblioteca de las Artes-Centro Nacional de las Artes
Biblioteca de México
Biblioteca Ingeniero Enrique Aponte
Blassi, Jaume
Bucio, Dante
Calderón, Oscar
Castillo, Miguel
Centro Estudios de la Universidad-UNAM
Chiaramonte, Aurora
Cineteca Nacional

Cover
Etchart, Julio
Ferrer & Sostoa
Font, Artur
Gatto, Gustavo
Gómez, Mario
Hemeroteca Nacional-UNAM
Iberdiapo: Antonio Vazquez
Index
Instituto Nacional de Bellas Artes
Instituto Nacional Indigenista
Jiménez, Griselda
Kinessis
Lenars, Charles

Manzanera, Laura
Menéndez, Laura
Mexicolore
Molina, Enrique
Museo Nacional de Arte
Pinacoteca Virreinal
Pohulanik, Jacobo Abel
Prisma
Puerta, Victoria
Rovira, Ignasi
Stock illustration
Urquiza, Ignacio
Vautier, Mireille
Vision: Víctor Sarto

Plan general de la obra

Sumario del volumen **4**

Medios de comunicación, toros y deportes

La prensa

El cine

La radio

La televisión

Los toros

Deportes

El cine mexicano alcanzó en 1936 una resonancia internacional con la película de Fernando de Fuentes
Allá en el rancho grande. *En la imagen, Jorge Negrete en un remake de 1948.*

La prensa

Las primeras gacetas

La *Gazeta de México*, publicada en 1728 por Francisco Sahagún Arévalo. Aparecieron 145 números mensuales.

L a prensa regular surgió en 1722 con la *Gazeta de México y noticias de Nueva España*, pues si bien con la introducción de la imprenta en América, en 1539, empezaron a publicarse papeles sueltos llamados «hojas volantes» y hacia 1666 apareció en la Nueva España el primer papel denominado *Gaceta*, ninguno de éstos cumplía con el requisito de la periodicidad. A las primeras publicaciones periódicas siguieron otras gacetas que, aunque oficialistas y carentes de comentarios y críticas debido a la censura virreinal, aportaron mucho al desarrollo intelectual novohispano, al abrir sus páginas a la ciencia, la literatura, la economía, el comercio y la religión. Hacia el final de esta época se publicó el *Diario de México*, primer cotidiano del país en el que se abordaban temas de índole social.

Durante la guerra de Independencia (1810-1821), la prensa evolucionó desde su mero carácter oficialista e informativo para convertirse en foro de opinión, ya que los dos grandes grupos en pugna (insurgentes y realistas) la convirtieron en arma para defenderse y atacar a la facción contraria. De tal suerte, mientras los rebeldes empuñaban, entre otros, *El Despertador Americano*, el *Ilustrador Nacional*, el *Ilustrador Americano*, *El Pensador Mexicano*, el *Correo Americano del Sur*, el *Semanario Político y Literario*, y *El Mejicano Independiente*, las autoridades virreinales esgrimían la *Gaceta de México*, *El Telégrafo de Guadalajara*, *El Centinela*, *Contra los Seductores* y *El Español*, por mencionar algunos.

Tras consumarse la Independencia, además de sobrevenir la total libertad de expresión y con ella la proliferación de todo tipo de publicaciones periódicas, la prensa continuó siendo arma de lucha, ahora en manos de los grupos en disputa por la conducción del país. Así, los defensores del primer imperio (1821-1823) contaban con la *Gaceta Imperial de México*, los borbonistas con *El Sol* y los republicanos con *La Abeja de Chilpancingo* en cuanto órganos de expresión más representativos.

La prensa de las repúblicas

Al caer el primer imperio, emerger la República y promulgarse la Constitución de 1824 —en la cual se establecía la libertad de expresión—, surgió la pugna entre el federalismo y el centralismo. Al servicio de la primera postura estaban *El Federalista*, *El Águila Mexicana*, *El Indicador de la República Mejicana* y la *Gaceta del Supremo Gobierno de la Federación*, entre otros. Para apoyar al centralismo reapareció *El Sol* y se publicaron *El Tribuno*, *Oriente* y el *Veracruzano Libre*. Referencia aparte merecen aquí el moderado *Observador de la República Mexicana* y *El Iris*, considerada la primera revista ilustrada del país.

Durante el período de la República Central (1831-1853), dominado por la figura de Antonio López de Santa Anna y la guerra con Estados Unidos, la lucha entre federalistas y centralistas se convirtió en una pugna entre liberales y conservadores para imponer sus proyectos antagónicos de nación. Mientras los primeros disponían de publicaciones de larga trayectoria y prestigio como *El Siglo Diez y Nueve* y *El Monitor Republicano*, radicales como *La Voz del Pueblo* y satíricas como *El Diablo Verde*, los segundos se valían de órganos monárquicos —como *El Universal* y *El Tiempo*— y clericales como *La Antorcha*, *La Lima de Volca-*

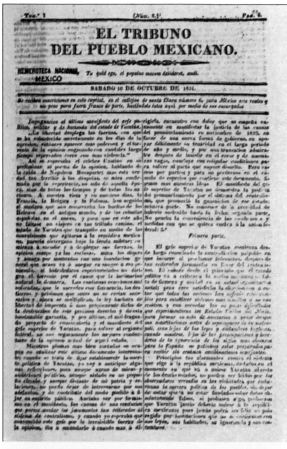

El periódico liberal El Tribuno del Pueblo Mexicano *es un ejemplo del auge de la prensa partidista que se produjo en el siglo XIX, tras la caída de la dictadura de Santa Anna.*

Cabra, El Estandarte Nacional, El Tribuno del Pueblo y *La Orquesta*. Los principales periódicos conservadores de aquel entonces eran: *La Espada de Don Simplicio, La Cruz,* el *Diario de Avisos* y *El Pájaro Verde*.

De la intervención francesa a la Revolución

Aunque expresaba las divisiones internas del grupo liberal, durante el Segundo Imperio (1861-1867) la prensa de esta tendencia reprobó los hechos que agraviaban a la soberanía nacional. Así pues, tanto los órganos partidarios del gobierno liberal de Benito Juárez (*El Siglo Diez y Nueve, La Verdad, La Unión Liberal,* el *Diario del Gobierno de la República Mejicana, La Independencia Mexicana, La Acción,* etcétera) como los periódicos liberales antijuaristas (*El Movimiento* y *La Orquesta,* entre otros), cerraron filas para oponerse a la intromisión extranjera y a la monarquía. A todos ellos se sumaban gran cantidad de papeles satíricos: *La Chinaca, El Cura de Tamajón, La Cuchara, La Tos de mi Mamá* y *La Sombra*. La Intervención recibía el apoyo de los voceros conservadores *La Crónica del Ejército Expedicionario, El Cronista de México, El Pájaro Verde, L'Estafette des Deux Mondes* y *Le Trait d'Union,* entre otros. Más tarde, el emperador Maximiliano de Austria tuvo a su servicio a los no menos conservadores *Periódico Oficial del Imperio* (llamado después *Diario del Imperio*), *La Monarquía* y *El Mexicano*.

Tras la caída del Segundo Imperio y la derrota de los conservadores, durante la República restaurada (1867-1876) la prensa liberal dominó la escena periodística siguiendo dos corrientes: la gobiernista y la opositora. Respaldaban al gobierno de Juárez, entre otros periódicos, *La Bala Roja* y *La Chispa,* y lo impugnaban *El Correo de México, El Globo, El Diablo Amarillo, El Padre Cobos* y *La Revista Universal*. A la muerte de Juárez, Sebastián Lerdo de Tejada, por su parte, recibió el apoyo de esta última y de *La Carabina de Ambrosio,* pero fue objeto de los ataques de *El Padre Cobos, El Ahuizote, El Jicote, El Sufragio Libre* y *Juan Panadero*. Durante esta época proliferó el periodismo destinado a defender a la clase trabajadora: *El Amigo del Pueblo, El Socialista, El Obrero Internacional, El Hijo del Trabajo* y *La Huelga*. Asimismo, nació y murió una de las publicaciones literarias más prestigiadas en la historia de la prensa nacional, *El Renacimiento,* y surgió el periodismo femenino con *Las Hijas de Anáhuac*.

no y *El Mosquito*. En esta época surgieron medios impresos para defender los intereses de los extranjeros radicados en México como *El Hesperia, El Español* y *El Correo Francés,* así como el primer periódico en idioma inglés editado en el país: *The American Star*. A esta etapa pertenecen las publicaciones especializadas *Diario de los Niños, El Eco del Comercio* y *El Ateneo Mexicano,* órgano difusor de la asociación literaria del mismo nombre.

Al caer la dictadura de Santa Anna se inició el período durante el cual se promulgaron la Constitución de 1857 y las leyes de Reforma. En ese lapso proliferó la prensa de carácter partidista que hizo las veces de «segunda tribuna deliberante» en los trabajos legislativos. Los principales periódicos liberales de esa época, además de los sobrevivientes *Siglo Diez y Nueve* y *Monitor Republicano,* fueron: *El Republicano, La Pata de*

La prensa del Porfiriato

Así como en su lucha por derrocar al gobierno lerdista y conquistar la presidencia de la República, Porfirio Díaz se valió de órganos partidistas como *La Tarántula* y *El Monitor Tuxtepecano*, también se sirvió de voceros oficialistas y electoreros (ambos subvencionados por su régimen) para crear una opinión favorable a sus reelecciones: *El Diario del Hogar* (en sus inicios), *El Partido Liberal, El Imparcial, El Mundo, México Nuevo* y *El Debate*. Opositores a la dictadura porfirista fueron *El Correo del Lunes, El Hijo del Ahuizote, El Diablito Rojo, El 93, Regeneración, Vésper, El Antirreeleccionista, El Demócrata*, el *Monitor Democrático* (editado en San Antonio, Texas) y *El Diario Independiente*. Estas últimas publicaciones, en su mayoría de tendencia liberal, fueron precursoras de la prensa revolucionaria y con harta frecuencia víctimas de la represión dictatorial. No faltaron, desde luego, voces sobrevivientes del conservadurismo como *El Universal, El Tiempo, El País* y *El Debate*. En medio de órganos gobiernistas y opositores, existieron publicaciones «independientes»: *Revista Positiva* y *Actualidades*; así como medios eminentemente literarios: *Revista Nacional de Letras y Ciencias, El Mundo Ilustrado* y la *Revista Azul*. Durante este período, concretamente con *El Imparcial*, surgió la prensa industrializada, bajo el auspicio del gobierno porfirista. Asimismo, en 1898, nació el periódico que se considera decano del diarismo nacional: *El Dictamen*, de Veracruz.

El periodismo, arma de la Revolución

Gracias, en buena medida, al uso que hacían de la prensa los grupos opositores al régimen porfirista, éste se derrumbó. Sin embargo, tal caída sólo fue

Niños voceadores de El Hijo del Ahuizote, *periódico de tendencia liberal que se opuso a la dictadura de Porfirio Díaz. Fundado en 1885, fue clausurado por el régimen en 1930.*

el inicio de una lucha armada en la cual el periodismo fue arma de los distintos bandos, revolucionarios o reaccionarios, para defender, generalmente en función de un personaje, los principios que sostenían y atacarse entre sí. De tal suerte, los contrarios al presidente Francisco I. Madero contaban con *La Sátira, Multicolor, Tilín-Tilín, El Ahuizote, Nueva Era* (en un principio maderista) y *El Mero Petatero*, papeles que en mucho contribuyeron al desplome del nuevo gobierno democrático. Los opositores al movimiento encabezado por Emiliano Zapata —quien disponía de *El Sur* y *El Eco del Sur*— contaban con *El Intransigente*. Los seguidores de Francisco Villa se valían de *Vida Nueva*. Los adeptos a Félix Díaz, sobrino del dictador, tenían *La Guacamaya* y *El Mexicano Noticioso*. Los allegados al usurpador Victoriano Huerta editaban *El Noticioso* y *El Independiente*, y sus detractores, *El Sol, El Diablo* y *La Voz de Juárez*. Los prosélitos de Venustiano Carranza se valían de *El Constitucionalista, El Radical, El Pueblo, El Demócrata, El Mexicano* y *El Noroeste*. Los enemigos del carrancismo publicaban *El Colmillo*, editado en San Antonio, Texas. Quienes se identificaban con los ideales de la Soberana Convención

Diarios de mayor circulación en México, 1997	
Nombre	**Tiraje**
Esto	400,200-450,000
Excélsior	250,000-270,000
La Prensa	168,588-198,841[1]
El Universal	150,623-161,781[1]
El Financiero	135,000[1]
La Jornada	100,924-106,471[1]
Reforma	96,700

[1] Cifras certificadas por el Instituto Verificador de Medios.

El carácter comercial que poco a poco fue adquiriendo la prensa escrita dejó en segundo término el componente ideológico que había predominado durante mucho tiempo.

Revolucionaria contaban con *La Convención, El Renovador, El Combate, La Opinión, El Monitor* y *El Norte,* mientras que los anticonvencionistas se apoyaban en *La Prensa.* Al inicio de este período, en 1910, nació el decano de los semanarios en México: *Revista de Revistas,* que dio origen al periódico *Excélsior.*

El periodismo en la actualidad

En 1917 se promulgó una nueva constitución mexicana, con dos artículos, sexto y séptimo, que ratificaban la libertad de expresión, cuya reglamentación se halla en la ley de Imprenta, promulgada también en 1917. Un año antes, con la fundación de *El Universal,* en México la prensa había entrado de lleno en su etapa industrial, para dejar cada vez más atrás su carácter predominantemente ideológico y partidista y adquirir una índole comercial. Ésta fue la línea que siguieron prácticamente todos los diarios surgidos desde entonces y que circularon durante décadas. En la capital de la República aparecieron: *El Universal, Excélsior, La Prensa, El Nacional* (primero órgano del partido oficial y luego vocero del gobierno mexicano), *La Afición* (primer cotidiano dedicado a los deportes en México), *Novedades, Esto, Ovaciones,*

Cine Mundial, El Día, El Sol de México (con más de sesenta ediciones locales en el interior del país), *El Heraldo de México, unomásuno, El Financiero, La Jornada, El Economista, Reforma* y *Crónica.* En el resto del país pasaron a ser importantes: *El Dictamen* de Veracruz, *El Porvenir* y *El Norte* de Monterrey, *El Demócrata Sinaloense, El Siglo* de Torreón, *Diario de Yucatán, El Mundo* de Tampico, *Diario de Puebla,* y *El Occidental, El Informador* y *Siglo 21* de Guadalajara.

Referencia aparte merecen los cotidianos en idioma inglés *The News* y *The Mexico City Times.* Las principales revistas fundadas a lo largo del período fueron los semanarios *Siempre!, Proceso, Época, Etcétera* y *Milenio;* así como las publicaciones mensuales *Plural, Vuelta, Nexos* y *Este País.*

A esos medios impresos hay que sumar muchos otros, tanto de información general como especializados, dirigidos a lectores de distintas edades y condiciones socioeconómicas, amén de varias publicaciones extranjeras que se distribuyen en México. La mayor parte de esta prensa incorpora las más nuevas tecnologías a sus procesos de producción y difusión, de modo que varios medios impresos pueden consultarse en CD-ROM o a través de Internet. En cuanto al régimen legal de la prensa, lo más relevante de este largo período fue la reforma, en 1977, al artículo sexto constitucional que a la garantía de la libertad de prensa añadió el derecho a la información, cuyas reglas quedaron pendientes por tiempo indefinido.

Revistas de mayor circulación en México, 1997

Nombre	Tiraje
Selecciones	620,000
TV y Novelas	570,000
Eres	400,000
Teleguía	375,000
Vanidades	275,000
Escala/Vuelo	221,000
Cosmopolitan	200,000
Muy Interesante	200,000
Tú Internacional	200,000
Proceso	150,000
Mundo Celular	120,000
Actual	115,000

El cine

Los primeros pasos

En pleno apogeo de la dictadura porfirista, en 1895, arribó a México, procedente de Estados Unidos, el kinetoscopio. Se trataba de un aparato individual de reproducción de imágenes en movimiento inventado por Thomas Alva Edison. A través de éste, un sector de la población mexicana pudo entretenerse con brevísimas películas (vistas) como *Mexican Duel*. Sin embargo, al año siguiente, el kinetoscopio se vio desplazado por otro invento traído de Francia por representantes de los hermanos Lumière: el cinematógrafo. En la Ciudad de México, los visitantes galos se dedicaron no sólo a exhibir materiales fílmicos con gran éxito, sino que también rodaron alrededor de 32 vistas, sembrando así la semilla del séptimo arte en el país.

Los documentales

Siguiendo la línea trazada por los representantes de los Lumière, los primeros cineastas mexicanos y extranjeros radicados en México utilizaron sus cámaras fundamentalmente para registrar el «orden y progreso» de la denominada «pax porfiriana» en las ciudades, el color del medio rural y los acontecimientos inesperados (desastres naturales, accidentes, etcétera). Se trataba de un cine eminentemente documental y oficialista consagrado casi por completo a exaltar la vida y obra de Díaz. Algunos títulos de muestra: *Entrevista Díaz-Taft*, *Desayuno de indios*, *Un temporal en Veracruz*. No obstante, en las postrimerías del Porfiriato (1906-1911) empezaron a sentarse las bases de una industria: se inauguraron las primeras distribuidoras de películas, se abrieron las primeras salas de ex-

Salvador Toscano, con una camara comprada a los Lumière, fue el fundador del cine mexicano.

hibición en sentido estricto, se fundaron los primeros estudios (más adecuado llamarlos «talleres») cinematográficos, se realizaron los primeros largometrajes documentales y los primeros cortos y mediometrajes de ficción. Surgió en ese período la llamada «escuela mexicana del documental», encabezada por Salvador Toscano y los hermanos Alva, caracterizada por la fidelidad espacial y temporal.

Al estallar la lucha armada en 1910, el cine nacional continuó siendo predominantemente documental; los hechos registrados por la cámara estaban relacionados con la rebelión en todo el territorio nacional. La primera gran cinta de esta etapa fue *Insurrección en México*, que hacía una velada exaltación de Francisco I. Madero, quien desplazó a Díaz del poder. Desde entonces, cada caudillo, revolucionario o reaccionario, dispuso de sus propios «cronistas cinematográficos». Algunas películas de esta época son: *Revolución orozquista*, *Marcha del ejército constitucionalista*, *Entrada de los generales Villa y Zapata a la Ciudad de México* y *La invasión norteamericana en Veracruz*.

Intentos de industrialización

En 1916, hacia finales del período armado de la Revolución, el documental como género parecía agotado. No obstante, según especialistas, su peculiar estilo de presentar la realidad pudo constituir una aportación al cine mundial; pero la producción se limitaba al consumo interno. Además, el gobierno constitucionalista de Venustiano Carranza ejercía la censura sobre el quehacer fílmico al permitir sólo la realización de documentales que ensalzaran a su régimen, como *Reconstrucción nacional* y *Patria nueva*. En contraste, a raíz del

El automóvil gris, *de Enrique Rosas, fue uno de los primeros éxitos de taquilla del cine mexica-* *no de ficción, que también participó del movimiento nacionalista que seguían las demás artes.*

¡Que viva México!, la película que no dejaron terminar a Serguéi M. Eisenstein, influyó en la *estética de los cineastas mexicanos y reveló nuevas posibilidades temáticas y plásticas del país.*

triunfo carrancista, sobre todo de 1916 a 1922, el cine mudo de ficción recibió el impulso que no había tenido hasta ese momento. Entonces quedó sentado el precedente de la intervención estatal en el cine al producirse cuatro películas de argumento militar con financiamiento de la Secretaría de Guerra y Marina. Así, mientras en las dos décadas anteriores (1896-1915) solamente se habían filmado 32 cintas, en tan sólo seis años (1916-1922) el número llegó a 70. Esta producción seriada de películas de ficción extendió al ámbito cinematográfico el movimiento nacionalista que ya se daba en la literatura, la música, la fotografía y la pintura mexicanas. Entre las películas de ficción de aquella etapa sobresalen dos éxitos de taquilla: *Santa*, de Luis Peredo, y *El automóvil gris*, de Enrique Rosas.

La primera etapa difícil de la cinematografía nacional sobrevino en 1923, cuando, en virtud de los tratados de Bucareli entre México y Estados Unidos, el país abrió su mercado interno. En el caso del cine, esto significó el drástico incremento de la exhibición de películas de Hollywood, pues los realizadores mexicanos habían resultado incapaces de competir con la producción foránea. De tal suerte, entre 1923 y 1930 sólo se rodaron cuarenta largometrajes, ninguno de los cuales tuvo éxito en la taquilla. Ante el malogrado proyecto de desarrollar una industria en la capital de la República, algunos cineastas intenta-

ron producir en el interior del país y para el consumo regional. El fracaso fue rotundo. Así, entre 1929 y 1930, la producción nacional se redujo a dos largometrajes anuales.

El cine sonoro

Hacia finales de la década de 1920 parecía que la única opción de desarrollar una industria fílmica en México era incursionar en el cine sonoro, tal como ya lo había hecho Hollywood. Así pues, empezaron a producirse en el país cintas sonorizadas con discos o métodos muy rudimentarios, meros experimentos con resultados poco afortunados. Fue entonces cuando un grupo de empresarios decidió financiar una obra cinematográfica con un método de sonido directo patentado por los hermanos Rodríguez, dos ingenieros mexicanos que trabajaban en Hollywood. Con ese método se rodó, en 1931, la segunda versión de *Santa*, tan exitosa como la primera, si no más aún. A este gran logro contribuyó, sin duda, el apoyo indirecto del Estado mediante una campaña de concientización para que, en México, se consumiera lo producido por los mexicanos.

Por fin se sentaban bases sólidas para el crecimiento de una industria. En cuanto a la concepción estética, fue el realizador soviético Serguéi M. Eisenstein quien contribuyó a definirla, al rodar en el país, también en 1931, su cinta inconclusa *¡Que viva México!*

A pesar de su triunfo en las salas de exhibición mexicanas, la segunda versión de *Santa* no tuvo suerte en el extranjero. Era necesario buscar temas y géneros que interesaran al mercado interno y al externo, concretamente el hispanoparlante. Esa búsqueda se dio principalmente entre 1932 y 1937, período durante el cual empezaron a coexistir productos netamente comerciales, como *Sagrario* y *Madre querida*, de Juan Orol; películas «artísticas» de vanguardia como *Dos monjes*, de Juan Bustillo Oro, y cintas nacionalistas de ficción o documentales, realizadas bajo el patrocinio estatal, como *Redes*, de Emilio Gómez Muriel; *Rebelión*, de Manuel G. Gómez, y ¡*Vámonos con Pancho Villa!*, de Fernando de Fuentes. El período referido se vio coronado por una obra de este último director: *Allá en el Rancho Grande*, comedia ranchera que alcanzó un éxito sin precedentes en los mercados hispanoparlantes. El cine mexicano era ya, por fin, una industria.

Apogeo industrial

A raíz del triunfo de la cinta *Allá en el Rancho Grande*, los empresarios del séptimo arte, quienes ya comenzaban a agruparse en asociaciones, invirtieron fuertes cantidades de dinero en productos fílmicos que tan sólo reproducían la misma fórmula. En 1938 se rodaron 57 largometrajes en el país. Sin embargo, debido, entre otras razones, a la sobreexplotación de la comedia ranchera, ese número se redujo a 38, 27 y 37 en 1939, 1940 y 1941, respectivamente. La recuperación, y con ella el apogeo (mejor conocido como «época de oro»), llegó en 1942, cuando el Estado creó el Banco Cinematográfico para apoyar a la industria fílmica. En plena guerra mundial, Hollywood, al abandonar el mercado hispanoparlante para dedicar sus esfuerzos y recursos a la realización de cintas bélicas, no representaba gran competencia. El resultado: un cine mexicano comercial con calidad de exportación cuya captación de divisas lo convertía en una de las cinco industrias más importantes del mundo y lograba colocarse como el más fuerte de América Latina. A esta época pertenecen *El Peñón de las Ánimas*, de Miguel Zacarías, *Flor silvestre*, de Emilio «el Indio» Fernández, y *La reina de la opereta*, de José Bárcenas. Asimismo se creó la Cámara Nacional de la Industria Cinematográfica Mexicana, al igual que los sindicatos de trabajadores de la Industria Cinematográfica de la República Mexicana y de la Producción Cinematográfica.

Dolores del Río, que inició su carrera como actriz en Estados Unidos, realizó sus mejores interpretaciones en el cine mexicano con personajes de las películas de Emilio «el Indio» Fernández.

Nueva crisis y supervivencia

El auge del cine mexicano se vio mermado hacia 1946, al terminar la Segunda Guerra Mundial y resurgir la cinematografía hollywoodense. La producción de largometrajes cayó: de 72 en este último año a 57 en el siguiente. Los mercados ganados hasta entonces empezaron a perderse. Sin embargo, la industria nacional pronto encontró la clave para sobrevivir: cintas de temas citadinos y bajo presupuesto, reflejo de un país que se urbanizaba aceleradamente. Así, en el período 1948-1952, el promedio anual de obras fílmicas fue de 102. Entonces se filmaron: *Salón México*, de Emilio «el Indio» Fernández, *Doña Perfecta*, de Alejandro Galindo, y *Los olvidados*, del español Luis Buñuel. En ese período se estableció la Academia Mexicana de Ciencias y Artes Cinematográficas, que desde 1946 reconoció a lo mejor de la industria con el premio Ariel; se fundaron las distribuidoras estatales Películas Mexicanas y Películas Nacionales; se creó la Dirección General de Cine-

Premios Ariel a la mejor película

Año	Título / Director
1946	*La barraca*, Roberto Gavaldón
1947	*Enamorada*, Emilio Fernández
1948	La perla, Emilio Fernández
1949	*Río escondido*, Emilio Fernández
1950	Una familia de tantas, Alejandro Galindo
1951	*Los olvidados*, Luis Buñuel
1952	*En la palma de tu mano*, Roberto Gavaldón
1953	Desierto
1954	*El niño y la niebla*, Roberto Gavaldón
1955	*Los Fernández de Peralvillo*, A. Galindo
1956	*Robinson Crusoe*, Luis Buñuel
1957	*El camino de la vida*, Alfonso Corona Blake
1958	*La dulce enemiga*, Tito Davison
1971[1]	*El águila descalza*, Alfonso Arau *Las puertas del paraíso*, Francisco Kohner
1972	*El castillo de la pureza*, Arturo Ripstein *Mecánica nacional*, Luis Alcoriza *Reed, México insurgente*, Paul Leduc
1973	*El principio*, Gonzalo Martínez
1974	*La Choca*, Emilio Fernández *La otra virginidad*, Juan Manuel Torres
1975	*Actas de Marusia*, Miguel Littin
1976	*La pasión según Berenice*, Jaime Humberto Hermosillo
1977	*El lugar sin límites*, Arturo Ripstein *Naufragio*, Jaime Humberto Hermosillo
1978	*Cadena perpetua*, Arturo Ripstein
1979	*El año de la peste*, Felipe Cazals
1980	*Las grandes aguas*, Servando González
1981	*¡Ora sí tenemos que ganar!*, Raúl Kammfer
1982	Desierto
1983	*Bajo la metralla*, Felipe Cazals
1984	*Frida*, Paul Leduc
1985	*Veneno para las hadas*, Carlos Taboada
1986	*El imperio de la fortuna*, Arturo Ripstein
1987	*Mariana, Mariana*, José Estrada / Alberto Isaac
1988	*Esperanza*, Sergio Olhovich
1989	*Goitia*, Diego López
1990	*Rojo amanecer*, Jorge Fons
1991	*Como agua para chocolate*, Alfonso Arau
1992	*La invención de Cronos*, Guillermo del Toro
1993	*Principio y fin*, Arturo Ripstein
1994	*El callejón de los milagros*, Jorge Fons
1995	*La reina de la noche*, Arturo Ripstein
1996	*Cilantro y perejil*, Rafael Montero
1997	*Por si no te vuelvo a ver*, Juan Pablo Villaseñor
1998	*Bajo California, el límite del tiempo*, C. Bolado
1999	*La ley de Herodes*, Luis Estrada

1 La entrega de estos galardones se suspendió entre 1959 y 1970.

matografía (dependiente de la Secretaría de Gobernación) y se expidió la ley de la Industria Cinematográfica. A pesar de que ésta prohibía las prácticas monopolistas, en ese tiempo surgió un grupo, encabezado por el estadounidense William O. Jenkins, que controlaba el 80 por ciento de la exhibición total del país.

Fractura estructural

En la etapa de la historia de México denominada «de desarrollo estabilizador» (1953-1964), el sector fílmico se mantuvo estable aunque con el germen de una profunda crisis en su interior, generada por el monopolio, la competencia de la televisión (nuevo medio masivo de entretenimiento) y la política de «puertas cerradas» que impidió la participación de las nuevas generaciones en la industria. Esto provocó un anquilosamiento temático y estético del cine mexicano, que siguió perdiendo mercados. No obstante, durante el resto de la década de 1950 el cine mantuvo unos determinados volúmenes de producción: un promedio anual de noventa películas de bajo presupuesto y poca calidad, en su mayoría deudoras de los géneros hollywoodenses. La excepciones fueron cintas de los mexicanos Ismael Rodríguez (*Dos tipos de cuidado, Los hermanos de hierro*), Alejandro Galindo (*Los Fernández de Peralvillo*) y Julio Bracho (*La sombra del caudillo*), entre algunos otros, así como de los españoles Buñuel (*La ilusión viaja en tranvía, Ensayo de un crimen, El ángel exterminador*) y Luis Alcoriza (*Los jóvenes*). A finales de los años cincuenta, el Estado sustituyó el monopolio privado Jenkins con la empresa paraestatal Compañía Operadora de Teatros. Sin embargo, la industria continuó cayendo, a tal grado que para principios de la siguiente década la producción se derrumbó hasta menos de setenta largometrajes al año. Mientras tanto, una joven generación realizaba de manera independiente y con mucho esfuerzo «cine de autor», como ya se hacía en Europa desde tiempo atrás. Jomi García Ascot (*En el balcón vacío*), Rafael Corkidi (*Pafnucio santo*) y Paul Leduc (*Reed, México insurgente*) fueron cineastas que, en compañía de algunos intelectuales de la época, promovieron esa corriente y formaron el Grupo Nuevo Cine. Por su parte, la Universidad Nacional Autónoma de México contribuyó al movimiento de renovación creando en el año 1963 la primera escuela formal de cine: el Centro Universitario de Estudios Cinematográficos (CUEC).

Con La Perla, *basada en la novela de John Steinbeck, Emilio «el Indio» Fernández, apoya-* *do por la excelente fotografía de Gabriel Figueroa, consiguió en 1948 su segundo premio Ariel.*

Arturo Ripstein es uno de los cineastas de la generación que surgió en la década de 1970 y lo- *gró elevar de nuevo la calidad de la producción mexicana, muy menguada en la etapa anterior.*

La nueva generación

De 1964 a 1970, el cine descendió hasta niveles ínfimos, al grado de que las cifras de producción anual se inflaban con series en episodios que constituían disfrazados largometrajes de una pésima calidad. En ese mismo lapso, las autoridades fílmicas apoyaron la celebración de dos concursos de cine experimental, los cuales demostraron que la nueva generación de cineastas o aspirantes a la profesión tenía talento y estaba lista para entrar a la industria y relevar a la vieja guardia. Ésta, desde luego, presentó fuerte oposición a cualquier iniciativa renovadora. A partir de dichos certámenes empezaron a sonar nombres que pasado algún tiempo se consolidaron, como Alberto Isaac, Juan José Gurrola y Arturo Ripstein. A éstos se sumaron, gracias a los ejercicios fílmicos auspiciados por instituciones culturales, los de Jaime Humberto Hermosillo, Alfredo Joskowicz y Felipe Cazals.

Intervención del Estado

Tras la matanza del 2 de octubre de 1968 en Tlatelolco, el gobierno mexicano intentó restablecer su imagen a través de una supuesta apertura democrática e intentó aplicar esta política a los medios masivos de difusión, entre ellos el cine. Así pues, durante el sexenio de Luis Echeverría Álva-rez, el Banco Nacional Cinematográfico se convirtió en la instancia rectora de la actividad fílmica nacional. Una de sus principales tareas consistió en apoyar, sobre todo, a la nueva generación. Para ello, el Estado adquirió los Estudios Churubusco y creó en su seno el Centro de Producción de Cortometrajes; fundó las empresas Conacine, Conacite 1 y 2, el Centro de Capacitación Cinematográfica (CCC) y la Cineteca Nacional. Con esta infraestructura y el financiamiento necesario, en 1976 se llegó a producir 35 películas con participación estatal, mientras la iniciativa privada, a la cual se le habían ido reduciendo los créditos bancarios, apenas llegaba a quince. El cine mexicano se convertía en una actividad reservada al gobierno. Sin embargo, gracias a esta política, nuevos y novísimos realizadores pudieron acceder a la industria y hacer «cine de autor»: aparte de Cazals, Ripstein, Hermosillo y Leduc, descollaron Jorge Fons, Sergio Olhovich, José Estrada, Julián Pastor y Marcela Fernández Violante. A los esfuerzos de este nutrido grupo se le denominó en conjunto «nuevo cine mexicano». Si bien las nuevas propuestas estéticas pronto perdieron ímpetu, los jóvenes cineastas lograron llamar la atención, recuperar hasta cierto punto el prestigio perdido por el cine nacional e, incluso, obtener premios y

Retrato de una mujer casada, *de Alberto Bojórquez, es una de las muy escasas produccio-* *nes estatales realizadas durante el sexenio de José López Portillo que merecen ser recordadas.*

reconocimientos internacionales. En algunos casos, al mérito artístico se agregó el éxito en la taquilla. A pesar de ello, los sectores de la distribución y la exhibición continuaron en manos de la vieja guardia.

Resurgimiento privado y esfuerzos independientes

Si bien la política echeverrista en materia de cine logró, en buena medida, restaurar la imagen gubernamental, no consiguió sacar del bache a la industria. La política desarrollada durante el sexenio de José López Portillo (1976-1982) acabó de hundirla, asignando su rectoría a la dirección de Radio, Televisión y Cinematografía de la Secretaría de Gobernación. El creciente desinterés estatal en el medio cinematográfico se manifestó, sobre todo, en el paulatino descenso de las producciones del Estado: de 44 cintas en 1977 a sólo

7 en 1982. En contraste, la iniciativa privada pasó de 23 a 57, respectivamente (88 en 1990), lo cual significaba el resurgimiento de los privados. En cuanto a las producciones estatales, muy pocos títulos fueron memorables: *Cadena perpetua*, de Ripstein; *Amor libre*, de Hermosillo; *Llámenme Mike*, de Alfredo Gurrola; *Retrato de una mujer casada*, de Alberto Bojórquez, y *Bajo la metralla*, de Cazals. El resto de las cintas financiadas por el Estado fue un rotundo fracaso estético, temático y comercial, incluyendo las coproducciones dirigidas por cineastas extranjeros como *Antonieta*, de Carlos Saura, y *Campanas rojas*, de Serguéi Bondárchuk.

Por su parte, el renacido cine de la iniciativa privada apostó a los géneros más redituables, sin importarle recurrir con harta frecuencia y en abundancia al albur y lo obsceno. *Picardía mexicana*, *La pulquería*, *Nosotros los pelados*, *Las ficheras* y *Noches de cabaret* fueron algunas de las producciones más representativas de la degradación. A este sector productivo se sumó, en 1978, Televicine, filial de Televisa dedicada a explotar en el cine el éxito de las figuras más populares de la pantalla chica: Héctor Suárez (*El Milusos*), Roberto Gómez Bolaños «Chespirito» (*El chanfle*) y Verónica Castro (*Chiquita pero picosa*). A este sector tuvieron que prestarle sus servicios cineastas de la nueva generación de finales de los años sesenta y setenta que se refirieron a esta clase de trabajo como «chamba alimenticia». Algunos de ellos fueron Ripstein (*La ilegal*), Cazals (*Rigo es amor*) y Pastor (*El héroe desconocido*). Otros miembros de esa generación, así como los egresados del CUEC y el CCC, prefirieron continuar o iniciar sus carreras en el cine independiente y/o marginal, pues era el único que permitía la experimentación estética y temática. Durante ese período se filmaron más de un centenar de corto, medio y largometrajes cuyo espacio de exhibición se limitaba a las «salas de arte» y cineclubes. Asimismo, allí hicieron su debut jóvenes cineastas que luego se incorporaron a la industria: Gabriel Retes, Diego López, Busi Cortés, Marisa Sistach y muchos más.

Nuevo ordenamiento

Durante el sexenio de Miguel de la Madrid (1982-1988), caracterizado por la peor crisis económica que había vivido el país en varias décadas, el Estado trató de reorganizar su política con respecto al séptimo arte y en 1983 creó el Instituto Mexicano de Cinematografía (Imcine). Pero, si bien el

Estado tenía cierto interés en promover una cinematografía digna, la escasez de recursos sólo le permitió producir unos cuantos largometrajes de la generación echeverrista y la nueva ola egresada del CUEC y el CCC, como *El corazón de la noche*, de Hermosillo, y *Vidas errantes*, de Juan Antonio de la Riva, respectivamente. El propio Imcine organizó el Tercer Concurso de Cine Experimental, sin obtener los logros de las ediciones anteriores. A instancias de un grupo de cineastas, creó el Fondo de Fomento a la Calidad Cinematográfica, del cual derivó una novedosa forma de producción multipartita, al parecer la única posibilidad de llevar a término un proyecto fílmico en tiempos de aguda crisis económica. Gracias al esquema pudieron rodarse películas de calidad como *El costo de la vida*, de Rafael Montero, *El secreto de Romelia*, de Busi Cortés, y *Retorno a Aztlán* de Juan Mora Catlett. Mientras tanto, los sobrevivientes de la iniciativa privada insistían en producir cintas de bajo costo y pronta recuperación destinadas a un mercado nacional cada vez más inclinado al consumo de los productos de Hollywood. Los mejores largometrajes del período surgieron, como en épocas anteriores, del cine independiente: *Elvira Luz Cruz... pena máxima*, de Dana Rotberg; *Los confines*, de Mitl Valdés, y *Frida*, de Paul Leduc. A pesar de considerarlo molesto competidor del cine y cuestionar su calidad como soporte audiovisual, para cineastas como Corkidi, Cazals y Hermosillo el video fue un medio alternativo que les permitió realizar y difundir algunas de sus obras fílmicas.

Virtual extinción del cine

El sexenio de Carlos Salinas de Gortari (1988-1994) se caracterizó por una aparente recuperación económica. Sin embargo, ésta no se reflejó en la actividad cinematográfica. Así pues, aunque películas como *Sólo con tu pareja* (Alfonso Cuarón), *Lola, Danzón* y *El jardín del Edén* (María Novaro), *Cronos* (Guillermo del Toro) y la exitosa *Como agua para chocolate* (Alfonso Arau) motivaron a ciertos optimistas a volver a hablar de un «nuevo cine mexicano» y despertaron cierto interés en el público, sólo pueden considerarse esfuerzos aislados con resultados felices. Para los menos entusiastas, en México el séptimo arte está en vías de extinción, en virtud de la quiebra de la industria, con la consecuente baja en el número de producciones. La cada vez mayor reducción del apoyo estatal, la falta de mecanismos de

Retorno a Aztlán fue una de las películas de calidad que se rodaron gracias a la producción multipartita impulsada por el Fondo de Fomento a la Calidad Cinematográfica.

crédito, el atraso tecnológico, la creciente pérdida de presencia en los mercados nacionales y extranjeros, la competencia de los nuevos medios audiovisuales (el video y las modalidades de televisión restringida: por cable, microondas, vía satélite, etcétera) y el control estatal de los precios de taquilla son los principales factores de esa descapitalización. Ante este panorama, los cineastas (incluyendo a los más jóvenes, procedentes de las escuelas de cine) que insisten en realizar películas decorosas continúan recurriendo a la producción multipartita o mixta para sacar adelante sus proyectos. El resto, unos cuantos, sigue llevando a la pantalla grande productos baratos, pero cada vez menos redituables de cara a un mercado deprimido.

Imcine, por su parte, emprendió un plan de reestructuración que consistió en liquidar empresas estatales ligadas a la actividad fílmica que ya no cumplían con sus objetivos de participar en coproducciones y promover la difusión del cine nacional dentro y fuera del país. En este contexto y con el fin de poner al día el marco jurídico de la industria, entró en vigor, en diciembre de 1992,

El gran éxito de Como agua para chocolate, de Alfonso Arau, y de otras pocas películas mexica- nas no consigue esconder la crisis que vive tanto la producción como la distribución en el país.

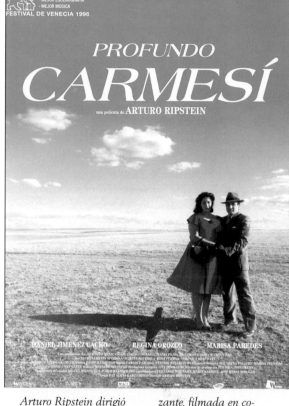

Arturo Ripstein dirigió en 1996 Profundo carmesí, violenta fábula de humor negro y pun- zante, filmada en co- producción con dos cadenas de televisión españolas.

la nueva ley federal de Cinematografía. Una de las modificaciones más cuestionadas de esta legislación fue la disminución de los tiempos en pantalla para la producción nacional, que fue ratificada en el Tratado de Libre Comercio de América del Norte, firmado un año después.

Caída de la producción

La agudización de la crisis económica del país al iniciarse el gobierno de Ernesto Zedillo (1994-2000) no vino sino a hundir aún más a la cinematografía nacional. Se suspendió la realización de proyectos fílmicos, se pospuso indefinidamente la distribución de realizaciones y el apoyo estatal continuó a la baja. Esta virtual extinción de la industria tuvo como natural consecuencia la drástica caída de la producción: de 109 cintas en 1989 a 59 en 1994, 14 en 1995 y todavía menos en 1966. Otro efecto fue la emigración de talentos mexicanos hacia Hollywood: Alfonso Arau

(*Un paseo por las nubes*), Alfonso Cuarón (*La princesita*), Luis Mandoki (*Cuando un hombre ama a una mujer*) y Guillermo del Toro (*Mimic*). Pero mientras el sector de la producción se desplomaba, el de la exhibición parecía levantarse, en virtud de la apertura de salas agrupadas en el Circuito de Calidad y los lujosos complejos Cinemark, Cinemex y Cinepolis, así como la de videosalas. En estos espacios, obviamente, predominaba la proyección de cine extranjero, tanto comercial como de excelencia.

Algunas de las pocas cintas mexicanas que llamaron la atención en el último tramo del siglo xx son *El callejón de los milagros*, de Jorge Fons; *El héroe* (cortometraje ganador de la Palma de Oro en el Festival de Cannes de 1994) y *Sin remitente*, ambas de Luis Carlos Carrera; *Entre Pancho Villa y una mujer desnuda*, de Sabina Berman; *Sobrenatura*l, de Daniel Gruener; *El evangelio de las maravillas*, de Arturo Ripstein, y algunas otras.

La radio

Los pioneros

La radio llegó a México en 1908, pero los primeros programas empezaron a emitirse en 1921.

Aunque las primeras transmisiones radiofónicas se habían efectuado en México desde el año 1908 y la primera estación experimental había sido instalada en Monterrey en 1919, no fue sino hasta 1921 cuando ésta y otra emisora montada en la Ciudad de México lograron transmitir los primeros programas y anuncios comerciales. Inmediatamente empezaron a surgir por todo el país estaciones de radio como, en 1921, la JH, auspiciada por la Secretaría de Marina, y un año después, la instalada por un representante de la empresa estadounidense Radio Telephone Company en Chihuahua. En 1922 fue montada en Morelia la 24 A Experimental y, en 1923, abrió La Casa de la Radio (que poco después se asoció con el diario *El Universal*), propiedad de la compañía cigarrera de origen francés El Buen Tono. Había otras, pertenecientes al periódico *El Mundo* y a la Secretaría de Relaciones Exteriores. En ese momento se estimaba que, en el país, existían ya alrededor de cinco mil receptores de radio, muchos de ellos vendidos por La Casa de la Radio al precio de doce pesos, y otros entregados a cambio de cajetillas vacías de los cigarrillos fabricados por El Buen Tono.

También en 1923, la Liga Nacional de Radio, el Centro de Ingenieros y el Club Central Mexicano de Radio se fusionaron para fundar la Liga Central Mexicana de Radio, cuyo principal objetivo no era ya sólo el intercambio de experiencias entre radioaficionados, sino la propuesta reglamentaria para el funcionamiento del llamado «medio invisible» en el país. Dicha propuesta ya permitía vislumbrar el esquema que, predominan-

temente, seguiría la actividad radiofónica en México, basándose en el modelo comercial privado imperante en Estados Unidos. En 1924, la Secretaría de Educación Pública (CZE), el Partido Cívico Progresista y el diario *Excélsior*, junto con la empresa Parker (CYX), lanzaron sus respectivas señales de radio, como lo haría, al siguiente año, la compañía General Electric, para transmitir fundamentalmente publicidad de sus productos (CYJ). En 1926 se promulgó la ley de Comunicaciones Eléctricas, en la cual se reconocía a la radiodifusión como un servicio público federal y se establecía el régimen de permisos para operarlo. Durante el resto de la década de 1920 surgieron frecuencias en Nuevo Laredo, Tampico, Ciudad Juárez, Monterrey, Guadalajara, Veracruz y San Luis Potosí, así como también la emisora de la Secretaría de Industria, Comercio y Trabajo. De esta manera, entre los años 1925 y 1929, el número de frecuencias pasó de 11 a 19.

Consolidación de la radio

En 1930 México ya se había afiliado a la Conferencia Internacional de Telecomunicaciones; a partir de entonces le correspondieron los indicativos nominales XE y XH. En ese mismo año salieron al aire la XEFO, estación del Partido Nacional Revolucionario; la XEN Radio Mundial y la XEW, primera emisora bajo el régimen de concesión.

Con diversos antecedentes bancarios y comerciales (entre ellos La Casa de la Radio), nacionales y extranjeros, y con la participación mayoritaria del consorcio estadounidense Radio Corporation of America (a través de su división radiofónica National Broadcasting Corporation —NBC—), esta última emisora estableció definitivamente el mo-

En México la XEW fue la primera estación que emitió bajo el esquema de concesión y estableció el modelo comercial privado-concentrador que se extendió por todo el país.

La XEQ reunió entre 1939 y 1945 a un total de quince estaciones. Era la época de las emisiones en directo, con la obligada presencia de cantantes y orquestas en los estudios.

delo comercial privado-concentrador que, de manera predominante, adoptó la radio en México. En 1938, con trece estaciones creadas y cuatro compradas, surgió la cadena XEW, que ya transmitía en onda corta al sur del continente haciendo honor a su lema: «La voz de la América Latina desde México». A ella se sumó la cadena XEQ, conformada entre 1939 y 1945 por un total de quince emisoras con la participación de la Columbia Broadcasting System (CBS). En 1941, ambas cadenas quedaron bajo la administración de Radio Programas de México (RPM), que en 1941 enlazaba seis estaciones y luego llegó a eslabonar ochenta. Hacia 1945, RPM no sólo abarcaba el mercado nacional, sino que lo rebasaba vinculándose con 38 emisoras de once países latinoamericanos. Muchos de los concesionarios del país asumieron este esquema, y así se conformaron las cadenas: XEB (antes CYB, que en 1942 pasó a manos del gobierno federal), Radio Mil (con la participación de la Mutual Broadcasting System), Radio Difusoras Asociadas (RASA), Radio Ventas de Provincia (RAVAPESA), Radiodifusoras Unidas Mexicanas y Cadena Radio Continental.

En 1942 operaban 162 estaciones en territorio nacional, al menos la mitad de ellas ligadas con las cadenas estadounidenses CBS y NBC, convirtiendo a la radio en un efectivo medio de influencia económica, política y cultural del vecino país sobre México. Mientras el modelo comercial privado-concentrador se consolidaba, en 1937 nacía Radio Universidad Nacional y con ella la radiodifusión universitaria que, al extenderse, se constituyó en una de las pocas alternativas al modelo comercial-privado. En ese mismo año apareció la emisora de la Secretaría de Gobernación y los industriales del ramo fundaron la Asociación de Estaciones Radiofónicas Comerciales, que en 1942 se convirtió en la Cámara Nacional de la Industria de la Radio y Televisión.

El desafío de la televisión

Si bien desde mediados de la década de 1940, con la inminente llegada de la televisión a México, la radio empezó a verse amenazada por este medio, no desapareció como algunos vaticinaban. Una razón fue su arraigo de más de dos decenios en la población mexicana. Aunque las cadenas más

En 1952, dentro del proceso de especialización de la radio, obligado por la competencia de la televisión, se creó en México la primera estación del mundo hecha por mujeres y para mujeres.

fuertes, XEX y XEQ, dejaron paulatinamente de fundar nuevas estaciones para concentrar recursos en la transmisión de imágenes y sonido a distancia, los empresarios nacionales dedicados sólo al negocio radiofónico continuaron invirtiendo en este sector a escala regional (ese fue el caso de RASA en el estado de Michoacán). Además la radio mexicana dio nueva orientación a sus contenidos y formatos en respuesta no sólo a la competencia televisiva, sino a la diversificación del público. Otra razón fue su bajo costo de producción y operación, su amplia cobertura, la accesibilidad de su señal y la flexibilidad de su comercialización.

Conviene aclarar que, paralela y a veces superpuesta a la tendencia a la regionalización, se mantuvo la tendencia concentradora de dicho medio en México. En este contexto surgieron: XEX, «La Voz de México», la primera radiodifusora de Frecuencia Modulada (1947); Radio Cadena Nacional (1948); XEMX, Radio Femenina, la primera estación de y para mujeres en el mundo (1952); Cadena Independiente de México y Red México (1956). Así, para 1962 existían en el país 435 emisoras: 422 concesionadas («comerciales») y 13 permisionadas («no comerciales»). Dos años antes se había promulgado la ley federal de Radio y Televi-

sión, cuyo reglamento no fue hecho efectivo hasta 1973. A mediados de los años sesenta, con Radio Huayacocotla, en Veracruz, nació la radio indigenista. A finales de esa década quedó estipulado un gravamen según el cual los concesionarios se obligaban a ceder al Estado 12.5 por ciento de su tiempo de transmisión diario. En esa misma época, ante el debilitamiento de la presencia radiofónica de México en el extranjero debida a lo incosteable de las emisiones en onda corta, el gobierno creó la XERMX-OC, Radio México Internacional.

El Estado radiodifusor

Tras cincuenta años de una débil y, por momentos, prácticamente nula presencia en la radiodifusión mexicana, en la década de 1970 el Estado mexicano empezó a participar de forma activa en el sector. En 1971, el gobierno de Luis Echeverría (1970-1976) puso en funcionamiento la Comisión de Radiodifusión, encargada de aprovechar el 12.5 por ciento del tiempo de transmisión cedido por los concesionarios. Asimismo creó la Subsecretaría de Radiodifusión, adscrita a la Secretaría de Comunicaciones y Transportes, y, dos años más tarde, el Consejo Nacional de Radio y Televisión, cuya misión era evaluar los contenidos de estos

Televisa era uno de los cinco grupos que, a mediados de 1970, controlaban el 47 por ciento de las emisoras de radio mexicanas. Se mantenía así la tendencia manifestada anteriormente.

medios. En 1976, el nuevo presidente, José López Portillo, eliminó la Subsecretaría de Radiodifusión y creó la Dirección General de Radio, Televisión y Cinematografía, adscrita a la Secretaría de Gobernación, cuya misión era vigilar el cumplimiento de ley aplicable a dichos medios. La Dirección de Radio de esta dependencia tenía bajo su control la operación de Radio México Internacional, la XEB, XEMP y XERPM. Estas tres últimas pertenecieron antes a Organización Radio Fórmula. A ellas se sumaron en 1978 dos emisoras más. Mientras tanto, de 1970 a 1980, el número de estaciones de radio creció el 36.6 por ciento al alcanzar la cantidad de 850.

Sin embargo, persistía la tendencia concentradora. En 1976, de 713 emisoras, 334 (47 %) estaban controladas por cinco grupos (Rumsa, Televisa, Promorradio RPM, RASA y RAVEPSA) y 227 (32 %) eran controladas por diez grupos (Somer, RCN, ACIR, Corp. MR, Radiorama, Artsa y OIR). Asimismo, existía una enorme desigualdad en la distribución geográfica de dichas emisoras. Según cifras de 1978, Veracruz contaba con 57, el Distrito Federal con 48 y Coahuila con 44. En contraste, Quintana Roo, Tlaxcala e Hidalgo apenas sumaban dos por entidad.

La otra radio

En el sexenio del presidente Miguel de la Madrid (1982-1988), el Estado persistió en su intención de ser un fuerte radiodifusor. Para ello, en 1983 se fundó el Instituto Mexicano de la Radio, encargado de promover y coordinar las actividades radiofónicas del Estado y operar las estaciones propiedad de éste. De igual forma se creó el Comité Asesor del Consejo Nacional de Radio y Televisión, integrado por importantes instituciones educativas, gubernamentales y privadas, con la misión de evaluar el desempeño de ambos medios. Además, la entrega de permisos para nuevas emisoras llegó a triplicarse con respecto a la década anterior (de 15 a 45). De esta manera, la desproporción entre la radio concesionada («comercial») y la permisionada («no comercial») disminuyó, pasando de 96.5 y 3.5 por ciento a 88.7 y 11.3 por ciento, respectivamente. En otras palabras, hacia finales del período de De la Madrid, de 958 emisoras, 849 eran comerciales y 109 pertenecían a la llamada «otra radio». De estas últimas, 21 eran operadas por el IMER, 49 por gobiernos de los estados, 18 por instituciones de educación superior, siete eran indigenistas, 7 independientes y 7 meras repetidoras con la misma señal y en la misma ciudad. Pero aquí también se observaba un desequilibrio geográfico: el 65 por ciento de las estaciones concesionadas se ubicaban en capitales de los estados y ciudades de relativa importancia; el resto —indigenistas e independientes— se encontraban en el medio rural.

En lo concerniente a la radiodifusión comercial, su rasgo distintivo continuaba siendo la concentración. Según las cifras del año 1986, las más de ochocientas emisoras comerciales eran controladas por una veintena de grupos, entre los que destacaban Radiorama S.A. (129), Grupo ACIR (99) y OIR (75). En contraste, los que tenían participación minoritaria eran Radio Cima, S.A. (7), Eduardo Yniesta (7) y Radio Sagitario del Sur (2). Para entonces, Jalisco, el Distrito Federal, Coahuila y Chihuahua encabezaban las entidades con mayor número de estaciones comerciales: 57, 54, 53 y 52, respectivamente; en tanto que Tlaxcala, Quintana Roo, Hidalgo y Colima registraban la menor cantidad: 3, 4, 5 y 7.

Dos de los hechos más destacados en materia de radiodifusión a lo largo de este período fueron: en primer lugar, el nuevo planteamiento de los contenidos de la radiodifusión comercial privada al abrir espacios para el debate (el llamado «periodismo civil») y el servicio a la comunidad, sobre todo a raíz de los terremotos de 1985. En segundo, el surgimiento de organizaciones como la Asociación de Radioproductores Culturales de la

Frontera Norte y Sur, la Red de Radiodifusoras Indigenistas y el Consejo Nacional de Radiodifusión, A. C. Todas ellas estaban interesadas en promover y defender la «otra radio».

Reto tecnológico y estrategias

Después de varias décadas de no registrar prácticamente ningún avance tecnológico de peso, la radiodifusión mexicana vio llegar, junto con la década de los noventa, nuevas técnicas para mejorar la calidad de sus transmisiones: la estereofonía y el uso de subcanales para prestar otros servicios de comunicación en Amplitud Modulada; el sistema de radio digital restringida (introducida en México por Multirradio) y abierta (en fase de desarrollo y experimentación con miras a ponerla en operación a finales de la década); una mayor utilización de satélites para hacer llegar señales radiofónicas dentro y fuera del país; la incursión en Internet, cuya pionera —al parecer no sólo en México, sino en América Latina— fue Radio Activo 98.5, del Distrito Federal, y, además, el uso de redes privadas de televisión para enlazar emisoras por parte de MVS Radio. Pero, más allá del reto tecnológico, los radiodifusores mexicanos tuvieron que enfrentar también la crisis económica, recrudecida en 1994. Para ello recurrieron a diversas estrategias: colocar acciones en la Bolsa de Valores de Nueva York (como fue el caso de ORC, Organización Radio Centro), arrendar emisoras (como lo hicieron Grupo Cristal con ORC y Artsa con ACIR), internacionalizar señales (tal como hicieron GRC, ORF, Sistema Radiópolis y Promomedios de Occidente) y comprar emisoras fuera del territorio nacional (como el caso de Promosat, que adquirió la cadena estadounidense Spanish Information Service, o el de Radiópolis, que se hizo con el 25 por ciento de Unión Ibérica de España).

Otras estrategias fueron el cambio de perfil de las estaciones a fin de hacerlas más competitivas, el recorte de personal y la liquidación de filiales como Programusic de Artsa. Ante la caída de la inversión publicitaria se pactaron alianzas estratégicas entre grupos radiofónicos para ofrecer la comercialización conjunta de sus espacios, sin que ello significara en muchos casos asociaciones de capital: Frecuencia Modulada Mexicana-Imagen Comunicación en Radio, Núcleo Radio Mil (NRM)-Agentes de Radio y Televisión (Artsa), NRM-Grupos Sociedad Mexicana de Radio (Somer), Radiorama-Grupo Siete Cristal,

A partir de 1990, la radiodifusión mexicana entró de lleno en el mundo de las nuevas tecnologías. Así, MVS Radio y Radio Activo, entre otras, fueron pioneras en sistemas de vanguardia.

y Radiópolis–RASA. Hubo, además, operaciones de compraventa entre grupos radiofónicos: Radiópolis-Artsa, GRC-Radio Red, Radiorama-NRM, Radiodifusoras Asociadas-Corporación Mexicana de Radiodifusión, Grupo Siete-Radiorama. También se llevaron a cabo intentos para incursionar en la televisión, tanto abierta como restringida (Radio Red, a través de Medcom; NRM y Grupo Zoma, a través de Ultravisión y ACIR). Otras alternativas fueron la prestación de novedosos servicios como Super Red —un sistema auditivo de publicidad y música en puntos de venta, operado por Radio Red— y la reestructuración corporativa, como lo hicieron ACIR, al dividir sus empresas en tres áreas —Acir Radio, Televisión Integral y Multicom—, y GRC, al es-

Núcleo Radio Mil fue una de las estaciones que, tras la caída de inversiones en publicidad, *pactaron alianzas entre grupos de radiodifusión para comercializar espacios conjuntamente.*

Radio Universidad Nacional, que nació en 1937 y fue una alternativa al modelo comercial *privado, ha diversificado la programación y da mayor espacio a los contenidos universitarios.*

tructurar sus negocios en tres unidades: Impulsora de Radio, Organización Radio Centro y Radiodifusión Red.

Otro intento fue la venta de activos, como GRC, que cedió su participación accionaria de la cadena estadounidense Heftel Broadcasting Corporation. La estrategia de alianzas y compraventas que había entre grupos radiofónicos derivó en la concentración de cinco grupos que controlaban el 66 por ciento de las estaciones de FM y el 72 por ciento de las de AM: GRC, Radiópolis, Radio Programas de México, Radio Mil y ACIR.

Pocos recursos

Por su parte, la «otra radio» también enfrentaba la crisis esforzándose por sobrevivir con sus escasos recursos. Desde 1991, el IMER comenzó su reestructuración, consistente en construir nuevas instalaciones y renovar su infraestructura tecnológica, para mejorar la calidad y potencia de sus transmisiones, ser más competitivo en el mercado publicitario y prestar servicios de grabación. También modificó el perfil de sus estaciones, haciéndolo más convencional, y estableció convenios de colaboración con emisoras extranjeras. Radio

Educación, por su parte, realizó cambios sustanciales en su programación y en 1994 amplió su cobertura a doce estados, gracias al uso de las tecnologías digital y satelital.

En 1997, Radio Universidad Nacional, al cumplir sesenta años al aire, había diversificado su programación, daba cada vez mayor espacio al quehacer universitario, establecía convenios con emisoras extranjeras y se aprestaba a incursionar en Internet. Mientras tanto, hacia 1997, la radio indigenista contaba con casi veinte estaciones distribuidas en más de trece estados y con una audiencia superior a los cuatro millones de oyentes. En contraste, el Sistema Morelense de Radio y Televisión y Radio Huayacocotla desaparecieron a consecuencia de la falta de dinero.

Una referencia aparte merece la irrupción en el cuadrante de radiodifusoras sin autorización para operar, baja potencia y mínimos recursos: Televerdad y Radio Pirata, en el Distrito Federal; Radio Rebelde y Radio Liberación, en Chiapas; La Voz del Tepozteco y Radio Ciudadanos al Aire, en el estado de Morelos, y Radio Interferencia, en San Juan Ixhuatepec, Estado de México, entre otras.

La televisión

Desarrollo experimental

El nacimiento y los primeros pasos de la televisión en México se remontan a la época de la consolidación de la radio y se encuentran estrechamente vinculados con este medio. Un nombre domina la etapa inicial: Guillermo González Camarena, quien, entre 1933 y 1934, realizó con un equipo (en su mayor parte construido por él mismo) experimentos de transmisión de imágenes en las instalaciones de la XEFO, emisora del Partido Nacional Revolucionario. Tres años más tarde, efectuó demostraciones de la primera cámara televisual a color, también obra de su ingenio, y, en 1940, patentó un sistema mecánico de TV en color denominado «tricromático». Dos años más tarde hizo lo propio con un adaptador cronoscópico para aparatos receptores televisuales. Además, llevó a cabo la primera transmisión de imágenes a distancia a través de la frecuencia XEIGC, la cual inauguró como estación experimental en 1946, con la autorización de la Secretaría de Comunicaciones y Obras Públicas. Para fines de investigación, instaló un circuito que iba de su domicilio a la emisora XEW, donde era jefe de operaciones. Entre 1947 y 1950 puso en funcionamiento circuitos cerrados en grandes tiendas y salas cinematográficas de la Ciudad de México.

En 1947, el gobierno del presidente Miguel Alemán designó a González Camarena y al escritor Salvador Novo comisionados para estudiar el modelo de televisión comercial privado de Estados Unidos y el modelo de televisión estatal de Gran Bretaña, a fin de decidir cuál convenía implantar en México. González Camarena recomendó el modelo estadounidense por razones técnicas y económicas y fue nombrado asesor de una comisión para elaborar las reglas del funcionamiento de dicho medio en el país. Durante todo ese período, los regímenes de Lázaro Cárdenas, Manuel Ávila Camacho y Miguel Alemán Valdés recibieron numerosas solicitudes y presiones para el otorgamiento de concesiones y la operación comercial de canales de televisión.

Azcárraga fue uno de los mayores empresarios de televisión en los territorios de habla hispana.

Triunfo del modelo comercial

En 1948 y 1949 se llevaron a cabo los dos primeros controles remotos con carácter oficial. En este último año, el gobierno anunció que haría uso de la televisión con fines sociales y culturales, reconoció que el medio estaría sujeto a la explotación comercial por parte de particulares y concesionó el primer canal de TV, el 4, a la empresa Televisión de México, S.A., en la capital de la República. En 1950 se decretaron las normas técnicas de instalación y funcionamiento de las teledifusoras recomendadas por González Camarena. Ese mismo año, XHTV, Canal 4, inició sus transmisiones el 1 de septiembre con el IV Informe de Gobierno de Alemán Valdés y se autorizó a la empresa Televimex —cuyo propietario era Emilio Azcárraga Vidaurreta, dueño de la exitosa radiodifusora XEW— la operación de XEWTV, Canal 2, también en la Ciudad de México. Esta frecuencia comenzó sus emisiones en 1951 y ese mismo año instaló su primera repetidora, la XEQ, Canal 9. A éste seguirían: en 1952, Canal 5, XHGC, de Televisión González Camarena, en la capital; en 1953, el Canal 6, de Tijuana y, en 1954, el Canal 7, de Puebla.

La televisión pública en México ha pasado por diversas vicisitudes, lo que ha acarreado múltiples cambios de denominación, desde Televisión Cultural de México hasta Imevisión.

Monopolio, expansión y consolidación

En 1955, los concesionarios de los canales 2, 4 y 5 constituyeron la empresa Telesistema Mexicano (TSM), creando con ello un monopolio. A partir de entonces, TSM instaló y afilió emisoras y repetidoras a tal ritmo que, en el año 1959, ya cubría veinte estados de la República y dos años más tarde comenzó a tener presencia en Estados Unidos, a través de la Spanish Internacional Broadcasting Corporation que operaba la KWEX de San Antonio, Texas. Asimismo, fundó diversas empresas filiales como Teleprogramas de México, Teleprogramas Acapulco y Spanish International Network Sales. Mientras el modelo comercial privado de televisión se expandía y se consolidaba rápidamente en el país, en 1951 la Universidad Nacional Autónoma de México (UNAM) incursionó en la televisión con fines estrictamente didácticos. En 1955, en Nogales, Sonora, se esta-

bleció el primer servicio de televisión por cable. Durante el mismo año, la Red Nacional de Microondas comenzó a conformarse y se fundó el Sindicato de Trabajadores y Artistas de Telesistema Mexicano.

En 1959 empezó a utilizarse el «video tape» para grabar programas y XEIPN, Canal 11, a cargo del Instituto Politécnico Nacional, se constituyó en la primera emisora de corte cultural y educativo no sólo de México, sino de toda América Latina. En 1960 entró en vigor la ley federal de Radio y Televisión y en los dos años siguientes González Camarena patentó sendos sistemas de televisión a color. Las primeras emisiones a color y las primeras transmisiones vía satélite en México se llevaron a cabo en 1963. Para 1965, Piedras Negras y Ciudad Acuña, Coahuila, así como Monterrey, Nuevo León, ya contaban con televisión por cable y la Secretaría de Educación Pública puso en operación la Telesecundaria.

Irrupción de la competencia y participación estatal

A finales de los años sesenta, TSM dejó de ser monopolio de la televisión privada. Otras cadenas privadas del país dieron inicio a sus actividades. En 1968, Telecadena Mexicana fundó el Canal 12 de Monterrey. Por su parte, Corporación Mexicana de Radio y Televisión abrió el Canal 13 (XHDF) y Televisión Independiente de México (TIM), ambas en la capital de la República. Al año siguiente arrancaron las operaciones de Cablevisión, filial de TSM. También en 1969 se estableció que los concesionarios cedieran al Estado el 12.5 por ciento de su tiempo diario de transmisión. Un año después, en 1970, Telecadena Mexicana se asoció con TIM y se constituyó en México la Organización de la Televisión Iberoamericana (OTI). Dos años más tarde, TSM cambió la denominación de SIN-Sales por la de Spanish International Network (SIN) y creó Spanish International Communications Corporation. El Estado adquirió los derechos sobre la concesión del Canal 13 y creó la institución Televisión Cultural de México. En esa década de 1970 se llevó a cabo la fusión entre TSM y TIM para dar nacimiento al consorcio Televisión Vía Satélite, S.A. (Televisa). En 1973 se publicó el reglamento de la ley federal de Radio y Televisión. Pasados dos años, el gobierno de Luis Echeverría expropió los canales de Telecadena Mexicana para convertirlos en repetidoras del Canal 13.

Expansión internacional privada y expansión nacional pública

Si bien Televisa había emprendido la conquista de mercados externos desde comienzos de los años sesenta, no fue sino hasta mediados de la década siguiente cuando empezó a consolidar su presencia. Así, en 1976, creó Univisión para enviar programas a sus filiales en Estados Unidos y abrió oficinas en España. Tres años después incursionó en la televisión por cable estadounidense por medio de Galavisión. Por otro lado, creó la Fundación Cultural Televisa, estableció convenios con la UNAM y fundó su filial cinematográfica: Televicine. El gobierno de José López Portillo, por su parte, creó en 1977 la Dirección General de Radio, Televisión y Cinematografía, adscrita a la Secretaría de Gobernación (SG) y cambió la denominación de Televisión Cultural de México por Televisión Rural de México. Tres años más tarde, ésta se convirtió en Televisión de la República Mexicana (TRM).

Precisamente en 1980 surgió el primero de una serie de sistemas regionales de radio y televisión operados por los gobiernos de los estados de la República: Canal Cuatro Más, de Veracruz. En 1982, el Canal 22, perteneciente a TRM, inauguró la banda de Ultra Alta Frecuencia (UHF) en la Ciudad de México. Al año siguiente, el gobierno de Miguel de la Madrid creó el Instituto Mexicano de Televisión (Imevisión). Éste operó a partir de 1985 las redes nacionales 13 y 7, con 44 y 99 repetidoras respectivamente, así como los canales 22 del valle de México, 8 de Monterrey y de Chihuahua. Con este motivo desapareció TRM. En ese mismo año, con antecedentes en los inicios de la televisión comercial, surgió la productora TV UNAM y entró en operación el primer satélite mexicano, Morelos I, abriendo nuevas y grandes posibilidades a la transmisión televisiva en el país. Aunque en 1985 Televisa había conseguido autorización del gobierno de Estados Unidos para operar servicios vía satélite a través de Panamerican Satellite Corporation (Panamsat), al siguiente año el consorcio mexicano empezó a ver afectada negativamente su expansión internacional pues se le negó la extensión de algunas concesiones y tuvo que venderlas, junto con Univisión. Su principal respuesta consistió en crear Univisa Inc., con diversas empresas subsidiarias del ramo de la televisión (una de ellas, el sistema informativo ECO, resultó un fracaso) para reconquistar el terreno perdido en el vecino país del norte. De igual forma empezó a transmitir directamente a Europa. En el ámbito nacional, incursionó en el mercado del video, con sus dos filiales Videovisa y Videovisión, y también introdujo en México el servicio de Teletexto. A partir de entonces, los reacomodos administrativos de la empresa fueron muy frecuentes.

Guerra entre televisoras

Con Carlos Salinas de Gortari al frente del gobierno mexicano, en 1988 surgió el Consejo Nacional para la Cultura y las Artes, bajo cuya coordinación quedaron IMER, IMCINE e IMEVISIÓN, aunque administrativamente estos institutos siguieron dependiendo de la Secretaría de Gobernación. Al año siguiente, la empresa Multivisión lanzó un sistema restringido de señales televisivas por la banda de super alta frecuencia que se convirtió en una fuerte competencia para Cablevisión y, en 1996, fue pionera del servicio de Televisión Directa al Hogar (DTH), al lanzar Direct TV, en alianza con Hughes Communications, de Estados Unidos, Organización Cisneros, de Venezuela, y TV Abril, de Brasil. Con su rápido crecimiento y cobertura, Multivisión activó la industria de la televisión de paga, al grado de que el número de sistemas por cable agrupados en la Productora y Comercializadora de Televisión pasó de 83 en 1988 a más de 124 en 1994, con un número de suscriptores superior al millón distribuidos en 230 ciudades de la República. En mate-

Cuadro comparativo de la infraestructura de radio y televisión

	1987	1997
Televisión		
Estaciones	501	580
Concesionadas	127	452
Permisionadas[1]	374	128
Radio		
Estaciones[2]	947	1,365
Concesionadas	872	1,185
Permisionadas	75	180

[1] En 1994, las estaciones de TV permisionadas disminuyeron debido a la desincorporación de las redes 7 y 13, así como a la suspensión de operaciones por parte de los gobiernos estatales.

[2] Incluye amplitud modulada, onda corta y frecuencia modulada.

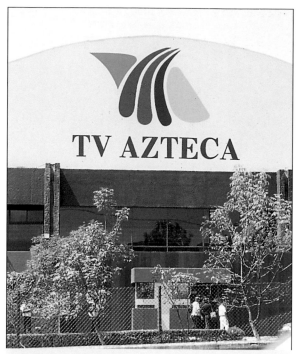

Televisión Azteca proce-
de de la desincorpora-
ción de los canales pú-
blicos que operaba

Imevisión. En el campo
de la televisión comer-
cial abierta, es una
gran competidora.

nacional e internacional. En cuanto a este último ámbito, destacaron las adquisiciones de paquetes accionarios de empresas de comunicaciones en Chile (Megavisión), Perú (América Televisión, Peruana de Radiodifusión, Cable Sistema), Estados Unidos (Univisión y Panamsat) y España (Unión Ibérica). También resaltaron las alianzas con los canales estadounidenses QVC y Discovery, y sobre todo con las empresas Multimedia News Corporation y Telecommunications International, también de Estados Unidos, y TV Globo, de Brasil. Con estas últimas lanzó en 1996, bajo el nombre de SKY, el servicio de Televisión Directa al Hogar (DTH). En el ámbito nacional, Televisa destacó por la compra del Grupo Editorial América y el diario *Ovaciones*, la aparición del periódico *Summa* (que resultó un fracaso editorial), el otorgamiento de los dos primeros canales para operar TV de alta definición en México, así como 67 nuevas concesiones para crear la red nacional del Canal 9. A finales de 1992, Televisa había superado su crisis de liquidez y se anotaba un éxito con la Cadena de las Américas, una serie de programas que enlazaban a los países de habla hispana con motivo del quinto centenario del descubrimiento de América. Su consolidación como el consorcio de comunicación más fuerte de Iberoamérica continuó en 1993 y 1994. Ante la crisis devaluatoria de fines de este último año, el consorcio se vio obligado a realizar una serie de ajustes: recorte de personal, disminución de sueldos, reducción de presupuestos para producir, cancelación de algunos contratos de exclusividad, desinversiones (Videovisa, Vendor, Skytel, Megavisión, Univisión, Panamsat) y determinadas adquisiciones estratégicas.

La otra televisión

Rescatada del paquete de medios que el Estado había decidido desincorporar desde 1990 y luego de que su lanzamiento se pospusiera una y otra vez, salió al aire el Canal 22 como una emisora cultural que en pocos años obtuvo gran aceptación, gracias a la calidad de su programación y al crecimiento de su cobertura. Lo mismo sucedió con el Canal 11, que si bien no podía comercializar sus espacios por ser permisionado, había conseguido hacerse de un nutrido número de patrocinadores. En el resto del país, mientras los sistemas estatales de radio y televisión de Tlaxcala y Morelos suspendían actividades, el de Nuevo León y el Canal 28 quedaban desincorporados.

ria de televisión comercial abierta, tras un largo y cuestionado proceso iniciado en 1990, a mediados de 1993 fueron desincorporados los canales que operaba Imevisión los cuales, para fines de su venta, se habían agrupado bajo la denominación de Televisión Azteca. Una vez en manos privadas, las redes 7 y 13 se convirtieron en una auténtica competencia, sobre todo para los canales abiertos de Televisa. Por momentos la competencia se convertía en cruenta guerra en todos los terrenos: jurídico, publicitario, periodístico, político, futbolístico, así como en el de los recursos humanos, la programación y los horarios. A esta competencia, aunque con un enfoque predominantemente informativo y cultural, se sumó en 1994 CNI Canal 40 en la banda de UHF del valle de México, pero con cobertura nacional.

Nueva expansión

A fines de 1991, Televisa decidió cotizar acciones en el mercado de valores internacional y hacer reajustes internos con el fin de obtener recursos para enfrentar una confesada falta de liquidez, sanear sus finanzas y continuar con su expansión

Los toros

La fiesta brava

Como en España, su país de origen, en la Nueva España la llamada «fiesta brava» nació y se desarrolló con motivo de grandes celebraciones. La primera corrida de toros en suelo mexicano, según coinciden diversas fuentes, se efectuó el 24 de junio de 1526, día de san Juan Bautista, para festejar el retorno del conquistador Hernán Cortés de su expedición a las Hibueras. Tres años más tarde, las autoridades virreinales instituyeron la fiesta brava al ordenar que anualmente se conmemorara a san Hipólito con una corrida de toros. Pasados 23 años, un primo del propio Cortés, Juan Gutiérrez Altamirano, fundó en la hacienda de Atenco una de las primeras ganaderías de reses bravas. A partir de 1535, la llegada de cada nuevo virrey se festejaba solemnemente con corridas de toros y, salvo escasas excepciones, ellos eran de los principales promotores e incluso practicantes de dicha actividad. Aunque, como en la Península, los primeros aficionados pertenecían a la aristocracia civil y religiosa, al poco tiempo la fiesta cobró arraigo en el pueblo. Es más, los indígenas muy pronto aprendieron a «capear» y en diversas poblaciones empezaron a realizarse pequeñas corridas con motivo de celebraciones religiosas. En un principio, las corridas tenían lugar en ruedos improvisados, como el del Volador. De tal suerte, el primer coso de carácter permanente fue la Real Plaza de Toros de San Pablo, construida hacia 1788 y destruida por un incendio en 1820. No obstante las prohibiciones temporales por parte de autoridades religiosas o civiles, la fiesta brava se desarrolló considerablemente durante el período:

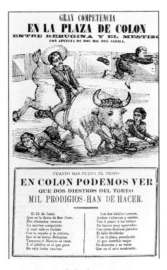

La rivalidad entre toreros ha sido uno de los alicientes de la llamada fiesta brava.

surgieron ganaderías en diferentes puntos del territorio; el toreo se profesionalizó al formarse cuadrillas de a pie y a caballo con lidiadores nacidos en la Nueva España, y se expidieron los primeros bandos para reglamentar la actividad. También se establecieron las becerradas para el aprendizaje y la práctica de quienes desearan ser toreros. De esa época destacan los nombres de los matadores Tomás Venegas *el Gachupín Toreador*, Pedro Montero, Juan Sebastián *el Jerezano*, Alonso Gómez *el Zamorano* y Miguel García, oriundo de Querétaro y considerado la primera figura americana de la fiesta brava.

La fiesta en el siglo XIX

Según se sabe, Miguel Hidalgo y Costilla era dueño de haciendas donde criaba ganado bravo y era además gran aficionado a la fiesta, al igual que otros insurgentes, como Ignacio Allende, Ignacio Aldama y José María Morelos. Dos toreros, Agustín Marroquín y Juan José Luna, se incorporaron a la lucha por la Independencia de México. Tras la consumación de la Independencia, se expidió el primer reglamento taurino (1822). Fue entonces cuando el toreo se volvió impopular y vivió un declive, en virtud de los exacerbados sentimientos antihispanos. No cobró nuevamente auge sino hasta 1835, cuando fue reconstruida la Plaza de San Pablo para recibir a quien sería la principal figura del segundo tercio del siglo XIX: Bernardo Gaviño. En adelante, los presidentes Anastasio Bustamante, Ignacio Comonfort, Antonio López de Santa Anna, Félix Zuloaga y Benito Juárez aparecían en los carteles como asistentes a las corridas, algunas de ellas a beneficio de causas caritativas.

Las corridas de toros son uno de los espectáculos que más atraen al público mexicano. Con breves períodos de prohibición, se celebran desde muy pocos años después de la Conquista.

Los grandes toreros mexicanos en una frase

En su texto *Cien jueves taurinos*, el cronista Heriberto Murrieta definió así a los toreros mexicanos más importantes:
Fermín Espinosa *Armillita*: «Toreros tan completos como él, ninguno».
Alberto Balderas: «Con sus actuaciones removió a toda la afición».
Chucho Solórzano: «Con su temple dio brillo a la época de oro del toreo en México».
Lorenzo Garza: «¡Qué manera de hacer el paseíllo!».
Luis Castro *el Soldado*: «Con su solo nombre llenó las plazas de 1932 a 1962».
Silverio Pérez: «Una leyenda viva del México del siglo veinte».
Alfonso Ramírez *el Calesero*: «Muy a gusto, y con buen gusto, así toreaba».
Luis Procuna: «Torero de luces y sombras, alcanzó una gran popularidad porque fue como el toreo mismo: sentimiento e inspiración».
Joselito Huerta: «Piel curtida, buena forma física, palabra sincera».
Rafael Rodríguez: «Su volcán de aportación taurina y humana no se apagará jamás».
Manuel Capetillo: «Podía someter a los toros en el círculo mágico de sus muletazos».
Manolo Martínez: «Buscaba la pasión en el ruedo llegando a los extremos, antes de quedarse en el pobre término medio».

El emperador Maximiliano de Habsburgo también solía acudir a las corridas de toros. Sin embargo, fueron los liberales quienes no sólo retiraron su apoyo a la actividad taurina, sino que incluso emprendieron campañas contra ella, al considerarla una reminiscencia del dominio español. Después del triunfo de la República, el gobierno de Benito Juárez prohibió las corridas, las cuales volvieron a permitirse en 1886, en plena administración porfirista. Fue entonces cuando proliferaron las plazas de toros: Colón, San Rafael, Coliseo, Bucareli, Hacienda de los Morales, etcétera. Las ganaderías más renombradas de aquel tiempo eran: El Berenjenal, El Desierto, Chamuco, El Venadero y la México. Entre las figuras más relevantes del toreo sobresalían, además de Gaviño: Mariano Rodríguez *la Monja*, Pablo Mendoza y Ponciano Díaz *el Charro*, primer mexicano en pisar ruedos españoles. A esta nómina se agregaron a fines del siglo XIX y principios del XX: Luis Mazzantini, Antonio Fuentes, Manuel Hermosillo y Arcadio Ramírez. Rodolfo Gaona, conocido indistintamente como *el Califa de León* y el *Indio Grande*, fue creador de la suerte denominada «gaonera» y primer espada. Destacó Vicente Segura, quien, se dice, se incorporó a la filas maderistas durante la Revolución Mexicana. A estos inicios de siglo pertenece la primera y única mujer mexicana en los ruedos: Esther García *la Finita*. Durante las dos primeras décadas del nuevo siglo se edificaron El Toreo de la Condesa y la plaza Chapultepec, en la Ciudad de México. Con la victoria del constitucionalismo, el presidente Venustiano Carranza suspendió la celebración de la fiesta.

De los años veinte a los ochenta

La prohibición fue levantada en 1920 al iniciarse el gobierno de Álvaro Obregón, y dos años después se inauguró la plaza La Lidia. Durante ésa y

El gran número de aficionados al toreo, que se sentían complacidos por la fiesta, permitió que en la década de 1940 se construyera la monumental Plaza México, la más grande del mundo.

la siguiente década tomaron la alternativa toreros considerados de gran oficio, incluso en la cuna de la fiesta brava: José «Pepe» Ortiz, Fermín Espinosa *Armillita*, Alberto Balderas, Carmelo Pérez, David Liceaga *Carnicerito de México*, Jesús Solórzano, Luis Procuna, Alfonso Ramírez *el Calesero*, Carlos Arruza, Lorenzo Garza y Silverio Pérez. Con estos dos últimos empezó a hablarse de una «escuela mexicana del toreo». En 1923, la revista *El Universal Taurino* instituyó la Oreja de Oro como máximo galardón a la tauromaquia mexicana y, diez años después, se fundó la Unión Mexicana de Picadores y Banderilleros.

A lo largo los años cuarenta varios toreros consagrados compartieron el ruedo con la sangre nueva: Fermín Rivera, Jorge Aguilar *el Ranchero*, Luis y Félix Briones *Cañitas*, Manuel Capetillo, Jesús Córdoba, Rafael Rodríguez, Humberto Moro, Antonio Velázquez y Alfredo Leal. Asimismo se inauguraron el Toreo de Cuatro Caminos en 1945 y, un año más tarde, la monumental Plaza México, considerada la más grande del mundo. En 1946 quedó constituida la Asociación Nacional de Toros de Li-

dia. Luego vinieron las dinastías: los Silveti, Solórzano, Espinosa y Liceaga, aparte de los hijos del *Calesero*. Entre la década de 1950 y la de 1960 tuvo su época de apogeo Joselito Huerta, y surgieron figuras de la talla de Manolo Martínez y Eloy Cavazos. Tras ellos emergieron en la fiesta brava descendientes de los grandes: Manolo Arruza, Martín Francisco «Curro» Rivera y Miguel Espinosa *Armillita Chico*.

Hacia los años setenta y ochenta, entre los nombres con mayor cartel sobresalían los de David Silveti, César Pastor, Paco Dódoli, Mariano Ramos, Jorge Gutiérrez, Ricardo Sánchez, Valente Arellano, Jorge de Jesús Gleason, Guillermo Capetillo, José Miguel Arroyo, Antonio Lomelín, Ernesto Sanromán *el Queretano* y Rafael Gil *Rafaelillo*. La influencia de algunas de estas luminarias se dejó sentir en plazas no sólo de la península ibérica, sino de Centro y Sudamérica. Prueba de esa presencia es que Luis Castro *el Soldado* fue quien inauguró en 1953 el coso La Macarena, de Panamá, y que una plaza de Guatemala está dedicada a Silverio Pérez.

México cuenta con más de doscientas plazas fijas de toros. La fiesta brava tiene una larga tradición ya que la primera corrida, cuando la lidia se realizaba a caballo, se celebró en 1526.

Hacia el fin de siglo

En la década de 1990 recibieron la alternativa los matadores Rogelio Treviño, José María Luévano, Ricardo «Negro» Montaño, Manuel Martínez hijo, Carlos Rondero, Jorge Mora, Mario del Olmo, Arturo Gilio, Fernando de la Mora, Rafael Ortega y Federico Pizarro, por mencionar tan sólo a los más renombrados. Las ganaderías más prestigiadas eran Piedras Negras, San Mateo, Xajay, Rancho Seco, Mimiahuapan, José Julián Llaguno, Garfias, Reyes Huertas, Cerro Viejo, Begonia y Los Martínez. Las ferias más concurridas y con mayor tradición taurina eran la de San Marcos, en Aguascalientes, y la del Caballo, en Texcoco, Estado de México. En 1994 surgió la Agrupación Mexicana de Asociaciones Taurinas.

El toreo en el arte y el cine mexicanos

En México, la fiesta brava inspiró a artistas plásticos como el grabador José Guadalupe Posada, el caricaturista Ernesto García Cabral, los escultores Heriberto Juárez y Humberto Peraza y los pintores Alberto Gironella, José Luis Cuevas y Juan So-

riano. Existe una filmografía taurina: desde *El último torero*, de Rafael Trujillo (1925) y *¡Ora Ponciano!*, de Gabriel Soria (1936), hasta *Un toro me llama*, de Juan José Padilla, y *Arruza*, de Buss Boetticher, pasando por las muy celebradas *Ni sangre ni arena*, de Alejandro Galindo (1941) y *Torero*, de Carlos Velo (1955).

Periodismo y fotografía taurina

Practicantes de uno y otro oficio hicieron de la fiesta brava su especialidad. En el ámbito de la prensa existían revistas como *México Taurino*, *El Universal Taurino*, *La Temporada* y *El Redondel*, así como expertos cronistas de medios impresos como Carlos Septién García *Tío Carlos* y Carlos León, o de medios audiovisuales, como Francisco Rubiales *Paco Malgesto*, Carlos Fernández Valdemoro *Pepe Alameda* y Heriberto Murrieta *el primer espada*. Algunos profesionales de la cámara dedicados a captar imágenes de la fiesta brava y sus participantes eran: Lauro E. Rosell, Francisco Urbina, Agustín Casasola, los hermanos Mayo, Carlos Ysunza y Luis Reinoso.

Deportes

Deportes prehispánicos

Como prácticamente todas las actividades desarrolladas por los antiguos mexicanos, las que han sido consideradas deportes, por el tipo de ejercicio físico que implicaban, tenían un carácter primordialmente religioso. Entre esas actividades, que derivaron a la postre en actos paganos para fines de entretenimiento, apuestas o espectáculo, estaban el *totoloqui*, juego de azar similar al boliche, y el *xocuahpatollin*, juego acrobático azteca que los ejecutantes practicaban recostados y con los pies levantados, con los que hacían girar vertiginosamente una viga de madera.

También existían los juegos y ritos acuáticos semejantes a la natación y los clavados, cuyos vestigios se han encontrado en ruinas arqueológicas de Monte Albán, La Venta, Tepantitla e Izapa. No faltaban las carreras pedestres celebradas durante festejos rituales y las efectuadas entre mensajeros, en ocasiones con apuestas de por medio. De particular interés eran los sacrificios «gladiatorios» realizados en el Temalácatl, piedra redonda cercana al Templo Mayor en Tenochtitlan, y los simulacros de luchas entre guerreros en honor del dios Huitzilopochtli. Además, se tiene documentada la práctica de la caza, lo mismo entre los aztecas (se dice que Moctezuma era asiduo a este «deporte») y los zapotecos que entre los mixtecos y los tarascos, tanto para invocar a los dioses, como con fines de entretenimiento y competencia. Las presas favoritas eran ocelotes, venados y águilas, y a quienes sobresalían como cazadores se les denominaba *amiztlatoque* o *amiztaquihuaque*. Por el hecho de que se practi-

El juego de pelota era un deporte y una actividad religiosa practicada por los antiguos mexicanos.

can todavía en la actualidad, referencia aparte merecen el juego de pelota y el volador. Llamado *tlochtli* en náhuatl, *pokyab* o *pok-ta-pol* en maya y *toladzi* en zapoteca, el primero era una actividad sagrada para conocer el designio de los dioses. Quien perdía era sacrificado. Los espacios para su práctica se ubicaban, por lo regular, en las proximidades de templos y con frecuencia incluían santuarios y altares para el sacrificio. En Chichén Itzá, Xochicalco, Tula, Monte Albán y El Tajín existen vestigios de esa especie de «canchas». El juego —del cual, por cierto, se organizaban torneos en la década de 1990— consiste básicamente en el enfrentamiento de dos equipos cuyos integrantes, empleando sólo ciertas partes del cuerpo, deben hacer pasar una pelota por un anillo colocado en un muro. El volador, por su parte, consiste en un mástil sobre el que se encuentra un ejecutante de danza y música y del cual penden por medio de una cuerda y giran a su alrededor cuatro hombres vestidos de ave. Éstos simbolizan los cuatro puntos cardinales y sus trece revoluciones aluden a los 52 años del calendario mexica. En Tenochtitlan, este deporte-espectáculo solía tener lugar en la llamada Plaza del Volador, y su práctica ha llegado hasta nuestros días gracias a su preservación por parte de los totonacas en Papantla.

Charrería y jaripeo

Así se denomina a la equitación y al rodeo «a la mexicana», dos prácticas estrechamente vinculadas entre sí y que constituyen una mezcla de disciplina deportiva y espectáculo. Tuvieron su origen en las haciendas de la Nueva España, donde

Es boxeo es uno de los deportes con los que México ha alcanzado mayores éxitos. Una cuarta parte de las medallas olímpicas obtenidas por el país han sido en esta disciplina.

los encargados de cuidar al ganado (arrieros o charros) fueron perfeccionando las faenas propias de su actividad (lazar, colear, jinetear) y las combinaron con las suertes de la tauromaquia (banderillear, rejonear) hasta derivar en auténticas suertes nacionales que empezaron a tener gran difusión sobre todo durante el siglo XIX. Fue entonces cuando surgieron los primeros charros profesionales, entre quienes destacaron el torero Ponciano Díaz, quien convirtió la charrería en espectáculo público por el que se cobraba la entrada y la llevó a España con buen éxito. Pronto la charrería se transformó en una auténtica disciplina, empezaron a surgir asociaciones y en 1933 fue reconocida oficialmente como deporte por la Confederación Deportiva Mexicana, dando origen a la Federación Nacional de Charros. Así, de las simples exhibiciones y prácticas de aficionados en los lienzos localizados en diferentes puntos del país, se pasó a las competencias nacionales bien reglamentadas.

Cada año, a partir de 1950, se celebra el Congreso Charro. Para difundir y mantener viva esta tradición netamente mexicana se ha abierto un museo, se imparten cursos y se publican numerosos libros y revistas.

El boxeo

Originario de Gran Bretaña, este deporte tuvo en México un gran arraigo popular, especialmente en términos del número de aficionados. Asimismo, es quizás la disciplina deportiva que más

triunfos le había dado al país a nivel internacional. Se dice que el primer campeón mundial mexicano fue el welter junior José Pérez Flores, *Battling Shaw* en 1933. Sin obtener dicho título, destacaron también en la primera parte de una «época de oro» del boxeo nacional: *Baby* Arizmendi, *El Chango* Casanova y Joe Conde, entre otros. En los años cuarenta, el pluma Albert Wright (duranguense radicado en Estados Unidos) y el ligero Juan Zurita fueron los peleadores más exitosos. En esa misma década triunfaron los «campeones sin corona» *Kid Azteca* (welter) y Luis Castillo (mosca), llamados el *Rey del gancho al hígado* y el *Acorazado de bolsillo*, respectivamente. En los años cincuenta, los campeones mundiales mexicanos más destacados fueron el ligero Lauro Salas y el primer gran ídolo: el gallo Raúl «Ratón» Macías. Por ese tiempo también sobresalían los mosca *Monito* Flores y Memo Díez; los gallos Memo Valero, Fili Nava y Toluco López (otro gran ídolo), y el ligero Lalo Gallardo. La siguiente década estuvo dominada por el gallo José Becerra y el pluma Vicente Saldívar, mejor conocido como el *Zurdo de oro*.

Considerada como una de las etapas más pródigas en campeones, los años setenta vieron triunfar a los welter Pipino Cuevas, Carlos Palomino y José Ángel «Mantequilla» Nápoles; a los ligeros Erubey «El Chango» Carmona y Ricardo Arredondo; al pluma Clemente Sánchez, y a los peso gallo Rubén «Púas» Olivares, Chucho Castillo, Rafael Herrera, Romeo Anaya, Rodolfo Martínez, Alfonzo Zamora y Carlos Zárate; así como a los mosca Efrén «Alacrán» Torres, Miguel Canto y Guty Espadas. Ya en plena década de 1980, obtuvieron títulos mundiales el superligero René Arredondo; los ligeros *Gato* González y José Luis Ramírez; los ligero junior *Bazooca* Limón y Julio César Chávez; el supergallo Lupe Pintor, el pluma Sal Sánchez, el gallo Daniel Zaragoza y el supermosca Gilberto Román; los mosca Antonio Avelar, Freddy Castillo, Juan Herrera y Gabriel Bernal, y los minimosca Pedro Flores, Lupe Madera y Amado Ursúa.

Hacia mediados de la década de 1990, el pugilismo en México observaba un vigoroso desarrollo, tanto en el número de jóvenes promesas que se entrenaban en gimnasios de todo tipo, como en la cantidad de figuras exitosas a nivel internacional. Simplemente en 1994, de las 41 peleas de título mundial avaladas por el Consejo Mundial de Boxeo, veinte fueron protagonizadas por pugilistas mexicanos, entre ellos Chávez, Ri-

México participó en la primera Copa del Mundo de fútbol, celebrada en Uruguay en 1930, y ha organizado los Campeonatos mundiales de este deporte en 1970 y en 1986.

cardo «Finito» López, Miguel Ángel González y Humberto «La Chiquita» González. En cuanto al boxeo olímpico, de casi cuarenta medallas obtenidas por México en Juegos Olímpicos, once fueron conseguidas por esta disciplina. Por otra parte, en medio de una gran polémica, el pugilismo femenino empieza a desarrollarse en el país, aunque como un mero deporte de exhibición, sin alcanzar aún el estatus oficial. Un nombre destaca en este renglón: el de Laura Serrano García, quien se adjudicó en el año 1995 el título mundial de peso ligero de la Federación Internacional de Boxeo Femenino.

El fútbol

Traído a México a fines del siglo XIX por técnicos británicos, este deporte es el de mayor arraigo y popularidad en el país, no sólo en términos de afición, sino en cuanto a práctica, lo mismo en un llano que en un estadio. El primer campeonato de liga tuvo lugar en 1902 entre los equipos Reforma, México, British Club, Cricquet y Orizaba, los cuales tuvieron una vida más o menos efímera. Quince años después surgieron las primeras escuadras que a la fecha sobreviven: el Récord —que en 1920 se convirtió en el actual América— y el Atlante. En 1921, con motivo del centenario de la consumación de la Independencia de México, se disputó la primera competencia nacional. Representaron a la capital de la República los equipos

Germania, España, Asturias, México, Deportivo Internacional, Amicale Française, Luz y Fuerza y Morelos. Del interior del país tomaron parte Sporting, de Veracruz; Iberia, de Córdoba; Atlas y Guadalajara, de Jalisco; y Pachuca, de Hidalgo. En 1923 se conformó lo que podría considerarse la primera Selección Nacional, la cual perdió 2-1 ante su similar de Guatemala. Cuatro años más tarde se fundó la Federación Mexicana de Fútbol, la primera en el país que se afilió a la Federación Internacional de Fútbol Asociación (FIFA). En 1930 se constituyó la Liga Mayor de Fútbol y México participó en la primera Copa del Mundo, celebrada en Uruguay. Durante esa década, el Necaxa fue el equipo favorito, al igual que varios de sus jugadores: Marcial Ortiz, el *Pichojo* Pérez, Antonio Azpiri y Horacio Casarín. Hacia finales de los años treinta, con el exilio español se incorporaron al fútbol mexicano jugadores como los vascos Isidro Lángara y los hermanos Regueiro.

La profesionalización

A lo largo de los años cuarenta, no sin cierta resistencia, el balompié nacional se hizo profesional, los futbolistas empezaron a cobrar, sometidos a la disciplina de su actividad y de un club. Ya para entonces el deporte se había convertido en espectáculo de masas. En 1942 se instituyó el Torneo de Copa y en 1945 se expidió la primera reglamentación que limitaba el número de jugadores

Partido disputado por las selecciones de fútbol de México y España en los Juegos Olímpicos de 1968, en los cuales México obtuvo nueve medallas.

extranjeros por equipo. Pasados tres años se fundó la nueva Federación Mexicana de Fútbol. La Segunda División se constituyó en 1950 y la Tercera, en 1967. Desde entonces, entre los equipos con mayor arraigo y notable desempeño en los últimos años, figuran, además del Necaxa: Guadalajara, América, Universidad Nacional, Cruz Azul y Toros Neza. Entre los futbolistas más destacados se encuentran: Enrique Borja, Hugo Sánchez (con una sobresaliente actuación en el fútbol de España), Luis García, Carlos Hermosillo, Jorge Campos y Luis Alberto Alves *Zague*. Muchos de ellos se hicieron merecedores del trofeo Citlalli. En lo concerniente a la Selección Mexicana, ésta nunca ha logrado destacar a nivel internacional más allá de confederaciones regionales. Sin embargo, en suelo mexicano se llevaron a cabo dos Campeonatos Mundiales, en 1970 y 1986.

El sistema deportivo mexicano

Éste está conformado, básicamente, por el Comité Olímpico Mexicano (surgido en 1924 y encargado de coordinar la participación del país en la máxima justa deportiva celebrada cada cuatro años), por la Confederación Deportiva Mexicana (oficializada en 1933 y que afiliaba a 53 federaciones correspondientes a disciplinas deportivas específicas), y por la Comisión Nacional del Deporte, surgida en el año 1988 como principal instancia a través de la cual el Estado mexicano impulsa la actividad deportiva nacional. Otro estímulo estatal es el Premio Nacional del Deporte, otorgado por la Presidencia de la República cada año, desde 1975, con el objeto de reconocer las trayectorias y los logros de deportistas o promotores deportivos mexicanos de excelencia a nivel nacional e internacional. A las mencionadas instancias deportivas hay que agregar los esfuerzos, las instalaciones y los recursos de organismos públicos como el Instituto Mexicano del Seguro Social, instituciones de educación superior como la Universidad Nacional Autónoma de México, clubes privados como la YMCA, las dependencias correspondientes de los gobiernos estatales y municipales, asociaciones civiles, etcétera.

México en los Juegos Olímpicos

Aunque la participación de México en los Juegos Olímpicos data de 1924 en París, no fue sino hasta 1932, en Los Ángeles, cuando el país obtuvo su primera medalla olímpica (de plata) gracias al pugilista Francisco Cabañas. Entre esa justa y la de Atlanta (1996), México consiguió 38 preseas: 9 de oro, 11 de plata y 18 de bronce. La disciplina deportiva mexicana que mayor número de medallas ha conquistado (11) en los Juegos es el boxeo. Le siguen en orden descendente: clavados (8), caminata (7), justas ecuestres y natación (2), tiro, basquetbol, polo, esgrima, ciclismo y lucha grecorromana (1). El deportista que mayor número de medallas ha obtenido es Joaquín Capilla (4). Los Juegos Olímpicos en los cuales el país consiguió el mayor número de medallas (9) fueron precisamente los celebrados en México, en el año 1968. De las quince veces que el país participó en la justa, en dos no obtuvo premio alguno y en otras siete sólo consiguió una medalla.

La lucha libre

En México la lucha libre goza de una gran popularidad. La principal instancia organizadora de tales competencias es el Consejo Mundial de Lucha Libre, creado en 1933 por Salvador Lutteroth. Como empresa cuenta con varias instalaciones apropiadas para ese deporte en las ciudades de México, Guadalajara, Puebla y Cuernavaca.

Historia

Los orígenes de la lucha libre en México se remontan a épocas insospechadas. Se dice que fue introducida por los franceses, en el año 1863, en tiempos de la intervención. En 1910 estuvo en México la compañía del campeón italiano Giovanni Relesevitch y el mismo año llegó el famoso Antonio Fournier trayendo, entre otros, a Conde Koma y Nabutaka. En 1921 arribaron a México Constant le Marin y León Navarro, quien había sido campeón medio de Europa. Dos años después volvió a México trayendo al japonés Kawamula quien, junto con «Hércules» Sampson, actuó en el Frontón Nacional. En 1930 vino George Gadfrey, el famoso hombre de color que había sido boxeador, acompañado del Sargento Russell.

En 1933 se inició lo que podemos llamar la «Época Moderna». Salvador Lutteroth presenció un encuentro en el Liberty Hall de El Paso, Texas y tuvo la idea de traer ese espectáculo a nuestro país. Sin embargo, las funciones se daban en forma eventual. El 21 de septiembre de 1933 Lutteroth, en conjunción con Francisco Ahumada ofreció su primera función en la Arena México. En ella combatieron «Yaqui» Joe, Bobby Sampson, «Cyclonne» Mackey y «Chino» Achiu. Pese a los obstáculos rentaron la Arena Modelo, que iba a ser demolida por incosteable. El inmueble, con capacidad para cinco mil personas, fue remodelado. Ni los cálculos más optimistas previeron el auge de la naciente empresa, ni su desarrollo y extensión a toda la República.

Al comienzo los luchadores extranjeros llenaban las funciones. Para interesar al público nacio-

La organización de los Juegos Olímpicos de 1968 supuso un gran reto para el país, que consiguió en ellos los mayores triunfos deportivos de su historia. El pueblo los acogió con entusiasmo.

nal era indispensable crear luchadores mexicanos. Lutteroth publicó avisos en los diarios capitalinos invitando a los interesados a entrenarse. Después de tres o cuatro funciones en la Arena México el espectáculo se trasladó a la Arena Nacional. Por ella desfilaron luchadores como Ben Alí Mar Allah, Pilusso, Matsuda, Ibeen Seleem, Otis Cligman y Dany McShain. El 2 de abril de 1943 se inauguró la Arena Coliseo con capacidad para 6,787 personas. La nueva Arena México ofreció su función inaugural el 27 de abril de 1957. Desde ese entonces el deporte se ha hecho cada vez más popular en México creando verdaderos iconos de la cultura nacional como Santo, el «Enmascarado de plata».

La leyenda del Santo según sus descendientes

Originario de Tulancingo, Hidalgo, el Santo llegó a la capital mexicana en 1932 y se inició en la lucha libre por la admiración que sintió por sus hermanos: Black Guzmán, Jimmy Guzmán y Javier Guzmán. Comenzó a luchar con el nombre del Hombre de Rojo, más tarde con el nombre de Rudy Guzmán y posteriormente como Murciélago II. Debutó en la Arena México luchando contra «Ciclón» Veloz, a quien arrebató el campeonato mundial welter. Formó pareja con Gory Guerrero, pero sin duda alguna con quien mejor se acopló fue con el «Rayo» de Jalisco padre ya que en tres ocasiones se coronaron campeones nacionales de parejas.

Medallistas olímpicos mexicanos

Los Ángeles 1932
    Francisco Cabañas, Boxeo, Plata
    Gustavo Huet, Tiro, Plata
Berlín 1936
    Fidel Ortiz, Boxeo, Bronce
    Equipo seleccionado, Basquetbol, Bronce
    Equipo seleccionado, Polo, Bronce
Londres 1948
    Humberto Mariles, Ecuestres, Oro
    Equipo seleccionado, Ecuestres, Oro
    Equipo seleccionado, Ecuestres, Bronce
    Joaquín Capilla, Clavados, Bronce
Helsinki 1952
    Joaquín Capilla, Clavados, Plata
Melbourne 1956
    Joaquín Capilla, Clavados, Oro
    Joaquín Capilla, Clavados, Bronce
Roma 1960
    Juan Botello, Clavados, Bronce
Tokio 1964
    Juan Fabila, Boxeo, Bronce
México 1968
    Ricardo Delgado, Boxeo, Oro
    Antonio Roldán, Boxeo, Oro
    Joaquín Rocha, Boxeo, Bronce
    Agustín Zaragoza, Boxeo, Bronce
    Felipe Muñoz, Natación, Oro

María Teresa Ramírez, Natación,
    Bronce
José Pedraza, Caminata, Plata
Pilar Roldán, Esgrima, Plata
Álvaro Gaxiola, Clavados, Plata
Munich 1972
    Alfonso Zamora, Boxeo, Plata
Montreal 1976
    Juan Paredes, Boxeo, Bronce
    Daniel Bautista, Caminata, Oro
Moscú 1980
    Carlos Girón, Clavados, Plata
    Ernesto Canto, Caminata, Oro
    Raúl González, Caminata, Oro
    Raúl González, Caminata, Plata
    Equipo seleccionado, Ecuestres, Bronce
Los Ángeles 1984
    Héctor López, Boxeo, Plata
    Manuel Youshimatz, Ciclismo, Bronce
    Daniel Aceves, Lucha, Bronce
Seúl 1988
    Jesús Mena, Clavados, Bronce
    Mario González, Boxeo, Bronce
Barcelona 1992
    Carlos Mercenario, Caminata, Plata
Atlanta 1996
    Bernardo Segura, Caminata, Bronce

Santo iniciaba una carrera ascendente. En 1946 venció a Pete Pankoff coronándose monarca mundial welter y en 1947 ganó su segundo título nacional. Para 1962 ganó el campeonato mundial medio y dos años más tarde, el 2 de marzo de 1966, ganó el segundo título nacional semi completo al derrotar a «Espanto» I. Por fin, había surgido un ídolo netamente mexicano, un ídolo de carne y hueso. La imagen del Santo no sólo se difundió en las transmisiones de lucha libre por televisión sino gracias a su intervención en el séptimo arte, el cine. En largometrajes como *Santo contra las momias de Guanajuato* y *Santo contra el poder diabólico* enfrentó a muertos, extraterrestres, hombres lobo, vampiros, etcétera.

En la década de 1970 continuó cosechando éxitos. Después de una fatal lucha contra «El Signo» estuvo inconsciente en el hospital. Tras recuperarse trabajó como escapista en el Teatro Blanquita. Sin embargo desde aquella lucha contra «El Signo» el doctor le diagnosticó un problema en las coronarias por lo cual le recomendó que no actuara encerrado en un ataúd ya que requería hacer un gran esfuerzo con muy poco oxígeno. El 5 de febrero de 1984 El Santo había muerto dentro de un ataúd.

Los estados de la República

El poder ejecutivo tiene su sede en el Palacio de Gobierno, situado en el Zócalo de la Ciudad de México. La escalera monumental está decorada con murales sobre la historia nacional realizados por Diego Rivera en 1935.

Breve historia de la división territorial de México

Mesoamérica

En los más remotos orígenes, se supone que el hombre prehistórico inmigró al continente Americano en diversas y continuas oleadas, hace aproximadamente 40,000 años, a través del estrecho de Bering. Quizás procedía del centro o el sur de Rusia. En el largo período que va de hace 25,000 a 9,000 años, pequeñas hordas de cazadores que seguían a los mamuts y caballos poblaron las llanuras de lo que hoy es Estados Unidos.

Las cabezas colosales, labradas en piedra, son obras características de la cultura olmeca.

Hace entre 6,500 y 1,500 años se pobló el valle de Tehuacán, situado al sur del actual estado de Puebla y la parte más alta del estado de Oaxaca, en el altiplano central de la República Mexicana. Ahí se desarrolló un asentamiento humano muy importante conocido como la «gente de Coxcatlán». En el lapso que corre del 2000 al 1300 a. C. se desarrolló el poblado más antiguo de Mesoamérica, El Arbolillo, perteneciente al actual Estado de México. A éste siguieron Tlatilco y Zacatenco.

De 1300 al 700 a. C. las aldeas crecieron y se expandieron hasta constituir verdaderas villas. Posteriormente se reconoce la influencia cultural olmeca en El Arbolillo, Tlatilco, Zacatenco, Xaloztoc, Copilco, Tlapacoya y Coatepec. Para el año 100 a.C., en la cuenca de México alcanzaron su plenitud los sitios de Zacatenco, Ecatepec, cerro del Tepalcate, Cuicuilco, Ticomán, Tetelpan, Tlapacoya, Contreras, Chimalhuacán, Papalotla, Texcoco, Azcapotzalco, Xico y Teotihuacan.

Según algunos especialistas, los olmecas habitaron al principio de su civilización el mítico lugar llamado Tamoanchan, que quizás estuvo situado en algún lugar de la costa septentrional del golfo de México, desde Boca del Río hasta la Huasteca, o sea, el sur de Veracruz y el norte de Tabasco. Sin embargo, los datos arqueológicos más recientes parecen situar a Tamoanchan en el actual estado de Morelos, en una caverna cercana a la ciudad de Cuernavaca. Muchas representaciones de las deidades olmecas aparecen en las ruinas de Xochicalco y en otras partes del estado de Morelos. La influencia olmeca abarcó Guerrero, La Venta, Tres Zapotes, el Trapiche, Alvarado, Pinudo, Chapa de Corzo y Mazatlán hasta alcanzar algunos lugares de Panamá, Ecuador, Perú y Estados Unidos.

El primer gran desarrollo urbano, Teotihuacan, la ciudad de los dioses, surgió de la unión de los cuicuilquenses y los olmecas. Localizada al este del Estado de México, tenía una extensión de 22.5 km^2 y una población de 45,000 individuos, hacia el año 150 d.C. Al principio del siglo X, apareció en el Altiplano Mesoamericano Mixcóatl, comandante de hordas de Jalisco y Zacatecas. Este personaje, al parecer, conquistó la cuenca de México, construyó Culhuacán y añadió a sus dominios Morelos, Toluca y Teotlalpan. En el año 980 d.C., el príncipe Uno Caña Serpiente Emplumada fundó la ciudad de Tula, en el actual estado de Hidalgo.

Desde 800 a.C. hasta 1521 d.C., el valle de Oaxaca fue la cuna de un conjunto de civilizaciones que tuvieron como ciudad principal a Monte Albán, habitada por zapotecas y mixtecos. Los tarascos o purépechas, por su parte, dominaron el occidente de México abarcando Ihuatzio, Tzintzunzan, Jacona, Quiroga, Pátzcuaro, Tangaricuaro y Huetamo hasta Guanajuato, Querétaro, Guerrero, Colima, Nayarit y parte de Sinaloa.

La cultura Maya, a su vez, se desarrolló en un gran territorio de 320,000 km^2, en una extensión que ocupan actualmente los estados de Yucatán,

Época colonial

En la época colonial existieron varias clases de divisiones territoriales, que a la fecha crean confusión entre los historiadores. La más importante fue la división eclesiástica. En ella se distinguen varias clases. Una dividió y subdividió el territorio en porciones sujetas a jurisdicciones correspondientes a la jerarquía propia de la Iglesia. Estaba también la división de las Provincias de Evangelización, formadas por determinadas regiones encomendadas a las órdenes monásticas y, por último, la división eclesiástica motivada por el distrito de los Tribunales del Santo Oficio.

Por otra parte existía la división territorial administrativa-judicial, determinada por los distritos jurisdiccionales de las audiencias, subdivididas en gobiernos, corregimientos y alcaldías mayores. La división administrativa-fiscal estaba caracterizada por las provincias Internas y las intendencias emanadas de la Real Ordenanza del 4 de julio de 1718.

Los pobladores del virreinato de la Nueva España hicieron suyas las divisiones territoriales indígenas, diferenciando el mapa colonial con el carácter de provincias, en el territorio llamado Reino de México, el Reino de Michoacán y el Reino de Tlaxcala. Las provincias Internas y provincias mayores durante la época de la Colonia fueron el Reino de México, con cinco provincias mayores; el Reino de Nueva Galicia, con tres provincias mayores; la Gobernación de la Nueva Vizcaya, con dos provincias; la Gobernación de Yucatán, con tres provincias mayores; el Nuevo Reino de León, la Colonia de Nuevo Santander, la Provincia de Tamaulipas, la Provincia de los Tojas, las Nuevas Filipinas, la Provincia de Coahuila, la Nueva Extremadura, la Provincia de Sinaloa (Cinaloa), la Provincia de Sonora, la Provincia de Nayarit, San José Nayarit, la Provincia de la Vieja California, La Península, la Provincia de la Nueva California y la Provincia de Nuevo México de Santa Fe.

En el marco de las reforma borbónicas, la cédula real del 11 de octubre de 1786, proclamada por el rey Carlos III de España, dividió el virreinato de Nueva España en doce intendencias para controlar el gobierno, la hacienda y la administración interior. Éstas eran México, Puebla, Guadalajara, Guanajuato, Oaxaca, San Luis Potosí, Veracruz, Valladolid, Mérida (con Tabasco), Zacatecas, Durango y Arizpe (que incluía los territorios de Sonora-Sinaloa).

En la ciudad maya de Chichén Itzá son evidentes las influencias toltecas. Junto al Templo de los Guerreros se levanta la gran columnata conocida como «grupo de las Mil Columnas».

Campeche, Quintana Roo, Tabasco, la mitad oriental de Chiapas, la mayor parte de Guatemala, Belice, la franja occidental de Honduras y el Salvador. Sus ciudades más importantes fueron Petén, Bonampak, Chichén Itzá, Tulum y Mayapán.

En cuanto a los aztecas, según la leyenda, fueron guiados por las profecías de Huitzilopochtli y, provenientes de Colima y Nayarit, fundaron su primer templo en un lago situado entre de los dominios de Azcapotzalco y Texcoco. La construcción de este templo marcó la fundación de México-Tenochtitlan en el año 1325 d.C. En menos de un siglo conquistaron y anexaron a su imperio las ciudades de Texcoco, Tenayuca, Azcapotzalco, Xaltocan, Culhuacán, Coyoacán y Xochimilco.

De esta manera se adquiere una idea de la enorme extensión que abarcó Mesoamérica en su conjunto, y la división territorial que existía antes de la llegada de los españoles. Ésta obedecía al desarrollo de sus regiones, unas más ligadas con otras entre sí, en el espacio y en el tiempo: el Altiplano Central, la costa del Golfo, la región Oaxaqueña, la Maya y la del occidente de México.

Mapa de la división de México en 1824

Territorio de ALTA CALIFORNIA

Territorio de NUEVO MÉXICO

SONORA Y SINALOA

Territorio de BAJA CALIFORNIA

COAHUILA Y TEXAS

CHIHUAHUA

DURANGO

NUEVO LEÓN

TAMAULIPAS

ZACATECAS

SAN LUIS POTOSÍ

JALISCO

GUANAJUATO

QRO.

MÉXICO

VERACRUZ

YUCATÁN

Terr. de COLIMA

MICHOACÁN

TLAX.

PUEBLA

OAXACA

TABASCO

CHIAPAS

SOCONUSCO

CONSTITUCIÓN DE 1824

19 Estados y 4 Territorios

(Tlaxcala pendiente de legislación definitiva - El Soconusco, territorio debatido)

La Independencia

El documento más importante emanado de los caudillos insurgentes es el llamado Decreto Constitucional, sancionado en Apatzingán el 22 de octubre de 1814. En el artículo 42 se ocuparon del punto de división territorial, denominado «América Mexicana». En éste se estableció que las provincias existentes eran: México, Puebla, Tlaxcala, Veracruz, Yucatán, Oaxaca, Tecpan, Michoacán, Querétaro, Guadalajara, Guanajuato, Potosí, Zacatecas, Durango, Sonora, Coahuila y el Nuevo Reino de León.

Durante el Imperio de Iturbide, del 24 de agosto de 1821 al 17 de junio de 1823, ocurrieron diversos hechos que afectaron la división territorial del país. Yucatán se unió a México el 15 de septiembre de 1821 y ese mismo día Guatemala se separó de México. El 16 de enero de 1822, Chiapas fue incorporado al Imperio de México. No fue sino hasta el 3 de febrero de 1824 cuando el Congreso y el Poder Ejecutivo juraron el Acta Consti-

La constitución de 1824 adoptó la forma republicana de gobierno e instauró la división de poderes a nivel federal y para cada uno de los 19 estados en que se dividió el país.

tutiva de la Federación, y denominaron a las provincias como «Estados libres, soberanos e independientes». Según la Constitución promulgada el 4 de octubre de 1824 había 19 estados y cuatro territorios: territorio de Alta California, territorio de Nuevo México de Santa Fe, territorio de Baja California y territorio de Colima. Los estados eran Sonora y Sinaloa, Chihuahua, Coahuila y Texas, Durango, Nuevo León, Tamaulipas, Jalisco, Zacatecas, San Luis Potosí, Guanajuato, Michoacán, Querétaro, México, Puebla, Veracruz, Oaxaca, Tabasco, Chiapas y el Soconusco (porción de territorio que se hallaba en disputa).

La Ley de Bases del 23 de octubre de 1835 transformó los estados y territorios en departamentos. Éstos eran: Aguascalientes, California, Chiapas, Chihuahua, Coahuila, Durango, Guanajuato, México (con Tlaxcala), Michoacán (con Colima), Nuevo León, Nuevo México, Oaxaca, Puebla, Querétaro, San Luis Potosí, Sinaloa, Sonora, Tabasco, Tamaulipas, Texas, Veracruz, Jalisco, Yu-

El Cabildo de Mérida es un símbolo del estado de Yucatán, escindido en dos ocasiones del gobierno federal (1840-1842 y 1846) y escenario de la guerra de castas (1847-1855).

catán y Zacatecas. El 2 de marzo de 1836, la Convención de Austin proclamó la independencia absoluta de México y se erigió como la República Texana. El 2 de febrero de 1848 se firmó en Guadalupe Hidalgo un tratado de paz y arreglo definitivo entre la República Mexicana y Estados Unidos para dar fin a la intervención estadounidense en territorio nacional, mismo que fue sancionado por decreto el 20 de mayo de 1848. Mediante dicho tratado, la República perdió más de la mitad de su territorio (Texas, Nuevo México, Alta California y porciones de los estados de Tamaulipas, Sonora y Baja California). La división centralista vigente entre 1853 y1857 llamó «departamentos» a los veinte estados de la primera división federalista y a los de Guerrero y Aguascalientes.

Reforma y Porfiriato

Según la Constitución promulgada el 5 de febrero de 1857, había 24 estados y un territorio. Éstos eran Sonora, Chihuahua, Nuevo León y Coahuila, Sinaloa, Durango, Zacatecas, Tamaulipas, San Luis Potosí, Jalisco, Aguascalientes, Guanajuato, Querétaro, Colima, Michoacán, México, Valle de México, Guerrero, Tlaxcala, Puebla, Veracruz, Oaxaca, Chiapas, Tabasco, Yucatán y el territorio de Baja California. El 19 de febrero de 1862 se erigió en estado de la Federación el distrito de Campeche. La división planteada por Maximiliano de Habsburgo, por decreto del 3 de marzo de 1865, creó cincuenta departamentos, divididos en distritos, y éstos en municipalidades. A éste seguirían las divisiones federalistas en sus diversas etapas, que culminaron con la Constitución de 1917 y las reformas efectuadas a ésta en el curso de los años posteriores. El 18 de noviembre de 1868 quedó definitivamente establecido el estado de Coahuila. El 18 de enero de 1869 se erigió el estado de Hidalgo. El 16 de abril de 1869 se creó por decreto del Congreso de la Unión el estado de Morelos. El 24 de noviembre de 1902 se creó el nuevo territorio federal de Quintana Roo.

México actual

La Constitución del 5 de febrero de 1917, al legislar sobre la división territorial, dedica siete artículos —del 42 al 48— a disposiciones relacionadas con los límites y extensiones de la República en general y contempla la erección del nuevo estado de Nayarit. El 7 de febrero de 1931 se hicieron reformas a los artículos 43 y 45 constitucionales. El territorio de Baja California quedó dividido en dos partes con los nombres de territorios Norte y Sur. El 6 de enero de 1960 se realizaron reformas a los artículos 43 y 45, mediante las cuales se hace una enumeración más cuidadosa y explícita de los territorios marítimos nacionales y se añaden por primera vez la plataforma continental, los zócalos submarinos de las islas, cayos y arrecifes, las aguas de los mares territoriales y el espacio situado sobre el territorio de la República. Según la Constitución del 5 de febrero de 1917 y sus reformas, México se divide en la actualidad en 31 estados y un Distrito Federal.

Organización política y administrativa

En virtud de los artículos 40 y 41 del título segundo de la Constitución Política de los Estados Unidos Mexicanos, México es una República representativa, democrática y federal, compuesta de estados libres y soberanos en todo lo concerniente a su régimen interior. El pueblo ejerce su soberanía por medio de los Poderes de la Unión.

El título tercero, capítulo I, artículo 49, establece que el supremo Poder de la Federación se

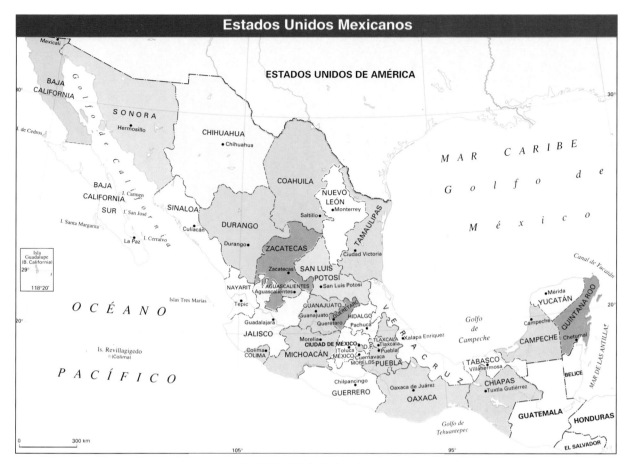

Estados Unidos Mexicanos

Las 32 entidades federativas que constituyen la República pueden agruparse en macrorregiones geográficas de acuerdo con su ubicación.

divide en Legislativo, Ejecutivo y Judicial. El Poder Legislativo se deposita en un Congreso General, dividido en dos Cámaras, una de Diputados y otra de Senadores.

De acuerdo con el título quinto, artículo 115 de la Constitución, los estados adoptan para su régimen interno la forma de gobierno republicana, representativa y popular. La división territorial y la organización política y administrativa tienen como base al Municipio Libre, que se administra por ayuntamientos de elección popular directa. Ninguna autoridad media legalmente entre el gobierno del Estado y las autoridades municipales.

Las autoridades que rigen los municipios son el presidente municipal, los regidores y los síndicos. Estas autoridades se eligen popularmente de manera directa y no pueden ser reelectas en períodos consecutivos —salvo quienes hayan tenido carácter de suplentes. Los municipios tienen a su cargo los servicios de agua potable y alcantarillado, de alumbrado público, de limpia, los mercados y centrales de abasto, los panteones, los rastros, las calles, parques y jardines, la seguridad pública y el tránsito; además prestan los servicios que determinen las autoridades según las condiciones territoriales y socioeconómicas de los municipios, así como su capacidad administrativa y financiera. La coordinación entre municipios, sujeta a la ley, está permitida constitucionalmente.

El Ejecutivo federal y los gobernadores de los estados tienen el mando de las fuerzas públicas en los municipios en donde residen o lleguen a residir habitual o transitoriamente.

El artículo 116 del mismo título establece que el poder público de los estados se divide para su ejercicio en Ejecutivo, Legislativo y Judicial y que dos o más de éstos no pueden reunirse en una persona o corporación, ni depositarse el legislativo en un solo individuo. Las elecciones para gobernadores de los estados y de las legislaturas locales es directa y en los términos que disponen las leyes electorales respectivas.

Aguascalientes

El estado de Aguascalientes se localiza en la región occidental de la altiplanicie mexicana, en las coordenadas 21° 38' al sur, 22° 27' al norte, 101° 53' al este y 102° 52' al oeste. Colinda al norte, nordeste y oeste con Zacatecas, y al sudeste y sur con Jalisco. La entidad tiene una superficie total de 5,589 km², lo que representa el 0.3 por ciento del territorio nacional. El estado está integrado por once municipios y su capital es Aguascalientes.

La orografía está compuesta por la sierra Fría, con una altitud de 3,050 m sobre el nivel del mar, la sierra El Laurel (2,760 m), el cerro El Mirador (2,700 m), el cerro La Calavera (2,660 m), la sierra de Asientos (1,700 m), la sierra Peralta (2,660 m), el cerro San Juan (2,530 m), el cerro Juan el Grande (2,500 m), El Picacho (2,420 m) y el cerro Los Gallos (2,340 m).

El estado cuenta con los ríos San Pedro-Aguascalientes, Calvillo-La Labor, Santiago, Chicalote, Morcinique-Milpillas, Calvillito y Pabellón. En la entidad se localizan las presas Presidente Calles, General Abelardo L. Rodríguez, Niágara y Media Luna. En su territorio se dan los climas templado subhúmedo con lluvias en verano, semiseco semicálido y semiseco templado. La temperatura media anual es de 19.4 °C. La precipitación promedio anual es de 622.7 milímetros.

Con respecto a la vegetación, casi el 29 por ciento de la superficie está cubierto de matorrales, entre los que abundan nopal cardón, huizache chino y mezquite; un 17.5 por ciento son pastizales, de navajita velluda, banderita, tres barbas y lobero; otro 16 por ciento está cubierto de bosques, en los que predominan los encinos colorados, táscate, roble, álamo, cedro y pino. El 34.77 por ciento de la superficie del estado está dedicada a la agricultura.

En cuanto a la fauna, hay venado cola blanca, lobo, puma, coyote, gato montés, jabalí, zorro, liebre, conejo, tejón y distintas variedades de aves, entre las que se encuentran güilota, paloma de collar, coquena, águila, halcón, búho, lechuza, zopilote, codorniz y ganso salvaje.

Historia

Restos fósiles de plantas, hachas, puntas de flecha y pinturas rupestres, encontrados a lo largo de toda la zona, han permitido realizar investigaciones sobre las épocas remotas. Durante el período prehispánico, los grupos que habitaban esta región eran cuachichiles, caxcanes, tecuejes y zacatecanos.

Las primeras incursiones de españoles a esas tierras fueron comandadas por Pedro Almíndez de Chirinos, quien las conquistó. En 1535, el territorio formó parte de la Nueva Galicia. Hacia 1546 se descubrió la mina del Magistral, lo que propició la llegada de españoles que fundaron el pueblo de Tepezalá. En 1570, el virrey Martín Enríquez de Almanza ordenó la construcción de presidios militares

El nopal es una planta crasa con fruto en forma de baya, que se cultiva en Aguascalientes y se exporta con éxito a Europa.

La villa de Aguascalientes fue declarada ciudad en 1824; hacia 1840 aparecía con este aspecto en una litografía de Daniel T. Egerton.

para proteger los cargamentos de plata. En el valle de los Romeros, sitio de Aguascalientes, hoy capital del estado, se edificó un fuerte denominado así por los abundantes yacimientos de aguas termales.

En 1575 se fundó la Villa de la Asunción, también como protección para la ruta de la plata. En 1604, un grupo de indígenas, quizás tlaxcalteca, fundó el pueblo de San Marcos junto a la villa hispana, donde a partir del año siguiente comenzó a tener lugar la feria tradicional. La mayoría de los asentamientos se instauraron durante el siglo XVII, al igual que la edificación de varios recintos religiosos como La Asunción (hoy la Catedral), San Marcos, La Merced (que en 1665 anexó el colegio y templo de La Encarnación), San Juan de Dios (que entre 1684 y 1686 abrió el hospital, la enfermería y el convento juanino), la casa Cural y el templo de San Diego. También se levantó la casa para el

mayorazgo de Ciénaga de Mata o Rincón, sede del actual palacio de Gobierno.

Durante el siglo XVIII la comarca tuvo una agitada vida: el alcalde Matías de la Mota Padilla ordenó introducir el agua potable, construir la cárcel y un puente sobre el río de Cañada Honda. Hubo alzamientos indígenas, heladas, hambrunas, ataques de bandoleros y epidemias de viruela. Francisco de Rivero y Gutiérrez fundó la Escuela Pía. Durante el siglo XIX, se crearon el Colegio de la Enseñanza para mujeres, la Academia de Dibujo, el Instituto Científico y Literario de Santa María de Guadalupe, la Escuela de Agricultura —hoy Universidad Autónoma de Aguascalientes— y la Escuela Normal, entre otras instituciones. Se construyeron los talleres generales de reparación de trenes y vías ferroviarias más grandes del país y la Gran Fundición Central Mexicana.

Años antes del estallido de la guerra de Independencia, Francisco Primo de Verdad y Ramos, Valentín Gómez Farías, Rafael Iriarte y Pedro Parga, entre otros, trabajaban por la liberación del yugo español. Tras el levantamiento insurgente, la entidad se adhirió a la lucha. En Aguascalientes, Ignacio Allende tomó el mando que se le retiró a Miguel Hidalgo, e Ignacio López Rayón fue derrotado por los realistas. Diversas guerrillas, como la del cura Calvillo, se movilizaron para acosar a los realistas. Después del cacicazgo de Felipe Terán, en 1821 se proclamó la Independencia en la entidad y Gómez Farías, Rafael Vázquez, Cayetano Guerrero y otros formaron un gobierno provisional. Gómez Farías fue designado diputado para asistir al primer Congreso Constituyente.

En 1824, la villa de Aguascalientes se elevó a la categoría de ciudad. Desde mediados del siglo XIX se

La explotación del maíz está favorecida por el clima templado y la escasa variación térmica. Su cultivo con fines alimenticios es anterior a la Conquista.

volvió a planificar la urbe, se impulsó la agricultura y el trabajo fabril de lana y algodón, que luego decaería por la introducción de tejidos extranjeros. En 1835, Aguascalientes fue decretado territorio federal, con la misma capital que conserva en la actualidad.

Durante la invasión estadounidense de 1846, el ejército de la entidad libró significativas batallas y, de manera indirecta, colaboró a que Antonio López de Santa Anna asumiera el poder en 1853, mismo año en que el estado obtuvo la categoría de «libre y soberano». En 1855, Jesús Terán realizó la carta geográfica. En 1857 hubo varios motines, debido a la promulgación de la nueva Constitución y a las pugnas entre liberales y conservadores; ese mismo año se juró la Constitución local.

Tras el golpe de Estado del presidente Ignacio Comonfort, el gobierno de la entidad apoyó a Benito Juárez. Durante la guerra de Reforma, conservadores y liberales se alternaron en el gobierno local. Ahí se llevaron a cabo combates que propiciaron el triunfo final de los liberales. El ejército del estado colaboró contra la invasión francesa.

Después de la victoria constitucionalista de la Revolución de 1910, Venustiano Carranza convocó una junta de gobernadores y generales para acordar la nueva organización del país. Esta convención se llevó a cabo en la ciudad de Aguascalientes con la aceptación del plan de Ayala. Éste fue apoyado por Villa y Zapata pero no por Carranza, lo cual provocó el inicio de nuevos conflictos entre los revolucionarios.

En 1917 se promulgó la actual Constitución Política de la entidad. Durante principios y mediados del siglo se organizaron los ayuntamientos del estado y la administración pública, se repararon las edificaciones de la ciudad, se impulsó la electrificación, se construyeron carreteras, se reorganizó la policía estatal, se brindaron fondos a hospitales, asilos y escuelas, y se creó la Comisión de Historia, Geografía y Estadística.

En 1938, parte del presupuesto estatal fue empleado para saldar deudas con los capitales extranjeros a los que se les expropió la explotación y usufructo del petróleo; también hubo un reparto agrario. En los últimos años, Aguascalientes ha tenido un desarrollo económico modesto pero sostenido.

Actualidad

En el estado hay 943,506 habitantes, más de la mitad menores de 24 años. El municipio de Aguascalientes alberga el 68,2 por ciento de la población del estado. Poco más de la mitad de ésta es considerada activa, con el 97 por ciento de ocupación. En el área urbana de Aguascalientes, la rama de los servicios absorbe casi al 35 por ciento de la población ocupada, y la industria de la transformación al 22 por ciento, seguida por el comercio, con el 21 por ciento. Hay unas 700 personas de habla indígena, sobre todo náhuatl, además de mixteco, huichol, zapoteco, maya, mazahua, otomí, purépecha, tarahumara y huasteco, entre otros.

La Catedral Basílica de Nuestra Señora de la Asunción pertenece al estilo barroco salomónico y fue construida entre 1704 y 1738.

El Poder Legislativo se deposita en el Congreso del estado, que se instala el 1 de noviembre del año de la elección, integrado por 16 diputados, 12 electos por el sistema de mayoría relativa y 4 según el principio de representación proporcional.

Aguascalientes cuenta con unas 1,600 escuelas y una planta docente de 11,000 personas para alrededor de 250,000 alumnos de los niveles preescolar, primaria, capacitación para el trabajo, secundaria, profesional medio y bachillerato. En el nivel superior están inscritos casi 15,400 alumnos. Los centros educativos de nivel superior son la Universidad Autónoma de Aguascalientes, el Instituto Tecnológico de Aguascalientes y la Universidad Pedagógica Nacional, entre otros.

La entidad dispone de alrededor de 175,000 viviendas, todas particulares, con un promedio de 5 ocupantes; unas 160,000 poseen todos los servicios. En cuanto al resto de viviendas, 1,600 tienen agua entubada y drenaje, 6,200 agua entubada y energía eléctrica, y 800 drenaje y energía eléctrica. El estado posee y administra más de 400 fuentes de abastecimiento de agua que aportan cerca de 335,000 m³ por día. Existen casi 210,000 tomas eléctricas, de las que unas 184,000 son residenciales, 25,000 comerciales, y otras 1,400 industriales. Las líneas eléctricas cubren una distancia aproximada de 5,000 km.

El producto interno bruto (PIB) del estado es casi de 10,000 millones de pesos. Poco más de una cuarta parte proviene de la rama de los servicios comunales, sociales y personales, y algo más de la quinta parte de los comercios, restaurantes y hoteles. Menos de la quinta parte restante corresponde a la industria manufacturera.

Unas 21,400 empresas se dedican a la agricultura y las unidades de producción rurales cubren una

Una notable fuente en Aguascalientes recuerda al músico Manuel M. Ponce (1882-1948), quien se desempeñó como docente, concertista y compositor.

superficie total muy cercana a las 160,000 hectáreas. El estado produce, en cultivos cíclicos, maíz, frijol, avena, chile, ajo, papa, brócoli y coliflor, y en cultivos perennes, guayaba, alfalfa, pradera, nopal, tuna, vid, durazno y nopal forrajero.

Cerca de 15,000 empresas se dedican a la ganadería, criando ganado bovino, equino, porcino, caprino, ovino, aves de corral, conejos y abejas. Se producen leche, huevos, miel y pieles. Unos 1,700 negocios se dedican a la actividad forestal y explotan encino, madroño, manzanilla, álamo, mezquite, huizache, venadilla, tamame y pino. La industria pesquera obtiene una captura anual de unas 200 toneladas. Para consumo humano directo e indirecto, se explota carpa, tilapia, lobina y bagre.

En la actividad industrial, 11 empresas se dedican a la extracción de minerales no metálicos, y cerca de 3,300 a la manufactura. Una tercera parte elabora productos alimenticios, bebidas y tabaco. Además, 735 están dedicadas a la

manufactura de productos metálicos, maquinaria y equipo en general, casi 600 a los textiles, prendas de vestir e industria del cuero, 340 a los productos minerales no metálicos (excepto los derivados del petróleo y del carbón) y más de 300 a la manufactura de maderas, incluidos los muebles. Unas 160 se ocupan en la producción de papel y productos de papel, además de actividades relacionadas con imprentas y editoriales. En la industria de la construcción existen poco más de 200 empresas. Cerca de 13,000 establecimientos se dedican al comercio y 60 al turismo, que posee una capacidad de 3,000 habitaciones.

En Aguascalientes hay alrededor de 84,000 automóviles y 1,000 camiones de pasajeros. Conforman la red ferroviaria 230 km de vías, sobre las que se transportan más de 160,000 toneladas anuales. El estado cuenta con un aeródromo y un aeropuerto. Hay 18 radiodifusoras, 8 estaciones repetidoras de televisión y 2 emisoras locales.

Baja California

El estado de Baja California se localiza en el extremo noroeste de la República Mexicana, más concretamente en las coordenadas 28° 00' al sur, 32° 43' latitud norte; al este en los 112° 47' y al oeste en los 117° 07' de longitud. Colinda al norte con Estados Unidos, Sonora y el golfo de California; al oeste con el océano Pacífico, al este con el golfo de California, y al sur con Baja California Sur y el océano Pacífico. Tiene una superficie total de 70,113 km², lo que representa el 3.7 por ciento del territorio nacional; lo forman los municipios de Ensenada, Mexicali, Tecate, Tijuana y Playas de Rosarito; su capital es Mexicali. La orografía está compuesta por la sierra de San Pedro Mártir, con una altitud de 3,100 m sobre el nivel del mar, la sierra de San Miguel (2,100 m), la sierra Juárez (1,980 m), el cerro La Sandía (1,810 m), el pico Matomí (1,700 m), la sierra Peralta (1,680 m), y la sierra La Asamblea o San Luis (1,680 m).

El estado está surcado por los ríos Colorado, Rincón, Guadalupe, Paraíso, Paraíso-Huatamote, Las Palmas-Calabazas, San Fernando, Hardy, San Rafael, Agua Escondida, San Juan de Dios, La Bocana, Codornices, Calamajué y Grande. Las presas Abelardo L. Rodríguez, el Carrizo y Emilio López Zamora almacenan el agua.

En la entidad se dan los climas: templado subhúmedo con lluvias en invierno, semifrío subhúmedo con lluvias en invierno, seco templado, muy seco, muy cálido y cálido, muy seco semicálido, y muy seco templado. La temperatura media anual varía de los 16.3 hasta los 22.9 °C. La precipitación promedio va de los 86.3 a los 266.5 milímetros.

En la mayor parte de la región predomina una vegetación de arbustos y matorrales, aunque en las sierras hay zonas boscosas. Las plantas representativas son: gobernadora, cirio, árbol del elefante y saguaro; son comunes encino y pino, tabaquillo, palo de arco, mezquite, palo Adán, datilillo, palo de Brasil, palo flecha y varias especies de plantas de agave.

La fauna marina está representada por una gran diversidad de especies de bastante importancia como son totoaba, camarón, langosta, sardina, anchoveta, atún, lenguado, abulón, almeja, ostión, arepa, angelito, lisa, bagre, bocón, carpa, mojarra, curvina, lenguado, pulpo, tiburón y pez sierra. En el desierto aparecen varias especies como lagartija, iguana, culebra, víbora, pato golondrino, cerceta, codorniz, correcaminos, búho, gaviota y pelícano. Hay diferentes especies de murciélago, liebre, conejo, ardilla, coyote, zorra, mapache, tejón, zorrillo, venado, borrego cimarrón y zorrillo listado.

Historia

La existencia de petroglifos, pinturas rupestres y restos de moluscos marinos, permite calcular que hace entre 10,000 y 20,000 años apare-

A pesar de su apariencia seca, en el noroeste peninsular las lluvias favorecen la explotación de trigo y algodón. El valle de Guadalupe es famoso por sus vinos.

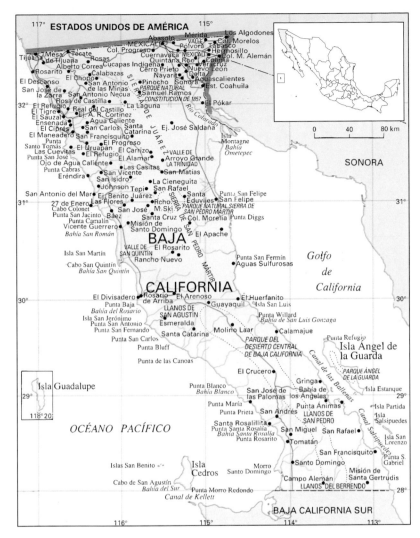

Apoyado por el visitador Gálvez, el franciscano fray Junípero Serra (1713-1784) realizó tareas evangelizadoras en ambas Californias.

cieron los pobladores más antiguos de la región. Con respecto a los grupos indígenas que se asentaron en el territorio, se reconoce a los pericúes, guaycuras, cochimíes, kiliwas, pai-pai, cucapás y kimi'ai, todos emparentados entre sí y con algunos grupos del sudoeste de Estados Unidos y el noroeste del estado de Sonora.

En 1533, una expedición de españoles que llegó a Cabo San Lucas, en la península de Baja California, fue atacada por los indígenas; los sobrevivientes rindieron informes, por lo que el mismo año Hernán Cortés organizó otra expedición que arribó a lo que denominó «bahía de la Santa Cruz». Francisco

de Ulloa fue nombrado mandatario de esas tierras con la consigna de explorar la región; la expedición salió en 1539, pero sus intentos de conquista fueron infructuosos.

Durante 150 años la región de Calafia permaneció exenta de incursiones españolas, hasta que los mandatarios decidieron encomendar esa tarea a los misioneros. Carlos II determinó que los jesuitas se encargaran de evangelizar la zona. En 1683, los religiosos Eusebio Francisco Kino, Juan Bautista Copart, Juan López, Pedro Matías Goñi y Juan Quijosa arribaron al puerto de La Paz donde iniciaron la labor evangelizadora, que en ese momento sólo duraría cuatro me-

ses. En 1697, los padres Kino y Juan María de Salvatierra llegaron de nuevo a la península y establecieron 18 misiones de la Compañía de Jesús. Trabajaron durante setenta años hasta 1767, cuando se decretó la expulsión de los jesuitas de todos los territorios españoles.

La orden franciscana se encargó de las tareas misioneras que antes desarrollaron los jesuitas. Fray Junípero Serra y otros miembros del Colegio de San Fernando, de la Ciudad de México, fueron enviados a las Californias. En los cinco años que permanecieron en el territorio, establecieron 19 misiones, pero hubo inconformidad por parte de los indígenas, problemas económicos,

Magníficos ejemplos del arte religioso misional son las iglesias de San Ignacio Kadacaamán, Santa Rosalía, San Francisco Javier y Loreto.

políticos y de salud, por lo que los franciscanos solicitaron que se ocupara del territorio otra orden religiosa. En 1773, los dominicos llegaron a las Californias para sustituir a los franciscanos y construyeron ocho misiones más donde trabajaron hasta 1833, cuando se decretó la secularización de los bienes religiosos.

La guerra de Independencia no llegó al territorio de Calafia, aunque existieron grupos políticos que la apoyaban. Una vez firmado el plan de Iguala, en Baja California se llevaron a cabo seis juramentos de independencia, el primero de ellos fue en febrero de 1822. En ese mismo año se convocó a civiles y militares para acoger el acta de la Soberana Junta Provisional Gubernativa, la declaración de Independencia, el plan de Iguala, los tratados de Córdoba y el decreto de la Regencia del Imperio. Los documentos fueron aprobados por unanimidad, se realizó el juramento y se festejó la Independencia. Al aprobarse la Constitución de 1824 —mediante la cual se daban por creados los Estados Unidos Mexicanos—, la Alta y Baja California se convirtieron en territorios federales.

En 1835, dada la política expansionista y el tráfico de esclavos de los estadounidenses, se iniciaron los conflictos relacionados con la pérdida del territorio nacional. En 1848, México quedó reducido a menos de la mitad de su extensión original. En 1851, el presidente Antonio López de Santa Anna firmó la venta de la región de la Mesilla.

Desde 1854, durante la Reforma, Estados Unidos trató de negociar con México la compra de la Baja California, además del derecho de tránsito por el istmo de Tehuantepec. Propuso pagar la deuda mexicana, hipotecando a su favor las minas y el dominio público de Baja California, Sonora, Sinaloa y Chihuahua. Diversas migraciones incrementaron la población regional, debido a la discriminación sufrida en otros lados, la guerra civil estadounidense y el descubrimiento de yacimientos de oro. Para 1875 declinó el auge minero, por lo que se despobló la entidad.

Ricardo Flores Magón llevó a cabo el levantamiento armado de 1910, contra la dictadura de Porfirio Díaz, partiendo del Distrito Norte. Al año siguiente, los revolucionarios atacaron Mexicali y triunfaron. El principal apoyo que la entidad dio a la Revolución fue postular un gobierno contrario a Victoriano Huerta, aunque de 1910 a 1915 hubo gran inestabilidad, reflejada en los sucesivos cambios de gobernantes. Este último año, el general Esteban Cantú se hizo cargo de la gubernatura del Distrito Norte de Baja California y estimuló el desarrollo de la educación, la agricultura y los servicios públicos.

En 1923, Abelardo L. Rodríguez dio autonomía a la economía del estado, logrando así un despunte económico, político y social. La presidencia de Lázaro Cárdenas favoreció la construcción, en la entidad, de vías ferroviarias, carreteras y puertos, que ampliaron la comunicación con el resto del país. Años más tarde se impulsó la industria y se tomaron medidas para resolver los problemas agrarios de Mexicali.

Tras varios intentos para consolidar a la zona como estado, en 1951 se realizaron las gestiones necesarias y se creó el estado de Baja California Norte, con el mismo territorio que hoy ocupa. Llamado ahora «Baja California», es uno de los estados con mayor proyección y estabilidad económica, industrial, turística y agropecuaria.

Actualidad

El estado alberga a 2,487,700 habitantes. De ellos, poco menos de 700,000 son menores de 14 años y más de un millón mayores de 15 años y menores de 50. El municipio de Tijuana concentra el 48.8 por ciento de la población del estado; Mexicali el 30.7 por ciento; Ensenada el 14.8 por ciento; Tecate el 3.1 y Playas de Rosarito el 2.6. El 58.9 por ciento de los habitantes constituye la población económicamente activa. De ésta, el 98.1 por ciento está ocupada.

En la ciudad de Tijuana las ramas de la industria de transformación y de las comunicaciones y transportes cubren cada una el 30 por ciento de los requerimientos laborales, seguidas por el comercio que emplea a un 20 por ciento de la población. En Baja California hay más de 23,000 personas que

Puente que une Tijuana con Estados Unidos. Por su ubicación, Tijuana posee las ventajas comerciales y turísticas de las ciudades fronterizas.

hablan una lengua indígena. La lengua original se conforma por grupos lingüísticos derivados del yumano: los pai-pai (akwa'ala), los tipai (diegueños), los cha-pai (cucupás) y los kiliwa. Unas 11,000 personas hablan mixteco, 2,400 zapoteco, 1,550 purépecha, 1,300 triqui

y 1,100 náhuatl. También se hablan mixteco de la mixteca alta, mixteco de la mixteca baja, yaqui, maya y otomí, además de otras lenguas indígenas.

Tanto en el estado como en los municipios, la Constitución Política y la ley Electoral señalan el primer domingo de julio para elegir gobernador, diputados locales, presidentes municipales, síndicos y regidores. La toma de posesión del gobernador es el 1 de noviembre; la de los diputados locales, el 1 de octubre. La de presidentes municipales, síndicos y regidores se lleva a cabo el 1 de diciembre.

En materia educativa, el estado de Baja California cuenta con más de 2,700 escuelas, y una planta docente superior a las 23,500 personas para un total de medio millar de alumnos, en los tipos y niveles preescolar, primaria, capacitación para el trabajo, secundaria, profesional medio y bachillerato. En cuanto a los centros de nivel superior, son la Universidad Autónoma de Baja California y el Instituto Tecnológico de Mexicali.

El Centro Cultural Tijuana ofrece al visitante varias salas de exposiciones y un multiteatro Omnimax, con una pantalla semiesférica de 180 grados.

La entidad suma un total de más de 500,000 viviendas, particulares todas, con un promedio de 4.2 ocupantes. Unas 366,000 cuentan con todos los servicios, 1,900 tienen agua entubada y drenaje, 64,500 cuentan con agua entubada y energía eléctrica y más de 16,000 con drenaje y energía eléctrica. Existe un total de 600,000 tomas eléctricas y una longitud de cableado de casi 14,000 km. Se suma un total de 534,000 tomas residenciales, 55,000 comerciales, y cerca de 3,000 industriales.

El producto interno bruto (PIB) del estado es de casi 28,000 millones de pesos, de los que poco menos de una cuarta parte la aportan los comercios, los restaurantes y los hoteles. Más de una quinta parte está dada por los servicios comunales, sociales y también personales. Los servicios financieros, de seguros y de bienes inmuebles llegan a aportar cerca del 17 por ciento.

Sobre una superficie de labor total superior a los 300 millones de hectáreas se siembra, en cultivos cíclicos, trigo, algodón, cebada, grano de sorgo, jitomate, cebollín, sorgo forrajero y maíz; en cuanto a cultivos perennes, alfalfa, *ray grass*, vid industrial, olivo, espárragos y otros. Algo más de 6,000 empresas crían ganado bovino, porcino, ovino, caprino y equino, aparte de aves y abejas. La actividad forestal rinde un volumen de 4,500 m³ de madera de pino (87 %), encino (10 %) y mezquite (2.7 %).

En cuanto a la industria pesquera, se obtienen cerca de un total de 124,000 toneladas anuales. En el estado se explotan abulón, almeja, anchoveta, angelito, atún, bacalao, baqueta, barrilete, bonito, cabrilla, calamar, camarón azul, camarón altamar, cangrejo, caracol, curvina, erizo, guitarra, jurel, langosta, lenguado, lisa, macarela, mantarraya, mejillón, ostión (cultivado), pepino de mar, pescado blanco, pez espada, pulpo, sardina, sierra, tiburón, cazón y escama en general, además de otras especies.

Practican la minería 23 empresas, que explotan canteras y extraen arena, grava y arcilla. A la industria manufacturera se abocan cerca de 4,000 empresas, un tercio de las cuales están dedicadas a productos alimenticios, bebidas y tabaco; casi 400 se dedican al papel y productos de papel, imprentas y editoriales; casi 1,000 se centran en la manufactura de productos metálicos, maquinaria y equipo en general; casi 384 se ocupan en la manufactura de maderas —incluidos muebles— y 365 en productos minerales no metálicos, excepto derivados del petróleo y el carbón. Cerca de 300 empresas se dedican a la industria de la construcción. El servicio eléctrico del estado produce más de 7,000 gigawatts por hora, mientras la capacidad real instalada es mayor a 1,400 megawatts.

Cerca de 23,000 establecimientos se dedican el comercio. La infraestructura turística cuenta con cerca de 16,500 habitaciones en 350 establecimientos. En Baja California existen más de 500 negocios de preparación y servicio de alimentos y bebidas.

En la entidad circulan alrededor de 500,000 automóviles, 3,500 autobuses urbanos, 158 suburbanos, una cantidad aproximada de 7,700 taxis y 3,500 camiones de carga. La longitud total de líneas férreas es de 218 km, en las que se transportan al año alrededor de 750,000 toneladas. Las instalaciones portuarias cuentan con 2,500 m de atraque y una capacidad de almacenamiento de 74,000 m². El estado dispone de 59 aeródromos y cuatro aeropuertos. Hay un total de cerca de 290,000 líneas de red telefónica. Se cuentan, además, 67 estaciones radiodifusoras.

Al norte, entre los pocos ríos de régimen constante figuran el Tijuana, el Rosario y el Todos los Santos. El uso de regadíos permite cultivos como el de tomate.

Baja California Sur

El estado de Baja California Sur se halla ubicado en la región meridional de la península de Baja California, en las coordenadas 22° 52' al sur, 28° 00' latitud norte, al este en los 109° 25', y en los 115° 05' de longitud oeste. La entidad colinda al norte con Baja California y el golfo de California, al este con el golfo de California, y, por último, al sur y al oeste con el océano Pacífico. Tiene una superficie total de 73,677 km², lo que representa el 3.7 por ciento del territorio nacional. Está conformada por los municipios de Comondú, Mulegé, Los Cabos, La Paz y Loreto. Su capital es La Paz.

La orografía de este estado se encuentra compuesta por la sierra La Laguna, con una altitud de 2,080 m sobre el nivel de mar, el volcán Las Tres Vírgenes (1,940 m), el cerro Salsipuedes Mirador (1,900 m), la sierra El Potrero (1,740 m), la sierra la Giganta (1,680 m), el volcán El Azufre (1,660 m), el cerro La Bandera (1,620 m), la sierra Agua Verde (1,580 m), la sierra La Pintada (1,260 m) y la sierra El Placer (920 m).

En la entidad se dan los climas templado subhúmedo con lluvias en verano, semiseco semicálido, seco muy cálido y cálido, seco semicálido, seco templado, muy seco muy cálido y cálido, y muy seco semicálido, con una temperatura media anual que fluctúa entre los 14 y los 22.6 °C. La precipitación pro-

medio varía desde los 100 milímetros en las zonas más secas, hasta 300 en las serranías y 600 en la sierra La Laguna, en el extremo sur de la península.

El 77.64 por ciento de la superficie estatal está cubierta de matorrales, entre los que abundan cardón pelón, pitahaya y palo adán; otro 12.83 por ciento lo cubren chamizos, cardones, nopaleras, viznagas, alfombrilla y ceitilla, que sirven para forraje; un total del 5.67 por ciento de la superficie es selva de encinos, roble, pino piñón y

guayabillo; un 2.33 por ciento se dedica a la agricultura y hay bosque en el 1.33 por ciento del área del estado.

La fauna incluye, en las zonas desérticas, codorniz, conejo, liebre, coyote, lagartija, iguana y víbora (cascabel, sorda, falsa coralillo y chirrionera), entre otras especies; en zonas con más vegetación se encuentran mapaches, cacomixtles, zorras, gatos monteses y venados; en la parte alta de la sierra La Giganta se ubican el borrego cimarrón y el puma (especies que, junto

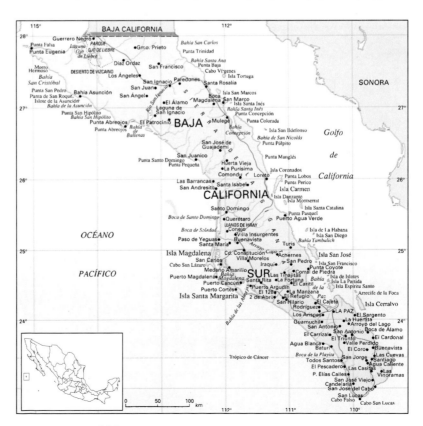

899

Los acantilados de roca ígnea constituyen el paisaje característico del extremo sur peninsular. El gran Arco Natural es una atracción del Cabo San Lucas.

Historia

Los restos más antiguos de la presencia del hombre en la península se remontan al 10000 a.C.. Los antiguos habitantes se han denominado «concheros», debido a los descubrimientos de crustáceos marinos amontonados. También se han encontrado petroglifos y pinturas rupestres. Los principales grupos étnicos que habitaron la región en los tiempos prehispánicos fueron cochimíes, guaycuras y pericúes.

A su arribo, los españoles tuvieron noticias de la existencia de la «ínsula de California», la cual, creyeron, estaba llena de riquezas; ello motivó que se organizaran viajes a la región. En 1533 partió una expedición que llegaría a las costas de Calafia, donde fue atacada por los indígenas. Dos años más tarde, Hernán Cortés organizó otra expedi-

con el venado, se hallan en peligro de extinción por la cacería), águilas aura y zopilotes.

ción que desembarcó en el puerto denominado «de la Santa Cruz» y tomó posesión oficial del territorio. La expedición se retiró al cabo de cuatro meses debido a la carencia de víveres, la hostilidad de los indígenas y por no encontrar las riquezas que se suponía desbordaban el territorio. En 1539 partió otra expedición al mando de Francisco de Ulloa, quien descubrió que la región era una península.

Se llevaron a cabo varias partidas más, con las que se fueron conociendo el territorio y las islas aledañas, pero ninguna de ellas logró establecerse en Calafia. La empresa de conquistar la región fue encomendada a los jesuitas. En 1697, los padres Eusebio Francisco Kino y Juan María de Salvatierra fundaron la primera misión permanente. A partir de entonces y durante setenta años los ignacianos permanecieron en la región, donde fundaron 18 misiones, subsistentes hasta 1767, fecha en que la Compañía de Jesús

fue expulsada de todos los territorios españoles.

La continuación de la labor misional en la península fue encomendada a la orden de San Francisco, dirigida por fray Junípero Serra, quien fundó otras 19 misiones; sin embargo, durante su estancia hubo tal cantidad de problemas, que en 1773 fue relevada por los dominicos. Éstos, a su vez, fundaron otras misiones y permanecieron en Calafia durante 24 años. La labor misional continuó hasta 1833, cuando se expropiaron los bienes de los religiosos en todo el país. La península sufrió varias incursiones de los piratas ingleses, quienes arribaban al territorio en busca de víveres y de un punto de ataque al galeón de Manila.

A principios del siglo XIX, las Californias se dividieron en la Alta y la Baja, cada una con su respectivo gobierno. La guerra de Independencia de 1810 no llegó a la región; en 1822, el alférez José María Mata hizo jurar la Independencia. Poco tiempo después, una embarcación chilena se propuso independizar la península para anexar el territorio a Chile, pero los propios californianos la derrotaron. En 1846, los estadounidenses invadieron la península, la cual fue liberada dos años más tarde. En 1853, el pirata estadounidense William Walker ocupó el territorio con intención de convertirlo en república independiente, pero después huyó.

La entidad se rebeló contra la Reforma en 1857. La lucha continuó, a favor de la causa republicana que proponía la derrota de Maximiliano. Al subir Porfirio Díaz al poder y violar el pacto de la no-reelección, la zona se manifestó —sin éxito— contra él. Durante el Porfiriato se pretendió impulsar el desarrollo del país, explotando sus recursos naturales; en la entidad se propició la minería y la extracción de perlas. Además şe concesionaron tierras a extranjeros, pero el aislamiento del territorio impidió que la economía prosperara. En esa época se crearon los distritos norte y sur.

El movimiento iniciado tras el asesinato de Francisco I. Madero por los grupos políticos que apoyaron al plan de Guadalupe, y las diferencias entre los revolucionarios carrancistas y villistas, repercutieron en la entidad, donde se formaron dos bandos, disueltos tras la convención de Aguascalientes.

Durante la presidencia de Venustiano Carranza se impulsó la educación, con el establecimiento del primer jardín de niños, la Escuela Normal y una escuela industrial. El proyecto educativo continuó en 1920 con la construcción de varias escuelas. Se ampliaron las redes de comunicaciones y se impulsaron la minería, la agricultura y la ganadería. En 1925, además de los proyectos mencionados, se dio especial énfasis a la construcción de vías, que comunicaran a la península con el resto del país. Ese mismo año, a petición del presidente Plutarco Elías Calles, se recuperó la bahía de Pichilingue, donde los estadounidenses tenían una estación carbonera desde 1866. Entre 1929 y 1931, el gobernador decretó la supresión de las tiendas de raya, estableció el pago de salario mínimo obligatorio e implementó la ley Federal del Trabajo.

En 1931, la entidad obtuvo la categoría de territorio. Al año siguiente se pudo cancelar las concesiones de los inversionistas extranjeros. En 1936, el presidente Lázaro Cárdenas la decretó zona libre, lo que permitió que en 1941 se centralizaran las oficinas gubernamentales y el manejo de la propia economía. El gran impulso dado a la educación y la industria fue significativo para la posterior independencia de la región.

Los años posteriores estuvieron dedicados a la consolidación de la

En el sudoeste del estado, sobre el océno Pacífico, el municipio de Todos Santos conserva la misión fundada en 1733 por el padre jesuita Nicolás Tamaral.

infraestructura, tendiente a brindar estabilidad y mejoras económicas y sociales. En 1974, Baja California Sur adquirió el estatuto de estado libre y soberano. Ahora está considerado como uno de los de mayor empuje y estabilidad.

Actualidad

En Baja California Sur hay 423,516 habitantes, más de la mitad menores de 30 años. El municipio de La Paz alberga alrededor del 47 por ciento de la población del estado; Los Cabos, el 25 por ciento; y Comundú, el 15 por ciento. Poco más de la mitad de la población es considerada activa, con una ocupación del 97 por ciento. La rama de los servicios absorbe, en el área urbana, cerca del 40 por ciento de la población ocupada, y el comercio al 20 por ciento. El gobierno emplea al 15 por ciento y la industria de la transformación al 9.5, seguida por la rama de comunicaciones y transportes y la construcción, am-

bas con un 5 por ciento. Viven en el estado unas 168,000 personas de habla indígena. Entre otras, sus lenguas son: mazahua, huichol, mayo, huasteco, mixteco de la mixteca baja, totonaco y tlapaneco.

La Constitución local y la ley de Procesos Electorales del Estado de Baja California Sur establecen como fecha límite para la elección de gobernador, diputados locales, presidentes municipales, síndicos y regidores, el último domingo de febrero. Las tomas de posesión de cargos se llevan a cabo durante el mes de abril: los diputados el día 1, el gobernador el 5 y las otras autoridades el 30. Los delegados municipales son electos durante el mes de mayo y toman posesión en el curso de junio.

El estado de Baja California Sur tiene 785 escuelas y una planta docente de 5,300 personas, para unos 120,000 alumnos. En el nivel superior están inscritos más de 3,600. Entre los centros de educación superior, destacan el Instituto Tecnológico de la Paz y la Universidad Autónoma de Baja California Sur.

La entidad cuenta con alrededor de 88,000 viviendas particulares para un promedio de 4 ocupantes por cada una. De ellas, unas 64,000 cuentan con todos los servicios, 400 con agua entubada y drenaje, 13,300 con agua entubada y energía eléctrica y 1,350 con drenaje y energía eléctrica. El estado emplea 167 fuentes de abastecimiento de agua que aportan 185,000 m³ por día. Existen cerca de 97,000 tomas eléctricas, de las que casi 85,000 son residenciales, más unas 11,600 comerciales, y otras 650 industriales. Las líneas eléctricas cubren cerca de 5,000 km.

El producto interno bruto (PIB) estatal alcanza la cifra de 5,250 millones de pesos. Comercios, restaurantes y hoteles aportan más de una cuarta parte. Los servicios comunales, sociales y personales contribuyen con más de una quinta parte y los servicios financieros, seguros y bienes inmuebles casi con veinte por ciento.

Se dedican a la agricultura unas 7,000 empresas, cuyas unidades de producción rurales cubren una superficie total mayor a los 2 millones de hectáreas. El estado produce, en cultivos cíclicos, maíz, garbanzo, trigo, sorgo, chile, jitomate, frijol, cártamo, melón y algodón; en cultivos perennes, alfalfa, naranja, espárrago, pastos e higuera. Cerca de 4,000 empresas se dedican a la ganadería, con la cría de ganado bovino, equino, porcino, caprino, ovino, aves de corral, conejos y abejas. Se producen leche, huevos y pieles. Unas 500 empresas se dedican a la actividad forestal. La industria pesquera obtiene cada año una captura cercana a las 135,000 toneladas de especies como abulón, almeja, atún, calamar, camarón, escama, langosta, macarela, túnidos, tiburón, cazón y sardina.

Explotan la minería 57 empresas, de las cuales 10 se ocupan de la extracción de minerales metálicos y el resto, de minerales no metálicos. Cerca de 1,180 se centran en la manufactura, el 45.4 por ciento de éstas se especializa en productos alimenticios, bebidas y tabaco; 206 se dedican a la manufactura de productos metálicos, maquinaria y equipo en general; 145 a la industria de la madera y sus productos —incluidos muebles— y 74 a texti-

La disposición orográfica determinó la existencia de llanos interiores con lagunas saladas, aptas para la explotación salinera.

les, prendas de vestir e industria del cuero. En la industria de la construcción existen algo menos de 120 empresas. El servicio eléctrico estatal tiene una producción bruta de unos 1,000 gigawatts por hora, y la potencia real instalada es de 317 megawatts.

Dentro del ramo de servicios, el comercio cuenta con alrededor de 5,600 establecimientos. La infraestructura turística abarca 7,300 habitaciones en 158 negocios. Baja California Sur dispone de un total cercano a los 374 establecimientos de preparación y servicio de alimentos y bebidas. En la entidad hay alrededor de 60,000 automóviles y 185 camiones de pasajeros; el volumen transportado por carga marítima sobrepasa las 13,000 toneladas anuales. El estado cuenta con 58 aeródromos y 6 aeropuertos. Hay 9 radiodifusoras, 12 estaciones repetidoras de televisión y 2 locales.

Situada en la bahía del mismo nombre, la ciudad de La Paz es un importante centro turístico. Sus playas más famosas son El Tesoro, Pichilingue y Balandra.

Campeche

El estado de Campeche forma parte del sudeste mexicano; se localiza al occidente de la península de Yucatán, entre los paralelos 17° 49' y 20° 51' de latitud norte, y los meridianos 89° 09' y 92° 24' de longitud oeste. Colinda al norte y al nordeste con el estado de Yucatán, al este con el de Quintana Roo, al sur con la República de Guatemala, al sur y al sudoeste con el estado de Tabasco, y, por último, al oeste y al noroeste con el golfo de México. La entidad tiene una superficie total de 56,114 km², que representa el 2.9 por ciento del total del país. La conforman los municipios de Calkiní, Campeche, Calakmul, Candelaria, El Carmen, Champotón, Hecelchakán, Hopelchén, Palizada, Tenabo y Escárcega. Su capital es la ciudad de Campeche.

Un conjunto de lomeríos es lo que forma la orografía del estado; la constituyen elevaciones como cerro Champerico, de 390 m sobre el nivel del mar, cerro Los Chinos (370 m), cerro El Ramonal (340 m), cerro El Doce (250 m), y El Gavilán (210 m).

Surcan el estado los ríos Candelaria, Usumacinta, Desempeño, Escondido, Las Golondrinas, Las Pozas, Caribe, Champotón, Salsipuedes, Chumpán, Palizada, Chivoja, Pejelagarto, Mamantel, Azul, San Pedro y San Pablo. Acoge también los siguientes cuerpos de agua: el estero Sabancuy y las lagunas de Términos, Atasta, Pom, El Este, El Va-

por, El Corte, Panlao, Noh o Silvituc, Chama-ha y Noha. El clima es, según zonas, cálido húmedo con lluvias abundantes en verano, cálido subhúmedo con lluvias en verano, y semiseco muy cálido y cálido. La temperatura media anual va de los 24.6 a los 27.1 °C. La precipitación promedio va de 1,101.5 a 1,915.9 milímetros.

Está cubierto de selva el 84.87 por ciento de la superficie estatal, con abundancia de chicozapote, chakah, chechem negro, palo tinto, ramón, pucté, caoba, cedro, chacá y

ciricote, entre otros. Un 7 por ciento de la superficie la ocupan pastizales y en un 4 por ciento se presentan manglares. El tule cubre el 2.81 por ciento del estado, la agricultura ocupa el 0.84 por ciento y el popal un 0.4.

Componen toda la fauna del estado de Campeche los animales que se enumeran a continuación: jabalí, venado, puercoespín, gato montés, puerco de monte, pavo, conejo, tigrillo, armadillo, chachalaca, tlacuache, zorro, tepezcuintle, codorniz, tortuga, culebra, víbora, tusa, cojoli-

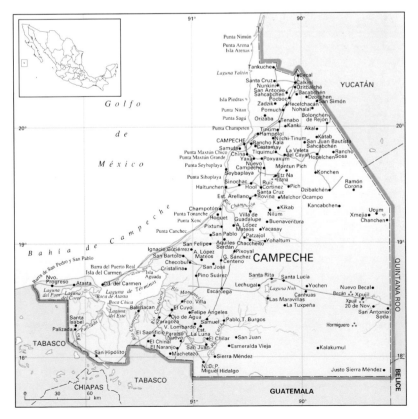

El río Palizada desemboca en la Laguna del Este, y ésta en la Laguna de Términos (en la imagen), separada de la bahía de Campeche por la Isla del Carmen.

te, jaguar, tapir, mono araña, mico de noche, guacamaya, lechuza, tucán, loro, faisán, nutria y mapache.

Historia

Al sur de la entidad se han localizado hachas y raspadores de sílex que datan del 5000 a.C.

Durante los gobiernos teocráticos de los mayas, entre el 320 y el 987 d.C., se edificaron el centro de Xpuhil y las ciudades de Calakmul, Balakbal, Channá, Culucbalom, Payán, Pechal, Hochob, Dzibilnocac, Dzehkabtún, Mul Chic, Chunchintok, Holactún y Xculoc. Entre los años 600 y 900 se dio el mayor florecimiento de la cultura maya; fue a partir del siglo VII cuando algunas ciudades llegaron a tener un gran desarrollo.

Los mayas practicaron actividades agrícolas, artesanales y también comerciales, y llegaron a alcanzar gran conocimiento matemático y astronómico. La arquitectura y la escritura en petroglifos, pirámides y códices han permitido conocer el extenso desarrollo cultural de esa civilización que, en algunos aspectos, era más amplio y exacto que el de sus contemporáneas europeas. A principios del siglo X, los mayas sufrieron el llamado «colapso del Clásico», cuando las grandes ciudades fueron abandonadas. En el siglo XV desapareció la Liga de Mayapán, y Campeche quedó dividido en varios señoríos que peleaban entre sí.

La primera embarcación hispana llegó al poblado de Can Pech, hoy Campeche, en 1517. A partir de ese momento, diversas expediciones recorrieron las costas y el interior de la entidad, y las islas circundantes; sin embargo, los fuertes ataques de los indígenas y la inexistencia de las grandes riquezas que planeaban encontrar, obligaron a los españoles a abandonar la zona hacia 1535.

España había otorgado a Francisco de Montejo el cargo de «adelantado» y gobernador de la península de Yucatán, por lo que, en 1540, él y su hijo, temerosos de perder sus derechos, conquistaron la región. Campeche quedó como provincia mayor del gobierno de Yucatán. De inmediato se establecieron plantaciones de caña de azúcar, explotación del palo de tinte y tráfico de esclavos. En 1546 llegó la expedición que se encargaría de la evangelización regional. A partir de 1557 empezaron las incursiones de los piratas ingleses y franceses a las costas, por lo que en 1686 se inició la construcción de fuertes para defensa y protección. En 1774, Campeche obtuvo el título de «ciudad» y diez años después el de «puerto menor».

El ayuntamiento de Campeche proclamó la Independencia de España, en 1821, y se adhirió al plan de Iguala; ese mismo año se dividió la administración de Mérida y Campeche. En 1824 se juró la Constitución estatal. Sus habitantes apoyaron el movimiento de la República central, y ello propició que, a diferencia de todo el país, se implantara en la península un gobierno centralista. Sin embargo, en 1831 se estableció la Constitución Federal. Tras la instauración del gobierno centralista en el país, en Campeche hubo varios levantamientos, por lo que se declaró independiente de México hasta que no se restableciera el régimen federal.

En 1840, Campeche obtuvo el título de «muy heroica y liberal». Al año siguiente se promulgó la Constitución yucateca, que asumía a la península como república independiente, además, en ella se establecía la libertad de imprenta y culto y se abolían los fueros. Este documento fue la primera Constitución que implantó el juicio de amparo. Entre los habitantes de Mérida y Campeche hubo varios conflictos: los primeros buscaban la total independencia de México, mientras los segundos pretendían la anexión. Tras varios enfrentamientos armados, en 1843 se firmó el convenio de reincorporación, reconociendo a la península los principios por los que se había separado. Sin embargo, el acuerdo fue violado varias veces, lo que acarreó más conflictos; en 1846 se volvió a acordar la anexión, pero cuando los comerciantes vieron en riesgo sus capitales por la guerra entre México y Estados Unidos, decidieron mantenerse separados y neutrales ante el conflicto.

Se habían realizado muchas propuestas y cambios gubernamentales, movidos por intereses de comerciantes y grupos políticos, a la vez que la vejación de los indígenas seguía siendo igual desde los tiem-

El estilo arquitectónico maya Río Bec *se hace manifiesto en la zona de Xpujil. El edificio conocido como* Estructura I *alcanza una altura de 18 m.*

pos de la Conquista. Ello propició que en 1847 se iniciara la guerra de Castas, que causó inestabilidad entre el clero y los ricos. La península se vio obligada a pedir apoyo al gobierno de la nación, por lo que en 1850 se aprobó su reincorporación. En 1858, la entidad declaró su independencia del resto de la península, convirtiéndose en estado con las dimensiones actuales. En 1862 se erigió en el estado libre y soberano de Campeche.

Durante la Revolución, la entidad apoyó a Francisco I. Madero, tras cuyo asesinato se levantó en armas contra Victoriano Huerta, pero fue derrotada hasta el arribo de las fuerzas constitucionalistas de Venustiano Carranza. Durante ese gobierno se abolió la esclavitud en las haciendas y se estableció el régimen de municipio libre y la ley agraria. En el año de 1917 se promulgó la Constitución Política del Estado de Campeche. En 1921 se decretó de interés público la industria del henequén, y su explotación se puso bajo control oficial.

A mediados del siglo XX, la educación vivió cierto impulso con la apertura de centros de enseñanza, lo mismo que la agricultura, la ganadería y la explotación de petróleo. Desde 1980 hasta la actualidad, la entidad ha sido refugio de los guatemaltecos que buscan quedar a salvo de los conflictos de su país.

La ciudad de Campeche, atacada por piratas británicos y neerlandeses durante el siglo XVII, debió ser fortificada con la construcción de murallas.

La ciudad de Champotón, situada en la bahía de la Mala Pelea, donde desemboca el río que lleva su nombre, conserva muestras de arquitectura colonial.

Actualidad

El estado alberga a 689,656 habitantes. En el municipio de Campeche se concentra el 31.4 por ciento, en El Carmen casi un 25 por ciento y en Champotón poco más del 10 por ciento. El 56.58 por ciento compone la población económicamente activa. En el área urbana de Campeche, la rama de los servicios absorbe al 42.3 por ciento de la población ocupada; el comercio al 17.8, el gobierno al 15.2, la industria de la transformación al 9 por ciento, la de la construcción al 6.1, la agricultura, ganadería, silvicultura, caza y pesca al 4.2, y las ramas de comunicaciones y transportes, industria extractiva y de la electricidad, al 5.4. En Campeche, unas 90,000 personas hablan una lengua indígena: maya, chol, kanjobal, mame, tzeltal, kekchi, zapoteco, tzotzil, totonaca, náhuatl, chuj y chontal de Tabasco, entre otras.

El calendario electoral señala el primer domingo de julio como fecha límite para elegir gobernador del estado y diputados. La toma de posesión del gobernador es el 15 de septiembre y la de los diputados el 6 de agosto. Para la elección de presidentes municipales, síndicos y regidores, el calendario establece el primer domingo de noviembre, y el 1 de enero para que entren en funciones.

La educación se imparte en un total de 1,600 escuelas, con alrededor de 6,600 aulas. También cuenta con una planta docente superior a 8,700 personas para un total de 192,000 alumnos, en los tipos y niveles de preescolar, primaria, capacitación para el trabajo, secundaria, profesional medio y bachillerato. En cuanto al nivel superior, hay inscritos casi 13,000 alumnos; los centros superiores del estado son la Universidad Autónoma de Campeche y la Universidad Pedagógica Nacional.

La entidad cuenta con un total de 140,000 viviendas, todas particulares, con un promedio de 4.7 ocupantes; 75,600 de ellas tienen todos los servicios, 70,000 cuentan con agua entubada y drenaje, 27,000 con agua entubada y energía eléctrica y 7,000 con drenaje y energía eléctrica. Hay un total de 110,400 tomas eléctricas en el estado, casi 100,000 residenciales, 10,000 comerciales, y 370 industriales. El estado cuenta con un total de 470 fuentes de abastecimiento de agua, para un total de casi 150,000 m^2 por día.

La privilegiada situación de Ciudad del Carmen favorece la actividad pesquera. Entre las especies capturadas figura el camarón, que es su principal producto.

El producto interno bruto (PIB) estatal es de casi 18,500 millones de pesos, del cual un 47.5 por ciento proviene de comercios, restaurantes y hoteles; más de un tercio lo aporta la minería. De la extracción de petróleo crudo y gas natural se obtiene el 69 por ciento del PIB nacional del ramo.

Por lo que respecta a la agricultura, las unidades de producción rural cubren una superficie total de casi dos millones de hectáreas. En cultivos cíclicos, el estado produce maíz, arroz palay, algodón hueso, sorgo, frijol, chile verde, habanero y jalapeño; sandía, soya, melón, cacahuate, jitomate, jamaica, hortalizas, calabaza y pepino. En cultivos perennes produce caña de azúcar, naranja, mango, copra, chicozapote, frutales, limón agrio, cítricos y aguacate. En la entidad, más de 31,000 empresas se dedican a la cría de ganado bovino, porcino, ovino, caprino y equino, así como a la crianza de aves y abejas. En lo que se refiere a la actividad forestal, producen un volumen anual de 34,000 m^3 en rollo; se explotan maderas como caoba, cedro, guayacán, chechén, chacah, pucté y granadillo.

La industria pesquera obtiene cada año una captura cercana a las 48,000 toneladas de especies como bala, camarón, cazón, caracol, corvina, charal, huachinango, jaiba, ostión, pargo, pulpo, robalo, sierra, tiburón y otras especies; para uso industrial produce camarón, jaiba entera, pulpa de jaiba y escama.

El servicio eléctrico estatal aporta una producción bruta de casi 800 gigawatts por hora y la potencia real instalada alcanza 164 megawatts. Se inscriben en el rubro minero de Campeche cerca de 30 empresas. La industria manufacturera está a cargo de 2,700 empresas, de las que un 46.6 por ciento se dedica a la elaboración de textiles, prendas de

La situación de Campeche, sobre el golfo de México, ofrece un litoral de gran belleza con múltiples posibilidades para la industria turística.

vestir e industria del cuero; un 30.9 por ciento a la elaboración de productos alimenticios, bebidas y tabacos. La manufactura de productos metálicos, maquinaria y equipo en general está a cargo de 248 empresas. A la industria de la construcción se abocan cerca de 190 negocios.

Dentro del ramo de servicios, el comercio cuenta con alrededor de 9,000 establecimientos. La infraestructura turística cuenta con casi 3,000 habitaciones en más de 100 establecimientos. Existen unas 300 firmas dedicadas a la preparación y venta de alimentos y bebidas.

En Campeche circula una cantidad superior a los 30,000 automóviles y 436 camiones de pasajeros. La red ferroviaria supera los 400 km, en cuyas vías se transportan al año casi 655,000 toneladas de mercancía. Las instalaciones portuarias poseen 11,000 m de atraque y una capacidad de almacenamiento de 5,000 m². El estado cuenta con 23 aeródromos y 2 aeropuertos. Hay un total de casi 290,000 líneas de red telefónica, 18 estaciones radiodifusoras, 10 estaciones repetidoras de televisión y una emisora local.

Chiapas

El estado de Chiapas forma parte del sudeste mexicano y se localiza entre los paralelos 17° 59' y 14° 32' de latitud norte; al este está delimitado por el meridiano 90° 22' y al oeste se sitúa en los 94° 14' longitud oeste. Colinda al norte con Tabasco, al este con la República de Guatemala, al sur con la República de Guatemala y el océano Pacífico, y al oeste con el océano Pacífico, Oaxaca y Veracruz. Tiene una superficie total de 73,887 km², que corresponde al 3.7 por ciento de la del país. Con un total de 112 municipios, su capital es Tuxtla Gutiérrez.

Las principales elevaciones son el volcán Tacaná, con 4,080 m sobre el nivel del mar, cerro Mozatal (3,050 m), cerro Tzontehuitz (2,910 m), cerro Chamuleto (2,630 m), cerro Tres Picos (2,550 m), cerro Blanco (2,550 m) y cerro La Bandera o Yumcatzac (2,450 m).

Chiapas, uno de los estados que está mejor dotado de acuíferos en México, posee un total de 42 corrientes de agua superficiales, entre las cuales se pueden encontrar los ríos Grijalva-Mezcalapa, Usumacinta, Lacantún, Jataté, Tulijá y Tzaconejá. Existen también los siguientes cuerpos de agua: las presas Belisario Domínguez o La Angostura, Nezahualcóyotl o Malpaso, Peñitas, Chicoasén y el Mar Muerto, y las lagunas La Joya, Miramar, Chinchil, Bushiná, Saquilá, Buenavista, Los Cerritos y Ocotal.

Los climas representados en el estado son: cálido húmedo con lluvias todo el año, cálido húmedo con lluvias abundantes en verano, cálido subhúmedo con lluvias en verano, semicálido húmedo con lluvias todo el año, semicálido húmedo con lluvias abundantes en verano, semicálido subhúmedo con lluvias en verano, templado húmedo con lluvias todo el año, templado húmedo con lluvias abundantes en verano y templado subhúmedo con lluvias en verano. La temperatura media anual va de los 13.3 a los 26.2 °C. La precipitación anual promedio fluctúa entre los 1,000 y 4,000 milímetros.

El 34.56 por ciento de la superficie estatal está cubierta por selva, en la que abundan, entre otros, ramón o capomo, guapaque, guácima y copal; el 29.08 por ciento está cubierto de bosque y un 16.93 por ciento por pastizales. La agricultura aprovecha el 15.8 por ciento del suelo; hay 1.75 por ciento de manglares; 0.45 de popal, y otras especies cubren el 1.43 restante.

La fauna es muy variada y comprende gran parte de las especies

La cascada Agua Azul forma un espectacular contraste con la vegetación de la selva lacandona, que debe su nombre a Lacán-tun o Gran Peñol.

del área centroamericana: grandes felinos, gran número de reptiles, innumerables especies de insectos, arácnidos y una enorme variedad de aves. La mayoría de estas especies están en peligro de extinción. Entre los reptiles se encuentran boas, falsas nauyacas, iguanas de roca y de ribera; entre las aves se distinguen correcaminos, chachalaca, olivácea, garza, gavilán coliblanco, mochuelo rayado, tecolotito manglero y urraca copetona. Hay infinidad de animales como comadreja, murciélago, tlacuache, zorrillo, jabalí, tortuga, casquito, cocodrilo, espátula, pijije, golondrina de mar, loro, pelícano, puercoespín, tamborillo, tejón y tlacuache.

Historia

El asentamiento de población sedentaria más antiguo del territorio es el centro ceremonial de Izapa, que corresponde al período preclásico —1500 a.C.—, con una fuerte influencia de los olmecas del Golfo. La cultura maya floreció en la región durante el período clásico, 292 a 900 años d.C. En esa época se desarrollaron, entre otros adelantos del grupo, amplios conocimientos matemáticos y algebraicos, medicina, historiografía, escritura jerogli-

fica, arquitectura y comercio. Sin embargo, el mayor auge cultural se dio durante el Clásico tardío, 650 a 950 d.C. Los centros ceremoniales de Yaxchilán, Bonampak y Palenque datan de este último período. Cabe resaltar que en el centro ceremonial de Palenque existe una de las pocas pirámides que recubren la tumba de un alto dignatario, según se infiere por las joyas, adornos y demás utensilios que se encontraron en ella.

Cada ciudad maya funcionaba como un estado independiente que mantenía relaciones políticas, de parentesco y económicas con las demás; la organización social interna estaba dividida en clases. Pertenecían a la nobleza los sacerdotes, el gobernador, el jefe de guerreros y los comerciantes. El pueblo quedaba constituido por artesanos y labriegos. Por último, había un grupo muy reducido de esclavos.

Los mayas fueron herederos de las civilizaciones olmeca y zapoteca, cuyos conocimientos ampliaron y perfeccionaron hasta crear una de las más grandes culturas del mundo. Después de su período de auge se sucedieron las guerras, la ocupación de ciudades y los conflictos entre grupos, que acarrearon la decaden-

La Sierra Madre de Chiapas se extiende casi paralela al litoral del Pacífico; sus serranías han formado valles como San Cristóbal, Cintalpa y Comitán.

En el conjunto arqueológico de Palenque destaca el templo de las Inscripciones (finales del siglo VII). Tiene bajorrelieves con jeroglíficos y una cripta funeraria.

cia de los mayas. Éstos abandonaron los grandes centros y el poder pasó a manos de los indios chiapas, quienes impidieron, incluso, que los mexicas los conquistaran.

La Villa del Espíritu Santo, Coatzacoalcos, fundada en 1521 por Gonzalo de Sandoval, incluía la provincia de Chiapas, que en aquellos tiempos estaba habitada por quelenes, zoques, tzeltales, mames y chiapas; bajo la organización de estos últimos pudieron resistir el primer intento de conquista, pero Diego de Mazariegos, apoyado por indígenas tlaxcaltecas y mexicas, ingresó al territorio e hizo huir a los chiapas hacia el cañón del Sumidero. En 1528, Mazariegos fundó la Villa Real de Chiapas. Al año siguiente se cambió el nombre por el de Villaviciosa, en 1531 se denominó San Cristóbal de los Llanos y en 1536 se volvió a designar Ciudad Real de Chiapas. Así se llamó hasta 1829, cuando se cambió de

nuevo el nombre por el de «San Cristóbal», para anexar en 1944 «de las Casas», topónimo que conserva en la actualidad. En 1535 obtuvo el escudo de armas que hoy distingue al estado.

Una vez establecido el primer gobierno español en el territorio, llegaron los evangelizadores para cumplir su labor misional; a partir de la Villa, en 1545 los dominicos iniciaron la evangelización en el Soconusco, labor que continuarían los franciscanos. En el área zoque comenzó en 1547, en Palenque en 1560, en Ocosingo en 1577 y en la selva lacandona en 1694. Desde 1545, fray Bartolomé de las Casas, obispo de Chiapas, luchó contra el maltrato a los indígenas, buscando leyes que los favorecieran. Incluso en algún momento se trasladó a las villas indígenas para castigar a los españoles e impedir la explotación. Los demás evangelizadores promovieron la fundación de pueblos co-

mo Ixtapa, Chamula y Tecpatán, entre otros.

Los primeros seis conventos establecidos por los dominicos se encuentran en San Cristóbal de las Casas, antes Ciudad Real; Chiapa de Corzo, antes Chiapa de los Indios; Comitán, Tecpatán, Ocosingo y Copanaguastla. Por su parte, los jesuitas abrieron un colegio. La legislación y gubernatura de la entidad sufrieron diversas modificaciones. En 1565 se anexó a la Nueva España, pero en 1569 se adhirió a la Audiencia de Guatemala.

Chiapas no participó de manera activa en la guerra de Independencia. Se declaró independiente sobre las bases del plan de Iguala y los tratados de Córdoba, y promovió su anexión a México, lograda en 1824. El año siguiente se decretó la ley Agraria, se sancionó la primera Constitución del estado y poco después se inauguró la Universidad Nacional y Literaria de Chiapas. También en esas fechas se introdujo la primera imprenta.

En 1832, debido a los enfrentamientos contra los reformistas, los poderes de la entidad se trasladaron a Tuxtla. En 1848, y por un decreto del presidente Antonio López de Santa Anna, la región del Soconusco —cuyo territorio peleaban, ya desde la Conquista, México y Guatemala—, se adhirió de manera irrevocable a la República Mexicana.

Junto a los conflictos entre liberales y conservadores, la situación de Chiapas se fue agravando con la intervención estadounidense, pestes, enfermedades y sequías. Cuando se secularizaron los cementerios, en 1857, el clero manipuló las reformas políticas y sociales, presentándolas como actos contra la religión. En 1868 dio comienzo en la entidad la llamada guerra de Castas, en la que los indígenas se manifestaban contra la superioridad de los «ladinos» y defendían sus derechos. Hasta finales de siglo hubo varios cambios en el gobierno. Cada cuadro de funcionarios se propuso apoyar la educación, la seguridad social, ampliar las vías de comunicación, erigir centros de enseñanza, instalar la luz eléctrica, etcétera.

La Revolución de 1910 no llegó a la entidad, aunque en 1915 se vivieron algunas de sus consecuencias, como la liberación de sus deudas a peones y sirvientes. Sin embargo, continuó la explotación de los indígenas y el robo de sus tierras. El 1 de enero de 1994, un levantamiento armado tomó las principales poblaciones de la entidad. El Ejército Zapatista de Liberación Nacional (EZLN) luchó por los derechos indígenas; sus peticiones se extendieron por toda la República y tuvieron repercusión internacional.

Tuxtla Gutiérrez se convirtió en capital del estado en 1892, en sustitución de San Cristóbal de las Casas. Debe su nombre al político Joaquín M. Gutiérrez.

Actualidad

El estado acoge a 3,920,515 habitantes, de los cuales casi el 60 por ciento tiene menos de 25 años. El municipio de Tuxtla Gutiérrez al-

Los derechos de los indígenas se situaron en el primer lugar de las reivindicaciones del Ejército Zapatista de Liberación Nacional (EZLN).

berga al 11 por ciento de la población de la entidad, seguido por Tapachula, con el 6.9 por ciento. Los demás municipios concentran a poco más del 80 por ciento de los habitantes. Más de la mitad de la población es considerada activa; en el área urbana de Tuxtla Gutiérrez, la rama de los servicios absorbe casi al 42 por ciento de la población ocupada y el comercio concentra al 21 por ciento, seguida por el gobierno. Hay casi 800,000 personas de lengua indígena, entre las que destacan: tzeltal, tzotzil, chol, tojolabal, zoque, kanjobal, mame, chuj, maya y jacalteco.

Dadas las alteraciones sufridas con motivo de la rebelión armada por parte del EZLN, se han presentado diversos cambios, interinatos y suplencias en el gobierno del estado. En 1998 se estudiaba una posible reforma municipal que dependía del curso de los acontecimientos políticos y guerrilleros.

En cuanto a la educación, el estado de Chiapas administra unas 12,600 escuelas y una planta docente de 46,000 personas para casi un millón de alumnos de los niveles preescolar, primaria, capacitación para el trabajo, secundaria, profesional medio y bachillerato. En el nivel superior hay inscritos más de 33,000 alumnos. Los centros superiores del estado son la Universidad Autónoma de Chiapas, el Instituto de Estudios Superiores de Chiapas, la Universidad Pedagógica Nacional de Tuxtla, la Escuela Normal de Tuxtla Gutiérrez, la Universidad Valle de Grijalva, el Instituto Tecnológico de Tuxtla Gutiérrez y el Instituto Tecnológico de Tapachula. Chiapas es, sin embargo, el estado con mayor índice de analfabetismo en todo el territorio mexicano.

Existen en la entidad alrededor de 700,000 viviendas, todas particulares, con un promedio de 5.2

ocupantes por vivienda; 316,000 cuentan con todos los servicios, unas 10,000 con agua entubada y drenaje, casi 100,000 con agua entubada y energía eléctrica, y casi 50,000 con drenaje y energía eléctrica. El estado posee 430 fuentes de abastecimiento de agua, que aportan cerca de 72,000 m³ diarios. Existen cerca de 630,000 tomas eléctricas en el estado, la mayoría residenciales, más unas 50,000 comerciales y 1,000 industriales. Las líneas eléctricas cubren poco más de 9,000 km.

El producto interno bruto (PIB) estatal alcanza poco más de 20,500 millones de pesos, casi una quinta parte por el rubro de servicios comunales, sociales y personales; un 18.5 por ciento proviene de comercios, restaurantes y hoteles, otro 18.4 por ciento de la rama agropecuaria, silvícola y pesquera y casi un 18 por ciento más de servicios financieros, seguros y bienes inmuebles.

Unas 300,000 empresas se dedican a la agricultura. Las unidades de producción rurales cubren una superficie total cercana a los 2 millones de hectáreas. El estado produce, en cultivos cíclicos, maíz, frijol, cacahuate, sorgo, soya, ajonjolí, chile verde, arroz, algodón, melón, sandía y otros; en cultivos perennes, café, caña de azúcar, cacao, plátano, mango, palma africana, naranja, mara-
ñón, manzana, hule, ciruela y otros. Cerca de 260,000 empresas se dedican a la ganadería. En la entidad se cría ganado bovino, porcino y ovino, aparte de aves y abejas. Se producen leche, huevos y miel.

Hay casi 200,000 empresas dedicadas a la actividad forestal, con un volumen anual aproximado de 35,000 m³ en rollo; se explota pino, encino, oyamel, ciprés y liquidámbar, entre otras especies. La industria pesquera suma al año una captura cercana a las 15,000 toneladas de especies como camarón de estero, tilapia, tiburón y camarón botalón, entre otras.

La minería depende de 77 empresas estatales. Cerca de 8,000 empresas se dedican a la manufactura, un 35 por ciento de las cuales se especializan en la producción de alimentos, bebidas y tabaco, y el 22.6 por ciento en productos textiles, prendas de vestir e industria del cuero. El 14.1 por ciento realiza manufacturas de madera —incluidos muebles— y el 11.4 por ciento se dedica a elaborar productos metálicos, maquinaria y equipos en general. En la industria de la construcción existen unas 400 empresas. El servicio eléctrico estatal tiene una producción bruta cercana a los 16,000 gigawatts por hora y la potencia real instalada se aproxima a los 4,000 megawatts.

En el estado de Chiapas se cuentan más de 85,000 automóviles y 2,300 camiones de pasajeros. La red ferroviaria abarca más de 500 km, por la que se transportan cerca de 4 millones de toneladas de mercancía al año. Las instalaciones portuarias poseen 550 m de atraque y una capacidad de almacenamiento cercana a los 26,000 m². En el estado hay 24 aeródromos y 6 aeropuertos. Existe también un total de 42 radiodifusoras y 26 estaciones repetidoras de televisión, aparte de 2 estaciones locales.

En el mercado de Chamula, en el centro del estado y junto a San Cristóbal de las Casas, los indios de la región ofrecen sus productos y artesanías textiles.

Chihuahua

El estado de Chihuahua se localiza al norte de la República Mexicana, en las coordenadas 25° 47' al sur, 31° 47' al norte, al este en los 103° 18', y al oeste en los 109° 07'. Colinda al norte con Estados Unidos, al este con Estados Unidos, Coahuila y Durango; al sur con Durango y Sinaloa y al oeste con Sinaloa, Sonora y Estados Unidos. Chihuahua tiene una superficie total de 247,087 km^2, lo que representa el 12.6 por ciento del territorio nacional y la convierte en la mayor entre las entidades federativas. La integran 67 municipios y su capital es Chihuahua.

La orografía está compuesta por el cerro Mohinora, con una altitud de 3,300 m sobre el nivel del mar, la sierra Gasachi (3,060 m), cerro Güirichique (2,740 m), cordón Capeina (2,700 m) y cerro San José (2,700 m), entre otras elevaciones.

Recorren el estado los ríos Conchos, Bravo, San Miguel-Casas Grandes, Santa María, Santa Clara-El Carmen, San Pedro, Tutuaca, Urique, Papigochi-Sirupa, Florido, Río Verde-El Fuerte, Oteros-Chínipas, Parral y Temochi, entre otros. También cuenta con los lagos Bustillos, Palomas y Encinillas, además de numerosas presas, entre las que se encuentran La Boquilla, Luis L. León y Francisco I. Madero.

Los climas del estado son: cálido subhúmedo con lluvias en verano, semicálido subhúmedo con lluvias en verano, templado subhúmedo con lluvias en verano, semifrío subhúmedo con lluvias en verano, semiseco muy cálido y cálido, semiseco semicálido, semiseco templado, semiseco semifrío, seco semicálido, seco templado, muy seco semicálido y el muy seco templado. La temperatura media anual fluctúa entre los 14.5 y los 21.7 °C. Se registran temperaturas extremas de 11.4 y 23.7 °C. La precipitación promedio va de los 284 milímetros en las zonas más secas hasta los 979.2 en las serranías. Se han registrado hasta 1,308 milímetros en el año más lluvioso.

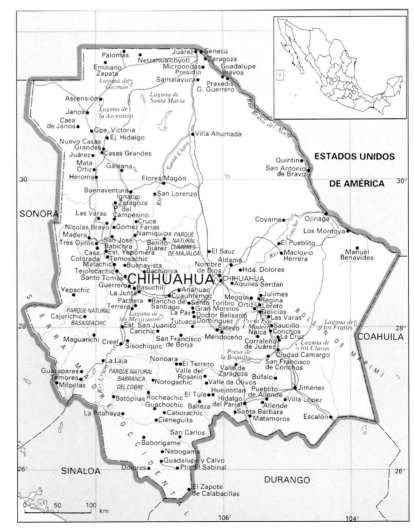

En las laderas de la sierra Tarahumara, con grandes barrancos, se extienden bosques de coníferas y encinos. Por ella discurre la línea férrea Chihuahua-Pacífico.

El 32.41 por ciento de la superficie estatal está cubierta por matorrales: gobernadora, hojasén, mezquite, sotol y ocotillo. Los bosques ocupan un 30 por ciento de la superficie, y en ellos abundan pino cheguis, real, huiyoco y colorado y encino blanco; otro 29.42 por ciento de la superficie es de pastizales, en los que se dan navajita, zacate tres barbas, zacatón, navajita velluda y zacate colorado. El 7.38 de la superficie se dedica a la agricultura, y hay selva en un 2.38 por ciento. En ella crecen mauto, palo blanco, guácima y copal.

La fauna varía —al igual que la flora— según las regiones. Entre los animales se puede citar a los siguientes: guajolote, paloma de collar, venado bura y cola blanca, conejo, berrendo, puma y gato montés. Son característicos de la llanura la liebre y el coyote; en el desierto prosperan jabalí, ardilla, aguililla, serpientes diversas y roedores.

Historia

En el área de Aridoamérica, entre 650 y 750 d.C. comenzaron a desarrollarse las llamadas «culturas del desierto». La Cochise, que comprende la Paquimé o Casas Grandes, llegó a ser una de las más destacadas. Entre 1205 y 1261 vivió su mayor auge, mientras mantenía contacto comercial con las otras grandes culturas de Mesoamérica. A la llegada de los españoles, los apaches, conchos, tarahumaras, julimes, jo-

vas, ópatas, janos, tepehuanes y guarojíos eran algunos de los grupos indígenas que habitaban la región.

Los primeros españoles que incursionaron en el territorio fueron Álvar Núñez Cabeza de Vaca y sus compañeros, náufragos de la expedición de 1528. Más tarde se realizaron incursiones por el océano Pacífico encabezadas, entre otros, por Nuño Beltrán de Guzmán; sin embargo, no fue hasta que se descubrieron las minas de Zacatecas cuando se decidió conquistar la región en busca de yacimientos de metales preciosos. En 1564 se conformó el Reino de la Nueva Vizcaya que comprendía los actuales estados de Sonora, Chihuahua y Durango. El gobernador de este reino dependía, en el aspecto administrativo, del virrey, y en el judicial, de la Audiencia de Guadalajara.

A principios del siglo XVII llegaron los religiosos a la región; las primeras misiones franciscanas fueron las de Atotonilco y San Francisco de Conchos. Por su parte, los jesuitas se establecieron en las partes bajas de la sierra y fundaron la misión de Valle de Balleza; a finales del siglo se extendieron a las zonas altas. Para evitar conflictos, a los franciscanos les fueron asignadas las zonas de las mesetas, y la sierra a los jesuitas.

En 1631, Juan Rangel de Viezma descubrió el mineral de San José del Parral, donde se instaló la población más notable del norte de la Nueva España. En 1650, fray García de San Francisco fundó la misión de Nuestra Señora de Guadalupe del Paso del Río del Norte, hoy Ciudad Juárez. En 1661 se fundó Casas Grandes y se prohibió la entrada de blancos a territorios indígenas, como medida para eliminar la explotación y el esclavismo de estos últimos.

Los reales de minas, las misiones religiosas, los presidios y guarniciones militares fueron el eje para

Dentro del Parque Nacional de Basaseachic se encuentra la Barranca de Candameña; de sus paredes verticales se desprende una cascada de 246 m.

la creación de pueblos que ayudaron a consolidar el poder español. La minería y, por extensión, la ganadería y la agricultura, fueron las principales actividades económicas durante la Colonia.

En plena guerra de Independencia, los insurgentes Miguel Hidalgo, Ignacio Allende, Mariano Jiménez, Juan Aldama y Manuel Santamaría fueron aprehendidos en su camino hacia el norte y fusilados en la entidad. En 1823, el Congreso Nacional eliminó las ordenanzas a la minería, posibilitando el ingreso de extranjeros, quienes se apoderaron de las tierras de los indígenas. Ese mismo año, la Villa de San Felipe del Real de Chihuahua, el mayor asentamiento de la región, fue elevada a la categoría de ciudad. En 1831, los apaches, que desde los tiempos de la conquista se habían mantenido belicosos contra los invasores, entablaron una lucha que duró más de cincuenta años.

Desde 1845 los chihuahuenses se organizaron para defender la entidad de la invasión estadounidense, pues era uno de los lugares más codiciados por el enemigo. Tras la firma de los tratados de Guadalupe Hidalgo, por los que México perdió más de la mitad de su territorio, cesaron las incursiones estadounidenses a la región. Sin embargo veinte años después los habitantes tendrían que defenderse de la invasión francesa. Durante los conflictos entre conservadores y liberales, Juan Terrazas luchó a favor de los segundos, por lo que se convirtió en gobernador al triunfo de éstos. Cuando Benito Juárez decretó la desamortización de los bienes eclesiásticos, Terrazas promovió su venta y se convirtió así en el dueño de una novena parte del estado.

Por esos tiempos se inauguraron las redes ferroviarias de la entidad, se abrió el Instituto Científico y Literario, se fundaron varios periódicos de oposición al régimen de Porfirio Díaz, resurgió la actividad económica de la minería, aumentó la red telegráfica, se introdujo la telefónica y se propició la comunicación con el centro del país.

Chihuahua fue una de las regiones más sobresalientes durante la Revolución de 1910. En Ciudad Juárez se firmó el tratado que dio fin a la dictadura porfirista. Francisco Villa inició el levantamiento contra Victoriano Huerta, formando así la División del Norte. Se convirtió en gobernador provisional de la entidad hasta que se enfrentó a

La Catedral chihuahuense fue construida entre 1726 y 1757. En su fachada barroca resaltan las portadas de cantera rosa y las esculturas de los doce apóstoles.

El pueblo de San Francisco de Cuéllar tomó en 1718 el nombre de San Felipe del Real de Chihuahua, que en tarahumara significa «zona arenosa y seca».

be al 25 y al 31 por ciento, respectivamente. El comercio emplea casi al 20 por ciento de la población chihuahuense y al 17 por ciento de los pobladores de Ciudad Juárez. Poco más de un millón de personas habla una lengua indígena en el estado: casi 60,000 el tarahumara y casi 4,000 el tepehuano, entre los grupos más numerosos. Se hablan, además, mazahua, guarijío, pima, mixteco, náhuatl, zapoteco, otomí y maya, entre otras 28 lenguas mexicanas, más otras amerindias.

El artículo 472 del código Administrativo del estado dispone que las elecciones ordinarias de gobernador se celebren cada seis años y las de diputados y miembros de los ayuntamientos cada tres (todas el primer domingo de julio del año que corresponda). La Constitución del estado indica las siguientes fechas para la toma de posesión: 30 de septiembre para la instalación del Congreso, 4 de octubre para el gobernador del estado y 10 de octubre para la instalación de los ayuntamientos.

El estado de Chihuahua tiene más de 5,500 escuelas y una planta docente de 31,000 personas para 685,000 alumnos. En el nivel superior están inscritos casi 44,000

Venustiano Carranza y éste permitió que lo persiguieran las fuerzas estadounidenses. Villa se estableció en la sierra de Chihuahua, desde donde asedió a la población y escapó de sus enemigos.

Alrededor de 1920 se restableció la paz. En 1922 llegaron los colonos menonitas a la región, para afincarse. En 1921 se expidió una nueva Constitución Política Estatal y se promovió la ganadería. Desde entonces se ha buscado la estabilidad económica. En varias regiones se ha impulsado el desarrollo de la entidad, en la que suelen prosperar grandes empresarios.

Actualidad

El estado alberga a 3,047,867 habitantes, de los cuales dos terceras partes tienen menos de 40 años. El municipio de Ciudad Juárez concentra a casi el 40 por ciento de la población y el de Chihuahua a más del 22 por ciento.

Cerca del 60 por ciento es considerado activo, con una ocupación del 96 por ciento, aproximadamente. En las áreas urbanas de Chihuahua y Ciudad Juárez, cerca del 36 y 31 por ciento se aboca a la rama de los servicios. En esas ciudades, la industria de la transformación absor-

La producción ganadera (especialmente de ganado vacuno destinado a exportación) se concentra en Galeana, Bravos, Morelos y Ojinaga.

alumnos; los centros del estado para este ciclo son el Instituto Tecnológico de Juárez, la Facultad de Contaduría y Administración y el Instituto Tecnológico de Chihuahua, entre los que atienden al mayor número de estudiantes.

La entidad cuenta con alrededor de 664,000 viviendas particulares y algunas colectivas, para un promedio de 4 ocupantes por vivienda; unas 520,000 tienen todos los servicios; 4,350 cuentan con agua entubada y drenaje; casi 70,000 con agua entubada y energía eléctrica, y arriba de 5,000 con drenaje y energía eléctrica. Las fuentes de abastecimiento de agua del estado aportan aproximadamente 750 millones de m^3. Existen unas 614,000 tomas eléctricas en el estado, de las que casi 600,000 son residenciales, 12,000 comerciales, y otras 1,200 industriales. Las líneas eléctricas cubren cerca de 30,000 km. En el estado se recogen más de 400,600 toneladas de basura.

El producto interno bruto (PIB) del estado supera los 33,000 millones de pesos, el 21 por ciento procede de la rama de los comercios, restaurantes y hoteles; casi un 21 por ciento es producto de los servicios comunales, sociales y personales y otro 16.4 por ciento procede de la industria manufacturera. Los servicios financieros, seguros y bienes inmuebles aportan un total del 15.5 por ciento.

Unas 100,000 empresas se dedican a la agricultura. Las unidades de producción rurales cubren una superficie total cercana a los 18 millones de hectáreas. El estado produce, en cultivos cíclicos, frijol, maíz, avena, algodón, trigo, sorgo, cebada y chile; en cultivos perennes, alfalfa, nogal, manzano, prades y durazno. Una cantidad aproximada de 81,000 empresas se dedica a la ganadería, con ganado equino, bovino, porcino y caprino, cría de

La línea férrea Chihuahua-Pacífico, que atraviesa la Sierra Madre Occidental por la Barranca del Cobre, recorre en su trayecto 39 puentes y 86 túneles.

conejos y aves de corral. Se producen leche, huevos, miel y pieles. Unas 26,000 empresas se dedican a la actividad forestal, con explotación de pino y encino. La industria pesquera obtiene una captura cercana a las 600 toneladas; se explotan para consumo humano, directo e indirecto, carpa, mojarra, tilapia, lobina y bagre.

Explotan la minería unas 75 empresas, de las cuales una tercera parte se dedica a la extracción de minerales metálicos y las otras dos a la de minerales no metálicos. Se dedican a la manufactura más de 7,000 empresas, de ellas un 33 por ciento a la elaboración de productos alimenticios, bebidas y tabaco, y un 22.6 por ciento a productos metálicos, maquinaria y equipo en general —lo que absorbe al 64.6 por ciento del personal ocupado total promedio—. El 14.6 por ciento se dedica a la manufactura de textiles, prendas de vestir e industria del

cuero. El 14.5 por ciento se centra en la madera y sus productos, incluidos muebles. En la industria de la construcción existen casi 300 empresas. El servicio eléctrico estatal tiene una producción bruta de unos 5,000 gigawatts por hora. La potencia real instalada es de casi 1,000 megawatts.

Alrededor de 34,000 establecimientos están dedicados al ramo comercial. El turismo lo realizan 250 empresas con un total cercano a las 10,000 habitaciones. En Chihuahua hay casi de 325 establecimientos de preparación y servicio de alimentos y bebidas. En el estado se cuentan alrededor de 433,000 automóviles y 266 camiones de pasajeros. La red ferroviaria tiene más de 2,300 km, en la que se transportan más de cinco millones de toneladas de carga anuales. El estado tiene 22 aeródromos y dos aeropuertos. Hay 81 radiodifusoras y 20 estaciones repetidoras de televisión y 15 locales.

Coahuila

El estado de Coahuila se localiza en la parte central de la frontera norte de la República, en las coordenadas 29° 53' al sur, 24° 32', latitud norte; al este en los 99° 51', y al oeste en los 103° 58', de longitud oeste. Colinda al norte con Estados Unidos, al este con Estados Unidos y Nuevo León, al sur con Nuevo León, Zacatecas y Durango; y al oeste con Estados Unidos, Durango y Chihuahua. Su superficie es de 151,578.7 km², lo que representa el 7.7 por ciento del territorio nacional y lo sitúa como tercer estado en extensión; está constituido por 38 municipios y su capital es Saltillo.

La orografía del estado la forman elevaciones como el cerro El Morro, con una altitud de 3,710 m sobre el nivel del mar, cerro San Rafael (3,700 m), sierra Potrero de Ábrego (3,460 m), cerro El Jabalín (3,440 m), cerro La Nopalera (3,120 m), cerro San Juan (3,120 m), sierra Mojada (2,450 m), sierra Santa Rosa (2,120 m) y sierra Pájaros Azules (1,930 m).

El estado cuenta, entre otros, con los ríos Bravo, Sabinas-Álamos, Nazas, Aguanaval, Salado de Nadadores, Los Patos, Monclova y Salado. También posee los siguientes cuerpos de agua: las presas Internacional, La Amistad, Venustiano Carranza, El Entronque y El Tulillo, entre otras, y los lagos El Guaje, La Leche, El Rey y El Coyote.

Los climas de la entidad son el templado subhúmedo con lluvias en verano, templado subhúmedo con lluvias escasas todo el año, semifrío subhúmedo con lluvias escasas todo el año, semiseco semicálido, semiseco templado, seco muy cálido y cálido, seco semicálido, seco templado, muy seco muy cálido y cálido, muy seco semicálido y muy seco templado. La temperatura media anual va de los 14.6 °C a los 20.7 °C, pero se llegan a registrar temperaturas extremas de 8 °C y 25 °C. La precipitación promedio fluctúa entre 362 y 564 milímetros, en las zonas más secas.

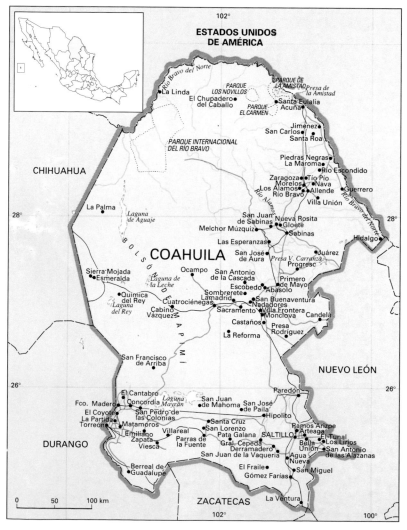

Hacia el norte del estado, la aridez y el escaso régimen pluvial determinan especies arbustivas como la característica rosa del desierto.

Está cubierta de matorrales un 77.84 por ciento de la superficie estatal y en ellos aparecen hojasén, nopal, sotol, ocotillo y guajillo; un 7.17 por ciento son pastizales: toboso, navajita, zacates tres barbas, banderilla, liendrilla y mezquite; la agricultura cubre el 3 por ciento del estado; un 1.47 por ciento de la superficie es bosque de encino, pino, cedro y piñonero, entre otros.

La fauna está constituida, entre otras especies, por venado bura y cola blanca, oso, coyote, guajolote, puma, gato montés, águila, paloma, urraca, pato, tejón, liebre, halcón, lechuza, gavilán, aura, cenzontle, chencho, codorniz, correcaminos, víbora de cascabel, tejón, escorpión, tlacuache, ardillón, ardilla y leoncillo.

Historia

Petroglifos y pinturas rupestres encontrados en la zona dan cuenta de antiguos pobladores, de los cuales, sin embargo, no se tiene mayor información. Al llegar los españoles al territorio identificaron a coahuiltecos, tobosos, rayados, irrilitas, laguneros y guachichiles, como los grupos indígenas que habitaban la región.

Desde 1550 se iniciaron las expediciones españolas al espacio que más adelante denominarían Nueva Extremadura, mismas que eran atacadas con frecuencia por los naturales. En 1577, Alberto del Canto fundó la Villa de Santiago de Saltillo, iniciando así el proceso colonizador. Los españoles establecieron algunos poblados con indígenas tlaxcaltecas para pacificar a los nativos y explotar las tierras; sin embargo, la reticencia indígena y las poco propicias condiciones naturales evitaron el asentamiento estable de los colonizadores. No fue sino hasta 1674 cuando, con apoyo de religiosos, se pobló la región.

Durante la Colonia, la economía interna se basó en la agricultura y la ganadería. Ello no redituaba a la Corona y se consideraba más bien una carga, puesto que debía apoyar a misiones y presidios sin ganancia alguna. Las ferias fueron una de las principales actividades que permitían la comunicación y el abastecimiento de la entidad.

La guerra de Independencia no tuvo mayores repercusiones, aun cuando los presidios se aprestaron a apoyar a los realistas. Los insurgentes lograron llegar a Saltillo, pero después fueron aprehendidos y fusilados. Al decretarse la Independencia nacional, la entidad hizo el juramento local.

Tanto los estadounidenses, en 1846, como los franceses, en 1865, se propusieron apoderarse del estado; ambos grupos lograron ingresar pero fueron expulsados. En 1852 se estableció la soberanía del estado, promulgada en su Constitución; sin embargo, en 1856 fue anexado a Nuevo León. Ocho años después, por mandato del entonces presidente Benito Juárez, recuperó su autonomía.

Durante el gobierno de Porfirio Díaz prosperaron la agricultura, la ganadería y la minería, y se construyeron vías férreas que comunicaron el centro con el norte del país. Ello acarreó un mayor intercambio comercial que hizo decaer las ferias.

El Río Bravo señala el límite entre Coahuila y Estados Unidos. Sus desniveles se han aprovechado en presas como La Amistad y Venustiano Carranza.

Después de ser presidente municipal de Cuatro Ciénagas, Carranza fue goberna-
dor constitucional de Coahuila (1911-1913). En la imagen, su llegada a Saltillo.

La explotación de minas de carbón, el descubrimiento de yacimientos de plata y el cultivo del algodón revitalizaron la economía local.

A partir de 1877, Mariano Escobedo organizó levantamientos contra el régimen porfirista en el norte del estado. La Revolución de 1910 hizo llegar su propuesta antirreeleccionista. Cuando Madero entró a la capital, los revolucionarios se apoderaron de varios puntos de la entidad. Tras la ocupación de Saltillo por una junta revolucionaria, lograron controlar el sudeste del estado. En 1913, el golpe de Estado de Victoriano Huerta impulsó la redacción del plan de Guadalupe en el que se le desconocía como presidente. Venustiano Carranza ocupó con intermitencia el gobierno de Coahuila, desde donde convocó a las elecciones que, finalmente, ganó. Francisco Villa avanzó hacia la toma de Saltillo, pero en 1915 el éxito del plan de Guadalupe y la fuerza de los carrancistas hicieron que éstos se apoderaran de la entidad.

Durante las décadas de 1920 y 1930, la economía se vio mermada por la Revolución y la guerra Cristera que, aunque no se manifestó con fuerza en el estado, tampoco permitió el resurgimiento cabal. Hasta principios de la década de 1940 se impulsaron la edificación de escuelas y la construcción de caminos y fábricas. Luego de que Lázaro Cárdenas expropiara terrenos agrícolas de la región lagunera y los distribuyera entre los campesinos, cambió el régimen de tenencia de la tierra y su explotación. Aunado a ello se impulsó el beneficio de carbón. A partir de ese momento, el estado vivió un renacimiento económico basado en la explotación de la agricultura, la ganadería, la minería y la siderurgia.

Actualidad

El estado alberga a 2,295,808 habitantes, de los cuales cerca de dos terceras partes tienen menos de 30 años. El municipio de Saltillo acoge al 25 por ciento de la población del estado y el de Torreón al 23 por ciento. Poco más de la mitad de la población es considerada activa, con una ocupación del 95.4 por ciento. En el área urbana de Monclova, la rama de servicios absorbe al 35 por ciento de la población ocupada y la industria de la transformación casi al 26, seguida por el comercio con el 22 por ciento. Hay cerca de 2,000 personas de habla indígena. Sus lenguas son náhuatl, kikapu, mazahua, zapoteco, otomí, maya, tarahumara, totonaca, mixteco, purépecha, huasteco, yaqui, mixe, mazateco, cora, tepehuan y huichol, entre otras.

La fecha límite para elegir gobernador y autoridades municipales (presidente municipal, síndicos y regidores) es el último domingo de octubre. La toma de posesión del gobernador es el 1 de diciembre. La de las autoridades municipales, el 1 de enero. Los diputados locales son electos el primer domingo de julio y toman posesión el 15 de noviembre.

El estado de Coahuila tiene casi 4,000 escuelas y una planta docente de 29,000 personas para 610,000 alumnos de los niveles preescolar, primaria, capacitación para el trabajo, secundaria, profesional medio y bachillerato. En el nivel superior están inscritos unos 23,000 alumnos, que se distribuyen en centros como la Universidad Autónoma de Coahuila, la Escuela Normal de Educación Preescolar y la Benemérita Escuela Normal de Coahuila, entre los más importantes.

La entidad cuenta con alrededor de 487,000 viviendas, particulares todas, para un promedio de 4.5 ocupantes por vivienda. Unas 367,000 poseen todos los servicios; 1,200 cuentan con agua entubada y drenaje, 86,200 con agua entubada y energía eléctrica y 3,500 con drenaje y energía eléctrica. El estado aprovecha un total de 257 fuentes de abastecimiento de agua que aportan 844,000 m^3 por día. Las presas almacenan de manera útil casi 6,000 millones de m^3 de agua. El tendido eléctrico cuenta con más de 556,000 tomas en el estado, de las que casi 500,000 son residenciales, unas 51,000 comerciales, y otras 6,000 industriales. Las líneas eléctricas cubren una extensión de 20,000 km. El estado cuenta con una superficie de 1,646,000 hectáreas dedicadas a tiraderos de basura a cielo abierto.

El producto interno bruto (PIB) del estado es de poco más de 31,000 millones de pesos. El 28.3 por ciento de éste es aportado por la industria manufacturera, una quinta parte por los comercios, restaurantes y hoteles, otro 16 por ciento por los servicios comunales, sociales y personales, y un 11.5 por ciento por los servicios financieros, seguros y bienes inmuebles.

Unas 56,600 empresas se dedican a la agricultura. Las unidades de producción rurales cubren una superficie total cercana a los 10 millones de hectáreas. El estado produce,

Saltillo destaca en el norte de la república por su actividad cultural. Su Plaza de Armas colinda con el palacio de Gobierno y la Catedral.

Planta de cerámica en Saltillo. La ciudad produce materiales eléctricos, celulosa y maquinaria agrícola y de construcción.

en cultivos cíclicos, maíz, sorgo, trigo, algodón, avena, frijol, melón y papa; y en cultivos perennes, pastos, alfalfa, nogal, manzano y vid.

Se dedican a la ganadería algo más de 40,000 empresas, que crían ganado equino, bovino, caprino, ovino, porcino, aves de corral y conejos, además de la producción de leche, huevos y miel. Unas 10,500 empresas se dedican a la actividad forestal; se explotan pino (46 %), oyamel (39 %), mezquite (22.4 %), cedro y otras coníferas y latifoliadas. La pesca y la acuicultura generan cerca de 2,000 toneladas, con especies como carpa, bagre, besugo y lobina negra.

La minería ocupa a 164 empresas, 125 de las cuales se dedican a la explotación de minerales no metálicos y 35 a la de carbón. Cerca de 6,000 trabajan en la manufactura, 1,600 elaboran productos alimenticios, bebidas y tabaco; 1,500 productos metálicos, maquinaria y equipo en general, y casi 1,000 productos minerales no metálicos, excepto derivados de petróleo o car-

bón. Otras 654 se dedican a la manufactura de productos de madera y a su industria, incluidos muebles; 455 a los textiles, prendas de vestir e industria del cuero; y 414 a la industria del papel y sus productos, imprentas y editoriales. En la industria de la construcción hay cerca de 400 empresas. La generación bruta de energía eléctrica es superior a 18,000 gigawatts por hora y la generación neta de energía es de 17,000 gigawatts por hora.

Cerca de 30,000 establecimientos se dedican al comercio y 162 al turismo, que posee una capacidad cercana a las 6,500 habitaciones. En Coahuila hay alrededor de 8,500 km de caminos: casi el 54 por ciento son rurales, el 24 por ciento alimentadores estatales y un 22 por ciento troncales federales. La red ferroviaria cuenta con unos 2,000 km, por los que se transportan más de 14 millones de toneladas de carga al año. Se cuentan 78 radiodifusoras, 30 estaciones repetidoras de televisión y 5 locales.

Colima

El estado de Colima se localiza en el occidente de la República Mexicana, al norte en los 19° 31', al sur en los 18° 41' de latitud norte; al este en los 103° 29' y, al oeste, en los 104° 35' de longitud. Colinda al norte con Jalisco, al este con Jalisco y Michoacán, al sur con Michoacán y el océano Pacífico y al oeste con el océano Pacífico y Jalisco. La entidad tiene una superficie total de 5,455 km² (más 194 km² correspondientes al archipiélago de las islas Revillagigedo o archipiélago

Juárez, situado entre los 18° 40' de latitud norte, y los 111° 45' de longitud oeste), con lo que representa el 0.3 por ciento de la superficie nacional. Incorpora a los municipios de Armería, Colima, Comala, Coquimatlán, Cuauhtémoc, Ixtlahuacán, Manzanillo, Minatitlán, Tecomán y Villa de Álvarez. Su capital es Colima.

Forman la orografía del estado el volcán de Colima, con una altitud de 3,820 m sobre el nivel del mar, sierra Manantlán (2,420 m), cerro Grande (2,220 m), cerro El

Peón (2,040 m), sierra Perote (1,940 m), cerro La Piedra Colorada (1,760 m), cerro Alcomún o La Partida (1,300 m) y cerro Volcancillos (1,300 m).

Existen dos regiones hidrológicas: la primera es la costa de Jalisco, configurada por la cuenca del río Chacala-Purificación; la segunda corresponde a la región Armería-Coahuayana, formada por las cuencas del río Coahuayana y la del Armería. Lo surcan, además, los ríos Salado, Marabasco-Minatitlán, Barranca de Muerto, De Lumbre, San José, Juluapan y el canal Tecuanillo. Se forman, también, las lagunas Cuyutlán, Amela y Alcuzahue.

Los climas de la entidad son el cálido subhúmedo con lluvias en verano, semicálido subhúmedo con lluvias en verano, templado subhúmedo con lluvias en verano y semiseco muy cálido y cálido. La temperatura media anual se encuentra entre los 23.3 °C y los 26.4 °C, aunque se llegan a registrar temperaturas de 18.6 °C y 28.7 °C. La precipitación promedio fluctúa entre los 777 milímetros, en las zonas más secas, y los 1,674. Se registran, además, las precipitaciones extremas de 382 y 3,411.4 milímetros.

La superficie estatal está cubierta de selva en un 55.52 por ciento, donde crecen los árboles guácima, papelillo amarillo, copal y tepemezquite; un 31.37 por ciento está dedicado a la agricultura; los bosques cubren el 9.94 por ciento de la entidad, en los que abundan

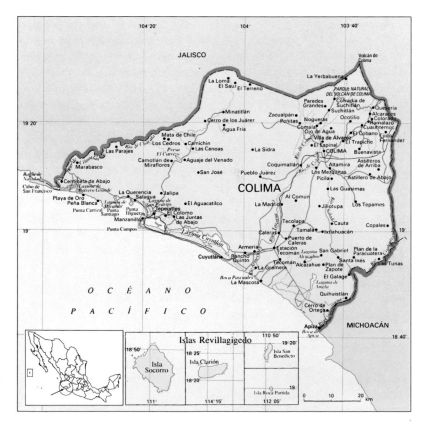

En la frontera entre Colima y Jalisco se encuentra el volcán de Colima, de 3,820 m, uno de los más activos de México. Pertenece a la sierra de Tapalpa.

venir la invasión de los purépechas a Tenochtitlan. La actividad más sobresaliente de los colimenses fue la cerámica, que alcanzó un gran desarrollo en cuanto a técnicas de elaboración, y también en cuanto a estilos de trabajo.

Tras conquistar Tenochtitlan, los españoles se propusieron dominar el occidente pero hallaron resistencia en los colimenses. Sin embargo, los grupos que vivían bajo el yugo de éstos les ayudaron a derrotarlos. En 1524 los españoles fundaron la Villa de San Sebastián de la Provincia de Colima, desde donde salieron varias expediciones para conquistar el resto de occidente. Colima, junto con Jalisco, Nayarit, Aguascalientes, San Luis Potosí, Durango, Sinaloa y una parte de Zacatecas, conformaron el territorio de la Nueva Galicia, cuya evangelización quedó en manos de jesuitas y franciscanos.

Al eliminarse el reino neogallego, Colima pasó a formar parte de la Intendencia de Guadalajara. Durante la Colonia hubo diversos levantamientos indígenas en las zonas serranas. Los puertos de Colima fueron fundamentales para la nave-

encinos nopis, capitaneja, encino colorado y pino. Los mangles, vidrillos, guacuyul y cuastecomate cubren un 3 por ciento de la superficie. Los pastizales, en particular estrella de África y subin, ocupan el 0.18 por ciento.

Algunas de las especies animales que viven en el estado son aguililla, alicante, ardilla, armadillo, caimán, codorniz, coralillo, corvejón, coyote, cuervo, chachalaca, gallinita de monte, garza, gato montés, gavilán, gaviota rosa, güilota, halcón, iguana, jabalí, jaguar, lagarto, lechuza, onza, paloma morada, paloma, pato pinto, perdiz, puma, rata de campo, tejón, tezmo, ticuiz, tigrillo, tlacuache, torcaza, urraca, venado, víbora de cascabel y zorra.

Historia

En diversas regiones de la entidad se ha encontrado fauna pleistocénica y restos, como puntas de flechas, pe-

troglifos y pinturas rupestres, que se remontan unos 10,000 años. Del 1500 al 600 a.C. provienen restos cerámicos antropomorfos, zoomorfos y fitomorfos, elaborados con distintas técnicas, así como tumbas de tiro y edificaciones con basamentos piramidales. Del 600 al 1521 d.C., se conocen otros restos cerámicos, que muestran mayor desarrollo técnico y trabajos metalúrgicos de cobre, oro y plata.

La región estaba habitada por bapanes, caxcanes, cocas, guachichiles, cuyutecos, otomíes, nahuas, tecuejes, tepehuanes, huicholes, tecos, pinomes, tzaultecas y xilotlantzingas. En el siglo XV hubo conatos de invasiones purépechas pero los grupos de la región se organizaron para impedirles la entrada. Al fortalecerse, se convirtieron en una de las zonas predominantes de la confederación chimalhuacana y colaboraron con los tenochcas para pre-

Los perros ixcuintli, hallados entre los artículos funerarios de las «tumbas de tiro», se han convertido en figuras emblemáticas de Colima.

Palacio de Gobierno junto a la Catedral de Colima. Fundada con el nombre de Santiago de los Caballeros, es conocida como «Ciudad de las Palmeras».

gación comercial, y punto de partida de numerosas expediciones y centros de defensa. El oidor y alcalde mayor de la Nueva Galicia redactó la *Relación Breve y sumaria de 200 pueblos de esta provincia* que contiene uno de los más completos y valiosos informes sobre el territorio y sus habitantes.

En Colima, la guerra de Independencia se libró por medio de pequeñas guerrillas, después de que los insurgentes tomaran la ciudad y de que los realistas la recuperaran. En 1814, estos últimos incrementaron la represión y la actividad gue-

rrillera disminuyó, pero en 1820 tomó nuevos bríos. En 1821, la zona se adhirió al plan de Iguala y juró la Independencia. En 1823 se creó el estado libre y soberano de Jalisco, siendo Colima uno de sus partidos, pero el ayuntamiento de la villa decidió segregarse. En 1824, Colima se integró al territorio federal. Un par de años después se anexó a Michoacán, pero en 1846 volvió a ser territorio federal con las dimensiones actuales. Un año más tarde se convirtió en estado libre y soberano.

En 1857, la entidad apoyó a Benito Juárez, por lo que dicho presi-

dente estableció por un tiempo su gobierno en la ciudad de Colima. Liberales y conservadores se pelearon el mando de la región, y los conservadores la dominaron por un tiempo hasta que los liberales la tomaron. La zona vivió bajo la influencia del guerrillero y cacique nayarita Manuel Lozada, *el tigre de Álica*. Los republicanos expulsaron a Lozada en 1860, en 1864 la ciudad fue tomada por los partidarios del imperio y en 1867 la recuperó de nuevo la causa republicana.

A partir de 1872, Colima apoyó el proyecto de gobierno de Porfirio Díaz y la dictadura prevaleció hasta momentos previos a la Revolución, en que fueron sofocados con violencia diversos levantamientos. En 1911, las fuerzas de Francisco I. Madero ingresaron a la capital y lograron apoderarse de mucha artillería perteneciente a las fuerzas federales. La revolución constitucionalista tuvo gran interés en los puertos de Colima. Las fuerzas de Villa lograron ingresar, pero en 1915 fueron expulsadas.

Tras diversos cambios gubernamentales, en 1917 se promulgó la Constitución local, que dio inicio a un período de cierta estabilidad, roto de 1927 a 1929 por los movimientos armados de la guerra Cristera, originados después de la expedición del reglamento de Cultos. Pacificada la entidad, se fundaron centros de enseñanza como la Universidad Popular, se apoyó la modernización del campo y se impulsó el desarrollo económico y social de los municipios.

Actualidad

El estado alberga 540,679 habitantes, cerca de la mitad de ellos menores de 30 años. El municipio de Colima concentra casi al 24 por ciento de la población y el de Manzanillo acoge al 22.9. El 57.8 por ciento de la población es considera-

La laguna Cuyutlán es una estrecha albufera de unos 50 km que se extiende al sur de Manzanillo; une a su paradisíaco paisaje una industria en expansión.

da activa y de ésta se mantiene ocupada el 97.5. En las áreas urbanas de Colima y Manzanillo, la rama de los servicios abarca al 40 por ciento de la población ocupada y el comercio absorbe al 20 por ciento. Hay unas 1,600 personas de habla indígena, cuyas lenguas son náhuatl, purépecha, zapoteco y mixteco, entre otras.

La elección de gobernador tiene lugar el 17 de agosto del año en que acaba el período sexenal, y la toma de posesión es el 1 de noviembre inmediato a la elección. Los diputados son electos el 20 de agosto del año en que concluye el período respectivo y toman posesión el 1 de octubre inmediato a la elección, cada tres años. Las autoridades municipales son electas el 20 de agosto del año en que concluye el período respectivo y toman posesión el 1 de enero inmediato a la elección, cada tres años.

Colima tiene unas 1,200 escuelas y una planta docente de 7,500 personas para 154,500 alumnos de los niveles preescolar, primaria, capacitación para el trabajo, secundaria, profesional medio y bachillerato. En el nivel superior están inscritos 9,500 alumnos, en la Universidad de Colima y el Instituto Tecnológico de Colima, entre otros centros.

El estado cuenta con alrededor de 110,600 viviendas, particulares todas, para un promedio de 4.4 ocupantes por vivienda. Las viviendas particulares, de las que se cuentan unas 100,000, poseen todos los servicios, 1,300 disponen de agua entubada y drenaje, casi 4,000 de agua entubada y energía eléctrica y poco más de 2,000 de drenaje y energía eléctrica. Colima cuenta con un total de 244 fuentes de abastecimiento de agua, que aportan 200,000 m^3 por día. Las presas almacenan de manera útil alrededor de 300 millones de m^3 de agua. Existen más de 140,000 tomas eléctricas, de las que 126,000 son residenciales, unas 15,000 comerciales, y 650 industriales. Las líneas eléctricas cubren casi 20,000 km. La entidad recoge 194,000 toneladas de basura.

El producto interno bruto (PIB) del estado es de más de 7,000 millones de pesos. De esa cifra, los comercios, restaurantes y hoteles producen el 20 por ciento y el sector de transportes, almacenamiento y comunicaciones casi otro tanto. Los servicios financieros, seguros y bienes inmuebles aportan el 14 por ciento, y una suma similar corres-

La capital del estado ocupa un valle, junto al río Colima. En ella se conservan muestras del antiguo esplendor histórico, cultural y religioso.

Además de su gran actividad como puerto de altura y cabotaje, Manzanillo es un centro turístico famoso por el clima benigno, los torneos de pesca y las playas.

ponde a los servicios comunales, sociales y personales. La electricidad, el gas y el agua aportan un 10 por ciento; la industria agropecuaria, silvícola y pesquera aporta el 9 por ciento y la industria manufacturera el 5.6.

Unas 16,000 empresas se dedican a la agricultura. Las unidades de producción rurales cubren una superficie total cercana a las 400,000 hectáreas. El estado produce, en cultivos cíclicos, maíz, sorgo, arroz, melón, sandía, chile, ajonjolí, ca-

cahuate, tomate, pepino, frijol, cebolla, calabaza, jitomate, camote, hortalizas, jícama, calabacita y garbanzo; en cultivos perennes, pastos, limón, palma-copra, caña de azúcar, mango, plátano, café, tamarindo, papaya, naranja, guanábana, ciruela, aguacate, cereza, guayaba, maguey, nopal, mamey, chicozapote, frutales, nogal macadamia, mandarina, toronja y tangelo. Cerca de 10,000 empresas ganaderas crían aves de corral, ganado equino, bovino, porcino, caprino, ovino, conejos y abe-

jas. Destaca la producción de leche, huevos, miel y cera. Unas 2,500 empresas, dedicadas a la actividad forestal, explotan maderas corrientes tropicales, preciosas y latifoliadas. Destacan en proporción, el pino y el abeto. La industria pesquera alcanza un volumen de captura cercano a las 21,000 toneladas de túnidos —atún, barrilete y bonito—, crustáceos y moluscos —calamar, pulpo, jaiba, camarón, langosta y langostino— y diferentes peces de escama —sardina, lenguado, lisa, ronco, robalo, sierra, curvina, mojarra y pargo, entre otros—, así como otras especies de agua dulce.

Practican la minería 17 empresas. De ellas, 5 extraen minerales metálicos y 12 minerales no metálicos (sal comestible, hierro, yeso, caliza, lutita y puzolana, entre otros). Cerca de 2,000 empresas se dedican a la manufactura: unas 1,000 a la producción de alimentos, bebidas y tabaco; 240 a la manufactura de productos metálicos, maquinaria y equipo en general; unas 230 a la producción de textiles, prendas de vestir e industrias del cuero, y 216 trabajan la madera y sus productos —incluidos muebles—. Hay unas cien empresas constructoras. La generación bruta de energía eléctrica es de casi 9,000 gigawatts por hora. Más de 8,000 establecimientos se dedican al comercio y 150 al turismo, que tiene una capacidad cercana a las 5,000 habitaciones.

En Colima hay alrededor de 2,000 km de caminos: casi un 60 por ciento rurales, un 20 por ciento alimentadores estatales y el 20 por ciento restante lo componen troncales federales. La red ferroviaria es de casi 237 km. Las instalaciones portuarias alcanzan casi los 2,000 m y la carga que se mueve en ellas supera los 10 millones de toneladas anuales. Hay 18 radiodifusoras, 6 estaciones repetidoras de televisión y 2 locales.

Durango

El estado de Durango se localiza en el extremo norte de la zona interior de la República Mexicana, al norte en los 26° 50', al sur en los 22° 17' de latitud norte, al este en los 102° 30', y al oeste en los 107° 09' de longitud oeste. Colinda al norte con Chihuahua y Coahuila, al este con Coahuila y Zacatecas, al sur con Zacatecas, Nayarit y Sinaloa, y al oeste con Sinaloa y Chihuahua. La entidad tiene una superficie total de 123,180 km², lo que representa el 6.3 por ciento de la superficie nacional, y está integrado por 39 municipios. Su capital es Durango.

Las elevaciones principales son: cerro Gordo, con una altitud de 3,340 m sobre el nivel del mar, cerro Las Barajas (3,300 m), sierra El Epazote (3,200 m), cerro Pánfilo (3,180 m), cerro El Táscate (3,100 m), cerro El Oso (3,060 m), cerro Los Altares (3,020 m), sierra El Rosario (2,820 m), cerro Alto de Dolores (2,800 m), cerro San Javier (2,320 m) y sierra San Pedro (2,260 m).

El estado está dividido en siete regiones hidrológicas: Sinaloa, Presidio-San Pedro, Lerma-Santiago, Bravo-Conchos, Mapimí, Nazas-Aguanaval y, por último, la región El Salado. Asimismo las distintas cuencas que forman estas regiones dan agua, entre otros, a los ríos Sextín-Nazas, La Sauceda-Mezquital, Santiago-Ramos, Tepehuanes, Los Remedios, Colorado-Humaya,

Galindo-San Diego, San Gregorio-San Lorenzo y Piaxtla. Cuenta con el lago Santiaguillo y numerosas presas, como la Lázaro Cárdenas y la Francisco Zarco.

Los climas de la entidad son cálido subhúmedo con lluvias en verano, semicálido subhúmedo con lluvias en verano, templado subhúmedo con lluvias en verano, semifrío húmedo con lluvias abundantes en verano, semifrío subhúmedo con lluvias en verano, semiseco muy cálido y cálido, semiseco semicálido, semiseco templado, seco semicáli-

do, seco templado, muy seco muy cálido y cálido, muy seco semicálido, y el muy seco templado. La temperatura media anual oscila entre los 10.2 y los 22.1 °C, aunque se llegan a registrar temperaturas de 8.3 y 24 °C. La precipitación promedio fluctúa entre los 260 milímetros (en las zonas más secas) y los 1,481.

La superficie estatal está cubierta de bosques en un 46.56 por ciento, donde abundan los árboles pinabete, pinos colorado, prieto y real, y el encino. Un 20.84 por ciento son matorrales, entre los que crecen go-

La Sierra Madre Occidental recorre el oeste del estado. En ella los parques nacionales de El Tecuán y Puerto de los Ángeles albergan coníferas de gran valor.

bernadora, hojasén, nopal tapón, lechuguilla y huizache chino. Hay pastizales en un 14.66 por ciento, con zacates navajita, banderilla y navajita velluda, así como zacatón y zacatón liendrilla. El 10.08 por ciento de la superficie está dedicada a la agricultura; hay selva sobre el 4.61 por ciento, con árbol guácima y pitayo, entre otros. La fauna está constituida por especies como venado, oso, guajolote, jabalí americano, coyote, puma, gato montés, pato, tejón, liebre, gavilán, aura, cenzontle, chencho, codorniz, correcaminos, víbora de cascabel y venado bura.

Historia

Las huellas más antiguas de poblamiento se remontan, en la entidad, unos 2,000 años y son de influencia náhuatl. Se observa una segunda ocupación (mil años después), sin relación demostrada con la primera. Durante el período posclásico habitaban la región grupos xiximes, acaxees, zacatecos, tepehuanos, tobosos y cocoyames.

Los relatos de las grandes riquezas que existían en los territorios aún no explorados por los españoles y el deseo de conquistar nuevas tierras invitaron a las huestes de Nuño Beltrán de Guzmán, en 1532, a incursionar en el territorio del actual Durango, sin mucho éxito. Hacia 1552, la noticia de la existencia de un gran cerro de plata promovió nuevas expediciones que encontraron un cerro, pero de fierro, denominado desde entonces cerro de Mercado.

En 1553 el capitán Diego García de Celio fundó la Villa de Nom-

bre de Dios, la primera de lo que se convertiría en la Nueva Vizcaya y que inició el dominio español en la región, caracterizado por el tráfico de esclavos. A partir del año siguiente se iniciaron las exploraciones del territorio y comenzó la actividad minera. En 1563 se proyectó el trazo de la Villa de Durango, que incluía plaza de armas, templo y casas reales; un año más tarde se fundó y fue declarada capital de la Nueva Vizcaya. Anexo se estableció el pueblo de San Juan Bautista, con tlaxcaltecas cristianizados que debían ser ejemplo para los rebeldes tepehuanos.

Tras diversos ataques de los naturales, la Villa de Durango comenzó a abandonarse en 1557, repoblándose luego por orden de la Corona de España. Con su apoyo, en 1620 fue declarada ciudad, erigiéndose la diócesis de Durango. Obtuvo escudo de armas y su estatus se ratificó diez años más tarde.

La guerra de Independencia no llegó a la entidad y no fue sino hasta 1824, ya proclamada la Independencia nacional, cuando fue declarada estado. Cuatro años más tarde se decretó la expulsión de los españoles de Durango, iniciándose la lucha entre liberales y conservadores, quienes se alternaban en el poder. Durante la intervención francesa, se organizaron diversas guerrillas que lograron expulsar a los invasores de la entidad. A partir de 1891, el gobierno de Porfirio Díaz se caracterizó por el maltrato, despojo y abuso de la población.

En 1909, varios políticos visitaron Durango para reclutar seguidores contra el régimen porfirista, entre ellos el propio Francisco I. Madero, que llegó en busca de apoyo contra el reeleccionismo. Al conseguirlo, se trató de desalojar al ejército federal. Tras el infructuoso intento se iniciaron levantamientos contra la dictadura en diversos puntos de la entidad. Cuando los villistas ocuparon la capital, en 1915, todo el estado ya pertenecía a los insurgentes. Dos años más tarde, con Venustiano Carranza en la presidencia, dio inicio el restablecimiento de la zona, que se encontraba diezmada por la guerra.

De 1926 a 1928, la población duranguense se involucró en la guerra Cristera, apoyando a los alzados. Un año más tarde se pacificó la entidad y se comenzaron los trabajos para su fortalecimiento tanto socio-económico como político. Durante los últimos tiempos se han incrementado las vías de comunicación y la planta industrial.

En el interior de la catedral de Durango se conservan ricos vestigios del barroco mexicano como la sillería del coro, la sacristía y varios lienzos del siglo XVIII.

Actualidad

El estado concentra 1,445,922 habitantes. Cerca de la mitad tienen menos de 30 años. El municipio de Durango acoge al 34 por ciento de la población. El 53.21 por ciento de la población total es considerada activa y casi plenamente ocupada. En el área urbana de Durango, la rama de servicios da trabajo al 37.8 por ciento de la población, y el comercio absorbe el 22 por ciento de la misma. Se encuentran poco más de 20,000 personas de habla indígena, y sus lenguas son, entre otras: tepehuán, huichol, náhuatl, tarahumara, mazahua, cora, otomí, totonaca y zapoteco.

La Constitución Política y la ley Electoral señalan el primer domingo de julio para la elección de gobernador, senadores, diputados federales, diputados locales, presidentes municipales, síndicos y regidores. La fecha de toma de posesión es el 15 de septiembre para el titular del gobierno de la entidad, el 1 de septiembre para senadores y diputados —tanto federales como locales—, y el 31 de agosto para las autoridades municipales.

El estado de Durango cuenta con cerca de 5,000 escuelas y una planta docente de más de 21,000 personas, para 400,000 alumnos de los niveles preescolar, primaria, capacitación para el trabajo, secundaria, profesional medio y bachillerato. En el nivel superior están inscritos algo más de 20,000 alumnos, en la Universidad de Juárez del Estado de Durango, el Instituto Tecnológico de Durango y la Escuela Normal Superior, entre otros centros.

La entidad tiene alrededor de 300,000 viviendas particulares, para un promedio de 4.8 ocupantes por vivienda; casi 200,000 cuentan con todos los servicios, 2,000 con agua

El 10.08 por ciento del territorio del estado está destinado a la agricultura. El chile es un cultivo destacado de Durango.

La explotación minera está centrada en la plata, el plomo y el hierro, este último en el cerro del Mercado, uno de los primeros yacimientos conocidos en América.

perficie total cercana a los seis millones de hectáreas. El estado produce, en cultivos cíclicos, frijol, maíz, avena, trigo, sorgo, cebada, algodón, chile verde y otros; en cultivos perennes, alfalfa, manzano, nogal, prades, durazno y otros. Cerca de 72,000 empresas se dedican a la ganadería, con ganado equino, bovino, porcino, caprino y ovino, a la crianza de conejos y aves de corral, y a la producción de leche y huevos. Unas 21,000 empresas se ocupan en la actividad forestal y explotan pino, encino, maderas muertas y otras. El volumen de captura pesquera es de casi 3,000 toneladas de carpa, tilapia, trucha arcoiris, bagre canal, lobina negra, crappie y mojarra agallas azules.

Practican la minería 79 empresas, de las cuales 33 extraen minerales metálicos y 46 minerales no metálicos. Hay 3,600 empresas manufactureras, destinadas casi un 31 por ciento a la producción de alimentos, bebidas y tabaco; 700 son industrias de la madera y sus productos (incluidos muebles), otras 700 se dedican a la manufactura de productos metálicos, maquinaria y equipo en general; casi 600 elaboran productos minerales no metálicos, excepto derivados del petróleo y el carbón. Hay 167 empresas constructoras. La generación bruta de energía eléctrica es de 3,365 gigawatts por hora. Cerca de 16,000 establecimientos se dedican al comercio y 133 al turismo, con una capacidad cercana a las 2,000 habitaciones.

En Durango hay alrededor de 10,000 km de caminos: el 43.6 por ciento rurales, el 25 por ciento de brechas mejoradas, el 22.3 por ciento de troncales federales y un 9 por ciento de alimentadores estatales. La red ferroviaria supera los 1,000 km. El estado posee 124 aeródromos y un aeropuerto. Hay 26 radiodifusoras y 81 estaciones repetidoras de televisión, más 3 locales.

entubada y drenaje, 65,000 con agua entubada y energía eléctrica y otras 2,000 con drenaje y energía eléctrica. El estado cuenta con más de 2,500 fuentes de abastecimiento de agua que aportan unos 315 m³ por día. Las presas almacenan, de manera útil, poco más de 4,500 millones de m³ de agua. Existen más de 323,000 tomas eléctricas instaladas, de las cuales más de 288,000 son residenciales, 30,000 comerciales, y 4,000 industriales. Las líneas eléctricas cubren unos 15,000 km. Se recogen cerca de 235,000 toneladas de basura.

El producto interno bruto (PIB) estatal se aproxima a los 14,000 millones de pesos, de los cuales poco más de una quinta parte procede de comercios, restaurantes y hoteles; un 17.48 por ciento lo produce la industria manufacturera y el 17.43 las industrias agropecuarias, las silvícolas y la pesca. Los servicios comunales, sociales y personales producen un 16.9 por ciento y los servicios financieros, seguros y bienes inmuebles el 13.83.

Unas 100,000 empresas se dedican a la agricultura. Las unidades de producción rurales cubren una su-

Guanajuato

El estado de Guanajuato se localiza en la parte central de la República Mexicana, al norte en los 21° 52', al sur en los 19° 55' de latitud norte, al este en los 99° 41', y al oeste en los 102° 09' de longitud oeste. Colinda al norte con el estado de San Luis Potosí, al este con Querétaro, al sur con Michoacán y al oeste con Jalisco. La entidad tiene una superficie total de 30,589 km², lo que representa el 1.6 por ciento de la superficie nacional; la conforman 46 municipios y su capital es Guanajuato.

Las elevaciones principales son: cerro Los Rosillos con una altitud de 3,180 m sobre el nivel del mar, sierra Los Agustinos (3,110 m), cerro Azul (3,200 m), cerro La Giganta (2,980 m), cerro El Jardín (2,960 m), cerro Grande (3,950 m), cerro Divisadero de la Ciénaga (2,880 m), cerro Los Amoles (2,830 m), cerro Culiacán (2,830 m), cerro El Picacho (2,810 m), mesa La Cimarrona (2,730 m), cerro Tambula (2,720 m), cerro San Andrés (2,680 m), cerro El Pinalillo (2,620 m), cerro El Cubilete (2,580 m), sierra de Jacales (2,580 m) y sierra de Pénjamo (2,510 m).

Conforman el estado dos regiones hidrológicas: Lerma-Santiago y Pánuco. En ellas se integran los ríos Lerma, Lajas, Turbio, Xichú, Dolores, El Plan, Mezquital, El Cubo, Manzanares, San Marcos, Victoria, Santa María, Silao, La Laja, Los Castillos, Hacienda de Arriba y Barranca Grande. En Guanajuato existen los lagos Yuriria y de Cuitzeo, el vaso El Sitio, la hoya Rincón de Parangueo y varias presas, por ejemplo la Ignacio Allende y la Solís.

Predominan los climas semicálido subhúmedo con lluvias en verano, templado subhúmedo con lluvias en verano, semiseco semicálido, semiseco templado y seco templado. La temperatura media anual de la entidad fluctúa entre los 15.9 y los 19.5 °C. Se han llegado a registrar temperaturas de 14.8 y 20.9 °C. La precipitación promedio oscila entre los 482 y los 698 milímetros.

Los cultivos ocupan un 61.64 por ciento de la superficie estatal. Está cubierta de matorrales en un 19.26 por ciento, entre los que crecen pitayo, garambullo y vara dulce. Un 10.36 por ciento lo ocupan los bosques, en los que prosperan encinos quebracho y laurelillo, escobilla y roble. Hay pastizales en un 7.45 por ciento, con zacates navajita, zacatón, liendrilla y escobilla. La fauna del estado se compone, entre otras especies, de conejo, liebre, ardilla,

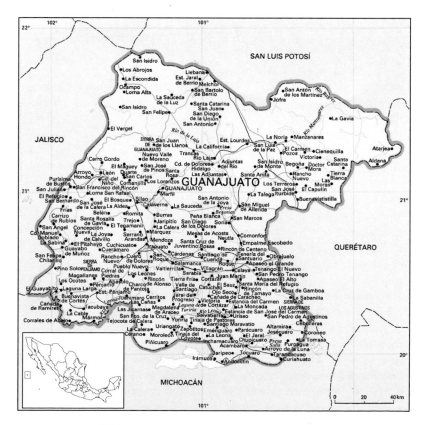

Al pie del cerro del Cubilete, Guanajuato creció al amparo de su poderío minero. Su riqueza arquitectónica es Patrimonio Cultural de la Humanidad.

tlacuache, tejón, coyote, serpiente de cascabel, tordo, codorniz, águila, halcón, zopilote, gavilán, venado, ciervo, pato, coralillo, alicante y paloma.

Historia

El pueblo de Chupícuaro, que data del 800 a.C., fue un centro cultural de gran influencia en el occidente, centro y norte del país. Entre 250 y 800 d.C., los teotihuacanos se establecieron en la región y dejaron huellas en los sitios conocidos ahora como León, San Miguel de Allende y Purísima de Rincón.

Los toltecas se instalaron después hasta el 1200, dejando valiosas muestras cerámicas y edificaciones como las que se encuentran en El Cóporo y Los Morales. A partir del 900, los purépechas dominaron la parte meridional, compartiendo el territorio con los copuces, guachichiles, guamares, guanabanes, pames y zacatecanos.

Las tropas de Hernán Cortés partieron de Michoacán, en 1522, hacia Guanajuato; tras conquistar a los purépechas, con ayuda de grupos otomíes, fundaron Acámbaro en 1526, lugar que serviría de base para la evangelización. La labor colonizadora consistió, aparte de las armas, en el establecimiento de poblados otomíes y purépechas, bajo el cuidado de religiosos, para que sirvieran como ejemplo a los naturales. La ganadería se impuso como una de las principales formas de trabajo.

Tras el descubrimiento de las minas de Zacatecas y Guanajuato, y la llegada masiva de españoles que ello implicaba, los indígenas trataron de defender sus tierras, lo que originó, en 1550, la llamada guerra Chichimeca, que duró alrededor de cuarenta años. Los españoles fundaron varias villas y presidios con el objeto de defender las zonas mineras y la ruta de la plata.

En 1574 se fundó en Santa Fe la Alcaldía Mayor, Real de Minas de Guanajuato, que en 1679 obtuvo la categoría de villa y en 1741 la de ciudad. El desarrollo de la minería motivó el incremento de la agricultura, la ganadería y el comercio, por lo que se convirtió en pilar económico de la región, sólo superada por Zacatecas. La veta de La Valenciana propició grandes riquezas, incremento poblacional, enormes construcciones como la Basílica y la Pera de la Olla y la creación de concurridos centros de enseñanza como San Francisco, en Celaya, San Francisco de Sales, en San Miguel el Grande, y la Purísima Concepción en Guanajuato, actual universidad. Este crecimiento se vio mermado en 1767 por la expulsión de los jesuitas, que acarreó gran inconformidad y levantamientos sofocados con violencia.

La intendencia de Guanajuato, cuya capital era la ciudad del mismo nombre, consolidó uno de los bastiones económicos más poderosos de la Nueva España; sin embargo, como se basaba en la desmedida explotación de los pobladores, los llamados a la guerra de Independencia tuvieron mucho eco. Guanajuato fue una de las primeras entidades a las que se dirigieron los insurgentes, entablando una cruenta batalla en la alhóndiga de Granaditas. Al ganarla, se convirtió en centro militar, fundición de cañones y casa de moneda. Los insurgentes tomaron Guanajuato como punto de partida para expandirse a otras regiones. La propia alhóndiga sirvió para exponer las cabezas de los insurgentes caídos, con lo que los realistas esperaban aleccionar a la población; sin embargo, la lucha continuó.

La entidad apoyó a Agustín de Iturbide que, a su vez, contaba con el respaldo de Vicente Guerrero. En 1821 se proclamó el plan de Iguala en el que se establecía la Independencia nacional. Tres años más tarde se declaró a Guanajuato como estado libre y soberano y en 1826 se sancionó la Constitución del estado.

Durante las movilizaciones armadas y políticas de Antonio López de Santa Anna, la entidad se manifestó en contra del tratado de Guadalupe Hidalgo, en el que se cedía a Estados Unidos más de la mitad del territorio nacional. Tras la redacción del plan de Ayutla que derrocó a Santa Anna, el Congreso General Constituyente expidió la Constitución Política de 1857 que fue jurada en Guanajuato.

La ciudad de Dolores Hidalgo fue llamada así en honor del héroe Miguel Hidalgo, quien vivió e inició allí el movimiento independentista.

A lo largo de la guerra de Reforma, la capital fue tomada por conservadores y liberales, pero Guanajuato apoyó a Benito Juárez, quien en 1858 declaró a la ciudad como capital provisional de la República. Tras nuevas tomas de poder, alternadas entre liberales y conservadores, y

el final de la guerra de Reforma, se promulgó, en 1861, la nueva Constitución del estado. Durante la intervención francesa, la entidad cayó en manos de los invasores, quienes fueron expulsados en 1867. Bajo la presidencia de Juárez, Guanajuato recibió apoyo para el mejoramiento de caminos, la introducción de agua potable y la enseñanza gratuita.

Durante el mandato de Porfirio Díaz, la inversión extranjera reactivó la economía, benefició la industria minera, las vías ferroviarias, la electricidad y el teléfono; sin embargo, la explotación de los habitantes propició su apoyo a la Revolución. En 1914, los constitucionalistas tomaron la capital. En la entidad se libraron diversas batallas decisivas entre carrancistas y villistas. Estos últimos fueron derrotados al desarticularse la División del Norte.

La guerra Cristera se propagó con rapidez y propició hechos violentos, que se extendieron hasta 1929, fecha en que el gobierno y el

Al sur del estado, la localidad de Yuriria alberga el convento agustino de San Pablo, cuya fachada es un testimonio del arte plateresco del siglo XVI.

Cerca de Guanajuato funcionó la mina San Cayetano de la Valenciana, hoy sitio de interés turístico. La portada del templo adjunto es de estilo churrigueresco.

episcopado concertaron la paz. Sin embargo, el intento de los sinarquistas, en 1945, de apoderarse del gobierno, acarreó nuevas matanzas. Después de este último suceso se alcanzó la paz y se buscó apoyo para el desarrollo económico.

Durante los últimos años, Guanajuato ha sido sede del Festival Internacional Cervantino que le dio renombre mundial, por ser uno de los acontecimientos culturales más relevantes de México.

Actualidad

El estado reúne 4,656,761 habitantes. Más de la mitad de la población tiene menos de 30 años y el municipio de León alberga al 24.3 por ciento. El 52.4 por ciento de la población es considerada activa, casi con total ocupación. En el área urbana de León, la población activa concentra en la rama de la industria de la transformación al 43.1 por ciento y los servicios emplean al 25.8 por ciento. En el área urbana de Celaya, los servicios absorben casi al 40 por ciento y el comercio al 26 por ciento, mientras la industria de la transformación absorbe al 17.5. En Irapuato, los servicios emplean al 34.2 por ciento, el comercio al 28.4 y la industria de la transformación al 20.6. Hay casi 5,000 personas de habla indígena. Predomina el chichimeca jonaz, con 1,250 hablantes, seguido por las lenguas otomí, mazahua, náhuatl, purépecha, zapoteco, mixteco y maya. Están representadas 31 lenguas mexicanas más, aparte de otras amerindias.

El código electoral del estado señala el primer miércoles de julio para la elección de gobernador para un período de seis años, y para tres en el caso de los diputados locales. Las elecciones de autoridades municipales se realizan el primer miércoles de diciembre. Las tomas de posesión de los cargos mencionados se llevan a cabo los días 26 de septiembre, 15 de septiembre y 1 de enero, respectivamente.

El estado de Guanajuato tiene casi 10,000 escuelas y una planta docente de unas 50,000 personas para casi 1.2 millones de alumnos de los niveles preescolar, primaria, capacitación para el trabajo, secundaria, profesional medio y bachillerato. En el nivel superior están inscritos cerca de 25,000 alumnos, en centros como la Universidad de Guanajuato, la Universidad del Bajío y el Instituto Tecnológico Regional de Celaya.

La Universidad de Guanajuato tuvo su origen en un colegio jesuita fundado en 1732. El edificio actual es de corte neoclásico y fue construido en 1955.

La entidad dispone de alrededor de 835,000 viviendas, para un promedio de 5.3 ocupantes; casi 600,000 alojamientos cuentan con todos los servicios, unos 5,000 con agua entubada y drenaje, 150,000 con agua entubada y energía eléctrica, y 17,000 con drenaje y energía eléctrica. El estado cuenta con un total de 462 fuentes de abastecimiento de agua que aportan 660,000 m³ al día. Existe un tendido de cerca de un millón de tomas eléctricas en el estado, de las que 800,000 son residenciales, 120,000 comerciales, y 5,000 industriales. Las líneas eléctricas cubren más de 24,000 km.

El producto interno bruto (PIB) guanajuatense es de casi 40,000 millones de pesos; poco más de una quinta parte es producida por comercios, restaurantes y hoteles. Los servicios comunales, sociales y personales aportan el 20 por ciento; un 15 por ciento procede de los servicios financieros, seguros y bienes inmuebles y otro 12 por ciento de los transportes, almacenamientos y comunicaciones.

Se dedican a la agricultura unas 147,000 empresas, y las unidades de producción rurales cubren una superficie total de 2 millones de hectáreas, aproximadamente. El estado produce, en cultivos cíclicos, maíz, sorgo, trigo, frijol, cebada, brócoli, chile verde, cebolla, papa y ajo, entre otros; en cultivos perennes, alfalfa, espárragos, fresa, aguacate, guayaba y otros. Cerca de 114,000 empresas se dedican a la ganadería; se crían aves de corral, ganado equino, bovino, porcino, caprino, ovino, conejos y abejas; se produce leche, huevos y miel. Unas 20,000 empresas se dedican a la actividad forestal. En pesca, el volumen de captura es cercano a las 3,700 toneladas anuales de carpa, tilapia, charal, acocil, lobina, trucha, bagre, rana y pescado blanco.

Un edificio emblemático de Guanajuato es el Teatro Juárez, con las esculturas de las nueve musas en su parte superior. Comenzado en 1872, se inauguró en 1903.

La minería es explotada por 48 empresas, que extraen más de 3,000 kilogramos de oro, 156,000 de plata, 34,000 toneladas de cobre y 147,000 de caolín, materiales con valor de producción de unos 500 millones de pesos. Éstos generan un PIB de más de 320 millones de pesos, lo que significa una participación nacional del 1.63 por ciento.

Más de 14,000 empresas se dedican a la manufactura: 4,200 producen textiles, prendas de vestir y otras de la industria del cuero; 4,000 se dedican a la elaboración de productos alimenticios, bebidas y tabaco; 2,600 se centran en la manufactura de productos metálicos, maquinaria y equipo en general; 1,400 manufacturan productos minerales no metálicos (excepto derivados del petróleo y del carbón) y 1,000 son industrias de la madera y sus productos, incluidos muebles. Hay 613 empresas constructoras. La generación bruta de energía eléctrica es de 4,600 gigawatts por hora.

Cerca de 62,000 establecimientos practican el comercio y 310 el turismo, con una capacidad cercana a las 12,500 habitaciones. Hay unos 550 establecimientos de preparación y servicio de alimentos. En Guanajuato se cuentan más de 6,000 km de caminos: el 42 por ciento rurales, el 33 por ciento de alimentadores estatales, un 22 por ciento de troncales federales y un 3 por ciento de brechas mejoradas. La red ferroviaria supera los 1,000 km. El estado posee 8 aeródromos y 2 aeropuertos. Hay 53 radiodifusoras, 10 estaciones repetidoras de televisión y 4 locales.

Guerrero

El estado de Guerrero se localiza en la parte meridional de la República Mexicana, en las coordenadas 16° 19' al sur, al norte en los 18° 53', latitud norte; al este en los 98° 00' y al oeste en los 102° 11' de longitud oeste. Colinda al norte con Michoacán, México, Morelos y Puebla; al este con Puebla y Oaxaca, al sur con Oaxaca y el océano Pacífico y al oeste con el océano Pacífico y Michoacán. La entidad tiene una superficie total de 63,724 km², lo

que representa el 3.3 por ciento del territorio nacional; integra a 76 municipios y su capital es la ciudad de Chilpancingo.

Forman la orografía elevaciones como los cerros Tiotepec, con una altitud de 3,550 m sobre el nivel del mar, Tlacotepec (3,320 m), Zacatonal (3,300 m), Pelón (3,100 m), Piedra Ancha (3,100 m), El Baúl (3,060 m), El Naranjo (3,000 m), Los Cueros (2,980 m), Tiotepec (2,950 m), San Nicolás (2,100 m), Xistepetl (2,040 m), Las Cajas

(1,920 m), El Gallo (1,740 m), Azul (1,660 m), Grande (1,540 m), Tinoco (1,400 m), Chiquihuitero (1,340 m) y el cerro El Tepehuaje.

Surcan el estado tres regiones hidrológicas: la del Balsas, donde están las cuencas de los ríos Balsas-Mezcala, la del Balsas-Zirándaro, la del Balsas-Infiernillo, la del Tlapaneco, la del Grande de Amacuzac y la cuenca del Cutzamala. La segunda región es la de Costa Grande, que articula las cuencas del río Atoyac y otros, la del Coyuquilla y otros, y la del Ixtapa y otros. La tercera región es la de Costa Chica-Río Verde, con las cuencas de los ríos La Arena y otros, la del Omotepec, el Nexpa y otros, y la del Papagayo. Además de todos los mencionados lo recorren los ríos Omitlán, Cutzamala, Santa Catarina-Quetzala, Tecpan, Marquelia, Sultepec y Tlapaneco, entre muchos más. Algunos de estos ríos alimentan presas como la del Infiernillo, Hermenegildo Galeana y Vicente Guerrero (Palos Altos) y lagos y lagunas como Tres Palos, Tecomate, Chautengo, Nuxco, Mitla y Coyuca, entre otras.

Los climas representados en la entidad son el cálido subhúmedo con lluvias en verano, semicálido subhúmedo con lluvias abundantes en verano, semicálido subhúmedo con lluvias en verano, templado húmedo con lluvias abundantes en verano, templado subhúmedo con lluvias en verano, semiseco muy cálido y cálido, y seco muy cálido y el cáli-

Zihuatanejo está en una bahía de la llamada Costa Grande. De allí partió el marino Saavedra Cerón, que llegó a las Molucas, Mindanao y Nueva Guinea.

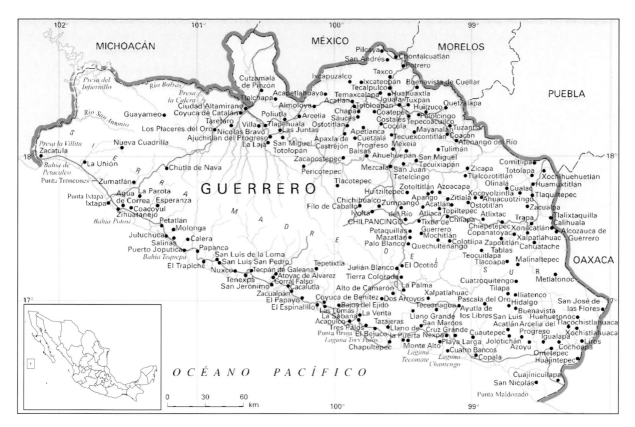

do. La temperatura media anual fluctúa entre los 22.1 y los 29.6 °C, aunque se llegan a registrar temperaturas de 30.4 °C. La precipitación promedio varía de los 858 milímetros en las zonas más secas, hasta los 1,891. Se han documentado precipitaciones extremas de 378 milímetros, en el año más seco, y de 3,010.6 en el más lluvioso.

La superficie está cubierta de selvas en un 38.76 por ciento, donde se encuentran cazahuate, bocote, palo mulato, tepeguaje y cornezuelo. Hay bosques en un 35.15 por ciento del estado, en los que crecen pino lacio, ocote, pino chino, nopis y encino memelita. La agricultura cubre el 16.02 por ciento de la superficie estatal; los pastizales de jaragua, guinea, navajita, zacate y pangola prosperan sobre el 8.73. Hay mangles candelilla, salado y bobo, además de nache y lirio sobre un 1.34 por ciento de la superficie estatal.

La fauna del estado es de origen neotropical, y en ella destacan especies como armadillo, cacomixtle, conejo, coyote, cuiniqui, champotillo, gato montés, jabalí, jaguar, liebre, mapache, oso hormiguero, tlacuache, venado, tejón, zorra, zorrillo y diversos reptiles como boa, cocodrilo, coralillo, eslaboncillo, iguana, mazacuata, tilcuate, tortuga y víbora de cascabel y anfibios como rana y sapo. Entre las aves sobresalen aguililla, calandria, cenzontle, codorniz, chachalaca, faisán, gallina guinea, gavilán, halcón, jilguero, lechuza, loro, paloma, pato, pelícano, pito real, primavera y zopilote. Las especies originarias del estado son armadillo, iguana, mapache y tejón.

Historia

Hace 2,500 años, los antiguos pobladores del territorio dejaron muestras representativas de su arte en las pinturas rupestres de Juxtlahuaca, unas de las más antiguas

del continente. Tiempo después, los olmecas se asentaron en la cuenca del río Mezcala. Se sabe del establecimiento de diversos grupos, como matlatzincas, cuilaltecos, yopes, amuzgos, tlapanecos, mixtecos, tepuztecos o mazatecos, a principios de nuestra era.

Un grupo de nahuatlacas conquistó la región, durante el siglo XI, y formó un gran señorío, mientras los purépechas se aposentaban en el occidente del territorio. Tras el establecimiento de Tenochtitlan, los mexicas, que incluyeron entre todas sus conquistas la del territorio del posterior Guerrero, lo dividieron en provincias tributarias.

Los españoles tuvieron gran interés por conquistar la zona, dado que, por un lado, buscaban puertos seguros para realizar incursiones en busca de nuevas vías marítimas y, por otro, deseaban explorar el territorio para encontrar metales preciosos. Así, en 1522, Pedro de Alvarado

Cortés construyó en Acapulco los primeros barcos que exploraron el Pacífico. En la época virreinal fue el principal puerto para el comercio con Filipinas y China.

fundó el primer pueblo español en Guerrero, al que dio el nombre de San Luis, y en 1523, Juan Rodríguez Villafuerte estableció en Zacatula el primer astillero de Nueva España y la Villa de la Concepción.

El territorio tuvo gran importancia durante la época colonial. Los yacimientos de plata fueron muy explotados, lo que condujo a un incremento poblacional, en particular en la provincia de Taxco. Entre sus aportaciones al mundo cuenta con la flor de Nochebuena. Fueron los franciscanos quienes comenzaron a utilizar dicha flor para adornar los Nacimientos en la catedral de Santa Prisca. Por otra parte, el puerto de Acapulco, al sustituir al de San Blas, Nayarit, se convirtió en uno de los puntos comerciales más activos de la Nueva España. Ahí atracaba la «Nao de China», proveniente de Filipinas con tejidos de seda y algodón, cerámica y oro de China y la India. Regresaba a Manila con pesadas cargas de plata, tejidos de lana, mantas de Saltillo, tejidos de oro poblanos, grana de Oaxaca y cacao de Chiapas y Tabas-

co, que se distribuían en Europa. Tepecoacuilco, Taxco, Acapulco y Chilpancingo fueron los primeros sitios donde halló eco la guerra de Independencia que después se extendió por todo el estado. Desde la región operaron personajes tan conocidos como Vicente Guerrero, Nicolás Bravo, Hermenegildo Galeana, Valerio Trujano y José María Morelos. Este último instauró en Chilpancingo el Congreso del Anáhuac, donde dio a conocer sus *Sentimientos de la Nación*, abolió la esclavitud, las castas y los tributos. Ahí mismo, en 1813, se aprobó el acta de Independencia elaborada por Carlos María de Bustamante.

El área era uno de los más grandes focos del levantamiento de la Independencia, por lo que Agustín de Iturbide, representante del gobierno virreinal, y Guerrero, por el lado de los rebeldes, sellaron la paz con el llamado «abrazo de Acatempan». En 1821, procedente de Iguala, se hizo entrega de la bandera nacional al Ejército Trigarante; al mismo tiempo, Iturbide proclamaba el plan de Iguala.

En 1849, el presidente José Joaquín de Herrera, tras las iniciativas de los hombres de lucha de la región, proclamó como estado de Guerrero, en honor a su caudillo, al territorio que ocupa la entidad. Iguala fue designada capital provisional y asentamiento del gobernador estatal. Para defender la soberanía nacional y repudiar a Santa Anna, los federalistas establecidos en el territorio —Juan Álvarez, Florencio Villarreal e Ignacio Comonfort— redactaron, en 1854, el plan de Ayutla. Consolidado el territorio, fungió también como centro de resistencia durante la intervención francesa y el Imperio.

Al triunfar la república, en el año de 1867, se apoyó la reorganización social, pacificando la zona e impulsando el desarrollo de la infraestructura. En ese contexto se inauguró el Instituto Literario, antecesor de la Universidad Autónoma de Guerrero.

En los albores de la Revolución de 1910 se formaron clubes antirreeleccionistas contra la dictadura porfirista. En 1911, la insurgencia se encontraba alzada en gran parte del país y Guerrero no fue excepción. Durante los conflictos entre constitucionalistas y convencionistas, la población apoyó a Venustiano Carranza, aunque después lo desconoció brindando sus fuerzas a Álvaro Obregón. Guerrero no fue sitio estratégico durante la Revolución, pero dada su situación geográfica se convirtió en escenario de acciones bélicas. En 1925, ya consolidado el gobierno, se iniciaron las reformas a la ley del Municipio libre para lograr mayor estabilidad. A partir de 1937, la entidad comenzó a resurgir, después de establecerse la paz entre los grupos políticos, el orden en la administración y las finanzas públicas, el fomento a la salud, la introducción del agua potable y el apoyo a la educación.

Actualidad

El estado acoge a 3,075,083 habitantes, cerca de dos terceras partes menores de 30 años. El municipio de Acapulco de Juárez alberga al 23.4 por ciento de la población del estado. Poco más de la mitad es considerada activa y ocupada. En el área urbana de Acapulco, la rama de los servicios absorbe casi al 47 por ciento de la población ocupada, el comercio al 22 por ciento y la industria de la transformación casi al 9 por ciento, seguida por la de la construcción con un 8 por ciento. Hay alrededor de 320,000 personas de habla indígena. Emplean náhuatl, mixteco, tlapaneco, amuzgo, zapoteco, popoloca, mazahua y otras lenguas indígenas de México.

La elección del gobernador se lleva a cabo el 21 de febrero del año en que concluye el período constitucional, de seis años, y la toma de posesión es el 1 de noviembre inmediato a la elección. Los diputados son electos el 20 de agosto del año en que concluye el período, de tres años, y toman posesión el 1 de octubre inmediato a la elección. Las autoridades municipales son electas el 20 de agosto del año en que concluye el período, también de tres años, y toman posesión el 1 de enero inmediato a la elección.

Guerrero tiene casi 9,000 escuelas y una planta docente de 43,000 personas para 900,000 alumnos de los niveles preescolar, primaria, capacitación para el trabajo, secundaria, profesional medio y bachillerato. En el nivel superior están inscritos unos 40,000 alumnos, en centros como la Universidad Autónoma de Guerrero, el Instituto Tecnológico de Acapulco, la Universidad Pedagógica Nacional y el Instituto Tecnológico de Chilpancingo, entre otros.

La entidad cuenta con alrededor de 590,000 viviendas, particulares

La iglesia de santa Prisca, en Taxco, costeada en su totalidad por el español José de la Borda, es el edificio más famoso del barroco mexicano.

todas, para un promedio de 5 ocupantes por vivienda. Unas 260,000 disponen de todos los servicios, 2,000 cuentan con agua entubada y drenaje, 112,000 con agua entubada y energía eléctrica y 32,000 con drenaje y energía eléctrica. Existen más de 514,000 tomas eléctricas. El estado recolecta un volumen de 475,000 toneladas de basura y dedica una superficie de cerca de 15,000 hectáreas a tiraderos de basura a cielo abierto y 120 a rellenos sanitarios.

El producto interno bruto (PIB) del estado es de 22,500 millones de pesos; comercios, restaurantes y hoteles producen el 34 por ciento y el 17.6 por ciento corresponde a los servicios comunales, sociales y personales. Los servicios financieros, seguros y bienes inmuebles aportan el 13 por ciento; transportes, almacenamiento y comunicaciones el 10 por ciento; la industria agropecuaria, silvícola y pesquera otro 10 por ciento; la industria de la construcción un 6 por ciento y la industria manufacturera cerca del 5 por ciento.

Se dedican a la agricultura unas 220,000 empresas. Las unidades de producción rurales cubren una superficie total superior al millón y medio de hectáreas. En cultivos cíclicos, el estado produce maíz, jamaica, ajonjolí, frijol, sorgo, cacahuate, melón, sandía, arroz, okra y estropajo. En cultivos perennes produce copra, café, mango, limón, plátano, tamarindo, papaya y mamey, entre otros. Cerca de 178,000 empresas se dedican a la ganadería. En la entidad se crían aves de corral, ganado equino, porcino, bovino, ovino y caprino, además de conejos y abejas. También se produce leche, huevos, miel, pieles y cera. Unas 64,500 empresas se dedican a la actividad forestal. Se explota pino (73 %), encino (15 %), oyamel (10 %) y otras maderas. La captura pesquera es de más de 26,600 toneladas, con la explotación de tilapia, charal, huachinango, tiburón, cocinero, ronco, cuatete, jurel, sierra, pulpo, ostión, langostino, camarón y otras especies.

En los valles del río Balsas se cultivan arroz y caña de azúcar en la zonas bajas; café, tabaco y algodón en las laderas; el maíz y el trigo se dan en las elevaciones.

Practican la minería 43 empresas, que explotan tanto minerales metálicos como no metálicos (oro, plata, plomo cobre y cinc, entre otros). Cerca de 8,500 empresas se dedican a la manufactura: 3,000 a productos alimenticios, bebidas y tabaco, 1,500 a productos de madera y su industria, incluidos muebles; otro tanto similar a los textiles, prendas de vestir e industria del cuero; más de 1,200 a otras industrias manufactureras, 760 a productos metálicos, maquinaria y equipo en general; unas 340 a productos minerales no metálicos, excepto derivados de petróleo o carbón, y 174 a la industria del papel y sus productos, imprentas y editoriales. En la industria de la construcción existen poco más de 2,700 empresas. La generación bruta de energía eléctrica es de más de 7,600 gigawatts por hora y la potencia real instalada, de 42,500 megawatts. Cerca de 35,400 establecimientos se dedican al comercio y 270 al turismo, que posee una capacidad cercana a las 25,000 habitaciones.

En Guerrero hay alrededor de 300 km de carretera federal de cuota. La red ferroviaria alcanza casi 80 km en la que se transportan cerca de 25,000 toneladas de mercancía anuales. Hay 51 radiodifusoras, 20 estaciones repetidoras de televisión y 2 locales.

La amplia bahía de Acapulco atrajo la atención de los piratas desde el siglo XVI. En la actualidad el turismo ha hecho de ella un espacio muy desarrollado.

Hidalgo

El estado de Hidalgo se ubica en la meseta central de la República Mexicana, en las coordenadas 19° 36' al sur, al norte en los 21° 24', latitud norte; al este en los 97° 58' y al oeste en los 99° 53' de longitud oeste. Colinda al norte con Querétaro, San Luis Potosí y Veracruz; al este con Veracruz y Puebla, al sur con Puebla, Tlaxcala y México y al oeste con México y Querétaro. La entidad tiene una superficie total de 20,987 km², lo que representa el 1.07 por ciento del territorio nacional; reúne a 84 municipios y su capital es Pachuca.

Forman la orografía elevaciones como los cerros La Peñuela, con una altitud de 3,350 m sobre el nivel del mar, El Jihuingo (3,240 m), La Paila (3,200 m), Las Navajas (3,180 m), El Agua Azul (3,040 m), La Estancia (3,020 m), Los Pitos (3,000 m), Ojo de Agua (2,180 m) y Tepeco (1,840 m).

El estado es irrigado por las cuencas hidrológicas de la región del Pánuco, donde están la del río Moctezuma y la región de Tuxpan-Nautla, que comprende las cuencas de los ríos Tecolutla, Cazones y Tuxpan. Además de los mencionados, cuenta con los ríos Amajac, Grande-Tulancingo, Tula, Claro, El Marqués, Tempoal, Calabozo, Alfajayucan, Chiflón, Pantepec, San Pedro, San Francisco, Tecozautla, Salado, Atempa, Calnali, Tepeji y Chicavasco. Se encuentran presas como la Endhó, Requena, Javier Rojo Gómez, Tejo-

cotal, Madero, Vicente Aguirre, Debodhé y Omiltepec, así como los lagos y las lagunas de Metztitlán y Tecocomulco, entre otros.

Los climas representados en la entidad son el cálido húmedo con lluvias todo el año, cálido subhúmedo con lluvias en verano, semicálido húmedo con lluvias todo el año, semicálido húmedo con lluvias abundantes en verano, semicálido subhúmedo con lluvias en verano, templado húmedo con lluvias todo el año, templado húmedo con lluvias abundantes en verano, templa-

do subhúmedo con lluvias en verano, semifrío húmedo con lluvias abundantes en verano, semifrío subhúmedo con lluvias en verano, semiseco muy cálido y cálido, semiseco semicálido, semiseco templado, y seco semicálido. La temperatura media anual se encuentra entre los 12.8 y los 28.1 °C, con temperaturas extremas de 11.1 y 30.2 °C. La precipitación promedio oscila entre los 336 milímetros, en las zonas más secas, y los 2,307.

El 42.49 por ciento de la superficie estatal está dedicado a la agri-

cultura; un 25 por ciento son bosques, donde proliferan ocote rojo, encino hoja ancha, mirra, oyamel y encino manzanilla. El 18.46 por ciento son matorrales de garambullo, palma, ingrillo, barreta y membrillo. Los pastizales de estrella africana, pangola, zacatón, zacate navajita y uña de gato cubren el 8.92 por ciento. Es zona selvática el 4.83 por ciento, donde nacen guacima, palo de rosa, chaca, pinolillo y chalahuite. El resto de la superficie está ocupado por otros tipos de vegetales.

Entre la fauna del estado hay conejo, tlacuache, pato, coyote, lobo, ardilla, venado, gato montés, armadillo, águila, halcón, víbora de cascabel, topo, rata, cóndor, liebre, tusa, zorrillo, jabalí, coralillo, pájaro carpintero, cardenal, primavera y camaleón.

La llamada Mesa del Anáhuac meridional ocupa buena parte del estado. A distintas alturas se localizan llanuras interrumpidas por elevaciones volcánicas.

Historia

En el valle de Tulancingo se han encontrado huellas humanas que se remontan 7,000 años. Restos arqueológicos indican que durante el período clásico hubo asentamientos de huastecos y grupos de cultura teotihuacana provenientes de la cuenca de México y el centro de Veracruz. A ellos se atribuye la construcción de las estructuras de Tepeapulco, Zacuala y Huapalcalco. En el Valle del Mezquital se asentaron los otomíes.

En el centro arqueológico de Tula se encuentra el Templo de Tlahuizcalpante-cuhtli. Sus monumentales atlantes representan figuras de guerreros armados.

Luego de la decadencia de Teotihuacan, la cultura tolteca tuvo un gran auge que se observa en el famoso sitio de Tula —donde se supone nació Ce Ácatl Quetzalcóatl—, confluencia de varias culturas como la de Xochicalco, Cholula, Culhuacán, El Tajín, la zona huasteca y Teotihuacan. Al parecer, la influencia de Tula se extendió hasta Sonora y Yucatán, pero a mediados del siglo XII, Tula fue abandonada. Tras la fundación de Tenochtitlan, la región quedó sometida a los mexicas; los señoríos de Atlachiuhacan (Pachuca) y Tezontepec les tributaban, mientras Texcoco dominó Zempoala, Tepeapulco, Apan y Tulancingo.

Tras el primer intento infructuoso de los españoles por conquistar Tenochtitlan, en su retirada hacia Tlaxcala, cuya población se les había aliado, pasaron por Apan, que se convirtió en el primer emplazamiento hidalguense bajo dominio español. Cuando los hispanos tomaron Tenochtitlan, hicieron repartimiento de tierras y encomiendas que incluían el territorio del actual Hidalgo. Los franciscanos se establecieron en la región y crearon la

Custodia del Santo Evangelio, así como los primeros centros de predicación de la Nueva España, cuya influencia se extendió por toda la zona. Los conventos de Tula, Tlahuelilpan y Tepeapulco son representativos de la acción franciscana. La conversión en la Sierra Alta quedó en manos de los agustinos, quienes erigieron los conventos de Molango, Metzitlán, Ixmiquilpan y Actopan; sin embargo, el clero secular, con sede en Pachuca, fue el que, a mediados del siglo XVI, se encargó de controlar la región.

La actividad económica preponderante durante la Colonia fue la minería: las minas de El Jacal, El Encino, La Descubridora Vieja, La Siliciana y Real del Monte dieron prosperidad a toda la Nueva España; en la de Zimapán se encontró el metal conocido como «vanadio». Se establecieron cinco haciendas de beneficio y se creó la primera fundición de plata que utilizó la técnica de amalgamación, descubierta en 1555 por Bartolomé de Medina.

El hostigamiento del gobierno español propició varias sublevaciones indígenas, y el descontento de oficiales, comerciantes y hacendados, que deseaban participar en los asuntos públicos. Miguel Sánchez y Julián Villagrán, comerciante el uno, hacendado el otro, junto con un contingente de campesinos, tomaron varias poblaciones e interceptaron las diligencias realistas. Para entonces, la guerra de Independencia se había extendido por varias regiones y, en 1811, el cura José Manuel Correa y Villagrán derrotó a los realistas. Las fuerzas insurgentes tomaron Pachuca, Real del Monte y Tulancingo, pero el gobierno virreinal les arrebató el poder hasta que, ante la proximidad de Nicolás Bravo y Guadalupe Victoria, abandonó el territorio. Aunque la actividad minera estaba en desuso, en 1824 se fundó la Compañía de Caballeros Aventureros de las Minas de Pachuca y Real del Monte.

Durante la invasión estadounidense se libraron batallas decisivas, tras las cuales el estado vivió la bonanza del Rosario, que impulsó la actividad minera. Durante la guerra de Reforma, que concluyó en este estado, también se dieron combates, y durante la intervención francesa, el ejército hidalguense, creado por Benito Juárez, ofreció resistencia. El estado alcanzó su figura jurídica en 1869 y un año más tarde se redactó su Constitución política.

Desde finales del siglo XIX hubo numerosos levantamientos de campesinos, que reclamaban sus tierras usurpadas; Sotero Lozano y Enrique Fabregat, líderes de estos movimientos, tomaron Pachuca y el mineral del Chico en 1870. El gobierno federal, al no poder controlar a los rebeldes, declaró el estado de sitio, hasta que a la muerte de Juárez, le puso fin Sebastián Lerdo de Tejada.

Durante el régimen porfirista se impulsaron tanto la minería como las comunicaciones; sin embargo, la riqueza quedaba en manos de unos cuantos, lo que incrementó la incomodidad y propició la creación de distintos clubes antirreeleccionistas, entre los que se encontraba el que propuso a Francisco I. Madero como candidato presidencial. Hubo varios levantamientos maderistas. El estado apoyó el plan de Guadalupe, proclamado por Venustiano Carranza después de que Victoriano Huerta usurpara el poder, aunque en 1920 lo desconoció.

En 1924, dada la baja mundial del mercado de la plata, descendió la actividad minera en el estado y miles de personas quedaron sin empleo; lo que propició huelgas y levantamientos. Mientras tanto, los partidarios de Adolfo de la Huerta tomaron Pachuca y se llevó a cabo el reparto agrario. En 1926, cuando

La caña de azúcar, uno de los principales cultivos de Hidalgo. Originaria de la India, pasó a México con la llegada de Hernán Cortés.

el gobierno federal clausuró conventos y prohibió el ejercicio de sacerdotes extranjeros, hubo actos de violencia, después de los cuales se dio un clima de paz. Más adelante se promovió la creación de centros de enseñanza; en las últimas décadas el Instituto Científico y Literario se convirtió en la Universidad Autónoma de Hidalgo y se ampliaron las redes de comunicación.

Pachuca de Soto formó parte del imperio azteca. Desde antes de la Conquista su riqueza se basó en la extracción de oro, plata y vanadio.

Actualidad

El estado alberga a 2,231,392 habitantes, de los cuales las dos terceras partes son menores de 30 años. El municipio de Pachuca de Soto acoge casi al 11 por ciento de la población. Poco más de la mitad es considerada activa y casi toda ocupada. En el área urbana de Pachuca la rama de los servicios absorbe casi al 40 por ciento de la población ocupada, el comercio al 22.1 y la industria de transformación casi al 13.3,

seguida del gobierno con el 10.6 por ciento. Hay unas 328,000 personas de habla indígena en el estado. Casi 200,000 hablan náhuatl, 120,000 otomí y 2,000 tepehua. Aparte hay hablantes de zapoteco, totonaca, huasteco, mixteco, mazahua, maya, purépecha, mazateco y mixe, entre otras lenguas mexicanas y amerindias.

La Constitución local y la ley electoral del estado establecen como fecha para elegir gobernador y

diputados locales el 18 de enero, cada seis y tres años respectivamente; para presidentes municipales, síndicos y regidores, la fecha es el 6 de diciembre, cada tres años. El gobernador y los diputados toman posesión el 1 de abril y las autoridades municipales el 16 de enero.

El estado de Hidalgo cuenta con más de 6,500 escuelas y una planta docente de 28,000 personas, para 622,000 alumnos de los niveles preescolar, primaria, capacitación para el trabajo, secundaria, profesional medio y bachillerato. En el nivel superior están inscritos unos 15,500 alumnos; los centros de nivel superior del estado son la Universidad Autónoma de Hidalgo, el Instituto Tecnológico de Pachuca, el Instituto de Ciencias y Estudios Superiores de Huejutla Hidalgo, el Centro Hidalguense de Estudios Superiores y la Universidad Tecnológica de Tula-Tepeji, entre otros.

Existen alrededor de 430,000 viviendas, particulares todas, para un promedio de 5 ocupantes por vivienda. Unas 235,000 cuentan con todos los servicios, 3,000 con agua entubada y drenaje, 90,000 con agua entubada y energía eléctrica y 11,000 con drenaje y energía eléctrica. La entidad posee una capacidad total de almacenamiento en sus presas de alrededor de 2,000 millones de m³ de agua, y 16 plantas de tratamiento de aguas residuales. Hay un tendido de unas 415,000 tomas eléctricas: 374,000 residenciales, 33,000 comerciales, y 9,000 industriales. El estado dedica una superficie de 43 hectáreas a tiraderos de basura a cielo abierto y 40 a rellenos sanitarios.

El producto interno bruto (PIB) de Hidalgo se aproxima a los 18,000 millones de pesos; casi la cuarta parte lo produce la industria manufacturera, y el 18 por ciento los servicios comunales, sociales y personales; los comercios, restaurantes y hoteles producen otro 18 por ciento y los servicios financieros, seguros y bienes inmuebles el 12 por ciento.

Unas 214,000 empresas se dedican a la agricultura. Las unidades de producción rurales cubren una superficie total superior al millón de hectáreas. En cultivos cíclicos, el estado produce maíz, cebada, frijol, trigo, avena, calabacita, tomate, chile verde y nabo. En cultivos perennes produce café, alfalfa, naranja, prades y caña, entre otros. Cerca de 158,000 empresas se dedican a la ganadería; se crían aves de corral, ganado porcino, equino, bovino, ovino, caprino, conejos y abejas. Se produce leche, huevos, miel y otros productos ganaderos. Unas 64,500 empresas se dedican a la actividad forestal, con la explotación de pino (62 %), encino (28.5 %), oyamel (3.8 %) y otras maderas. La captura pesquera es cercana a las 3,500 toneladas, y en ella destacan especies como tilapia, carpa, trucha, bagre y charal.

Explotan la minería 176 empresas, de las que 11 se dedican a la extracción de minerales metálicos y 165 a la de minerales no metálicos. Entre los primeros se explotan manganeso, plata, cinc, plomo, cobre, oro y cadmio; entre los no metálicos se explota caliza, arena, grava, arcilla, calcita, azufre, mármol, caolín y diatomita. Cerca de 5,000 empresas se dedican a la manufactura: 2,000 a productos alimenticios, bebidas y tabaco; unas 1,000 a productos metálicos, maquinaria y equipo en general; casi 600 a los textiles, prendas de vestir e industria del cuero; 550 a la manufactura de productos de madera y a su industria, incluidos muebles; 360 a la de productos minerales no metálicos, excepto derivados de petróleo o carbón; 160 a la industria del papel y sus productos, imprentas y

El templo de San Francisco, iniciado en 1596. Junto a modernos edificios, Pachuca ofrece ejemplos de magníficos monumentos conventuales.

editoriales; 130 a sustancias químicas, productos derivados del petróleo, carbón, hule y plástico (gasolinas, combustibles, diesel, kerosinas, gas licuado, asfaltos, ácido cianhídrico y acetonitrilo, por ejemplo) y 43 a otras industrias manufactureras. Hay, además, 8 industrias metálicas básicas. En la construcción se cuentan 175 empresas. La generación bruta de energía eléctrica es de 13,500 gigawatts por hora y la potencia real instalada es de casi 2,000 megawatts. Cerca de 22,000 establecimientos se dedican al comercio y 160 al turismo, que posee una capacidad de un total de 4,500 habitaciones.

En Hidalgo hay alrededor de 1,000 km de carreteras troncales federales y una cantidad significativa de carreteras federales de cuota. La red ferroviaria alcanza casi los 1,000 km. Hay 20 radiodifusoras y 9 estaciones repetidoras de televisión, aparte de 4 locales.

Jalisco

El estado de Jalisco se localiza en el occidente de la República Mexicana, al norte en los 22° 45', al sur en los 18° 55' de latitud norte; al este en los 101° 28' y al oeste en los 105° 42' de longitud oeste. Colinda al norte con Nayarit, Aguascalientes y Zacatecas; al este con Zacatecas, San Luis Potosí, Guanajuato y Michoacán; al sur con Michoacán, Colima y el océano Pacífico, y al oeste con el océano Pacífico y Nayarit. Tiene una superficie de 80,137 km², lo cual representa el 4.07 por ciento de la superficie nacional, contiene a 124 municipios y su capital es Guadalajara.

Las elevaciones principales son el Nevado de Colima, con una altitud de 4,260 m sobre el nivel del mar, el volcán de Colima (3,820 m), cerro Viejo (2,960 m), el volcán de Tequila (2,940 m), sierra Tapalpa (2,880 m), sierra Los Huicholes (2,860 m), sierra San Isidro (2,850 m), sierra Manantlán (2,840 m), cerro El Tigre (2,840 m), cerro García (2,750 m), sierra Cacoma (2,740 m), sierra Lalo (2,720 m), sierra Verde (2,320 m), sierra Los Guajolotes (2,020 m) y cerro Gordo (1,670 m).

En el estado se forman siete regiones hidrológicas. La primera, llamada Lerma-Santiago, incluye las cuencas de los ríos Lerma-Salamanca y Lerma-Chapala, y en ella se encuentra la cuenca del lago de Chapala, la del río Santiago-Guadalajara y la del Santiago-Aguamilpa, la del Verde Grande, la del Juchipila, la del Bolaños y, por último, la cuenca del Huaynamota. En segundo lugar está la región Huicicila, formada por la cuenca del río Cuale-Pitillal. En el tercero está la región Ameca, donde se forman las cuencas de la presa La Vega-Cocula, la de los ríos Ameca-Atenguillo y del Ameca-Ixtapa. La cuarta región es la costa de Jalisco, por sus cuencas corren los ríos Chacala-Purificación, San Nicolás-Cuitzmala y Tomatlán-Tecuán. La quinta región es la de Armería-Coahuayana, formada por las cuencas de los ríos Coahuayana y Armería. La sexta región es la del Balsas, con la cuenca del río Tepalcatepec. La séptima es la región de El Salado, con la cuenca del río San Pablo y otras. Existen además los lagos Atotonilco, Cajititlán, Sayula y San Marcos y las presas Santa Rosa, La Vega, Tacotán y las Piedras o Basilio Badillo.

Los climas presentes en la entidad son el cálido subhúmedo con lluvias en verano, semicálido subhúmedo con lluvias en verano, templado subhúmedo con lluvias en vera-

no, semiseco muy cálido y cálido, semiseco semicálido y semiseco templado. La temperatura media anual oscila entre los 17.1 y los 26.8 °C, aunque se llega a registrar temperaturas de 15 y 27.7 °C. La precipitación promedio fluctúa entre los 617 milímetros, en las zonas más secas, y los 956. Se registran las precipitaciones extremas de 373.6 milímetros en el año más seco y 1,590.8 en el más lluvioso.

La superficie cubierta de bosques es de un 31.14 por ciento, en los que abundan roble, ocote y encino; un 24.65 por ciento está dedicada a la agricultura; hay selva en el 22.90 por ciento de la superficie, con tepame, tepemezquite, papelillo rojo y coco de aceite; hay pastizales en un 9.94 por ciento, con jaragua, privilegio, estrella, zacatón y zacate tres barbas; son matorrales el 9.61 por ciento de la superficie estatal, donde crecen ocote, huizache y nopal.

Por su parte, la fauna del estado se compone de conejo, liebre, ardilla, tlacuache, tejón, coyote, lobo, murciélago, serpiente de cascabel, tordo, codorniz, águila, halcón, zopilote, gavilán, venado, ciervo, pato, coralillo, alicante, paloma, armadillo, zorrillo, jabalí, zorra, puercoespín, puma, pato salvaje, güilota, carpa y mojarra.

Historia

El desarrollo de la vida cultural en la región se divide en dos etapas. La primera constituyó el asentamiento de aldeas que permitió el arte cerámico y una considerable actividad económica; abarcó alrededor de 2,000 años. No se tiene información anterior a ese período. La segunda etapa se denomina «tolteca» y se caracteriza por asentamientos con poderío militar y organización jerarquizada. Durante ésta se incrementó la elaboración de cerámica, la metalurgia de oro, plata y cobre,

y se fortalecieron las actividades comerciales internas y externas. Estos asentamientos formaban parte de lo que se ha denominado Chimalhuacán. Los grupos étnicos que habitaban la región eran cocas, tecos, bapames, pinos, otontlatolis, amultecas, huicholes, coras, otomíes, tepehuanes, purépechas, cuachichiles, xiximes, tecuexes, tecuares, tecoxines y tecualmes, entre otros.

Los españoles llegaron al territorio en 1521 e intentaron conquistarlo. Al mando se esa expedición se encontraban Cristóbal de Olid, Alonso de Ávalos y Juan Álvarez Chico. Los siguieron Gonzalo de Sandoval un año después, Francisco Cortés de Sanbuenaventura en 1524 y Nuño Beltrán de Guzmán en 1530. Dadas las extremas condiciones del terreno y, sobre todo, la reticencia de los indígenas, casi todas las incursiones, crueles y violentas, fueron rechazadas, salvo la de Nuño Beltrán de Guzmán. Así

comenzó la colonización de Nueva Galicia, región que del siglo XVI al XVIII comprendió los actuales estados de Nayarit, Zacatecas, Aguascalientes, Jalisco, Sinaloa, San Luis Potosí y Durango. En 1768 España cambió la distribución y legislación de los territorios de la Nueva España. La Nueva Galicia se convirtió en la Intendencia de Guadalajara, que comprendía los actuales estados de Jalisco, Aguascalientes, Nayarit y Colima.

Las diversas instituciones que España estableció en la Nueva Galicia, o Intendencia de Guadalajara, como la Real Audiencia (1548), el Real Consulado (1795), el Obispado (1791), la Universidad (1791) y la Diputación Provincial, permitieron una autonomía económica y política del territorio respecto de la Nueva España. Por su parte, sus grandes riquezas lo convirtieron en una de las regiones más prósperas del Nuevo Mundo.

El río Cihuatlán forma parte del límite entre los estados de Jalisco y Colima. En el municipio del mismo nombre se cultivan palmerales, de los que se extrae aceite.

Un monumento a Miguel Hidalgo ocupa el centro de la Plaza de la Liberación, en Guadalajara. Frente a la misma están los palacios Legislativo y de Justicia.

La explotación y las marcadas diferencias sociales propiciaron conflictos, desde el siglo XVI, que culminaron con la guerra de Independencia, a principios del siglo XIX. En Jalisco se tomaron varias medidas inútiles para combatir a los insurgentes.

A finales de 1810, Miguel Hidalgo entró a Guadalajara, donde decretó la abolición de la esclavitud, creó los ministerios de Gracia y Justicia y la secretaría de Estado. Asimismo inició la publicación de *El Despertador Americano*, primer diario jalisciense y primer medio de difusión de las ideas insurgentes. En la entidad se desarrollaron varios hechos de importancia para el movimiento: decretos, proyectos, derrotas y conquistas militares, como el famoso sitio de Mezcala, donde los insurgentes soportaron los asedios realistas hasta lograr el triunfo.

En 1823, la Diputación Provincial de Guadalajara se proclamó a favor de la adopción del sistema federal, que se materializó en el plan de Gobierno provisional del nuevo estado de Jalisco, como libre, independiente y soberano. Ello acarreó pugnas con los centralistas en el año de 1843, cuando Antonio López de Santa Anna tomó el poder de la República. En Jalisco siempre se mantuvo el ideal federalista.

Al jurarse la Carta Magna de 1857, la entidad promulgó su propia Constitución. Durante la guerra de Reforma se alió con los defensores del estado de derecho. Al término de la guerra se inició la recuperación económica del estado, que se vio mermada por la invasión de los franceses, quienes tomaron Guadalajara en 1864.

Siguieron años inestables debido a las pugnas entre Benito Juárez y Porfirio Díaz, al levantamiento libertario de Manuel Lozada en la sierra de Álica y a la dictadura de Díaz, que incrementó el descontento en la población. Desde 1903 hubo acciones revolucionarias muy aisladas. A partir de la propuesta de no reelección, elaborada por Francisco I. Madero, se organizaron en Jalisco grupos políticos que lo apoyaron cuando proclamó el plan de San Luis.

La entidad se pronunció a favor de Venustiano Carranza y ello dio como resultado diversos enfrentamientos entre carrancistas y villistas. Al triunfo de los constitucionalistas, en 1915, se promovió la restauración económica, con algu-

El palacio de Gobierno ocupa uno de los flancos de la Plaza de Armas de Guadalajara. Fue escenario de hechos históricos, como la abolición de la esclavitud.

nos paréntesis como la guerra Cristera, la crisis ideológica y política de la educación y la falta de infraestructura para la explotación de los recursos naturales. En los últimos años, a partir del fortalecimiento de los municipios, se buscó la organización sociopolítica y financiera del estado.

Actualidad

El estado tiene 6,321,278 habitantes, de los cuales casi las dos terceras partes son menores de 30 años. El municipio de Guadalajara alberga al 26 por ciento de la población. Casi el 60 por ciento de la población es considerada activa y tiene ocupación en su mayoría.

En el área urbana de Guadalajara se dedica a la rama de los servicios el 38 por ciento de la población y a la industria de la transformación el 25.3; el comercio absorbe casi al 23 por ciento. Hay unas 28,000 personas de habla indígena. Destacan el huichol, náhuatl, purépecha, otomí y mixteco. Asimismo se hablan otras lenguas mexicanas y amerindias.

El código Electoral del Estado señala el primer domingo de diciembre para elegir gobernador por un período de seis años, y diputados locales y autoridades municipales (presidente municipal, síndicos y regidores), por uno de tres. La toma de posesión es el 1 de marzo para el gobernador y el 1 de enero para las demás autoridades.

El estado de Jalisco tiene casi 11,000 escuelas y una planta docente de unas 70,000 personas para 1.6 millones de alumnos de los niveles preescolar, primaria, capacitación para el trabajo, secundaria, profesional medio y bachillerato. En el nivel superior están inscritos unos 100,000 alumnos; los centros de nivel superior del estado son, entre otros, la Universidad de Guadalajara, la Universidad Autónoma

La construcción de la Catedral de Guadalajara se inició en 1561 y acabó tres siglos después, con la edificación de sus torres octogonales.

de Guadalajara, el Instituto Tecnológico y de Estudios Superiores de Occidente, la Universidad del Valle de Atemajac, la Universidad Panamericana, el Instituto Tecnológico y de Estudios Superiores de Monterrey (campus Guadalajara), el Instituto Tecnológico de Zapotlán el Grande, la Universidad Politécnica Nacional de Guadalajara, el Centro Universitario Guadalajara Lamar y también la Universidad Pedagógica Nacional, representada en Zapopan y Tlaquepaque.

La entidad cuenta con alrededor de 1.25 millones de viviendas particulares y 800 colectivas, para un promedio de 4.8 ocupantes por vivienda. Un millón de viviendas poseen todos los servicios, unas 6,000 cuentan con agua entubada y drenaje, 55,000 con agua entubada y energía eléctrica y 40,000 con drenaje y energía eléctrica. El estado posee un total de 1,200 fuentes de abastecimiento de agua, que aportan cerca de 13,500 litros por segundo. Las presas almacenan, de manera útil, algo más de 1,500 millones de m³ de agua. Hay en el estado 54 plantas de tratamiento de agua con una capacidad instalada

La ciudad de Tequila da nombre a la famosa bebida que resulta de la destilación del maguey. La maduración de esta planta requiere entre ocho y diez años.

de 1,600 litros por segundo. Existen casi 1.3 millones de tomas eléctricas, de las que 1.12 millones son residenciales, 155,000 comerciales, y 7,000 industriales.

El producto interno bruto (PIB) de Jalisco es de 75,000 millones de pesos; poco más de la cuarta parte lo producen comercios, restaurantes y hoteles; la industria manufacturera produce más de una quinta parte y los servicios comunales, sociales y personales el 20 por ciento.

Unas 180,000 empresas se dedican a la agricultura. Las unidades de producción rurales cubren una superficie total cercana a los 5 millones de hectáreas. El estado produce, en cultivos cíclicos, maíz, sorgo, trigo, frijol, garbanzo, avena, cártamo, cebada, sandía, tomate, arroz, jitomate, chile seco, cebada, cacahuate y otros; en cultivos perennes, pastos, caña, agave, alfalfa, mango, coco, copra, café, nopal, tuna y otros. Cerca de 125,000 empresas se dedican a la ganadería. Crían ganado equino, bovino, ovino, porcino y caprino, aves de corral, conejos y abejas. Se producen huevos, leche y miel. Unas 23,000 empresas se dedican a la actividad forestal. El volumen de captura pesquera es de casi 13,000 toneladas, con almeja, bagre, baqueta, camarón, caracol, carpa, cazón, corvina, charal, huachinango, jaiba, jurel, langosta, langostino, lebrancha, lisa, lobina, mero, mojarra, ostión, pargo, pulpo, robalo, ronco, sierra, tiburón, trucha y otras especies.

Explotan la minería 46 empresas, que extraen oro, plata, plomo, hierro, cobre, cinc, cantera, grava, arena, arcilla, petróleo crudo y gas natural, entre otros productos. Cerca de 18,000 establecimientos se dedican a la manufactura, de los cuales unos 6,500 elaboran productos alimenticios, bebidas y tabaco —el 35.3 por ciento de la industria del ramo—; casi 4,000 se dedican a la manufactura de productos metálicos, maquinaria y equipo en general; 2,300 manufacturan textiles, prendas de vestir y productos de cuero; 1,600 trabajan productos minerales no metálicos (excepto derivados del petróleo y del carbón), y algunas otras se centran en el papel y sus productos, imprentas y editoriales. Hay casi 1,000 empresas constructoras. La generación bruta de energía eléctrica es de 450 gigawatts por hora. Cerca de 85,000 establecimientos se dedican al comercio y 850 al turismo, con una capacidad superior a las 40,000 habitaciones.

En Jalisco hay alrededor de 25,000 km de caminos: un 60 por ciento de brechas, un 23 por ciento rurales, el 17 por ciento de carreteras libres y el 2.3 por ciento de cuota. La red ferroviaria supera los 1,000 km. Hay también destacadas instalaciones portuarias de atraque. El estado posee numerosos aeródromos y 2 aeropuertos. Cuenta con 80 radiodifusoras, 13 estaciones repetidoras de televisión y 12 locales.

México

El Estado de México se localiza en el altiplano central de la República Mexicana, al norte en los 20° 17', al sur en los 18° 22' de latitud norte, al este en los 98° 36', y al oeste en los 100° 37' de longitud oeste. Colinda al norte con Michoacán, Querétaro e Hidalgo; al este con Hidalgo, Tlaxcala, Puebla, Morelos y el Distrito Federal; al sur con Morelos y Guerrero, y con Guerrero y Michoacán al oeste. Tiene una superficie total de 21,461 km², lo que representa el

1.1 por ciento de la superficie nacional. Reúne a 122 municipios y su capital es Toluca.

Las elevaciones principales son tres volcanes: el Popocatépetl, con una altitud de 5,500 m sobre el nivel del mar, el Iztaccíhuatl (5,220 m) y el Nevado de Toluca (4,680 m). Están además los cerros Telapón (4,060 m), Atlamasha (3,980 m), Jocotitlán (3,910 m), El Mirador (Tláloc) (3,880 m), La Corona (3,780 m), La Catedral (3,770 m), La Calera (3,740 m), Las Palomas (3,720 m), Las Navajas (3,710 m),

Cervantes (3,660 m), El Gavilán (3,650 m), El Picacho (3,640 m), Pelón (3,500 m), La Guadalupana (3,370 m), La Peña Ñadó (3,320 m), Yeguashi (3,080 m), Las Ánimas (3,060 m) y Gordo (3,060 m).

Se reconocen en la entidad tres regiones hidrológicas. La primera es la Lerma Santiago, formada por las cuencas de los ríos Lerma-Toluca. La región del Balsas está formada por las cuencas del Atoyac, del Balsas-Zirándaro y la del río Grande de Amacuzac. La tercera es la región del Cutzamala. La surcan también

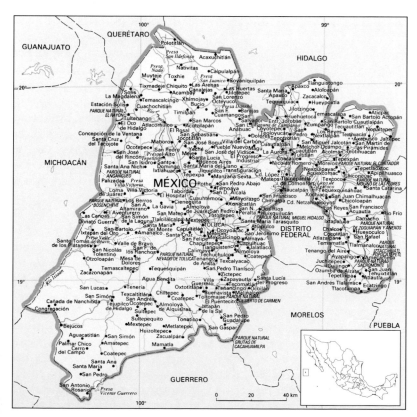

Las nieves perpetuas coronan la cima del volcán Popocatépetl («cerro que humea»), cuya actividad se manifiesta a través de fumarolas.

El Nevado del Toluca se llama también Xinantécatl, probable derivación de la palabra «Tzinantécatl» con la que se le designaba en honor de Tzinacan.

catón. Hay selva en el 5.67 por ciento de la superficie, con árbol huizache, cazahuate, copal, vara dulce y palo brasil. Otro 3.72 por ciento lo cubren gamas distintas de vegetación. Crecen matorrales en un 0.9 por ciento del estado, entre los que destacan nopal, uña de gato, sangre de drago y huizache.

Componen la fauna del estado, entre otras, las siguientes especies: acocil, águila real, aguililla, alicante, ardilla, armadillo, aura, cacomixtle, caimán, calandria, calcoyote, camaleón, canario, canario dominico, cardenal, cencuate, cenzontle, codorniz, conejo, coralillo, corvejón, coyote, cuervo, cuinique, cuyo, chachalaca, escorpión, gallinita de monte, ganagás, garza, gato montés, gavilán, gavilancillo, gaviota rosa, golondrina, gorrión, guacamaya, guajolote silvestre, güilota, halcón, huitlacoche, hurón, iguana, jabalí, jaguar, jicote, jilguero, lagartija, lagarto, lechuza, loro, llorona, maicero, mapache, murciélago, onza, pájaro bobo, paloma, paloma morada, pato silvestre, pato pinto, perdiz, piruelo, primavera, puma, quebrantahuesos, rana, rata de campo, salta pared, sapo, serpiente oracionera, serpiente hocico de puerco, tecolote, tejón, teporingo, tetello, tezmo, ticuiz, tigrillo, tizincoyote, tlacuache, topo, torcaza, tórtola, tusa, urraca, venado, venado chico, venado de cola blanca, víbora de cascabel, víbora verde, zopilote, zorra, zorrillo y zorro.

Historia

En los valles lodosos de Tepexpan se encontraron restos óseos con 13,000 años de antigüedad y objetos que se remontan, tal vez, a 20,000 años. En Tlapacoya, Malinalco, Acatzingo y Tlatilco se ubican los vestigios arqueológicos más antiguos del estado. Por el año 100 a.C., Teotihuacan empezó a cobrar gran auge y para el 650 d.C. dicha cultura estaba muy desarrollada.

los ríos San Felipe, Temascaltepec, Sultepec, Tejalpa, Pungarancho, La Asunción, La Venta, San Juan del Río, San Bernardino, Ixtapan, Zarco, San Agustín, Almoloya, Meyuca, Chalma y el río Los Lobos. Cuenta con los lagos Nabor Carrilo y Zumpango, amén de las presas Valle de Bravo, Villa Victoria, Huapango, Tepetitlán, Guadalupe, Antonio Alzate, Danxhó e Ignacio Ramírez.

Los climas presentes en la entidad son el cálido subhúmedo con lluvias en verano, semicálido subhúmedo con lluvias en verano, templado subhúmedo con lluvias en verano, semifrío húmedo con lluvias abundantes en verano, semifrío subhúmedo con lluvias en verano, se-

miseco templado y frío. La temperatura media anual es cercana a los 20.9 °C, aunque se llegan a registrar temperaturas de 2.8 —en la estación meteorológica Nevado de Toluca— y 22.5 °C. La precipitación promedio oscila entre los 623.2 milímetros, en las zonas más secas, y los 1,305. Se registran precipitaciones extremas de 503.3 y 2,217.7 milímetros.

Se cultiva el 47.43 por ciento de la superficie estatal. Un 27.81 por ciento está cubierto de bosques, donde proliferan oyamel, ocote blanco, pino chino, encino quebracho y laurelillo. Un 14.47 por ciento son pastizales, en los que crece navajita, zacate, zacate chino y za-

En Teotihuacan, la ubicación de la pirámide de la Luna se ha atribuido a la importancia que tenía el culto a dicho astro.

Otros centros arqueológicos son los de Teotenango, construido por los matlatzincas en el 800 o 900 d.C.; Calixtlahuaca, ocupado por matlatzincas y mexicas; Malinalco, edificado entre los años 1486 y 1520 por mexicas, y Tenayuca. Tras la consolidación de Tenochtitlan, toda la región quedó sometida al dominio mexica central. Los grupos indígenas que se encuentran en la zona son mazahuas, nahuas y otomíes.

Antes de la conquista de Tenochtitlan, Andrés de Tapia destruyó Malinalco y Gonzalo de Sandoval sometió a los matlatzincas en el Valle de Toluca. Tras la caída del centro mexica, Martín Dorantes entró pacíficamente en Teotenango. Los grupos mazahuas ya se habían rendido a los españoles. En 1523, fray Pedro de Gante fundó la escuela de Padua, que dio impulso a la evangelización; en 1524, el célebre grupo de los doce franciscanos abrió conventos en México, Texcoco, Malinalco y Cuernavaca. En 1526 arribaron los dominicos, quienes fundaron los conventos de Eca-

tepec, Chimalhuacán e Ixtapalucan, y recibieron de los franciscanos el de Amecameca.

Hacia 1533 llegaron los agustinos, quienes fundaron los conventos de Acolman, Chalma y Ocuilmán. Los carmelitas descalzos construyeron el templo del Desierto de los Leones y los jesuitas, el convento de

Tepotzotlán. La Real Cédula expedida en Madrid en 1767 determinó que México fuera una Intendencia de Nueva España y en 1799 Carlos V elevó a Toluca al rango de ciudad.

En 1810, iniciada la guerra de Independencia, Hidalgo, Allende, Aldama y el padre Báez entraron a Toluca. En la batalla de Monte de las Cruces los insurgentes vencieron a las fuerzas realistas. En 1815, en San Cristóbal Ecatepec, las autoridades fusilaron a José María Morelos y Pavón. Consumada la Independencia, en 1827, el Congreso Constituyente declaró estado a la provincia —con un territorio muy amplio que fue perdiendo con la constitución de los estados aledaños— y declaró como capital a Texcoco, hasta que en 1830 la Asamblea Constituyente la trasladó a Toluca.

Toluca fue centro de combate durante la intervención estadounidense y la guerra de Reforma. La última llegó a su fin en 1860 tras la batalla de Calpulalpan, en la que se enfrentaron Jesús González Ortega, al mando de los liberales, y Miguel Miramón, capitaneando a los conservadores.

Las simpatías de los peones del Estado de México por el agrarismo de Zapata hicieron de este territorio uno de los más afectados por la represión.

La Catedral y las sedes de los poderes públicos rodean la Plaza Cívica de Toluca de Lerdo, nombre que evoca desde 1861 al político Miguel Lerdo de Tejada.

Durante la Revolución de 1910 tuvieron lugar en el estado acontecimientos relevantes: el levantamiento de grupos zapatistas en Tlacotepec y Tilapa, los movimientos indígenas de Ocuilán y Malinalco y la firma de los tratados de Teoloyucan que determinaron el fin de la dictadura de Victoriano Huerta.

Actualidad

En el estado viven 13,083,359 habitantes, más de la mitad menores de 30 años. El municipio de Ecatepec acoge a un 12.3 por ciento de la población del estado, Nezahualcóyotl al 9.3 por ciento, Naucalpan de Juárez al 6.5, Tlalnepantla de Baz al 5.5, Toluca al 5 y el resto de los municipios al 61 por ciento. El 56 por ciento de la población es considerada activa y en su mayoría ocupada. En el área urbana de Toluca, la rama de servicios emplea al 36 por ciento de la población y la industria de la transformación al 20 por ciento. El comercio absorbe casi al 18 por ciento y el gobierno al 13 por ciento. En el estado hay unas 310,000 personas que hablan una lengua indígena: mazahua, otomí, náhuatl, mixteco, zapoteco, mazateco, totonaca, mixe, maya, purépecha, tlapaneco y chinanteco, por mencionar algunas de las lenguas más propagadas.

La elección de gobernador tiene lugar el primer domingo del mes de julio y toma posesión el 16 de septiembre de ese año. Los diputados locales son electos el segundo domingo de noviembre y toman posesión el 5 de diciembre del mismo año. Las autoridades municipales también son electas el segundo domingo de noviembre y toman posesión el 1 de enero del año siguiente a las elecciones.

El Estado de México tiene casi 15,000 escuelas y una planta docente de 122,000 maestros para casi tres millones de alumnos de los niveles preescolar, primaria, capacitación para el trabajo, secundaria, profesional medio y bachillerato. La Universidad Autónoma del Estado de México cubre el nivel superior de estudios.

La entidad cuenta con alrededor de 2.5 millones de viviendas, casi 400 colectivas, para un promedio de 4.8 ocupantes por vivienda, de las que 2 millones disfrutan de todos los servicios, 290,000 cuentan con agua entubada y drenaje, 224,000 con agua entubada y energía eléctrica y 60,000 con drenaje y energía eléctrica. El estado administra 178 fuentes de abastecimiento de agua que aportan casi un millón de m^3 por día.

Las presas de la entidad son capaces de almacenar poco más de 1,230 millones de m^3 de agua. El estado, a su vez, cuenta con 27 plantas de tratamiento de aguas residuales y 17 lagunas de oxidación, entre otros recursos, que procesan un volumen de alrededor de 134,000 millones de m^3 al año. El tendido eléctrico cuenta con unos 2 millones de tomas en el estado, casi todas residenciales, 130,000 comerciales, y 54,000 industriales. El volumen de recolección de basura asciende a 10,000 toneladas diarias.

Junto al sitio arqueológico está la población de San Juan de Teotihuacan, donde los franciscanos fundaron un convento en 1548.

El producto interno bruto (PIB) del estado es de casi 120,000 millones de pesos; la industria manufacturera aporta el 33 por ciento; los comercios, restaurantes y hoteles producen el 20 por ciento y el 16 por ciento corresponde a los servicios comunales, sociales y personales. Los servicios financieros, seguros y bienes inmuebles aportan el 12.5 por ciento; los transportes, almacenamiento y comunicaciones casi el 10 por ciento; la industria de la construcción aporta el 5.5 por ciento y la agropecuaria, silvícola y pesquera, un 3 por ciento.

Se dedican a la agricultura unas 342,500 empresas. Las unidades de producción rurales cubren una superficie total cercana a las 100,000 hectareas. El estado produce, en cultivos cíclicos, maíz, trigo, avena, cebada, frijol, chícharo verde, papa, tomate y haba verde, además de otros productos; en cultivos perennes, praderas, alfalfa, nopal tunero, aguacate, durazno y otros cultivos. Se dedican a la ganadería cerca de 222,600 empresas, que crían aves de corral, ganado equino, bovino, porcino, ovino, caprino, conejos y abejas. Además también se produce leche, huevos, vísceras, esquilmos y otros productos. Alrededor de 32,500 empresas se dedican a la actividad forestal y explotan, pino en un 60 por ciento, oyamel, encino, cedro blanco y otras maderas. El volumen de captura pesquera se estima superior a las 5,000 toneladas, con especies como carpa (64 %), trucha arcoiris (24 %), mojarra, charal, rana, lobina, langostino y bagre, entre otras.

Explotan la minería cerca de 130 empresas, que extraen oro, plata, cobre, plomo, cinc, cadmio, arcilla, arena, diatomita, ónix, tepetate y tezontle, entre otros materiales. Alrededor de 22,600 empresas se dedican a la manufactura, unas 10,000 a la producción de alimentos, bebi-

En Valle de Bravo, el embalse de un afluente del Balsas permite el funcionamiento de un sistema hidroeléctrico que genera una potencia de 1,200,000 kw.

das y tabaco —el 40 por ciento del total—; 5,000 a productos metálicos, maquinaria y equipo en general; casi 1,800 son industrias de la madera y sus productos —incluidos muebles—; 1,500 son manufactureras de productos minerales no metálicos —excepto derivados del petróleo y del carbón—; 1,200 son manufactureras de papel y sus productos, imprentas y editoriales, y más de 1,000 producen sustancias químicas, derivados del petróleo, carbón, hule y plástico. Hay unas 750 empresas constructoras. La generación bruta de energía eléctrica

supera los 760 gigawatts por hora. Más de 136,000 establecimientos se dedican al comercio y 355 al turismo, con una capacidad cercana a las 13,000 habitaciones.

En el Estado de México hay alrededor de 10,000 km de caminos: el 65 por ciento de alimentadores estatales, el 25 por ciento de caminos rurales y un 10 por ciento de troncales federales. La red ferroviaria es de casi 1,300 km. El estado posee 2 aeródromos y 2 aeropuertos. Hay 23 radiodifusoras, 27 estaciones repetidoras de televisión y 2 locales.

Michoacán

El estado de Michoacán se halla en el oeste de la República Mexicana, al norte en las coordenadas 20° 24', al sur en los 17° 55', latitud norte, al este en los 100° 04' y al oeste en los 103° 44' de longitud oeste. Colinda al norte con Jalisco, Guanajuato y Querétaro; al este con Querétaro, México y Guerrero; al sur con Guerrero y el océano Pacífico; y con el océano Pacífico, Colima y Jalisco al oeste. Tiene una superficie total de 59,864 km², el 3.1 por ciento del territorio nacional, en la que se congregan 113 municipios; su capital es la ciudad de Morelia.

Forman la orografía del estado elevaciones como el volcán de Tancítaro, con una altitud de 3,840 m sobre el nivel del mar, los cerros de San Andrés (3,600 m), Patamban (3,500 m), La Nieve (3,440 m), Uripitijuata (3,400 m), El Tecolote (3,360 m), El Zirate (3,340 m), el volcán Paricutín (2,800 m), los cerros El Quinceo (2,740 m), Janamuato (2,700 m), La Bufa (2,600 m), Blanco (2,250 m), Magueyes (2,120 m) y la sierra Los Picachos (1,730 m).

Las cuencas hidrológicas conforman cuatro regiones. La primera es la Lerma-Santiago, y está integrada por las cuencas del río Lerma-Tolu-ca, las del Lerma-Salamanca y Lerma-Chapala, la cuenca del lago de Chapala y la de los lagos de Pátzcuaro-Cuitzeo-Yuriria. La segunda región es Armería y Coahuayana, que comprende a la cuenca del río Coahuayana, la región de la Costa de Michoacán —formada por las cuencas de los ríos Neixpa y otros y la del Cachán y otros—, y la región del Balsas, conformada por las cuencas de los ríos Balsa-Zirándaro, Balsas-Infiernillo, Cutzamala, Tacámbaro, Tepalcatepec-Infiernillo y Tepalcatepec. Estos ríos, entre otros, alimentan presas como El Infiernillo, Tepuxtepec, Gonzalo y Aristeo Mercado. Otros lagos del estado son el Zirahuén, Ururuta y San Juanico.

Los climas representados en la región son el cálido subhúmedo con lluvias en verano, semicálido húmedo con abundantes lluvias en verano, semicálido subhúmedo con lluvias en verano, templado húmedo con abundantes lluvias en verano, templado subhúmedo con lluvias en verano, semifrío húmedo con lluvias abundantes en verano, semiseco muy cálido y cálido, y seco muy cálido y cálido. La temperatura media anual se encuentra entre los 16.4 y los 23 °C, y se llegan a registrar temperaturas de 13.6 y 25.1 °C. La precipitación promedio fluctúa entre los 706 milímetros, en las zonas más secas, y los 1,104.

La superficie estatal la componen las selvas, en un 35.4 por ciento, en las que son abundantes copal,

En Michoacán, situado en una zona sísmica, abundan las estructuras volcánicas, algunas de ellas en activo, y los manantiales de aguas termales y terapéuticas.

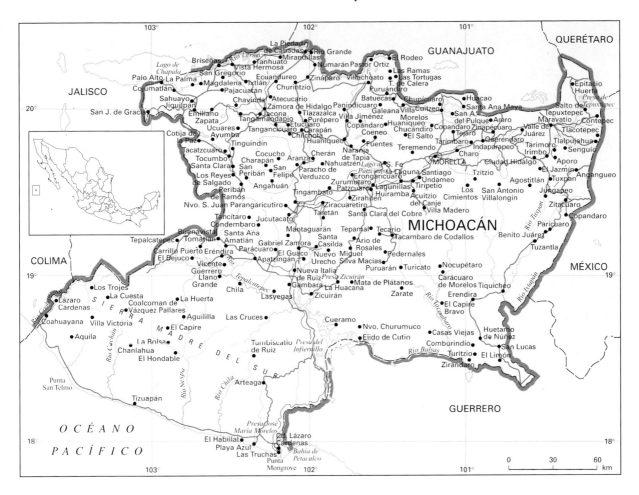

Historia

tepeguaje, Brasil y pochote; tierras de cultivo en un 28.9 por ciento; un 28.73 por ciento de bosques, con encino quebracho, encino, ocote trompillo y pino; un 5.12 por ciento de matorrales con cazahuate, chupandía y nopal cholla; y, por último, pastizales en un 1.8 por ciento. Entre todas las especies que componen la fauna se encuentran: conejo, liebre, comadreja, tlacuache, pato, coyote, ardilla, gato montés, armadillo, águila, halcón, víbora de cascabel, topo, rata, liebre, tusa, zorrillo, coralillo, pájaro carpintero, cardenal, primavera, camaleón, ceceta, guajolote salvaje, cacomixtle, ardilla voladora, pato cuaresmeño, tejón, tórtola, güilota, gallina de monte, torcaza, ocelote, tigrillo, nutria, zorro, puma y venado cola blanca.

Existen restos arqueológicos que datan del Preclásico, como El Opeño y Queréndaro —éste último de la cultura de Chupícuaro—, y en Tingambato se percibe la influencia del Clásico teotihuacano. En las cuencas de los ríos Chapala y Cuitzeo hay vestigios de poblaciones de hace 6,000 a 4,000 años. En el Posclásico, los purépechas —el principal grupo de la región— y los nahuas habitaban en las cercanías del lago de Pátzcuaro. Durante el siglo XVI se formó el estado purépecha, que se consolidó como gran cultura con un amplio territorio bajo su dominio. El estado se dividió en tres señoríos: Ihuatzío, Pátzcuaro y Tzintzuntzan, cada uno de los cuales amplió su territorio. Los purépechas, con ayuda de los matlalt-

zincas, evitaron caer bajo el dominio mexica, pero entablaron con ellos grandes relaciones comerciales. Durante la Conquista los purépechas se negaron a apoyar a los españoles, pero se rindieron en paz.

Fray Juan de San Miguel fundó, en 1531, en Guayangareo — hoy Morelia—, el Colegio de San Miguel para la instrucción de los niños, el primero de América, según algunos investigadores. En 1533, dicho fraile fundó y trazó Uruapan, construyó el primer convento franciscano, la iglesia y el hospital de indios o «guatapera». En ese mismo año llegó a Michoacán Vasco de Quiroga, oidor de la Segunda Audiencia, quien creó el sistema de encomiendas para solucionar la explotación de los purépechas. Estableció el hospital-pueblo de Santa

La conquista de Michoacán está narrada en una de las cuatro partes de llamado Lienzo de Tlaxcala, elaborado en 1550 por orden del virrey Velasco.

Fe de la Laguna de Uyameo, donde brindó atención y evangelización a casi doscientas familias. Difundió el conocimiento de técnicas agrícolas y artes industriales.

Vasco de Quiroga, aunque laico, fue nombrado obispo de la diócesis de Michoacán en 1536, y la instaló en Tzintzuntzan, hasta que en 1540 la trasladó a Pátzcuaro. Erigió la Catedral y el famoso Colegio de San Nicolás Obispo donde estudiarían, tiempo después, Miguel Hidalgo y José María Morelos y Pavón, líderes de la Independencia. En 1540, el agustino fray Alonso de la Veracruz fundó en Tiripetío la Casa de Estudios Mayores, universidad que, excepto por la carencia de la Cédula Real, podría considerarse la primera de América.

En 1541 se fundó en Guayangareo la villa de Valladolid, a la que se concedió escudo de armas; en 1545 fue elevada, por Cédula Real, al rango de ciudad capital. En 1580, el Colegio de San Nicolás se trasladó a Valladolid y en 1581 se le anexó el de San Miguel. Entonces comenzó la construcción de la catedral. Ese mismo año llegaron los jesuitas a Pátzcuaro y en 1584 se trasladaron a Valladolid, donde construyeron su iglesia y colegio. A mediados del siglo XVIII se abrieron el primer colegio para niñas y el primer conservatorio de música del continente, además de lo cual se estableció el Seminario Conciliar y se inauguró, en el Colegio de San Nicolás, la cátedra de Derecho.

Desde 1808 el estado vivió grandes enfrentamientos con el dominio español, que irían gestando la idea independentista. Además de Morelos e Hidalgo, Sixto Verduzco, Mariano Hidalgo, José María Chico, José Sotero, Mariano Balleza e Ignacio López Rayón fueron otros «nicolaítas», participantes en la guerra de Independencia. El Colegio de San Nicolás fue clausurado en 1810, por la influencia que ejercía sobre los insurgentes. Ese mismo año Morelos pasó por Maravatío y Acámbaro. Al llegar a Valladolid dictó el primer decreto contra la esclavitud. En Charo se llevó a cabo la famosa entrevista entre Hidalgo y Morelos. En 1811, López Rayón estableció en Zitácuaro la primera institución independiente de México, la Suprema Junta Nacional Americana, que fue arrasada por las fuerzas de Calleja en 1812. Dos años más tarde se promulgó, en Apatzingán, la primera Constitución política de México y en 1815, en Ario, se instaló la Suprema Corte de Justicia de la Nación.

Tras la ocupación de Valladolid por el Ejército Trigarante (en 1821), comenzó la etapa independiente de Michoacán. En 1824, según el Acta Constitutiva de la Federación, Michoacán alcanzó el rango de estado, y un año más tarde se estableció la primera Constitución. En 1828 Valladolid cambió su nombre por el de Morelia, en honor de José María Morelos y Pavón.

Desde 1829 se dieron conflictos entre centralistas y federalistas; el gobierno estatal estuvo en manos de los primeros entre 1835 y 1846, fecha en que fueron derrocados por los federalistas. Melchor Ocampo asumió la gubernatura, creó el batallón de Matamoros para luchar contra los invasores estadounidenses y reabrió el laico Colegio de San Nicolás, con el nuevo nombre de Primitivo y Nacional Colegio de San Nicolás de Hidalgo. El plan de Ayutla, en 1854, encontró gran eco en Michoacán. En 1855, Antonio López de Santa Anna se presentó en el estado para tratar de dar solución pacífica al conflicto, pero decidió retirarse. Tras la ocupación de Morelia, se consumó el triunfo contra el dictador.

Dada la importancia geográfica y económica del estado, se vivieron en él numerosas batallas entre imperialistas, republicanos, liberales y conservadores. Desde el siglo XIX se impulsó la creación de centros de enseñanza, comercios, vías de comunicación, etcétera. Durante la Revolución de 1910, varios miembros del Colegio de San Nicolás desempeñaron funciones importantes, entre ellos cabe mencionar a Pascual Ortiz Rubio. La política porfirista de imponer la paz mediante la represión acarreó levantamientos armados, que propiciaron los de la Revolución; el mayor de ellos fue el de Salvador Escalante.

En 1917, Ortiz Rubio, como gobernador de la entidad, fundó la Universidad Michoacana de San Nicolás de Hidalgo, la primera creada por la Revolución y declarada autónoma. Además repartió tierras entre los campesinos. En 1920, el general Francisco Mújica hizo un nuevo reparto agrario, fomentó la organización de obreros y campesinos, y la lucha anticlerical. En 1922, Primo Tapia fundó la liga de Comunidades y Sindicatos Agraristas del Estado de Michoacán. Los intentos por hacer justicia a los obreros y campesinos continuaron y se incrementaron durante el gobierno de Lázaro Cárdenas y sus sucesores. La entidad llegó a destacar como una de las más productivas y con un reparto agrario más efectivo.

Actualidad

El estado acoge a 3,979,177 habitantes, menores de 35 años las dos terceras partes. Poco más de la mi-

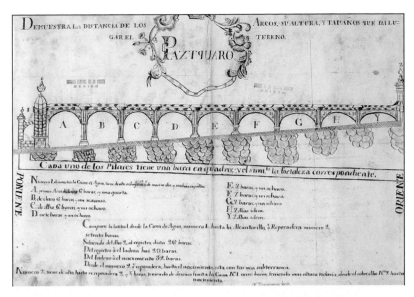

Proyecto para el Acueducto de Pátzcuaro (1776). La fertilidad de las regiones de los grandes lagos se vio incrementada por sistemas de irrigación.

tad de la población es considerada activa y casi toda está ocupada. El municipio de Morelia alberga al 15.5 por ciento de la población del estado; en su área urbana, la rama de servicios emplea a poco más del 40 por ciento de la población ocupada, el comercio al 23.6 y la industria de la transformación al 11, seguida por el gobierno con un 10 por ciento. Hay más de 110,000 personas de habla indígena en el estado:

100,000 hablan purépecha, 4,000 mazahua, 3,000 náhuatl, 650 otomí y 350 mixteco, entre otras lenguas mexicanas y amerindias.

La ley Electoral del estado establece el siguiente calendario: el primer domingo de julio, cada seis años, se elige gobernador, quien toma posesión de su cargo el 16 de septiembre del mismo año. El primer domingo de diciembre, cada tres años, se elige a los miembros del ayuntamiento, quienes toman posesión el 1 de enero del año siguiente. El primer domingo de diciembre, también cada tres años, se eligen diputados representantes a la legislatura estatal, quienes toman posesión el 15 de septiembre de ese mismo año.

El estado de Michoacán tiene más de 10,000 escuelas y una planta docente de casi 50,000 personas para un millón de alumnos de los niveles preescolar, primaria, capacitación para el trabajo, secundaria, profesional medio y bachillerato. La Universidad Michoacana de San Nicolás de Hidalgo cuenta con unos 23,000 alumnos.

En el interior del lago de Pátzcuaro se encuentra la isla de Janitzio, famosa por un monumento a José María Morelos y por la festividad del Día de los Muertos.

La entidad tiene alrededor de 780,000 viviendas, particulares todas, para un promedio de 5 ocupantes por vivienda. De las particulares contadas, unas 522,000 tienen todos los servicios; 5,000 cuentan con agua entubada y drenaje, 134,000 con agua entubada y energía eléctrica y 25,000 con drenaje y energía eléctrica. La entidad posee una capacidad total de almacenamiento en sus presas de 15,000 millones de m³ de agua y 10 plantas de tratamiento de aguas residuales. El estado dedica una superficie aproximada de 70 hectáreas a tiraderos de basura a cielo abierto y 40 a rellenos sanitarios.

El producto interno bruto (PIB) michoacano es de casi 26,000 millones de pesos. Un 20 por ciento lo aportan los servicios comunales, sociales y personales; los comercios, restaurantes y hoteles, otro 20 por ciento; los servicios financieros, seguros y bienes inmuebles producen el 18 por ciento; y la industria agropecuaria, silvícola y pesquera otro tanto.

Se dedican a la agricultura unas 227,000 empresas. Las unidades de producción rurales cubren una superficie total cercana a los 3.5 millones de hectáreas. En cultivos cíclicos producen maíz, sorgo, trigo, cártamo, avena, garbanzo, lenteja, frijol y janamargo; en cultivos perennes, aguacate, caña de azúcar, mango, limón, copra, prades, plátano y durazno, entre otros. Cerca de 148,000 ganaderas crían aves de corral, ganado equino, bovino, porcino, caprino, ovino, conejos y abejas. Unas 30,000 empresas forestales explotan especies coníferas (90 %), latifoliadas (7.5 %) y preciosas (2.8 %). La captura pesquera se aproxima a las 20,000 toneladas, con tilapia, carpa, charal, huachinango, rana, mosco, acumara, tule, sierra, trucha arco iris, pulpo, bagre, langosta, pargo, ronco, cocinero, ostión, cazón, jurel, lisa, corvina, cuatete, pescado blanco, langostino y tiburón, como especies para consumo directo. Se calcula que la captura sin registro oficial asciende al 11.2 por ciento del total.

Explotan la minería 47 empresas, que extraen coque, cobre, hierro, oro, plata, plomo y cinc. Cerca de 15,000 empresas se dedican a la manufactura: 4,000 a productos alimenticios, bebidas y tabaco y 3,000 a la manufactura de productos de madera y a su industria, incluidos muebles. Unas 2,000 se centran en productos minerales no metálicos, excepto derivados de petróleo o carbón; otras 2,000 en los textiles, prendas de vestir e industria del cuero, y un número similar en productos metálicos, maquinaria y equipo en general. Medio millar se dedica a otras industrias manufactureras, 370 a la industria del papel y sus productos, relacionados con imprentas y editoriales, 150 a sustancias químicas, productos derivados del petróleo, carbón, hule y plástico, y 13 a industrias metálicas básicas. En la construcción se emplean unas 300 empresas. La generación bruta de energía eléctrica es de 2,000 gigawatts por hora y la potencia real instalada de casi 500 megawatts. Cerca de 53,000 establecimientos se dedican al comercio y 400 al turismo, que posee una capacidad de 6,000 habitaciones.

La red viaria michoacana alcanza 8,000 km y se divide así: un 40 por ciento de alimentadores estatales, un 30 de caminos rurales y el 30 restante de troncales federales. La red ferroviaria supera los 1,000 km. Existen casi 3,000 m lineales de instalaciones portuarias de atraque, más casi 6,000 de protección. El estado ha construido 36 aeródromos y 4 aeropuertos. Hay 52 radiodifusoras, 17 estaciones repetidoras de televisión y 10 emisoras locales.

Además de las excursiones a las islas del lago, la ciudad de Pátzcuaro atrae por su arquitectura y sus mercados de artesanía, especialmente el de la Plaza Chica.

Morelos

El estado de Morelos se localiza en la parte meridional de la zona central de la República Mexicana, al norte en las coordenadas 19° 08', al sur en los 18° 20' latitud norte, al este en los 98° 38' y al oeste en los 99° 30' de longitud oeste. Colinda al norte con el Estado de México y el Distrito Federal; al este con México y Puebla; al sur con Puebla y Guerrero y al oeste con Guerrero y México. La entidad tiene una superficie total de 4,941 km², lo que representa el 0.25 por ciento del territorio nacional; incorpora a 33 municipios y su capital es Cuernavaca.

Forman la orografía elevaciones como el volcán Popocatépetl, con una altitud de 5,500 m sobre el nivel del mar, el cerro Tres Cumbres (3,280 m), los volcanes Ololica (3,280 m) y Tesoyo (3,180 m), y los cerros El Tesoyo (2,600 m), Las Mariposas (2,150 m), Yoteco (2,100 m), Potrero de los Burros (1,920 m), La Corona (1,840 m), Los Chivos (1,750 m), Tencuancoalco (1,710 m), Temazcales (1,600 m), Jojutla (1,550 m), Santa María (1,520 m), Pericón (1,500 m), Colotepec (1,440 m), La Víbora (1,430 m), El Gallo (1,420 m) y La Piaña (1,240 m).

El estado de Morelos está conformado por dos regiones hidrológicas: la del Balsas, integrada por las cuencas de los ríos Atoyac y Grande de Amacuzac; y la región Pánuco, formada por la cuenca del río Moctezuma. Otros cursos fluviales son: Cuautla, Yautepec-Jerusalén, Colotepec-Apatlaco, Tembembe-Mexicapa, Chalma, Chivato, Quita Mula, Río Salado, Chalchihuapán, Apanctezalco, Los Sabinos, El Sabino, Tejaltepec, La Tilapeña, El Terrón, Tepalcingo, Río Grande, Acolapan y Agua Salada. Algunos de estos ríos alimentan a los lagos Tequesquitengo, Coatetelco y, por último, Rodeo.

Los climas presentes en la entidad son cálido subhúmedo con lluvias en verano, semicálido subhúmedo con lluvias en verano, templado subhúmedo con lluvias en verano, semifrío húmedo con lluvias abundantes en verano, semifrío subhúmedo con lluvias en verano, y frío. La temperatura media anual oscila entre los 12.4 y los 24 °C. Se han llegado a registrar temperaturas de 10.9 y 26.5 °C. La precipitación promedio fluctúa entre los 822 milímetros, en las zonas más secas, y los 1,508. Se han dado precipitaciones extremas de 326 milímetros, en el año más seco, y 3,587.5, en el más lluvioso.

En los cráteres volcánicos de la Sierra Chichinautzin se han formado las seis espléndidas lagunas del Parque Nacional de Zempoala.

Se dedica a la agricultura el 52.91 por ciento del territorio estatal; el 30.7 por ciento de la superficie son selvas donde abundan copal, cuajilote, tepeguaje, cazahuate y pochote. Un 8.53 por ciento son bosques con encinos de distintas especies —entre ellos el quebrancho y el laurelillo—, ocote blanco y chino. Un 5.04 por ciento son pastizales de zacate, grama negra, navajita, zacate y zacatón.

La fauna del estado comprende, entre otras, las siguientes especies: ardilla, armadillo, aura, cacomixtle, codorniz moctezumal, comadreja, conejo, coyote, cuervo, chachalaca, gallina de monte, gato montés, jabalí de collar, jilguero mulato floricano, lagartija, lechuza, liebre, mapache, murciélago, pájaro bandera, paloma bellotera, primavera roja, puma, rana, ratón de los volcanes, tejón, tlacuache, urraca azul, urraca copetona, venado cola blanca, víbora ratonera, víbora de cascabel, zopilote y zorrillo.

Historia

El emplazamiento arqueológico más antiguo que se encuentra en el estado es el de Chalcatzingo, tal vez olmeca, y se remonta unos 3,000 años atrás. Otro sitio de gran importancia es Xochicalco, observatorio construido en el período clásico, no se sabe bien por qué grupo. Destacan otros centros que fueron señoríos de grupos nahuatlacas. Quizá fueron tlahuicas Cuauhnáhuac (Cuernavaca), Tetlamatl, Yautepec, Xiutepec, Yecapixtla, Tepozteco y Oaxtepec. Tras la consolidación de Tenochtitlan, la región se convirtió en tributaria de los mexicas.

En 1520, los españoles empezaron a controlar la zona, estableciéndose primero en Ocuituco. Un año más tarde, tras haberse apoderado de Oaxtepec, Yecapixtla, Tlalamanalco, Chalco y Chimalhuacán, llegaron a Cuauhnáhuac, donde Hernán Cortés se construyó una residencia. En 1524, por Cédula Real de Toledo, la región de Morelos fue incluida en el territorio perteneciente a la provincia de México. En 1529, una buena parte de su extensión se anexó al marquesado del Valle de Oaxaca (asignado a Cortés) y el resto se repartió en encomiendas a fray Juan de Zumárraga, Francisco Solís, Diego de Holguín y Juan Carmeño. Durante la Colonia, la evangelización quedó en manos de tres órdenes religiosas: los franciscanos se instalaron en el occidente, los dominicos en el centro y los agustinos en el oriente.

En 1808, Gabriel Yermo apoyó el golpe que depuso al virrey José de Iturrugaray. Durante la guerra de Independencia, fue ardiente defensor del régimen español. Por el bando insurgente, Francisco Ayala y el cura Mariano Matamoros sobresalieron en su apoyo a los rebeldes. En 1812, en Cuautla, Félix María Calleja sitió a José María Morelos, pero éste logró derrotarlo.

Por decreto del Congreso del Estado de México (entidad a la que pertenecía el actual estado de Morelos), en 1833, se dispuso que los bienes de Hernán Cortés, que se encontraban en poder del duque de Terranova y Monteleone, pasaran a ser propiedad de la nación.

Tras el triunfo del plan de Ayutla, que logró deponer al dictador Antonio López de Santa Anna, los principales promotores de tal movimiento (Juan Álvarez, Benito Juárez, Ignacio Comonfort, Melchor

En Xochicalco («lugar de la casa de las flores») resalta la pirámide dedicada al dios Quetzalcóatl, representado por su símbolo: la serpiente emplumada.

Ocampo y Guillermo Prieto) se reunieron en Cuernavaca para formar el gabinete presidencial y de ahí trasladarse a México. La pugna entre los liberales y los conservadores acarreó hechos violentos. Durante la década de 1850 la población morelense fue víctima del bandolerismo de «los plateados», que asolaron por completo el territorio aprovechando su inestabilidad.

La aristocracia morelense se adhirió gustosa a la intervención francesa. Maximiliano fue bien acogido en el estado. En 1867, al restaurarse la república, los morelenses solicitaron al presidente Juárez su separación e independencia, por lo que en 1869 se creó el estado libre y soberano de Morelos, llamado así en honor de José María Morelos y Pavón.

En los albores de la Revolución de 1910, el general Francisco Leyva creó el club Leandro Valle, en el que se discutirían las estrategias que tendría la entidad en el movimiento. Uno de los entusiastas partidarios de Leyva era Emiliano Zapata, a quien habían arrebatado sus tierras. Después de que Francisco I. Madero asumió a la presidencia no se cumplieron las demandas de los revolucionarios, por lo que se redactó, en 1911, el plan de Ayala. Tras asesinar a Madero, el usurpador Victoriano Huerta ordenó a Zapata la rendición, pero éste se negó.

En 1914 triunfó la revolución constitucionalista encabezada por Venustiano Carranza, quien asumió la presidencia e invitó a Zapata a que se le uniera. Sin embargo, Zapata se le enfrentó, dado que Carranza tampoco cumplía con las demandas del plan de Ayala, de modo que Carranza lo hizo asesinar. Tras la muerte de Emiliano Zapata, los morelenses se anexaron al movimiento del plan de Agua Prieta, que destituyó a Carranza. Más tarde cesaron las movilizaciones violentas en el estado.

Por su exuberante vegetación y buen clima, Cuernavaca fue sitio de veraneo desde la época de Cortés. Su nombre náhuatl significa «junto a la arboleda».

Actualidad

Morelos alberga a 1,552,878 habitantes, cerca de dos terceras partes menores de 35 años. El municipio de Cuernavaca reúne al 21.7 por ciento de la población del estado. Hay más de 25,000 personas de habla indígena. Sus lenguas son náhuatl, mixteco, tlapaneco, zapoteco, otomí, mazahua, totonaca, popoloca y maya. Aparte se cuentan otras lenguas de la República y amerindias.

El gobernador se elige el 19 de marzo del año en que concluye el período constitucional, de seis años, y toma posesión el 18 de mayo inmediato a la elección. Los diputados son electos el 19 de marzo del año en que concluye el período, de tres años, y toman posesión el 17 de abril inmediato a la elección, cada tres años. Las autoridades municipales son electas el 19 de marzo del año en que concluye el período, de tres años, y toman posesión el día 1 de junio inmediato a la elección.

Poco más de la mitad de la población es considerada activa, casi toda está ocupada. En el área urbana de Cuernavaca los servicios emplean al 40 por ciento de la población ocupada, el comercio al 20 por ciento y la industria de la transformación al 15, seguida por la construcción, que emplea a un 9 por ciento.

El estado de Morelos tiene más de 2,300 escuelas y una planta docente de unas 17,000 personas, para cerca de 385,000 alumnos de los niveles preescolar, primaria, capacitación para el trabajo, secundaria, profesional medio y bachillerato. Los centros de educación superior del estado dan cabida a 18,000 alumnos. Las principales instituciones educativas de este nivel en el estado son la Universidad Autónoma del Estado de Morelos, el Instituto Tecnológico de Zacatepec, el Instituto de Estudios Superiores de Monterrey —campus Morelos—, y también la Universidad Pedagógica Nacional.

Los acuíferos del valle de Cuernavaca posibilitan el cultivo intensivo de flores, y la existencia de profusos jardines públicos como el Borda y el Etnobotánico.

La entidad cuenta con alrededor de 322,000 viviendas, particulares todas, para un promedio de 4.5 ocupantes por vivienda. Más de 250,000 disponen de todos los servicios, 700 cuentan con agua entubada y drenaje, 36,000 con agua entubada y energía eléctrica y 11,000 con drenaje y energía eléctrica. En la entidad hay 11 fuentes de abastecimiento de agua y una capacidad total de almacenamiento en sus presas de 53,000 millones de m³; aparte tiene en su haber 42 plantas de tratamiento de aguas residuales. El estado dedica una superficie cercana a las 50 hectáreas a tiraderos de basura a cielo abierto y 7 a rellenos sanitarios.

El producto interno bruto (PIB) del estado es de más de 18,000 millones de pesos. La industria manufacturera aporta el 23 por ciento; los comercios, restaurantes y hoteles producen el 21 por ciento y otro tanto corresponde a los servicios comunales, sociales y personales. La industria agropecuaria, silvícola y pesquera aporta casi el 12 por ciento y los servicios financieros, seguros y bienes inmuebles un 10 por ciento. La de los transportes, almacenamiento y comunicaciones alcanza el 8 por ciento y la de la construcción casi el 6 por ciento.

Unas 57,000 empresas se dedican a la agricultura. Las unidades de producción rurales cubren una superficie total superior a las 200,000 hectáreas. El estado produce, en cultivos cíclicos, maíz, sorgo, frijol, cebolla, jitomate, cacahuate, arroz, pepino, tomate y calabacita, entre otros; en cultivos perennes, caña de azúcar, durazno, mango, higo y rosal, entre otros.

Cerca de 31,000 empresas se dedican a la ganadería. Se crían aves de corral, ganado equino, porcino, bovino, ovino y caprino, aparte de conejos y abejas. Casi 5,000 empresas se ocupan de la actividad forestal y explotan pino en casi un 60 por ciento, oyamel en un 38 por ciento y cedro blanco en un 3 por ciento. La captura pesquera es de más de 1,000 toneladas; de ellas son para consumo humano directo: mojarra, tilapia, bagre, langostino, carpa y lobina.

Explotan la minería 42 empresas, todas dedicadas a la extracción de minerales no metálicos. Cerca de 4,000 empresas se centran en las manufacturas: unas 1,800 elaboran productos alimenticios, bebidas y tabaco; 900 productos metálicos, maquinaria y equipo en general; casi 500 se dedican a productos minerales no metálicos, excepto derivados de petróleo o carbón; 350 a textiles, prendas de vestir y artículos de cuero y casi 300 a productos madereros y su industria, incluidos muebles. Alrededor de 185 se dedican a la industria del papel y sus productos, imprentas y editoriales; unas 100 a sustancias químicas, productos derivados del petróleo, carbón, hule y plástico, y 20 a otras industrias manufactureras. En la rama de la construcción hay 162 empresas, entre ellas cuatro grandes y una gigante. Cerca de 25,000 establecimientos se dedican al comercio, casi todos a la venta al menudeo. Al turismo se dedican más de 200 empresas, que poseen una capacidad de 6,600 habitaciones.

Cerca de 500 empresas se dedican al transporte de carga y 49 al de pasajeros. La red viaria morelense es de casi 2,000 km: el 53 por ciento de alimentadores estatales, el 24 por ciento de caminos rurales y un 23 por ciento de troncales federales. La red ferroviaria cuenta con 246 km. El estado ha construido 4 aeródromos y un aeropuerto. Hay 23 radiodifusoras, 6 estaciones repetidoras de televisión y una emisora local.

Nayarit

El estado de Nayarit se localiza al noroeste de la República Mexicana, al norte en las coordenadas 23° 05', al sur en los 20° 36' latitud norte; al este en los 103° 43' y al oeste en los 105° 46' de longitud oeste. Colinda al norte con Sinaloa y Durango; al este con Durango, Zacatecas y Jalisco; al sur con Jalisco y el océano Pacífico; y al oeste con el océano Pacífico y Sinaloa. La entidad tiene una superficie total de 27,864.8 km² (en la que se incluyen el archipiélago de las islas Marías, el de las Marietas y la isla Isabel), lo que representa el 1.24 por ciento del territorio nacional. Está dividido en veinte municipios y su capital es Tepic.

Forman la orografía elevaciones como cerro El Vigía, con una altitud de 2,760 m sobre el nivel del mar, sierra El Pinabete (2,500 m), cerro Dolores (2,460 m), sierra Los Huicholes (2,400 m), sierra Pajaritos (3,360 m), los volcanes Sangangüey (3,340 m) y Ceboruco (2,280 m), sierras del Nayar (2,200 m) y de Álica (2,200 m), cerro Sapo Grande (2,180 m), los volcanes San Juan (2,180 m), Tepetiltic (2,020 m) y Las Navajas (1,680 m), así como las sierras Zapotán (1,520 m) y Vallejo (1,420 m), y el cerro El Molote (1,160 m).

El estado tiene cuatro regiones hidrológicas: Presidio-San Pedro, formada por las cuencas de los ríos San Pedro y Acaponeta; Lerma-Santiago, formada por las cuencas

de los ríos Santiago-Aguamilpa, la del Bolaños y la del Huaynamota; la cuenca del río Huicicila-San Blas, y la región Ameca, donde se forman las cuencas de los ríos Ameca-Atenguillo y Ameca-Ixtapa. Lo surcan también los ríos San Blasito-San Pedro Mezquital, Jesús

María, Santiago, Atengo, Bolaños, Las Cañas, Tetiteco, San Juan, El Naranjo, Huajimic, Mololoa, Joraviejo, Las Vacas y El Riecito. Algunos de estos ríos, entre otros, alimentan las presas Aguamilpa, San Rafael y Amado Nervo, y los lagos Agua Brava, Santa María, Tepetil-

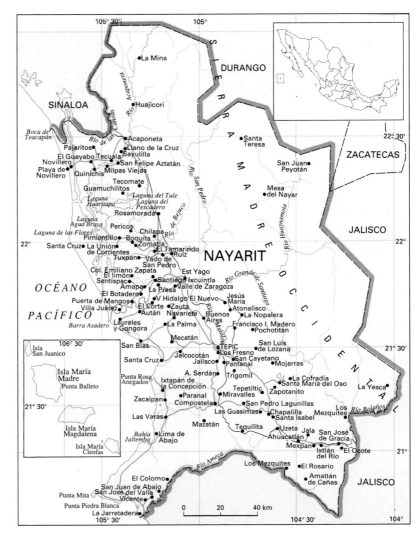

El litoral de Nayarit presenta en su parte norte bahías y deltas. Destaca la gran laguna Agua Brava. Hacia el sur de San Blas la costa es más abrupta.

tic, El Valle, El Chumbeño, Murillo, La Garza, San Pedro, El Caimanero y Grande de Mexcaltitlán, así como al estero Teacapan.

Los climas representados en la entidad son cálido húmedo con lluvias abundantes en verano, cálido subhúmedo con lluvias en verano, semicálido subhúmedo con lluvias en verano, templado subhúmedo con lluvias en verano y semiseco muy cálido y cálido. La temperatura media anual se encuentra entre los 17.9 y los 22 °C, aunque se llega a registrar temperaturas de 17 y 25 °C. La precipitación promedio fluctúa desde los 683 milímetros, en las zonas más secas, hasta los 1,540. Por lo demás se han registrado precipitaciones extremas de 496 y 2,171 milímetros.

Casi el 40 por ciento de la superficie está cubierta de selvas, donde se reproducen copal, pata de cabra, papelillo amarillo y cucharo. Un 35 por ciento son bosques con pino, nogal, tila, fresno y encino nopis. El 15 por ciento del territorio está cultivado. Un 5.65 por ciento

son pastizales de zacatón, zacate salado, navajita y zacate tres barbas. Hay mangle negro, vidrillo, uña de gato y coquito de aceite en un 6 por ciento del territorio.

Parte de la fauna del estado queda representada por especies como conejo, liebre, comadreja, tlacuache, pato, coyote, ardilla, gato montés, armadillo, coyote, águila, halcón, víbora de cascabel, topo, rata, liebre, tusa, zorrillo, coralillo, pájaro carpintero, cardenal, primavera, camaleón, ceceta, guajolote salvaje, cacomixtle, ardilla voladora, pato cuaresmeño, tejón, tórtola, güilota, gallina de monte, torcaza, ocelote, tigrillo, nutria, zorro, puma, venado cola blanca, jabalí y jaguar.

Historia

El actual territorio de Nayarit tiene dos grandes regiones: la planicie costera y la sierra. En la planicie, la presencia humana más antigua data de unos 2,000 años y consiste en pedacería de objetos marinos y piedras semilabradas. Se encuentran petroglifos en amplias extensiones.

Entre los años 200 a.C. y 600 d.C. se utilizaron, en algunas regiones, las denominadas «tumbas de tiro», profundas excavaciones al final de las cuales había cámaras en las que se colocaba a los muertos, a veces con ornamentos y objetos ceremoniales. De estas piezas cabe destacar aquellas con formas humanas, de individuos solos o grupos que conversan, danzantes, músicos y familias. Muchas de ellas, características de Nayarit, estaban decoradas con colores. De los pocos sitios arqueológicos que se han investigado en la región, destaca Ixtlán del Río. En la zona serrana se establecieron diversos grupos —totorame, tepehuán, cora, huichol, guaximí y usilique, entre otros—, de la familia yutoazteca. Algunos desarrollaron amplia cultura y mantuvieron comunicación con otras culturas del occidente y el centro de México.

En 1522, Francisco Cortés de San Buenaventura recorrió parte de la planicie de las tierras nayaritas, donde no tuvo grandes enfrentamientos violentos, y continuó su marcha hacia Sinaloa. En 1530, Nuño Beltrán de Guzmán ingresó a la región con su acostumbrada violencia, propiciando que los indígenas huyeran hacia la sierra. Beltrán de Guzmán se estableció en lo que ahora es Tepic y, por orden de la Corona, llamó a la región Reino de Nueva Galicia y a su capital, Santiago de Galicia de Compostela. Él mismo fue su primer gobernante.

Hacia 1540, Compostela fue trasladada a Coatlán, desde donde partió una expedición con rumbo a Arizona y Nuevo México. En 1541 hubo uno de los mayores levantamientos indígenas contra los españoles, mismo que fue sofocado en Tepic. Para 1543 se descubrió el primer yacimiento de plata de la Nueva Galicia. En 1548 se estableció en Compostela la Audiencia de Nueva Galicia, declarada, además, sede del

Obispado. En 1560, esos despachos se trasladaron a Guadalajara. Durante los inicios de la Colonia, el puerto de San Blas fue gran centro militar y comercial, hasta ser sustituido por Acapulco. De Nayarit partieron dos de las más grandes expediciones españolas del territorio nacional: en el siglo XVII la de Francisco Eusebio Kino hacia Sonora y Baja California y, en el siglo siguiente, la de fray Junípero Serra a San Diego, California.

Durante dos siglos, la región serrana mantuvo a los europeos al margen de su territorio. Varias expediciones religiosas, pacíficas y militares fracasaron en sus intentos. Uno de los mayores bastiones de resistencia indígena se encontraba en La Mesa del Nayar, centro político y religioso de los aguerridos coras, y morada del Tonati o Rey Nayar, cuyo nombre fue propagado por Miguel Uranzú, quien logró ingresar en la sierra. En 1722 los españoles conquistaron La Mesa del Nayar y, a partir de ese momento, empezaron a establecerse por toda la sierra. A la recién conquistada región se le llamó Nuevo Reino de Toledo o Provincia del Nayarit.

Sucedieron a la Conquista varias rebeliones indígenas contra el abuso español, la defensa de santuarios y el robo de tierras. Entre ellas destacó, en el siglo XIX, la del indio Mariano. Durante la guerra de Independencia, el estado se sumó a la lucha. El cura José María Mercado salió de Jalisco, pasó por Tepic y llegó al puerto de San Blas, que pertenecía a la Real Armada. Ello le permitió abastecer a las fuerzas de Hidalgo. Más tarde, las fuerzas realistas se apoderaron del puerto, y en 1811 le fue otorgado a la capital el título de Noble y Leal Ciudad de Tepic. En 1824 se convirtió en el séptimo Cantón de Jalisco.

En San Blas se libró una de las batallas decisivas contra la invasión

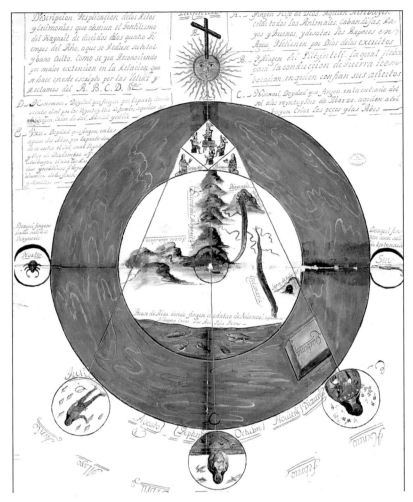

El sincretismo religioso de los indios cora-nayaritas fue interpretado en un dibujo de Arias de Saavedra posterior a la segunda conquista del Nayarit (1672).

estadounidense de 1847. A partir de 1857, y a lo largo de veinte años, Manuel Lozada, *el Tigre de Álica*, luchó en defensa de los derechos de indígenas y campesinos. Por más intentos que hubo de vencerlo, pactar con él o corromperlo, el gobierno jamás lo logró. Lozada se mantuvo leal a los principios de su lucha hasta que fue fusilado en el año de 1873. La participación de los nayaritas fue decisiva durante la intervención francesa, aunque el territorio no estuvo directamente involucrado.

Desde 1833, habían surgido peticiones de independizar Nayarit de Jalisco. En 1867 se creó el Distrito Militar de Tepic, con dependencia directa, ya no de Jalisco, sino del gobierno central. En 1884, por decreto del Congreso de la Unión, se creó el territorio federal de Tepic con cinco prefecturas y tres subprefecturas. Hasta 1917, por iniciativa de Venustiano Carranza, el territorio de Tepic se elevó a estado, con la extensión que ahora comprende.

Durante la Revolución de 1910, las propuestas de Francisco I. Madero, Martín Espinosa y Rafael Buelna fueron acogidas en la entidad, que luchó contra Victoriano Huerta. Durante el siglo XX tuvieron lugar di-

En la ruta entre San Blas y Guadalajara, Tepic cobró relevancia a partir del siglo XVIII. De esa época son el palacio de Gobierno y el templo de la Cruz.

versos movimientos obreros y campesinos, que continuaron peleando por sus derechos. La industria tabacalera y la del café han acarreado beneficios a la entidad. En la región serrana viven mestizos, grupos indígenas de los coras y huicholes, aparte de comunidades de mexicaneros y tepehuanos.

Actualidad

En el estado conviven 919,739 habitantes, cerca de dos terceras partes menores de 35 años. El municipio de Tepic alberga al 33.1 por ciento de la población del estado. Poco más de la mitad es considerada activa y, casi toda, ocupada. En el área urbana de Tepic, los servicios emplean a un 40 por ciento de la población ocupada, el comercio al 22 por ciento y la industria de la transformación al 12 por ciento, seguida por el gobierno con el 9 por ciento. Hay 32,500 personas de habla indígena —huichol, cora, tepehuán, náhuatl, purépecha, mazahua, zapoteco y mixteco—, además de otros hablantes de diversas lenguas mexicanas y amerindias.

El calendario electoral es el siguiente: el primer miércoles de junio, cada seis años, se elige gobernador, quien toma posesión de su cargo el 19 de septiembre del mismo año; el primer miércoles de junio, cada tres años, se elige a los miembros del ayuntamiento —presidentes municipales, regidores y síndicos—, quienes toman posesión de su cargo el 17 de septiembre. Finalmente, el primer miércoles de junio, cada tres años, se elige los diputados representantes a la legislatura estatal, quienes toman posesión el 28 de agosto de ese mismo año.

El estado de Nayarit tiene más de 2,600 escuelas y una planta docente de 13,500 personas, para algo más de 250,000 alumnos de los niveles preescolar, primaria, capacitación para el trabajo, secundaria, profesional medio y bachillerato. Los centros de educación superior del estado han dado cabida a 19,000 alumnos. Las principales instituciones de este nivel son la Universidad Autónoma de Nayarit, la Normal Superior de Nayarit, el Instituto Tecnológico de Tepic, la Universidad Pedagógica Nacional y el Instituto de Estudios Tecnológicos y Superiores de Matatipac, entre otros.

La entidad cuenta con casi 200,000 viviendas, particulares todas ellas, para un promedio de 5 ocupantes por vivienda. De las viviendas particulares, más de unas 140,000 poseen todos los servicios; casi 1,000 cuentan con agua entubada y drenaje, cerca de 30,000 con agua entubada y energía eléctrica y unas 10,000 con drenaje y energía eléctrica. En la entidad hay casi 700 fuentes de abastecimiento

Las numerosas cuencas hidrológicas propician pastos y regadíos. Las principales zonas agrícolas son Tepic, Acaponeta, San Blas y Compostela.

de agua, y cuenta con una capacidad total de almacenamiento en sus presas de 6,000 millones de m³. Cuenta con 39 plantas de tratamiento de aguas residuales. Su tendido alcanza más de 23,000 tomas eléctricas (200,000 residenciales, 22,500 comerciales y casi 1,000 industriales).

El producto interno bruto (PIB) del estado es de más de 8,000 millones de pesos. Poco más de la quinta parte corresponde a la rama de la producción agropecuaria, silvícola y pesquera, algo menos de la misma proporción corresponde a los comercios, restaurantes y hoteles. La industria manufacturera produce el 18 por ciento; los servicios comunales, sociales y personales tienen el 17 por ciento; los servicios financieros, los seguros y los bienes inmuebles producen algo más del 11 por ciento.

Unas 66,000 empresas se dedican a la agricultura. Las unidades de producción rurales cubren una superficie total superior al millón de hectáreas. El estado produce, en cultivos cíclicos, maíz, frijol, sorgo, tabaco, arroz, jitomate, sandía, cacahuate, chile verde y seco, entre otros; en cultivos perennes, caña de azúcar, café, mango, plátano y aguacate, entre otros. Poco más de 48,000 empresas se dedican a la ganadería. Se crían abejas, aves de corral y ganado equino, porcino, bovino, caprino y ovino, junto a la producción de leche, huevos y otros derivados. Unas 11,000 empresas se dedican a la actividad forestal y explotan pino, encino, oyamel y otras maderas. Las coníferas aportan casi el 60 por ciento de la producción forestal y las latifoliadas el 34. La captura pesquera es de casi 14,000 toneladas, de éstas son para consumo humano directo camarón, mojarra, huachinango, sierra, lisa, tiburón, bandes, cazón, robalo, pargo, ostión, corvina y bagre.

Las serranías de espesa vegetación dan un atractivo turístico a lugares como la playa de Guayabitos (en la imagen) o la ensenada de los Cocos.

Practican la minería 17 empresas, dedicadas tanto a la extracción de minerales metálicos como no metálicos. Cerca de 2,300 empresas se ocupan en las manufacturas: más de 1,000 elaboran productos alimenticios, bebidas y tabaco; 400, productos metálicos, maquinaria y equipo en general. Casi 300 se dedican a la manufactura de productos de madera y a su industria, incluidos muebles; algo más de 200 a los textiles, prendas de vestir e industria del cuero, y algo menos de 200 a la de productos minerales no metálicos, excepto derivados de petróleo o carbón. Unas 100 se centran en la industria del papel y sus productos, imprentas y editoriales; 30 en otras industrias manufactureras y 18 en sustancias químicas, productos derivados del petróleo, de carbón, hule y plástico. En la industria de la construcción existen 127 empresas. La entidad produce una generación neta de energía de 1,400 gigawatts por hora. Cerca de 12,500 establecimientos practican el comercio, casi todos la venta al menudeo. Al turismo se dedican 260 empresas, que disponen de una capacidad de unas 8,500 habitaciones.

Cerca de 80 empresas se dedican al transporte de carga y 29 al de pasajeros. La red de carreteras federales de cuota estatal es de casi 150 km. La red ferroviaria cuenta con casi 400 km. El estado ha construido 43 aeródromos y un aeropuerto. Hay 18 radiodifusoras, 5 estaciones repetidoras de televisión y 2 locales.

Nuevo León

El estado de Nuevo León se localiza en el nordeste de la frontera norte de la República Mexicana, al norte en los 27° 49', al sur en los 23° 11' de latitud norte; al este en los 98° 26' y al oeste en los 101° 14' de longitud oeste. Colinda al norte con Coahuila, Estados Unidos y Tamaulipas; al este con Tamaulipas; al sur con Tamaulipas y San Luis Potosí; y al oeste con San Luis Potosí, Zacatecas y Coahuila. Tiene una superficie total de 65,103 km², lo que representa el 3.3 por ciento de la superficie nacional. Está dividido en 51 municipios y su capital es Monterrey.

Las elevaciones principales son el cerro El Morro, con una altitud de 3,710 m sobre el nivel del mar, cerro Potosí (3,700 m), el Picacho San Onofre o sierra Peña Nevada (3,540 m), sierra El Viejo (3,500 m), sierra El Potrero de Ábrego (3,460 m), sierra Los Toros (3,200 m), cerro Grande de la Ascensión (3,200 m) y, finalmente, el cerro de la Silla (1,800 m).

En el estado hay cuatro regiones hidrológicas. La región Bravo-Conchos comprende las cuencas del río Bravo-Matamoros-Reynosa, la del río Bravo-San Juan, la del Bravo-Sosa, la de la presa Falcón-Río Salado y la del río Bravo-Nuevo Laredo. Otra región es San Fernando-Soto La Marina, con las cuencas del río Soto La Marina y la del San Fernando. Destaca la región del Pánuco, con la cuenca del río Tamesí y, por último, la región El Salado, con las cuencas de la Sierra Madre Oriental, el río Matehuala, la presa San José-Los Pilares y otras. Ahí se encuentran, además, los ríos Sabinas, Potosí, Pesquería, El Pilón, Conchos, Santa Catarina, La Boquilla, El Álamo, Magueyes, Salinas, La Negra, Los Monfort, Encadenado y Garrapatas, entre otros.

Existen los lagos Salinillas y El Negro, y las presas El Cuchillo, José López Portillo o Cerro Prieto, La Boca, Agualeguas, Sombreretillo, El Porvenir y Loma Larga.

Los climas representados en el estado son semicálido subhúmedo con lluvias en verano, semicálido subhúmedo con lluvias escasas todo el año, templado subhúmedo con lluvias en verano, templado subhúmedo con lluvias escasas todo el año, semifrío subhúmedo con lluvias en verano, semiseco muy cálido y cálido, semiseco semicálido, semiseco templado, seco muy cálido y cálido, seco semicálido, seco templado y muy seco semicálido. La temperatura media anual se encuentra entre los 12.8 y los 23 °C; se ha llegado a registrar temperaturas extremas de 12.5 y 24.5 °C. En cuanto a la precipitación promedio anual fluctúa entre los 217 milímetros, en las zonas más secas, y los 1,062. Se han registrado precipitaciones extremas de 46.8 y 2,042 milímetros.

La superficie estatal está cubierta por matorrales en casi un 70 por ciento, con fresno, anacahuite, cenizo, huizache y lechuguilla. Hay mezquitales en un 9.46 por ciento, con mezquite, gavia, orégano, barreta y granjero. Los bosques se extienden en un 9 por ciento, con pino chino y lacio, encinos prieto y blanco, y cedro. Se dedica a la agricultura el 6.72 por ciento. Son chaparrales el 2.75 por ciento, con cedro, manzanita y charrasquillo. Hay pas-

En las formaciones montañosas del Parque Nacional Cumbres de Monterrey son frecuentes los ojos de agua y las espectaculares cascadas.

tizales en un 1.89 por ciento, con buffel y navajita de yeso. Un 2.93 por ciento de la superficie está cubierta de hojasén, chaparro amargoso y chamiso.

La fauna neoleonesa corresponde a la que es posible hallar en la gran llanura de Norteamérica: oso, conejo, liebre, ardilla, tlacuache, tejón, coyote, lobo, murciélago, serpiente de cascabel, tordo, codorniz, águila, halcón, zopilote, gavilán, venado, ciervo, pato, coralillo, alicante, paloma, guacamaya, cardenal, pájaro azul, jilguero, zopilote, tórtola, cuervo, armadillo, zorrillo, jabalí, zorra, puercoespín, puma, pato, güilota, carpa, mojarra, mapache y colibrí.

Historia

Algunos petroglifos, pinturas rupestres como las de Piedra Parada, cerro del Fraile, Tarima, Paso del Indio, la Ceja, Villa Vieja, Loma del Barbecho, Loma del Muerto, Sabinitos y Trinidad de Linares, permiten el estudio de los antiguos pobladores de la región.

Cuando arribaron los españoles al territorio nacional, los grupos étnicos que habitaban la zona eran los borrados, comepescados, pames, janambres, pasitas, cadimas, aguaceros, malincheños, guachichiles, tobosos y malnombres, entre otros. Al parecer, los primeros españoles que pisaron la región fueron Álvar Núñez Cabeza de Vaca (en la década de 1530), fray Andrés de Olmos (1552) y fray Pedro Espinoreda (1566).

En 1577 Alberto del Canto, proveniente de Saltillo, descubrió el Valle de la Extremadura, hoy Monterrey, las minas de San Gregorio (Cerralvo) y las minas de Trinidad, hoy Monclova. En 1582, Luis Carvajal y de la Cueva fundó el Nuevo Reino de León, con permiso de España para explorar y conquistar la región. Las acciones

militares trajeron consigo la evangelización, en la que destacó la labor del clérigo Pedro Infante.

Siguió la fundación de villas y poblados que, sin embargo, tuvieron que ser abandonados, dado lo inhóspito del terreno y la hostilidad de los indígenas. Para 1596 se inició el repoblamiento y se fundaron ciudades, entre otras la metropolitana de Nuestra Señora de Monterrey. En 1602 se erigió el primer convento, denominado San Francisco de San

Andrés, que formalizó la evangelización de los indígenas.

Durante la Colonia se fundaron algunos poblados con indígenas tlaxcaltecas, empleados para evangelizar y congregar a los naturales, al tiempo que se construían varios templos y conventos. La economía se basaba en la agricultura, la ganadería y la minería, esta última desarrollada con cierta bonanza sobre todo tras el descubrimiento de los yacimientos de San Pedro de Boca de Leones

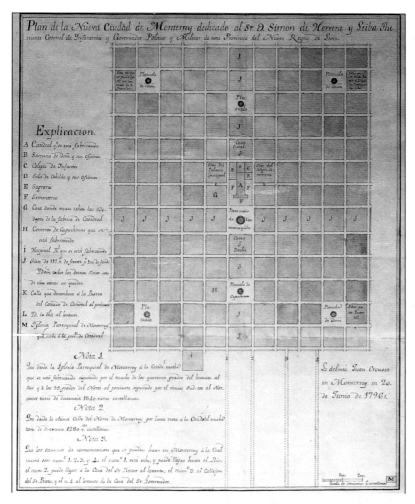

Diego de Montemayor llevó a cabo la fundación de Monterrey en 1596. El plano fue ejecutado dos siglos después por Juan Crouset.

salida de los franceses y la conclusión definitiva de la guerra de Reforma, se impulsó la industria, la ganadería, las comunicaciones (vías férreas y telégrafo), la construcción de centros de enseñanza y hospitales. Dicho impulso prosiguió y se incrementó durante la presidencia de Porfirio Díaz, en la que se fortalecieron educación, salud, comunicaciones, vivienda, servicios e industria. A finales del siglo XIX y principios del XX se constituyeron varias logias masónicas y, en 1905, se creó la Gran Logia de Nuevo León.

La Revolución de 1910 no tuvo eco en la entidad, y fue hasta el movimiento carrancista cuando los despliegues militares se hicieron presentes. En 1917, la Constitución local se reformó de acuerdo con la Constitución Federal promulgada el mismo año. En 1935 se instauró la ley Federal del Trabajo: obreros, campesinos y empleados se organizaron o sindicalizaron y se instaló la Junta de Conciliación y Arbitraje. A partir de los años cuarenta se iniciaron obras para evitar las inundaciones, mal constante en Nuevo León; se concedió la autonomía a la educación universitaria y continuaron los trabajos de fortalecimiento económico y social.

Actualidad

En el estado viven 3,826,240 habitantes, de los cuales casi dos terceras partes son menores de 30 años. El municipio de Monterrey alberga al 28.9 por ciento de la población, Guadalupe acoge al 17.4 y San Nicolás de los Garza al 12.9. El 56.3 por ciento de dicha población se considera activa y su gran mayoría está empleada. En el área urbana de Monterrey tiene empleo en la rama de los servicios el 38 por ciento de la población y en la industria de la transformación el 24.3; el comercio absorbe casi al 21 por ciento. Hay alrededor de 7,500 personas de ha-

y Santiago de las Sabinas. Pese a ello, el Nuevo Reino de León se mantuvo aislado, debido a su lejanía, los escasos yacimientos y constantes levantamientos indígenas.

La guerra de Independencia tuvo algunas consecuencias en la organización política y produjo ligeros enfrentamientos, aunque no sacudió con fuerza la entidad. Su principal aportación fue el apoyo al establecimiento de un sistema republicano por las acciones de fray Servando Teresa de Mier, diputado neoleonés al primer Congreso Constituyente.

Nuevo León fue invadido por los estadounidenses de 1846 a 1858, antes y después del tratado de Guadalupe Hidalgo, que significó la pérdida de más de la mitad del territorio nacional, por las acciones de Antonio López de Santa Anna. Quizás por ello, la entidad apoyó el plan de Ayutla, con el que terminó la dictadura de éste. Durante la guerra de Reforma, los defensores de la Constitución recibieron apoyo de los neoleoneses.

Durante la intervención francesa, Benito Juárez se dirigió a Monterrey y la nombró capital de la república durante cinco meses de 1864, hasta que tuvo que abandonarla dado el avance de los enemigos. Tras la

La Fundidora de Monterrey, inaugurada a principios del siglo XX, en una imagen de 1950. Sus chimeneas aparecen en el escudo estatal.

bla indígena, que hablan náhuatl, otomí, huasteco, zapoteco, mixteco, mazahua, maya, totonaca, purépecha, tarahumara, mixe, mazateco y yaqui, además de otras lenguas mexicanas y amerindias.

El código Electoral del Estado señala el primer miércoles de julio, cada seis años, para la elección de gobernador; el primer miércoles de julio, cada tres años, para la elección de diputados locales; y el segundo miércoles de noviembre, cada tres años, para la elección de autoridades municipales (presidente municipal, síndicos y regidores). La toma de posesión de sus respectivos cargos la realizan, el 1 de agosto el gobernador estatal, el 16 de septiembre los diputados locales y el 1 de enero las autoridades municipales.

Nuevo León tiene más de 5,000 escuelas y una planta docente de 43,000 personas para unos 875,000 alumnos de los niveles preescolar, primaria, capacitación para el trabajo, secundaria, profesional medio y bachillerato. En el nivel superior están inscritos unos 81,000 alum-

nos, en centros como la Universidad Autónoma de Nuevo León, el Instituto Tecnológico y de Estudios Superiores de Monterrey, la Universidad de Monterrey, la Universidad Regiomontana, la Universidad del Norte, el Centro de Estudios Superiores de Monterrey, el Instituto Tecnológico de Nuevo León y la Universidad de Montemorelos, entre otras instituciones.

La entidad cuenta con alrededor de 792,000 viviendas particulares y 180 colectivas, para un promedio de 4.5 ocupantes por vivienda. Casi 700,000 hogares poseen todos los servicios; unos 1,500 cuentan con agua entubada y drenaje, 50,000 con agua entubada y energía eléctrica y cerca de 9,000 con drenaje y energía eléctrica. El estado administra un total de 509 fuentes de abastecimiento de agua con un aporte que de cerca de un millón de m^3 por día. Las presas almacenan de manera útil poco más de 1,500 millones de m^3 de agua. En el estado hay 52 plantas de tratamiento de aguas residuales con una capacidad instalada de casi 12,000 litros por segundo. Existen unas 900,000 tomas eléctricas, más de 800,000 son residenciales, 80,000 comerciales, y 10,000 industriales; las líneas eléctricas alcanzan más de 20,000 km para casi 1,000 localidades. En el estado se recolectan cerca de 600,000 toneladas de basura.

El producto interno bruto (PIB) del estado es de casi 73,000 millones de pesos. El 30 por ciento lo aporta la industria manufacturera; poco más del 20 por ciento corresponde a los servicios comunales, sociales y personales; los comercios,

La industrialización regiomontana se inició hacia 1890 con la actividad cervecera, a la que siguieron la vidriera y la siderúrgica.

restaurantes y hoteles producen otro 20 por ciento y los servicios financieros, seguros y bienes inmuebles el 16 por ciento. Transportes, almacenamiento y comunicaciones producen el 9 por ciento.

Unas 55,000 empresas se dedican a la agricultura. Las unidades de producción rurales cubren una superficie total cercana a los 4.5 millones de hectáreas. El estado produce, en cultivos cíclicos, maíz, sorgo, trigo, frijol, papa, avena y otros; en cultivos perennes, prades, nogal, manzano, alfalfa, aguacate y otros cultivos. Más de 36,600 empresas se dedican a la ganadería; se cría ganado bovino, porcino, caprino y ovino y se producen huevos y leche. Unas 10,400 empresas se dedican a la actividad forestal; se explota pino, mezquite, encino y oyamel. El volumen de captura pesquera es de casi 184,000 toneladas, con especies como bagre, besugo, carpa y tilapia, entre otras.

Tradición y modernidad se dan cita en la llamada Macroplaza de Monterrey, espacio público que acoge, entre otros, el edificio del Congreso del estado.

Explotan la minería 67 empresas, que extraen un volumen global de 770,000 toneladas de minerales como barita, sílice, yeso y cinc. Cerca de 10,000 empresas se dedican a la manufactura: 3,000 a productos metálicos, maquinaria y equipo en general; 2,000 a productos alimenticios, bebidas y tabaco; 1,000 a la industria del papel y sus productos, imprentas y editoriales; otras 1,000 a la manufactura de productos de madera y a su industria, incluidos muebles; 1,000 más a los textiles, prendas de vestir e industria del cuero; 650 a sustancias químicas, productos derivados del petróleo, carbón, hule y plástico; 600 a la de productos minerales no metálicos, excepto derivados del petróleo o carbón; 216 a otras industrias manufactureras y 50 a industrias metálicas básicas. Hay cerca de 1,000 empresas dedicadas a la construcción, 600 de ellas micro, 100 pequeñas, 70 medianas, 46 grandes y 45 gigantes. Cerca de 50,000 establecimientos se dedican al comercio y unos 100 al turismo, con una capacidad superior a las 5,500 habitaciones.

En Nuevo León hay alrededor de 8,000 km de caminos: el 40 por ciento de alimentadores estatales, el 40 por ciento de caminos rurales y un 20 por ciento de troncales federales. La red ferroviaria es de más de 1,000 km. El estado posee 45 aeródromos y 3 aeropuertos. Hay 63 radiodifusoras, 10 estaciones repetidoras de televisión y 21 locales.

El Museo de Arte Contemporáneo de Monterrey fue terminado en 1991 y es obra del arquitecto Ricardo Legorreta. Su atrio central tiene forma porticada.

Oaxaca

El estado de Oaxaca está localizado en la porción meridional de la República Mexicana, al norte en las coordenadas 18° 39', al sur en los 15° 39' latitud norte; al este en los 93° 52' y al oeste en los 98° 32' de longitud oeste. Colinda al norte con Puebla y Veracruz, al este con Chiapas, al sur con el océano Pacífico y al oeste con Guerrero. Tiene una superficie total de 95,364 km², lo que representa el 4.85 por ciento del territorio nacional. Es el estado que tiene más

municipios, cuenta con 570. Su capital es la ciudad de Oaxaca.

La orografía la forman elevaciones como los cerros Nube —Qui Yelaag—, con una altitud de 3,720 m sobre el nivel del mar, del Águila (3,380 m), Zempoaltépetl (3,280 m), Volcán Prieto (3,250 m), Humo Grande (3,250 m), Negro (3,200 m), Peña San Felipe (3,100 m), Verde (2,880 m) y sierra el Cerro Azul (2,300 m).

Surcan el estado ocho regiones hidrológicas. La del Balsas está formada por las cuencas hidrológicas

de los ríos Atoyac y Tlapaneco. La región de Costa Chica-Río Verde la componen las cuencas del mismo Atoyac, de La Arena y otros, y del Ometepec; la región Costa de Oaxaca, la cuenca del río Astata y otros, la del Copalita y otros, y la cuenca del Colotepec y otros. La región de Tehuantepec está articulada por las cuencas de los lagos Superior e Inferior y la del río Tehuantepec. La región Costa de Chiapas está formada por la cuenca del Mar Muerto; la región de Papaloapan, por la cuenca del río Papaloapan; la

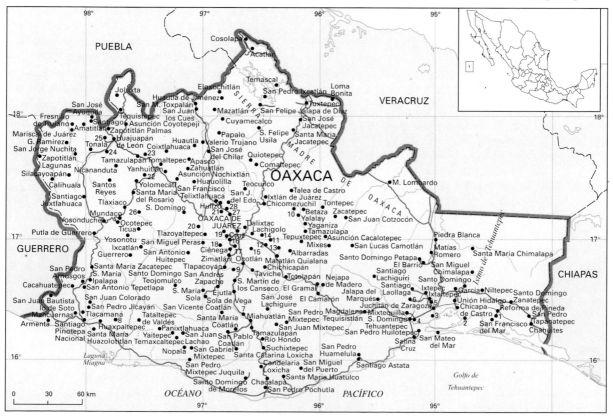

Entre la Sierra Madre del Sur y la Sierra Madre de Oaxaca, un fértil valle regado por el río Atoyac acoge a la capital, Oaxaca de Juárez, a 1550 m de altitud.

región Coatzacoalcos, por la cuenca del Coatzacoalcos; y, por último, la región Grijalva-Usumacinta está formada por las cuencas del río Grijalva-Tuxtla Gutiérrez.

Otros ríos que recorren el estado son Puxmetacán-Trinidad, Cajonos, Santo Domingo, El Corte, Mixteco, Valle Nacional-Papaloapan, Aguatenango-Jaltepec, Cuana-Grande, Tequisistlán, San Antonio, Tonto, Los Perros, Putla, Sarabia, Espíritu Santo, Petapa, Ostuta, Calapa, Petlapa, Minas, Tenango, Huamelula y Ayutla. Algunos de éstos, entre otros, alimentan a las presas Presidente Alemán, Miguel de la Madrid Hurtado, Benito Juárez y Yosocuta, además de dar agua a los lagos Pastoría, Chacahua, Corralero y Miniyua.

En el estado se presentan los climas cálido húmedo con lluvias todo el año, cálido húmedo con lluvias abundantes en verano, cálido subhúmedo con lluvias en verano, semicálido húmedo con lluvias todo el año, semicálido húmedo con lluvias abundantes en verano, semicálido subhúmedo con lluvias en verano, templado húmedo con lluvias abundantes en verano, templado subhúmedo con lluvias en verano, semifrío subhúmedo con lluvias en verano, semiseco muy cálido y cálido, semiseco semicálido, semiseco templado, y seco muy cálido y cálido. La temperatura media anual fluctúa entre los 13.5 y los 29 °C, llegándose a registrar temperaturas extremas de 6 y 29.7 °C. La precipitación promedio se halla entre los 543 milímetros, en las zonas más secas, y los 3,843. Se han registrado precipitaciones extremas de 414 milímetros, en el año más seco, y de 4,567.1 milímetros, en el más lluvioso.

Un 38.92 por ciento de la superficie estatal está cubierto de bosques, con ocote, encino, roble, pino escobetón y mangle rojo; el 37.6 por ciento son selvas, donde abundan copal, cuajilote, pachote, mosmot, cuachalala, papelillo amarillo, canshán y sombrerete; las tierras cultivadas ocupan un 14.37 por ciento. Los pastizales de estrella africana, navajita, navajita morada y jaragua se extienden sobre el 8.27 por ciento.

Las especies animales que es posible encontrar en el estado son acocil, águila real, aguililla, alicante, ardilla, armadillo, aura, cacomixtle, caimán, calandria, calcoyote, camaleón, canario, canario dominico, cardenal, cencuate, cenzontle, cocodrilo, codorniz, conejo, coralillo, corvejón, coyote, cuervo, cuinique, cuyo, chachalaca, escorpión, gallinita de monte, ganagás, garza, gato montés, gavilán, gavilancillo, gaviota rosa, golondrina, gorrión, guacamaya, guajolote salvaje, güilota, halcón, huitlacoche, hurón, iguana, jabalí, jaguar, jicote, jilguero, lagartija, lagarto, lechuza, lechuza de campanario, loro, llorona, maicero, mapache, mono araña, murciélago, onza, pájaro bobo, pájaro carpintero de cactus, paloma, paloma morada, pato mexicano, pato pinto, pato salvaje, pecarí, perdiz, piruelo, primavera, puercoespín, puma, quebrantahuesos, rana, rata de campo, salta pared, sapo, sapo arbóreo, serpiente hocico de puerco, serpiente oracionera, tecolote, tejón, temazate, tepezcuintle, teporingo, tetello, tezmo, ticuiz, tigrillo, tizincoyote, tlacuache, topo, torcaza, tórtola, tortuga, tusa, urraca, venado, venado chico, venado de cola blanca, venado temazate, víbora de cascabel, víbora verde, zopilote, zorra, zorrillo y zorro.

Historia

Durante el período preclásico, que va del 600 a.C. al 200 d.C., la cultura zapoteca se fue estableciendo en el territorio oaxaqueño, construyó grandes centros ceremoniales y desarrolló la cerámica y la orfebrería. De esta época datan algunos emplazamientos de los sitios de Monte Albán y Yagul. En sus postrimerías es perceptible una gran influencia teotihuacana.

En el período clásico, que va del 200 al 1000 d.C., la cultura zapoteca vivió el auge que se refleja en

Monte Albán, Dainzú, Lambityeco y Yagul. Se incrementó, entonces, el desarrollo de la arquitectura, aparecieron el juego de pelota y las complejas prácticas funerarias. Cerca del final de este período tuvo lugar la decadencia de Monte Albán, lo que propició la formación de señoríos como Mitla, Lambityeco, Cuilapan, Yagul, Dainzú y Zaachila.

A lo largo del período posclásico —1000 a 1521—, los mixtecos dominaron el valle de Oaxaca desde centros como Achiutla y Tilantongo. La expansión de este último fue tal que llegó a tener doce señoríos bajo su poder. La característica principal de la arquitectura de este movimiento cultural es la preeminencia de las construcciones civiles sobre las religiosas, así como la decoración utilizada. Se dio gran impulso a la cerámica y, sobre todo, a la orfebrería. Los mexicas iniciaron, a partir de 1434, la conquista del territorio mixteco, aunque ésta se realizó tras múltiples batallas y en diversas etapas.

Los primeros españoles que recorrieron la región, en busca de oro, se encontraban al mando de Hernando Pizarro. Tras la derrota de los españoles, en su primer intento por conquistar Tenochtitlan, las fuerzas asentadas en Oaxaca atacaron a la población, lo cual propició el levantamiento de los indígenas. Después de la conquista de Tenochtitlan, comenzó la pacificación y sometimiento de Oaxaca. España autorizó el reparto de tierras y comenzaron a surgir pueblos hispanos.

Se fundó la Villa de Antequera, donde se encontraba el gran centro mixteco de Huaxyacac, en la actualidad Oaxaca, ciudad capital. La evangelización dio comienzo hacia 1528, con la llegada de los dominicos. En 1537 concluyeron las obras de la primera catedral dedicada a San Juan de Dios. Juan López de Zárate, defensor de los indígenas,

Las estructuras de Monte Albán se utilizaron inicialmente como centros ceremoniales y de estudio; sólo en una etapa posterior como fortaleza y panteón.

fue nombrado obispo de la diócesis de la Villa de Antequera, misma que había obtenido el rango de ciudad en 1532. Luego se erigieron encomiendas y conventos que colaboraron con la conquista hispana. En 1600 llegaron los jesuitas. Después de que los terremotos de 1604 y 1660 destruyeron Antequera, la villa se convirtió en centro de dominio y desarrollo, que ostentó el control militar, comercial, político y religioso de la región.

La guerra de Independencia cobró fuerza en la zona y José María Morelos tomó la ciudad de Oaxaca, en 1812, donde estableció un centro de propaganda política, fundó el periódico *El Correo Americano del Sur* y nombró un ayuntamiento. En 1821, en Teozoapan se declaró la Independencia y en 1823 los insurgentes entraron a la ciudad de Oaxaca para declararla «libre y soberana». En 1825 se juró la constitución local; de acuerdo con ella se aprobó la ley de la Instrucción Pública y, en 1827, se inauguró el Instituto de Ciencias y Artes. En 1831, en Cuilapan, fue fusilado Vicente Guerrero.

En 1834, el Instituto de Ciencias y Artes otorgó su primer título de abogado a Pablo Benito Juárez García, quien fue gobernador del estado de 1847 a 1852. Juárez convocó a elecciones para diputados en el Congreso local, restituyó la carrera de leyes en el Instituto de Ciencias y Artes, estableció el Consejo Social de Salubridad, fundó la Escuela Normal de Tlacolula y prohibió las mayordomías. Al asumir responsabilidades federales, dictó la ley Juárez, que se aplicó en Oaxaca despojando al clero de todos sus bienes.

La entidad sufrió la invasión francesa, en 1863, y se libró de ella en 1866, por la acción del general oaxaqueño Porfirio Díaz. Al restaurarse la república, Díaz impugnó, sin éxito, la reelección de Juárez. A la muerte de éste, Díaz se pronunció contra el presidente Sebastián Lerdo de Tejada. El movimiento tuvo éxito y Díaz se mantuvo en el poder desde 1876 hasta 1911, exceptuando el cuatrienio de Manuel González.

El impacto de la Revolución en la entidad fue inmediato. Comenzó en 1910 con movilizaciones ar-

El templo de Santo Domingo data de finales del siglo XVI; la nave y el techo presentan una trabajada ornamentación en yeso dorado.

madas que apoyaron a Francisco I. Madero y luego a Victoriano Huerta. Los oaxaqueños se manifestaron contra Venustiano Carranza para defender, después, a Álvaro Obregón. Hacia 1925 la entidad se había pacificado y dieron comienzo obras para el resurgimiento económico y social que se prolongaron durante varios años. Éstas abarcaron la construcción de nuevos caminos, la aplicación de las reformas sociales emanadas de la Revolución y el reparto agrario entre los campesinos. Además se establecieron las misiones culturales vasconcelistas, se crearon escuelas rurales e industriales y la instrucción primaria tomó carácter federal.

Actualidad

El estado conjunta a 3,432,180 habitantes. Los valles centrales albergan a un 25 por ciento de la población del estado, el Istmo al 16.5 por ciento, la costa casi al 14 por ciento, la Mixteca al 13 por ciento, Papaloapan al 13 por ciento, la sierra Sur al 9 por ciento, la Cañada casi al 6

por ciento y la sierra Norte al 5 por ciento. Poco menos de la mitad de la población del estado es considerada activa y en su mayoría está ocupada. En el área urbana de Oaxaca, los servicios emplean al 40 por ciento de la población ocupada, el comercio al 20 por ciento, el gobierno casi al 13 por ciento y la industria de la transformación a poco más del 11 por ciento. Más de un millón de personas hablan lenguas indígenas; entre ellas, amuzgo, chatino, chinanteco, chocho, chontal, cuicateco, huave, ixcateco, mazateco, mixe, mixteco, triqui, zapoteco, zoque y otras de la República y amerindias.

El calendario electoral señala el 1 de marzo como fecha de elección para todos los representantes gubernamentales; la toma de posesión del gobernador es el 5 de abril, cada seis años, la de los diputados el 24 del mismo mes, cada tres años, y la de presidentes municipales, síndicos y regidores el 10 de abril.

Oaxaca tiene casi 10,000 escuelas y una planta docente de 40,000 personas para un millón de alumnos

de los niveles preescolar, primaria, capacitación para el trabajo, secundaria, profesional medio y bachillerato. Los centros de educación superior del estado dan cabida a más de 38,000 alumnos, con instituciones educativas tales como la Universidad Autónoma Benito Juárez de Oaxaca, el Instituto Tecnológico de Oaxaca, el Instituto Tecnológico del Istmo, la Universidad Pedagógica Nacional, el Instituto Tecnológico de Tuxtepec y la Escuela Normal Superior Federal de Oaxaca, entre otras.

La entidad cuenta con alrededor de 650,000 viviendas, particulares todas, para un promedio de 5 ocupantes por vivienda; unas 250,000 disfrutan de todos los servicios, más de 4,000 tienen agua entubada y drenaje, 165,000 agua entubada y energía eléctrica, y 30,000 drenaje y energía eléctrica. Existen más de 1,700 fuentes de abastecimiento de agua. La capacidad total de almacenamiento en sus presas es de más de 12,500 millones de m^3. Oaxaca tiene en su haber 17 plantas de tratamiento de aguas residuales. Hay

Oaxaca es uno de los estados con más variedad alfarera. Los principales centros son Santa María Atzampa, San Bartolo Coyotepec y la ciudad de Oaxaca.

cerca de 700,000 tomas eléctricas, casi todas residenciales, 65,000 comerciales, y 700 industriales.

El producto interno bruto (PIB) se aproxima a los 20,000 millones de pesos; un 20 por ciento corresponde a los servicios comunales, sociales y personales; los comercios, restaurantes y hoteles producen otro 20 por ciento y la industria agropecuaria, silvícola y pesquera aporta casi otro tanto. Los servicios financieros, seguros y bienes inmuebles integran un 17 por ciento; la industria manufacturera aporta casi el 12 por ciento, y la de los transportes, almacenamiento y comunicaciones el 7.5 por ciento. La construcción contribuye con más del 5 por ciento.

Unas 368,400 empresas se dedican a la agricultura. Las unidades de producción rurales cubren una superficie total superior a los 3 millones de hectáreas. El estado produce, en cultivos cíclicos, maíz, frijol, trigo, sorgo, cacahuate, ajonjolí, arroz, melón, garbanzo, chile verde, sandía, jitomate y jamaica, entre otros; en cultivos perennes, café oro, pastos, caña de azúcar, limón, mango, coco, copra, maguey mezcalero, alfalfa, hule, plátano, naranja, piña, manzana, higuerilla y papaya, entre otros. Más de 296,000 empresas se dedican a la ganadería y crían aves de corral, ganado equino, porcino, bovino, caprino, ovino, conejos y abejas. Además se produce leche, pieles, miel, huevos y lana.

Casi 156,000 empresas se dedican a la actividad forestal y explotan pino, encino, hojosas y oyamel, entre otras (las coníferas representan casi el 97 por ciento de la producción forestal), corrientes tropicales (1.9 %) y latifoliadas (1.6 %). Las capturas pesqueras superan las 7,500 toneladas de camarón, roncador, mojarra, tilapia, huachinango, cocinero, jaiba, pargo, atún, jurel, lisa, trucha, chapeta, corvina, robalo,

Del maguey se obtienen fibras para cordeles, sogas y cepillos; asimismo, la fermentación y destilación de su savia dan origen al pulque y al mezcal.

cazón, lenguado, sierra, pulpo, ostión, bagre, barrilete, tiburón, lobina y langosta, entre otras especies.

Practican la minería 60 empresas, dedicadas tanto a la extracción de minerales metálicos —8 de ellas— como a la explotación de minerales no metálicos. Estas empresas (93.5 %) producen cemento, pero también cal hidratada, concentrados de oro y plata, óxido de titanio, oro, plata, hierro y cinc, entre otros minerales.

Más de 11,500 empresas se dedican a la manufactura: unas 5,500 a productos alimenticios, bebidas y tabaco; 2,300 a los textiles, prendas de vestir e industria del cuero; 1,600 a productos de madera y su industria, incluidos muebles; más de 1,000 a productos metálicos, maquinaria y equipo en general; 870 a productos minerales no metálicos, excepto derivados de petróleo o carbón y 164 a la industria del papel y sus productos, imprentas y editoriales. Casi 125 se centran en sustancias químicas, productos derivados del petróleo, carbón, hule y

plástico. Hay otras 100 industrias manufactureras diversas. En el ámbito de la construcción se cuentan unas 300 empresas, entre ellas 4 grandes y 2 gigantes. En el ramo de la electricidad, el estado cuenta con una generación neta de energía de casi 1,000 gigawatts por hora. Hay cerca de 40,000 establecimientos comerciales, sobre todo de venta al menudeo. En el turismo se emplean unas 500 empresas, que cuentan con la capacidad de 6,000 habitaciones.

Alrededor de 450 empresas se dedican al transporte de carga y 220 al de pasajeros. La red carretera federal de cuota estatal se extiende por cerca de 15,500 km, el 50 por ciento revestidas, un 26 por ciento pavimentadas y el 23.5 por ciento de terracería. La red ferroviaria rebasa los 760 km. El estado cuenta con más de 2,500 m lineales de instalaciones portuarias de atraque, más otros 4,000 de protección. Oaxaca tiene 106 aeródromos y 6 aeropuertos. También cuenta con 39 radiodifusoras y 25 estaciones de televisión.

Puebla

El estado de Puebla se encuentra en la porción sudeste de la altiplanicie mexicana y se localiza al norte en los 20° 50', al sur en los 17° 52' de latitud norte; al este en los 96° 43' y al oeste en los 99° 04' de longitud oeste. Colinda al norte con Hidalgo y Veracruz, al este con Veracruz y Oaxaca, al sur con Oaxaca y Guerrero y al oeste con Guerrero, Morelos, México, Tlaxcala e Hidalgo. Tiene una superficie total de 33,919 km², con lo que representa el 1.72 por ciento de la superficie nacional; reúne a 217 municipios y su capital es la ciudad de Puebla.

Las elevaciones principales son: el volcán Citlaltépetl o Pico de Orizaba, con una altitud de 5,610 m sobre el nivel del mar, el volcán Popocatépetl (5,500 m), el volcán Iztaccíhuatl (5,220 m), cerro La Negra (4,580 m), el volcán Matlalcuéyetl o La Malinche (4,420 m), cerro El Rosario (3,440 m), cerro Derrumbadas (3,400 m), cerro Zizintépetl (3,260 m), cerro Hilillo (3,140 m), cerro Pizarro (3,100 m), cerro Tlachaloya (3,070 m), cerro El Muerto (2,760 m), cerro Chignautla (2,560 m), cerro San Lorenzo (2,120 m) y cerro Tecorral (2,060 m).

Puebla cuenta con cuatro regiones hidrológicas. La región del Balsas está constituida por las cuencas de los ríos Atoyac, Tlapaneco, y Grande de Amacuzac; la región Pánuco está formada por la cuenca del río Moctezuma; la región Tuxpan-Nautla está constituida por las cuencas de los ríos Nautla y otros, la del Tecolutla, la del Cazones y la del Tuxpan. Se agrega a ellas la región Papaloapan, formada por las cuencas de los ríos Papaloapan, Jamapa y algunos más. Lo recorren también los ríos Nexapa, Pantepec, San Marcos, Necaxa y Ajajalpa, entre otros. Completan sus aguas continentales los lagos El Salado y Totolcingo, las lagunas Grande, Chica y Ajolotla y las presas Manuel Ávila Camacho, Necaxa, Tenango y Nexapa, entre otras.

Los climas presentes en la entidad son el cálido húmedo con lluvias todo el año, cálido húmedo con lluvias abundantes en verano, cálido subhúmedo con lluvias en verano, semicálido húmedo con lluvias todo el año, semicálido subhúmedo con lluvias en verano, templado hú-

El río Atoyac pasa por Puebla y forma el cañón Balcón del Diablo; allí se construyó la presa Manuel Ávila Camacho, conocida como laguna de Valsequillo.

medo con lluvias todo el año, templado húmedo con lluvias abundantes en verano, templado subhúmedo con lluvias en verano, semifrío subhúmedo con lluvias en verano, semiseco muy cálido y cálido, semiseco semicálido, semiseco templado, seco muy cálido y cálido, seco semicálido y frío. La temperatura media anual se sitúa entre los 15.2 y los 24.3 °C, si bien se llega a registrar temperaturas de 13.7 y 26.3 °C. La precipitación promedio fluctúa entre los 476 milímetros, que se dan en las zonas más secas, y los 2,020.9, en las más húmedas. Se registran las precipitaciones extremas de 241 y 2,818.1 milímetros.

Las tierras cultivadas ocupan un 38.56 por ciento de la superficie estatal. Hay selva en un 26.46 por ciento, en la que crecen árboles palo mulato, chote, capulín, guacima y jonote. Un 17.82 por ciento de la superficie está cubierto de bosque, en el cual abundan ocote, pino colorado, encino, oyamel y ocozote. Hay pastizales en un 10.20 por ciento, con paral, kikuyu, estrella mejorada, pangola y grama. Un 6.27 por ciento son matorrales, entre los que cabe citar gobernadora, hojasén, nopal tapón, lechuguilla y huizache chino.

Algunas especies animales que tienen por hábitat al estado de Puebla son: conejo, pato, coyote, ardilla, venado, gato montés, tlacuache, armadillo, águila, halcón, gavilán, víbora de cascabel, topo, rata, cóndor, liebre, tusa, zorrillo, lobo, jabalí, coralillo, pájaro carpintero, cardenal, primavera, camaleón, cenzontle, xintete, quebrantahuesos, coquitos, chillón, gorrión, dominico y cacomixtle.

Historia

En la zona se han encontrado rastros de presencia humana que podrían datar del año 10000 a.C. La agricultura se inició alrededor del

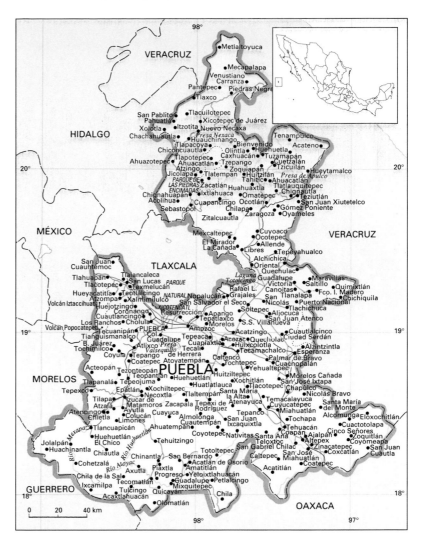

3500 a.C., y entre el 900 y el 250 a.C. aparecieron los primeros sistemas de irrigación.

Durante la época prehispánica se asentaron en el territorio grupos olmecas-xicalancas, quienes asimilaron la cultura tolteca de Cholula. Hubo además algunos señoríos mixtecos y mazatecos, totonacos y otomíes que desarrollaron la cultura del Tajín.

Alrededor del siglo XIV los nonoalcas se apoderaron casi de todo el territorio. Para el siglo siguiente, la gran alianza de guerra de los mexicas controló toda la región, que se convirtió en tributaria de Tenochtitlan y Texcoco hasta la llegada de los españoles.

Antes de conquistar Tenochtitlan, los españoles se unieron a los tlaxcaltecas —con cuya colaboración llevaron a cabo la matanza de Cholula—, así como a otros grupos, de los que obtuvieron apoyo para derrotar a la gran ciudad. A partir de 1524, los franciscanos llegaron a tierras poblanas para iniciar su labor de evangelización y difusión de la lengua española. Fundaron el convento de Huejotzingo y, entre 1540 y 1560, los de Quecholac, Tecamachalco, Tecali, Cuautinchán, Calpan, Cholula, Zacatlán, Huaquechula, Tehuacán, Tepeaca, Coatepec y Xalpa, entre otros. Luego llegaron los agustinos, quienes edificaron los conventos de Chietla, Chiautla, Huatla-

Mientras combatían republicanos e imperialistas, un ejército francés marchó sobre Puebla el 5 de mayo de 1862, siendo rechazado por el Ejército de Oriente.

tlauca, Chilapa, Tlapa, Xicotepec, Papaloticpac, Llamatlán y Tututepec. Los dominicos construyeron los conventos de Tepapayeca, Izúcar, Huehuetlán, Huajuapan, Tezoatlán y Tepexi. La mayoría de estos templos pertenecían al obispado de Tlaxcala hasta que el obispo se mudó a Puebla y su jurisdicción se amplió a los actuales estados de Puebla, Tlaxcala, Veracruz y Guerrero.

La instrucción religiosa y educativa fue una de las actividades predominantes durante la Colonia. Por otro lado, las fértiles tierras propiciaron la ganadería y la agricultura de especies naturales y europeas, así como la explotación de la grana o cochinilla del nopal, que produjo grandes ganancias a la Corona. En menor medida se promovió la explotación de la seda y su manufactura en telares.

En el año de 1811 surgieron movilizaciones que apoyaban la causa insurgente; a partir de ese mo-

mento, la entidad vivió diversas y cruentas batallas que, finalmente, propiciaron el establecimiento de la Independencia nacional. En 1821, la entidad tuvo su primer gobernador y en 1824 se instaló el Congreso Constituyente del Estado Libre y Soberano de Puebla.

Consumada la Independencia, el estado se propuso estabilizar su economía fortaleciendo la industria textil; sin embargo, diversos conflictos interrumpieron la labor. En 1845, Antonio López de Santa Anna sitió la ciudad de Puebla; en 1847, los estadounidenses invadieron el estado y fueron desalojados en 1848, tras la firma de los tratados de Guadalupe Hidalgo. En 1855 los poblanos se proclamaron contra Ignacio Comonfort, por lo que éste formó un ejército para reprimirlos. En 1859 se aplicaron en el estado las leyes de Reforma, lo que incrementó la crisis por la desestabilización de los numerosos centros religiosos. En 1862, los franceses invadieron la zona en la que se libraban batallas entre conservadores y liberales. El episodio más célebre de esa etapa fue la batalla del 5 de mayo en la que fueron derrotados los franceses. Cuando Maximiliano de Habsburgo ocupó el trono de México, en Puebla hubo reacciones contradictorias.

En la década de 1870 se construyeron vías férreas y se fundaron centros de enseñanza. A principios del siglo XX se construyó la hidroeléctrica Necaxa y se estableció la compañía Electric Bond and Share.

Con las cumbres nevadas del Popocatépetl al fondo, Cholula posee un gran símbolo de la historia patria: una iglesia en la cúspide de una pirámide.

En las industrias textiles de la entidad, los trabajadores llevaron a cabo huelgas. Demandaban jornada laboral de ocho horas, extinción de las tiendas de raya, cursos de capacitación y reconocimiento de los sindicatos. Sus peticiones fueron sofocadas, lo que creó un clima propicio para la insurgencia revolucionaria. En 1909, Aquiles Serdán presidió la primera reunión del Club Antirreeleccionista, lo que a la postre les costó la vida a él y a su hermano. En 1912, los zapatistas tomaron varias poblaciones de Puebla y firmaron en Ixcamilpa el primer reparto agrario. En el curso de los años siguientes, diversas facciones se disputaron el dominio de la región hasta el triunfo de Álvaro Obregón. En 1920, Venustiano Carranza fue apresado y fusilado en Tlaxcalantongo, localidad del estado.

Entre 1921 y 1929, la entidad vivió una marcada inestabilidad política, con diversas sucesiones en la gubernatura. Después de ese período se inició un proceso de restablecimiento sociopolítico y económico en el que destacó la Universidad de Puebla. En la actualidad Puebla es un centro urbano-industrial de acelerado crecimiento.

Frente a la Plaza Principal de Puebla se alza la Catedral, de estilo herreriano, y el neoclásico Palacio Municipal, donde se guarda el acta fundacional de Puebla.

Actualidad

El estado acoge a 5,070,346 habitantes; casi dos tercios de la población es menor de 30 años. El municipio de Puebla alberga al 26.5 por ciento de la población estatal. De ella, el 56.3 por ciento es considerada activa y empleada en un 97.7 por ciento. En el área urbana de Puebla se ocupa en la rama de los servicios el 37.8 por ciento, y el comercio absorbe casi al 22 por ciento. Hay más de 528,000 personas de lengua indígena, que hablan náhuatl, totonaca, popoloc, mazateco, otomí, mil mixteco, zapoteco y mixteco de la mixteca baja, por mencionar a los más numerosos.

El calendario electoral del estado es el siguiente: el último domingo de noviembre, cada seis años, se elige gobernador, quien toma posesión de su cargo el 1 de enero siguiente. El mismo día se eligen diputados locales y miembros de los ayuntamientos, que toman posesión de sus cargos, cada tres años, el 15 de enero y 15 de febrero, respectivamente. El congreso local lo forman 22 diputados.

Puebla tiene casi 10,000 escuelas y una planta docente de 55,000 personas para casi 1.5 millones de alumnos de los niveles preescolar, primaria, capacitación para el trabajo, secundaria, profesional medio y bachillerato. En el nivel superior están inscritos unos 90,000 alumnos, en centros, entre otros, como la Universidad Autónoma de Puebla, la Escuela Normal, el Instituto Tecnológico, la Universidad de Las Américas, la Universidad Popular Autónoma del Estado de Puebla, la Universidad Pedagógica Nacional, la Universidad Iberoamericana, la Universidad Cuauhtémoc y la Universidad Realística de México.

La entidad tiene casi un millón de viviendas particulares para un promedio de 5 ocupantes por vivienda; unas 500,000 cuentan con todos los servicios; 3,500 con agua entubada y drenaje, 200,000 con agua entubada y energía eléctrica y casi 40,000 con drenaje y energía eléctrica. Tiene unas 1,750 fuentes de abastecimiento de agua y 9 plantas de tratamiento de aguas residuales. Las presas almacenan de manera útil poco más de 366 millones de m^3 de agua.

El producto interno bruto (PIB) es de alrededor de 36,500 millones de pesos; la industria manufacturera aporta un 20 por ciento; los comercios, restaurantes y hoteles producen otro tanto y otro más igual corresponde a los servicios comunales, sociales y personales. Los servicios financieros, seguros y bienes inmuebles aportan el 16 por ciento. La industria agropecuaria, silvícola y pesquera aporta el 9 por ciento y la de los transportes, almacenamiento y comunicaciones el 8.5 por ciento.

Unas 470,000 empresas se dedican a la agricultura. Las unidades de producción rurales cubren una superficie total superior a los 2 millones de hectáreas. El estado produce, en cultivos cíclicos, maíz, frijol, cacahuate, trigo, cebada, elote, haba, sorgo, papa, tomate, avena, chile, jitomate, cebolla, zempoalxochitl, calabacita, lechuga, col, arvejón, gladiola, ejote, chile seco, ajonjolí, zanahoria, cilantro, y otros; en cultivos perennes, café, alfalfa, naranja, manzana, ciruela, aguacate, pes, nopal, durazno, pastos, limón, plátano, tangerina, macadamia, tejocote, papaya, blueberry y toronja. Cerca de 268,000 empresas se dedican a la ganadería. Hay crianza de aves de corral, ganado equino, porcino, bovino, ovino y caprino, conejos y abejas. Se agrega a ello la producción de leche y huevos. Unas 93,000 empre-

sas se dedican a la actividad forestal con la explotación de pino, oyamel, encino, maderas preciosas y otras. El volumen de captura pesquera es cercano a 5,500 toneladas, con carpa, trucha arcoiris, bagre, mojarra, tilapia, pescado blanco, lobina negra, langostino, charal, rana toro, gusano de fango y gupy.

Practican la minería 848 empresas, que explotan cantera, arena, grava y arcilla, extraen petróleo crudo y gas natural, y se benefician de otros minerales no metálicos. Algo más de 24,000 se dedican a la manufactura. El 31 por ciento realiza la producción de bebidas, alimentos y tabaco; casi 6,000 trabajan los minerales no metálicos —excepto derivados del petróleo y del carbón—; cerca de 4,000 elaboran textiles, prendas de vestir y de cuero; 3,500 se dedican a la industria de la madera y sus productos, incluidos muebles; 2,600 producen objetos metálicos, maquinaria y equipo en general; 540 producen papel y sus derivados relacionados también con imprentas y editoriales. Otras 350 realizan distintas clases de manufactura; casi 300 producen sustancias químicas, productos derivados del petróleo, carbón, hule y plástico, y 12 son industrias de metálica básica. Hay más de 400 empresas constructoras pequeñas, medianas y grandes, y unas 8 gigantes. Cerca de un total de 64,000 establecimientos se dedican al comercio y 270 al turismo, con una capacidad superior a las 9,000 habitaciones.

En Puebla hay alrededor de 8,500 km de caminos: el 45 por ciento rurales, el 40 por ciento de alimentadores estatales y un 15 por ciento de troncales federales. La red ferroviaria es de casi 780 km. El estado posee 3 aeródromos y 2 aeropuertos. Hay 35 radiodifusoras, 9 estaciones repetidoras de televisión y 2 locales.

La Capilla del Rosario en la iglesia de San Domingo, Puebla. Esta exquisita obra del barroco fue llamada la octava maravilla.

Querétaro

El estado de Querétaro se localiza en la mesa central de la República Mexicana, al norte en las coordenadas 21° 40', al sur en los 20° 01', latitud norte; al este en los 99° 03' y al oeste en los 100° 36' de longitud oeste. Colinda al norte con Guanajuato y San Luis Potosí, al este con San Luis Potosí e Hidalgo, al sur con Hidalgo, México y Michoacán y al oeste con Guanajuato. La entidad tiene una superficie total de 11,269.7 km², contiene a 18 municipios y su capital es la ciudad de Querétaro.

Forman la orografía elevaciones como los cerros El Zamorano, con una altitud de 3,360 m sobre el nivel del mar, El Espolón (3,240 m), La Pingüica (3,160 m), De la Vega (3,120 m), La Laja (3,120 m), La Calentura (3,060 m), Redondo (2,840 m), Bravo (2,820 m), Grande (2,820 m), El Gallo (2,760 m), El Tejocote (2,720 m), la Peña Azul (2,700 m), Gordo (2,520 m), El Frontón (2,500 m) y Joya Las Papas (2,160 m).

Hay dos regiones hidrológicas. Una es la llamada Lerma-Santiago, conformada por las cuencas de los ríos Lerma-Toluca y por la del río Laja. La otra es la región Pánuco, constituida por las cuencas de los ríos Tamuín y Moctezuma. Tiene también los ríos Santa María-Tampón, San Juan, Extóraz, Ayutla, El Pueblito, Jalpan, Colón, Victoria, Las Zúñigas, Yerbabuena, Los Amoles y el Macho. De estos ríos, algu-

nos alimentan las presas estatales Constitución de 1917, San Ildefonso, Centenario, Santa Catarina, La Llave, Jalpan, La Soledad, El Capulín de Amealco, El Carmen y San Pedro Huimilpan.

Los climas representados en la entidad son el cálido subhúmedo con lluvias en verano, semicálido húmedo con lluvias abundantes en verano, semicálido subhúmedo con lluvias en verano, templado húme-

do con lluvias abundantes en verano, templado subhúmedo con lluvias en verano, semiseco muy cálido y cálido, semiseco semicálido, semiseco templado y seco semicálido. La temperatura media anual se encuentra entre los 15 y los 24 °C, aunque se ha llegado a registrar algunas temperaturas de 13 y 25 °C. La precipitación promedio fluctúa entre 396 y 867 milímetros, aunque también se ha llegado a regis-

Entre los dos sistemas montañosos que atraviesan el estado, sierra Queretana y sierra Gorda, hay valles como Querétaro, Tequisquiapan y Chichimequillas.

trar precipitaciones extremas de 169 y 1,511 milímetros.

El 40.62 por ciento del territorio estatal son matorrales de garambullo, mezquite, nopal, chaparro prieto e izote. El 28.4 se dedica a la agricultura. Es bosque un 24.22 por ciento, con pino, pino chino, piñonero, encino prieto y táscate; el 3.95 por ciento es selva de ojite, chaca y tepehuaje; y por último, un 2.07 por ciento son pastizales de zacate colorado, navajita velluda y navajita.

Entre la fauna estatal se pueden encontrar especies como conejo, liebre, comadreja, pato, coyote, ardilla, gato montés, tlacuache, armadillo, águila colorada, halcón, víbora de cascabel, topo, rata, tusa, zorrillo, coralillo, pájaro carpintero, cardenal, primavera, pato cuaresmeño, tejón, tórtola, güilota, gallina de monte, torcaza, puma, venado cola blanca, jabalí, mapache, zorra, tlacoyote y comadreja.

Historia

Al parecer, los primeros pobladores, quizás antes del siglo X a.C., fueron los indios otomíes, quienes también habitaban regiones circunvecinas. Grupos de purépechas se afincaron en la zona de La Cañada, en la cual crearon un imperio que no pudo ser dominado por los mexicas.

En 1531, Fernando de Tapia estableció de manera pacífica una congregación de españoles e indígenas en la actual ciudad de Querétaro, la cual en 1656 adquirió el rango de Muy Noble y Leal Ciudad de Santiago de Querétaro. Durante el período colonial, los misioneros de la Cruz establecieron el primer Colegio de Propaganda de la Fe Cristiana en toda América. A partir de 1550, la ciudad capital se convirtió en sitio de paso de los cargamentos de plata de Zacatecas. En 1671 le fue otorgado a Querétaro el título de Tercera Ciudad del Reino.

A principios del siglo XVIII se había convertido en una de las ciudades más prósperas de la Nueva España, debido a la fertilidad de sus tierras y a la explotación ganadera y comercial, amén de ser centro cultural gracias a los numerosos templos construidos por los religiosos y a las actividades derivadas de éstos. Al comienzo del siglo XIX, la ciudad era próspera debido a la industria de tabacos labrados, la agricultura, la ganadería, los obrajes y fábricas de paños; pero existía gran malestar, causado por las leyes restrictivas de la industria nacional y las diferencias sociales.

La labor misionera de los franciscanos fue fundamental para pacificar la región; el colegio de Santa Cruz de Querétaro fue fundado con el fin de cristianizar a los indígenas pames, trisones y jonaces, irreductibles guerreros de la sierra Gorda. Más tarde llegaron los agustinos pero tuvieron tan poco éxito en sus intentos pacifistas que dejaron su sitio a los franciscanos, quienes a partir de entonces se extendieron por toda el área. Tales frailes edificaron misiones que serían autónomas, cada una con una iglesia —lo más grande posible— en torno a la cual se congregarían los indígenas, para dedicarse a la agricultura. En ello consistió la labor y el éxito de la colonización. Los jesuitas trabajaron en el mismo sentido.

En gran medida, la Independencia de México se fraguó en las reuniones de Querétaro, a las que asistían, entre otros, Miguel Hidalgo y Costilla, Josefa Ortiz de Domínguez (esposa del corregidor), Ignacio Allende, Mariano Abasolo y Juan Aldama. Disfrazadas de tertulias literarias, organizaban los pasos a seguir para lograr la autonomía de España. La conspiración fue descubierta, por lo que se adelantó el levantamiento. Al darse el grito de Independencia, numerosas poblaciones de la entidad lo apoyaron, pese a que los realistas queretanos propusieron el indulto a los insurgentes que depusieran las armas. Hubo diversos alzamientos guerrilleros pero los realistas fortificaron de tal manera la capital que los insurgentes nunca pudieron entrar sino hasta 1821, cuando se consumó la Independencia. Las secuelas de la guerra se vieron reflejadas en el decaimiento de la economía y la inestabilidad política.

En 1847, cuando los estadounidenses invadieron la capital de la República, la ciudad de Querétaro fue asiento de los poderes federales y allí mismo se negociaron los tratados para el retiro del invasor. Durante la Reforma, en 1867 se libraron dos batallas decisivas en Cimatario que ayudaron a derrocar a los conservadores. Tras un prolongado sitio, fueron vencidos los partidarios del emperador Maximiliano de Habsburgo, quien murió fusilado en el cerro de las Campanas, entre los generales conservadores Miguel Miramón y Tomás Mejía.

Durante la dictadura de Porfirio Díaz se restableció la economía, se construyeron vías férreas y se remodeló la capital. Sin embargo, la idea de mantener la paz social mediante la represión creó una atmósfera propicia para la Revolución de 1910.

La ubicación geográfica de Querétaro lo convirtió en punto estratégico del movimiento armado. En 1916, la ciudad de Querétaro fue designada capital de la República y sede de los poderes federales. En ese mismo año se convocó al Congreso Constituyente, cuyos debates culminaron con la promulgación de la Constitución Política de 1917, vigente hasta la fecha.

Durante su estancia, Venustiano Carranza ordenó el saneamiento, pavimentación y embellecimiento de la ciudad, fomentó la educación pública e hizo construir obras de dre-

El acueducto de Querétaro fue construido entre 1726 y 1739. Tiene 64 arcos, 1,280 m de longitud y una altura máxima de 23 m.

naje y alumbrado. Más tarde sobrevino un período de decadencia, después del cual se atendió de nuevo el avance socioeconómico. En ese entonces se edificaron mercados, escuelas, carreteras y hospitales, los servicios básicos mejoraron y fueron ampliados. La agricultura y la industria vivieron su época de auge.

En 1929, Querétaro fue sede de la convención convocada por el ex presidente Plutarco Elías Calles, en la cual se fundó el Partido Nacional Revolucionario, antecesor del Partido Revolucionario Institucional.

Actualidad

El estado alberga a 1,402,010 habitantes, cerca de dos terceras partes menores de 35 años. El municipio de Querétaro concentra al 45.6 por ciento de la población del estado. Poco más de la mitad de la población es considerada activa, y casi toda ocupada. En el área urbana de

Querétaro, los servicios emplean al 40 por ciento de la población ocupada, el comercio al 22 por ciento y la industria de la transformación a otro tanto similar, seguida por las comunicaciones y transportes, con el 6.6 por ciento. Hay unas 21,000 personas de habla indígena, con lenguas como otomí, náhuatl, mazahua, zapoteco y otras mexicanas y amerindias.

Todas las autoridades estatales son electas el primer domingo de julio. El gobernador toma posesión el 1 de octubre, cada seis años; los diputados federales el 1 de septiembre, y los locales el 14 del mismo mes, cada tres años. Los senadores hacen lo propio el 1 de septiembre, y los presidentes municipales y regidores el 1 de octubre.

El estado de Querétaro cuenta con casi 3,000 escuelas y una planta docente de más de 14,000 personas para casi 370,000 alumnos de los niveles preescolar, primaria, capacitación para el trabajo, secundaria, profesional medio y bachillerato. Las principales instituciones educativas de nivel superior son la Universidad Autónoma de Querétaro, el Instituto Tecnológico de Querétaro, la Normal Superior de Querétaro, el Instituto Tecnológico y de Estudios Superiores de Monterrey (Campus Querétaro), la Escuela Normal del Estado y el Instituto Tecnológico de San Juan del Río.

La entidad cuenta con alrededor de 251,000 viviendas particulares para un promedio de 5 ocupantes por vivienda; unas 173,000 poseen todos los servicios, 1,500 cuentan con agua entubada y drenaje, 45,000 con agua entubada y energía eléctrica y 2,000 con drenaje y energía eléctrica. En la entidad hay 227 fuentes de abastecimiento de agua; el estado tiene en su haber 72 plantas de tratamiento de aguas residuales. Se dedica una superficie de casi 10 hectáreas a tiraderos de basura a cielo abierto y de 62 a rellenos sanitarios.

El producto interno bruto (PIB) es de casi 16,000 millones de pesos; la industria manufacturera aporta un 30 por ciento; los comercios, restaurantes y hoteles producen el 22 por ciento y el 18 por ciento corresponde a los servicios comunales, sociales y personales. Los servicios financieros, seguros y bienes inmuebles aportan el 10 por ciento; la industria de los transportes, almacenamiento y comunicaciones, otro 10 por ciento y la industria agropecuaria, silvícola y pesquera el 4.6.

Unas 57,000 empresas se dedican a la agricultura. Las unidades de producción rurales cubren una superficie total cercana a las 670,000 hectáreas. En cultivos cíclicos, el estado produce maíz, frijol, sorgo, cebada, trigo, garbanzo, avena y chile seco, entre otros. En cultivos perennes produce alfalfa, manzana, vid, durazno y nuez, entre otros. Cerca de 40,000 empresas se dedican a la ganadería y crían aves de corral, ganado equino, porcino, bovino, caprino, ovino, conejos y abejas. Salen al mercado leche, huevos, pieles y otros productos más. Alrededor de 12,000 empresas se dedican a la actividad forestal y explotan coníferas (85 %), encino y pino. La captura pesquera es de 400 toneladas anuales, sobre todo de carpa y mojarra tilapia.

Practican la minería 170 empresas, dedicadas en tres cuartas partes a la extracción de minerales no metálicos. Cerca de 3,000 empresas se dedican a la manufactura: 850 a productos metálicos, maquinaria y equipo en general; 840 a productos alimenticios, bebidas y tabaco; 400 a los textiles, prendas de vestir e industria del cuero; 380 a productos de madera y su industria, incluidos muebles; 260 a la de productos minerales no metálicos, excepto derivados de petróleo o carbón, y 194 a la industria del papel y sus productos, imprentas y editoriales. Otras 100 fabrican sustancias químicas, productos derivados del petróleo, carbón, hule y plástico. En la construcción existen 225 empresas, 163 de ellas micro, 26 pequeñas, 24 medianas, 8 grandes y 4 gigantes.

La capacidad de generación de energía eléctrica asciende a un total de 885,000 gigawatts por hora. Cerca de 15,000 establecimientos se dedican al comercio, casi todos a la venta al menudeo. Al turismo se incorporan unas 120 empresas, que poseen una capacidad de casi 2,500 habitaciones.

Alrededor de 200 empresas se dedican al transporte de carga y 37 al de pasajeros. La red de carreteras del estado tiene una longitud de unos 3,500 km, el 55 por ciento de los cuales son caminos rurales, el 26 por ciento alimentadores estatales y un 18 por ciento troncales federales. La red ferroviaria alcanza casi 440 km. El estado posee 1 aeródromo y 1 aeropuerto. Hay 20 radiodifusoras, 2 estaciones repetidoras de televisión y una local.

Además de muestras de la arquitectura del siglo XVIII, Querétaro se ha enriquecido con modernas edificaciones como el Auditorio Josefa Ortiz de Domínguez.

Quintana Roo

El estado de Quintana Roo se localiza en la porción oriental de la península de Yucatán, al norte en las coordenadas 21° 35', al sur en los y 17° 49' de latitud norte; al este en los 86° 42' y al oeste en los 89° 25' de longitud oeste. Colinda al norte con Yucatán y el golfo de México, al este con el mar Caribe, al sur con la bahía de Chetumal, Belice y la República de Guatemala y al oeste con Campeche y Yucatán. Tiene una superficie total de 50,843 km², área que constituye el 2.56 por ciento de la superficie total del país. Integra a los municipios de Cozumel, Felipe Carrillo Puerto, Isla Mujeres, Othón P. Blanco, Benito Juárez, José María Morelos, Lázaro Cárdenas y Solidaridad. Su capital es Chetumal.

Forman la orografía elevaciones como los cerros El Charro, con una altitud de 230 m sobre el nivel del mar, El Gavilán (210 m), Nuevo Bécar (180 m) y El Pavo (120 m). Se forman tres regiones hidrológicas. La primera es la de Yucatán Oeste-Campeche, integrada por el sistema de Cuencas Cerradas. La región de Yucatán Norte está articulada por la cuenca de Quintana Roo y la de Yucatán. La tercera región, la de Yucatán Este, está formada por la cuenca de la bahía de Chetumal y otras y también con parte de las Cuencas Cerradas. Recorren el estado ríos como el Hondo, el Azul, el Escondido y el Ucum; se encuentran los lagos Conil, Chakmochuk, Bacalar, Ni-

chupté, San Felipe, Chunyaxché, Chinchancanab, Campechén, Mosquitero, Boca Paila, Chile Verde, Nohbec, Paytoro, Ocom, Esmeralda, La Virtud y Noha.

El clima oscila entre el cálido húmedo con lluvias abundantes en verano y el cálido subhúmedo con lluvias en verano. La temperatura media anual se encuentra entre los 24.7 y los 26.7 °C. Se registran temperaturas de 24 y 27.8 °C. La precipitación promedio fluctúa entre 1,246.8 y 1,416.3 milímetros. Se han registrado precipitaciones extremas de 595.5 milímetros, en el año más seco, y 2,664.5, en el más lluvioso.

El 91.44 por ciento del territorio estatal lo componen selvas de zapote, caoba, chakah, tsalam y ramón; hay tulares en el 4.85 por ciento del estado y manglares de mangles rojo, blanco y botoncillo en el 2.32 por ciento. Un 0.85 por ciento está formado por pastizales de zacate guinea y estrella. Apenas el 0.04 por ciento del territorio se dedica a la agricultura.

La fauna la componen, en su mayoría, especies neotropicales, aunque también existen animales como el venado. Destacan la iguana y diferentes clases de serpientes, tortugas y lagartos, además de jaguar, ocelote, diversos roedores, monos

Separada del continente por la laguna de Nichupté, la isla de Cancún se une a la península mediante dos puentes situados en Punta Cancún y Punta Nizuc.

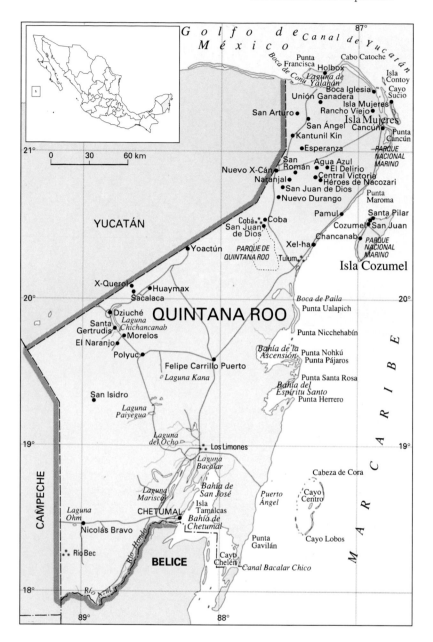

Golfo de México · Canal de Yucatán · 87°
Punta Francisca · Cabo Catoche · Boca de Conil · Laguna de Yalahán · Holbox · Isla Contoy · Boca Iglesia · Cayo Sucio · Unión Ganadera · Isla Mujeres · San Arturo · Rancho Viejo · Isla Mujeres · San Ángel · Cancún · Kantunil Kin · Punta Cancún · Esperanza · PARQUE NACIONAL MARINO · San Román · Agua Azul · El Delirio · Nuevo X-Cán · Central Victoria · Naranjal · Héroes de Nacozari · San Juan de Dios · Punta Maroma · Nuevo Durango · Pamul · Santa Pilar · Cobá · Coba · Cozumel · San Juan · San Juan de Dios · Chancanab · Xel-ha · PARQUE NACIONAL MARINO · Yoactún · PARQUE DE QUINTANA ROO · Tulum · Isla Cozumel

YUCATÁN

X-Querol · Huaymax · Boca de Paila · 20° · Sacalaca · Punta Ualapich · Dziuché · QUINTANA ROO · Laguna Chichancanab · Punta Nicchehabín · Santa Gertrudis · Morelos · El Naranjo · Polyuc · Bahía de la Ascensión · Punta Nohkú · Punta Pájaros · Felipe Carrillo Puerto · Punta Santa Rosa · Laguna Kana · Bahía del Espíritu Santo · San Isidro · Punta Herrero · Laguna Paiyegua · Laguna del Ocho · Los Limones · 19° · Laguna Bacalar · Cabeza de Cora · CAMPECHE · Laguna Mariscal · Bahía de San José · Puerto Ángel · Cayo Centro · Laguna Ohm · CHETUMAL · Isla Tamalcas · Bahía de Chetumal · Nicolás Bravo · Río Hondo · Punta Gavilán · Cayo Lobos · Río Bec · Cayo Chelén · Canal Bacalar Chico · BELICE · Río Azul · 18° · MAR CARIBE

89° · 88°

21° · 0 · 30 · 60 km · 20° · 19°

—araña, entre otros—, tejón, oso hormiguero, y gran cantidad de aves marinas, como gaviotas y pelícanos, así como también garzas, flamencos, loros y chachalacas.

Historia

El actual estado de Quintana Roo comprende sólo una pequeña porción de lo que fuera, en la época prehispánica, el territorio maya. La presencia de restos arqueológicos permite datar los primeros asenta-

mientos de este grupo en unos 2,300 años. Para el 350 d.C., sitios como Xel-há, Cobá, Kohunlich y Tzibanché eran ya sólidos centros urbanos que, durante el período clásico, ampliaron su territorio, crearon rutas comerciales y desarrollaron una amplia cultura. De los mayas se sabe que eran grandes astrónomos y matemáticos, tenían varios sistemas numéricos que incluían el valor cero y distinguían la posición numérica. Sus calendarios,

tanto solares como lunares, eran de gran precisión. Además desarrollaron un sistema de escritura bastante completo, amén de las artes gráficas, la escultura y la arquitectura. Lo demuestran los grandes petroglifos y estelas, con inscripciones calendáricas, datos históricos y religiosos, así como los centros arqueológicos como Cobá, Kohunlich y Tulum, por mencionar algunos, que eran núcleos político-religiosos o emplazamientos de defensa.

Tuvieron gran desarrollo la pintura en frescos y planas, el uso de tintes vegetales y minerales, la elaboración de códices en piel y amate, y la cerámica. Destacaron como orfebres y dieron realce a piedras preciosas y semipreciosas como jade, obsidiana, ópalo y turquesa. Se consideran de un gran valor su arte plumario, el trabajo en piel y también la elaboración de instrumentos musicales.

El comercio fue una de las principales actividades de los mayas. Unían los principales centros de población grandes caminos, construidos con piedras blancas, que en ocasiones se extendían hacia otros territorios. Utilizaron vías fluviales y marítimas con los mismos fines comerciales, para poder llegar a las actuales regiones de El Salvador y Honduras.

Al parecer, los primeros grupos mayenses que poblaron la entidad fueron los itzaes; en el posclásico se reconoce una migración o gran influencia de los toltecas, que modificó la organización sociopolítica y estableció el predominio del militarismo. Durante este período se creó la Confederación o Liga de Mayapán, que unificó varios señoríos y se extendió casi dos siglos. A raíz de ciertos conflictos entre señoríos, se crearon varios cacicazgos; en Quintana Roo cabe señalar los de Ekcab, Chahuac-Há, Tazes, Cupules, Cochuah y Chetumal.

El primer contacto con los españoles tuvo lugar en el año de 1511, cuando llegaron a las costas Gonzalo Guerrero y Jerónimo de Aguilar, tras el naufragio de la embarcación de Pedro de Valdivia. En 1526, los españoles iniciaron la conquista del territorio y fundaron algunos poblados, que tuvieron que abandonar dada la belicosidad de los nativos. Toda la península se resistió a la conquista española; al fin, tras varios e infructuosos intentos, en 1541 los europeos se apoderaron del territorio.

La entidad tuvo un precario desarrollo colonial, dada la carencia de riquezas minerales, los levantamientos de los indígenas y el acoso de piratas ingleses a las costas. La guerra de Independencia no produjo gran impacto. La marginación social y las carencias siguieron afligiendo a los indígenas hasta que en 1847 estalló la dramática guerra de Castas, que duró 55 años. En 1848, por intereses económicos y como medio de presión contra los rebeldes, se inició el envío de mayas a los plan-

El Chac Mool, *en Cancún; el dios maya aparece siempre recostado, con las piernas encogidas, las manos cruzadas sobre el vientre y la cabeza elevada.*

tíos cañeros de Cuba. En 1861, Benito Juárez prohibió el tráfico de indígenas.

En 1902, Porfirio Díaz declaró la creación del territorio federal de Quintana Roo, independiente del resto de la península; su capital fue Santa Cruz de Bravo, que después se llamó Payo Obispo. En 1917 disminuyeron las hostilidades entre gobierno e indígenas, al grado que pudo darse un diálogo entre el jefe indígena Francisco Maya y el entonces presidente Venustiano Carranza.

Tras varias ampliaciones y reducciones del territorio, en 1974 la entidad fue elevada al rango de estado libre y soberano. Su capital se llamó Payo Obispo hasta 1936, fecha en que cambió su nombre por el de Chetumal. En 1975 se promulgó la Constitución local.

Actualidad

El estado de Quintana Roo acoge a 873,804 habitantes, de los cuales casi tres cuartas partes son menores de 35 años. El municipio de Benito Juárez alberga a un 47.9 por ciento de la población del estado y el de Othón P. Blanco al 23.8 por ciento. Su población activa alcanza poco más del 60 por ciento y casi toda ella está ocupada. En el área urbana de Cancún, los servicios dan empleo a más del 50 por ciento de la población ocupada, el comercio al 20 por ciento y las comunicaciones y transportes casi al 10 por ciento.

El nombre del sitio arqueológico de Tulum alude al cerco o muralla de 380 m que rodeaba el castillo y la zona ceremonial, situados en una elevación rocosa.

La infraestructura de Cancún se inició en 1970; en pocos años se convirtió en destino del turismo internacional, con aeropuerto y centro de convenciones.

La industria de la transformación absorbe al 6 por ciento. Hay unas 158,000 personas de habla indígena que emplean las lenguas maya, mame, kanjobal, náhuatl, totonaca, tzotzil, zapoteco, chol, tzetzal, mixe, zoque, mixteco y chontal de Tabasco, además de otras de la República y amerindias.

El calendario electoral de Quintana Roo señala como fecha de elección para todos los representantes gubernamentales del estado el 1 de marzo; la toma de posesión del gobernador es el 5 de abril, cada seis años, la de los diputados electos el 24 del mismo mes, cada tres años, y la de los presidentes municipales, síndicos y regidores, el 10 de abril.

Quintana Roo cuenta con casi 1,400 escuelas y una planta docente de más de 8,000 personas para 192,000 alumnos de los niveles preescolar, primaria, capacitación para el trabajo, secundaria, profesional medio y bachillerato. Están inscritos en el nivel superior unos 6,000 alumnos, en instituciones educativas tales como el Instituto Tecnológico de Chetumal, el de Cancún, la Universidad de Quintana Roo, la Normal Superior y la Universidad Pedagógica Nacional, entre otras.

La entidad cuenta con alrededor de 164,000 viviendas, particulares casi todas, para un promedio de 4.3 ocupantes por vivienda; unas 118,000 poseen todos los servicios, más de 2,000 tienen agua entubada y drenaje, más de 20,000 agua entubada y energía eléctrica, y arriba de 8,000 drenaje y energía eléctrica. En la entidad hay casi 600 fuentes de abastecimiento de agua; el estado tiene en su haber 17 plantas de tratamiento de aguas residuales. Las tomas eléctricas suman más de 170,000, la gran mayoría son residenciales, las comerciales son poco más de 20,000 y las industriales superan las 1,200. Una superficie de 28 hectáreas está dedicada a tiraderos de basura a cielo abierto y casi 10 a rellenos sanitarios.

El producto interno bruto (PIB) del estado es de más de 15,000 millones de pesos. Los comercios, restaurantes y hoteles producen poco más del 58 por ciento, el 18 por ciento corresponde a los servicios comunales, sociales y personales; los servicios financieros, seguros y bienes inmuebles aportan casi el 9 por ciento; los transportes, almacenamiento y comunicaciones el 7 por ciento y la industria manufacturera casi el 4 por ciento. La construcción

Tulum, en Cozumel, a orillas del mar Caribe llevó en su origen el nombre de Zamá (amanecer). Su emplazamiento era básico para el comercio marítimo.

aporta el 2.5 por ciento y la industria agropecuaria, silvícola y pesquera casi un 2 por ciento.

Unas 32,000 empresas se dedican a la agricultura. Las unidades de producción rurales cubren una superficie total cercana a 1.3 millones de hectáreas. El estado produce, en cultivos cíclicos, maíz, frijol, chile jalapeño, sorgo, arroz, sandía, ajonjolí, cacahuate y jitomate; en cultivos perennes, caña de azúcar, naranja dulce, achiote, plátano, limón, papaya, aguacate y piña. Cerca de 22,000 empresas se dedican a la ganadería. En la entidad se crían aves de corral, ganado porcino, equino, bovino, ovino, caprino, conejos y abejas, y además se produce miel, huevos, leche y cera. Alrededor de 15,000 empresas se dedican a la actividad forestal y explotan corrientes tropicales (81.3 %) y preciosas (9.8 %). La captura pesquera es de más de 4,000 toneladas, más de la mitad de las cuales es escama; se capturan también camarón, langosta, tiburón y caracol. Para uso industrial se captura concha de caracol y una tonelada de coral negro.

Practican la minería 26 empresas, todas ocupadas en la explotación de minerales no metálicos. Más de 1,800 empresas son manufactureras. De ellas, unas 800 elaboran productos alimenticios, bebidas y tabaco; más de 300, textiles, prendas de vestir y piezas de cuero; 300, productos de madera y su industria, incluidos muebles; 200, productos metálicos, maquinaria y equipo en general; 100, productos de papel y relacionados con imprentas y editoriales; casi 70, productos minerales no metálicos, excepto derivados de petróleo o carbón; 10 otras manufacturas y 8 sustancias químicas, productos derivados del petróleo, carbón, hule y plástico. En la construcción trabajan 110 empresas, entre ellas 3 grandes y 1 gigante. La entidad cuenta con una generación

La isla de Cozumel es la más grande del Caribe mexicano; entre sus atractivos figuran el parque natural Chankanab y el arrecife de coral de 9 km.

neta de energía de casi 100 gigawatts por hora. Hay cerca de 10,000 establecimientos dedicados al comercio, casi todos de menudeo. Se encargan del turismo más de 325 empresas, que poseen una capacidad superior a las 30,000 habitaciones.

Unas 200 empresas se dedican al transporte de carga y 95 al de pasajeros. La red carretera del estado tiene una longitud de casi 5,000 km. De ellos, el 56 por ciento son caminos rurales, el 22.5 por ciento alimentadores estatales y un 21 por ciento troncales federales. Las instalaciones portuarias de atraque alcanzan casi los 10,000 m lineales. El estado posee 12 aeródromos y 3 aeropuertos. Hay 31 radiodifusoras, 10 estaciones repetidoras de televisión y 5 locales.

San Luis Potosí

El estado de San Luis Potosí se localiza en la Altiplanicie Central de la República Mexicana, al norte en los 24° 29', al sur en los 21° 10' de latitud norte, al este en los 98° 20' y al oeste en los 102° 18' de longitud oeste. Colinda al norte con Zacatecas, Nuevo León y Tamaulipas; al este con Tamaulipas y Veracruz; al sur con Hidalgo, Querétaro y Guanajuato, y al oeste con Zacatecas. Tiene una superficie total de 63,068 km², lo que representa el 3.2 por ciento de la superficie nacional; contiene 58 municipios y su capital es San Luis Potosí.

Sus elevaciones principales son el cerro Grande, con una altitud de 3,180 m sobre el nivel del mar, las sierras de Catorce (3,110 m) y Coronado (2,810 m), los picachos del Tunalillo (2,770 m) y San Miguelito (2,630 m), el cerro El Fraile (2,620 m), Las Hendiduras (2,590 m), las sierras Los Librillos (2,570 m), El Jacalón (2,500 m) y Camarón (2,380 m), el picacho El Bejuco (1,960 m), y la sierra El Tablón (1,840 m).

Se reconocen asimismo tres regiones hidrológicas: parte de la Lerma-Santiago, formada en el estado por la cuenca del río Verde Grande; la región del Pánuco, formada por las cuencas del Pánuco, Tamesí, Tamuín y Moctezuma; y finalmente la región de El Salado, formada por las cuencas Matehuala, Sierra de Rodríguez, Fresnillo-Yesca, San Pablo y otras, por la de la presa San José-Los Pilares y otras, y por la de la Sierra Madre. Surcan el estado, entre otros, los ríos Santa María-Tampón, Valles (El Salto), Tamasopo, Santa María, Gallinas, San Isidro, Palmillas, El Sabinal, Los Gatos, Calabacillas, Gamotes, Justino-Bocas, El Tule, Las Magdalenas, El Astillero, Matanzas, San Antonio y Las Pilas. Destacan los lagos Chajil, Cerro Pez, Iguala, El Olivo, Patitos, San José del Limón, Tansey, Larga, Media Luna y Santa Clara, además de las presas Golondrinas, La Muñeca, San José, Gonzalo N. Santos (El Peaje), Valentín Gama, Álvaro Obregón (Palomas) y Las Lajillas.

En la región se dan los climas cálido subhúmedo con lluvias en verano, semicálido húmedo con lluvias todo el año, semicálido húmedo con lluvias abundantes en verano, semicálido subhúmedo con lluvias en verano, templado húmedo con lluvias abundantes en verano, templado subhúmedo con lluvias en verano, semifrío subhúmedo con lluvias en verano, semiseco muy cálido y cálido, semiseco semicálido, semiseco templado, seco semicáli-

do, seco templado, muy seco semi-cálido y muy seco templado. La temperatura media anual se encuentra entre los 17.4 y los 19 °C, aunque han llegado a registrarse temperaturas de 17.3 y 22.2 °C. La precipitación promedio fluctúa entre 317.7 y 1,746.6 milímetros. Se alcanzan precipitaciones extremas de 143.2 y 2,254.8 milímetros.

En un 64.31 por ciento del estado crecen matorrales: nopal cardón, mezquite, gobernadora, lechuguilla y palma china; se dedica a la agricultura el 12.84 por ciento de la superficie estatal; un 9.84 por ciento son pastizales, donde crecen estrella de África, guinea, navajita, pasto y pangola; está cubierto de bosques un 6.04 por ciento, donde abundan los árboles tepescohuite, encino, piñonero, pino y roble; hay selva en el 5.68 por ciento de la superficie, con árbol ojite, chaca, tepeguaje y palo santo; otro 1.29 por ciento lo ocupan plantas diversas, como palma real, granadilla y mangle dulce.

La fauna la componen, entre otras, las siguientes especies: conejo, liebre, comadreja, tlacuache, pato, coyote, ardilla, gato montés o leoncillo, armadillo, águila colorada, halcón, víbora de cascabel, topo, rata, tusa, zorrillo, coralillo, pájaro carpintero, cardenal, primavera, pato cuaresmeño, tejón, tórtola, güilota, gallina de monte, torcaza, puma, venado cola blanca, jabalí, mapache, zorra, tlalcoyote, comadreja y lechuza.

Historia

Los hallazgos más antiguos de poblamiento humano datan, en la entidad, de hace 30,000 años, con las pinturas rupestres de las cavernas del Tunal Grande. Se han encontrado restos fósiles de animales y plantas en los municipios de Río Verde, Tamazunchale, Villa de Hidalgo y Villa de Ramos. Durante la época prehispánica sobresalieron los asen-

tamientos de los huastecos, que fueron conquistados por los mexicas a mediados del siglo XV. Para el siglo XVI habitaban en la región capuces, guaxabanes, guachichiles, zacatecos, tecuexes, caxcanes, tepeques, pames y guamares.

Tras la conquista de Tenochtitlan, Hernán Cortés dominó la huasteca en 1522, Nuño Beltrán de Guzmán llegó a la entidad en 1524 y se dedicó al tráfico de esclavos, lo que despobló la región. A mediados del siglo XV, las incursiones españolas en busca de nuevos territorios y riquezas propiciaron el levantamiento de los indígenas en la cruenta guerra Chichimeca, que duró alrededor de cuarenta años. Algunos de los mayores bastiones de resistencia indígena se localizaron en la entidad potosina. Durante la guerra, fray Diego de Magdalena fundó, en 1583, el Puesto de San Luis, hoy plaza de los Fundadores, en territorio guachichil. La guerra llegó a

su término, en 1590, tras la utilización de indígenas de Zacatecas para vencer a los rebeldes.

La labor misionera se inició en el curso de la guerra. Tuvo lugar un incremento de la población. En 1591 se establecieron en la región familias de tlaxcaltecas evangelizadas, y en 1592 Pedro de Anda descubrió las vetas del cerro de San Pedro, lo que propició la llegada de españoles.

En 1592, Miguel Caldera, Gabriel Ortiz, Juan de Oñate y fray Diego de la Magdalena fundaron San Luis Minas del Potosí que, en 1655, obtuvo el título de ciudad y escudo de armas, bajo el nombre de Ciudad de San Luis Potosí, confirmado por Cédula Real en 1658.

La explotación minera creció hasta convertirse en una de las mayores proveedoras de riqueza de la región. La extracción de metales disminuyó en 1637 y trajo consigo una gran crisis. Por otro lado, tam-

El río Verde se une con el Santa María para formar el Tamuín. Forman parte de la cuenca del Pánuco, la más importante del golfo de México y la tercera del país.

En el palacio de Gobierno de San Luis Potosí se promulgó la nueva Constitución del estado (1861); también allí Juárez decidió el fusilamiento de Maximiliano.

bién se desarrolló la agricultura bajo el dominio latifundista. La inconformidad ante la explotación propició fuertes levantamientos en 1767, aunados a los problemas provocados por la expulsión de los jesuitas. Sin embargo, fueron sofocados. Hacia 1777 vino un nuevo auge económico al descubrirse las vetas de Real de Catorce, una de las minas más productivas de América durante la Colonia. Hasta principios del siglo XIX, la zona fue una de las unidades políticas más firmes de la Nueva España, tanto por sus riquezas como por su población y extensión territorial.

A inicios de la guerra de Independencia, los potosinos se unieron a la lucha, varias ciudades pugnaron entre los libertadores y los realistas, aunque después de 1812 la insurgencia se mantuvo sólo con pequeñas guerrillas. Establecido el plan de Iguala, en 1821 la población celebró la emancipación de la Corona española. En 1824, la entidad obtuvo el rango de Estado Libre y Soberano de San Luis Potosí; su primera constitución se juró en 1826. Ese mismo año se fundó el Colegio Guadalupano Josefino y se iniciaron los proyectos de una casa de moneda, servicio policiaco y

alumbramiento citadino; también se abrió la calzada de Guadalupe.

En 1833 el estado se hallaba de nuevo en crisis, debido a los conflictos de la dictadura de Antonio López de Santa Anna y a una epidemia de cólera, que se repetiría en 1849. En 1837 comenzaron los conflictos entre centralistas y federalistas. En 1841, el estado fue invadido por cuatrocientos lipanes y comanches, y en 1848 por apaches. En 1847, Eleuterio Quiroz encabezó una rebelión en la Sierra Gorda, en demanda de condiciones favorables para los campesinos, misma que fue sofocada dos años más tarde. En 1854, el papa Pío IX erigió la diócesis de San Luis Potosí.

Tras las rencillas entre liberales y conservadores y la conclusión de la guerra de Reforma, en la que varios potosinos se vieron involucrados, en 1861 se promulgó la nueva Constitución Política del Estado de San Luis Potosí. Un año más tarde, Benito Juárez declaró la capital potosina en estado de sitio, con motivo de la entrada de los franceses a territorio mexicano. La capital se rindió ante los invasores, admitiendo a Maximiliano como emperador hasta 1866, cuando triunfaron los liberales. En 1867 se implantó de nuevo el régimen republicano.

Durante el Porfiriato se promovieron la creación de latifundios, la inversión de extranjeros, la industria metalúrgica, la explotación petrolera, la construcción de vías ferroviarias y las obras arquitectónicas como el teatro de la Paz, la presa San José, la Penitenciaría, la Escuela de Medicina y el Observatorio Astronómico. No obstante, se había establecido un monopolio, en manos de unos cuantos propietarios, quienes daban rienda suelta a la explotación, lo cual propició varios levantamientos en los años 1879, 1880, 1881, 1883, 1910, 1911 y 1912.

En 1900 se organizó el Club Liberal Ponciano Arriaga. Un año más tarde éste dirigió un manifiesto a la nación en el que demandaba reformas agrarias y sociales, declarando la guerra al Porfiriato. Francisco I. Madero permaneció en la entidad por orden de Porfirio Díaz. Tras escapar, promulgó el plan de San Luis, llamado así en honor de la ciudad. Para 1911, la Revolución se extendió hasta ahí. Con Madero en el poder, al no cumplirse las demandas de los campesinos, el estado se levantó de nuevo en armas.

La legislatura estatal apoyó la dictadura de Victoriano Huerta, pero la población se unió a Venustiano Carranza y se apoderó de la capital en 1914. Sin embargo, después de la Convención de Aguascalientes —que dividió al movimiento entre Francisco Villa y Emiliano Zapata, de un lado, y Venustiano Carranza y Álvaro Obregón de otro—, en San Luis se vivieron fuertes pugnas de poder y enfrentamientos entre bandos, hasta el triunfo del plan de Agua Prieta en 1920. Rafael Nieto, en ese entonces gobernador del estado, otorgó el voto a las mujeres mayores de edad que supieran leer y escribir. En 1923 fundó la Universidad de San Luis, declarándola autónoma, con personalidad jurídica y libertad de cátedra.

Entre 1923 y 1938 se suscitaron nuevos enfrentamientos entre grupos en busca del poder gubernamental. Había, además, demandas obreras y campesinas, como la lucha contra los cacicazgos. Éstas amainarían a consecuencia del conflicto petrolero nacional. De 1943 a 1959, el estado vivió bajo el cacicazgo de Gonzalo N. Santos, después del cual cesaron los hechos violentos.

Actualidad

El estado alberga 2,296,363 habitantes, con dos terceras partes menores de 30 años. El municipio de

El templo de San Francisco fue levantado a finales del siglo XVII y comienzos del XVIII. Tiene pinturas de Antonio Torres, Francisco Martínez y Miguel Cabrera.

San Luis Potosí alberga al 29.1 por ciento de la población. En el área urbana de San Luis Potosí, un 40 por ciento de la población está empleado en la rama de los servicios, un 20 por ciento en la industria de la transformación, un 6 por ciento en el comercio y otro tanto en el gobierno. Hay casi 214,000 personas que hablan una lengua indígena, principalmente náhuatl, huasteco, pame, otomí, zapoteco y chichimeca jonaz, entre las más comunes.

El calendario electoral del estado señala que la elección de los gobernantes se realiza el primer domingo del mes especificado para el cargo: el gobernador en agosto y los diputados también; las autoridades municipales —presidentes, síndicos y regidores—, en diciembre. El gobernador toma posesión de su cargo el 26 de septiembre, los diputados el 15 de septiembre y las autoridades municipales el 1 de enero del año siguiente al de su elección.

San Luis Potosí tiene unas 7,500 escuelas y una planta docente de más de 31,000 maestros para casi 627,000 alumnos de los niveles preescolar, primaria, capacitación para el trabajo, secundaria, profesional medio y bachillerato. En el nivel superior se encuentran inscritos más de 23,000 alumnos en centros educativos como la Universidad Autónoma de San Luis Potosí, el Instituto Tecnológico de San Luis Potosí, el Instituto Tecnológico de Estudios Superiores de Monterrey —campus San Luis— y la Universidad Cuauhtémoc.

La entidad cuenta con alrededor de 442,000 viviendas, de las cuales son colectivas unas 200, para un promedio de 5 ocupantes por vivienda; unas 240,000 cuentan con todos los servicios, más de 83,000 con agua entubada y drenaje, 73,000 con agua entubada y energía eléctrica y 6,500 con drenaje y energía eléctrica. El estado tiene poco más de 200 fuentes de abasteci-

La caña de azúcar es uno de los cultivos de las regiones agrícolas de San Luis de Potosí que más da trabajo a gran parte de su población activa.

miento de agua, que aportan casi 378,000 m³ por día; las presas son capaces de almacenar 234,000 millones de m³. Hay 34 plantas de tratamiento de aguas residuales, entre otros recursos, que procesan un volumen de 1,700 litros por segundo. Existen más de 446,000 tomas eléctricas, unas 400,000 son residenciales, casi 50,000 comerciales, y casi 2,000 industriales. Hay un total superior a 20,000 km de líneas eléctricas.

El producto interno bruto (PIB) estatal es de casi 20,000 millones de pesos. La industria manufacturera aporta más del 22 por ciento, los comercios, restaurantes y hoteles casi el 20 por ciento y el 16.5 por ciento corresponde a los servicios comunales, sociales y personales. Los servicios financieros, seguros y bienes inmuebles aportan casi el 15 por ciento; la industria agropecuaria, silvícola y pesquera el 13 por ciento; los transportes, almacenamiento y comunicaciones el 8 por ciento; y la industria de la construcción más de un 5 por ciento.

Unas 161,000 empresas se dedican a la agricultura. Las unidades de producción rurales cubren una superficie total cercana a los 2.5 millones de hectáreas. En cultivos cíclicos, el estado produce maíz, frijol, sorgo, cebada, chile seco, jitomate, soya y cacahuate, además de otros productos; en cultivos perennes, caña de azúcar, naranja, café, cereza, alfalfa y pasto, entre otros. Cerca de 124,000 empresas se dedican a la ganadería y crianza aves de corral, ganado equino, porcino, bovino, caprino, ovino, conejos y abejas. Asimismo, se producen leche, miel y otros derivados. Casi 70,000 empresas se dedican a la actividad forestal, con la explotación de encino (65 %), pino (14 %) y otras maderas corrientes tropicales y liquidámbar. El volumen de captura pesquera es próximo a las 177 toneladas, de car-

pa (43 %), tilapia (16 %), bagre, robalo, langostino y acamaya, entre otras especies. La acuicultura tiene un volumen de producción de unas 1,500 toneladas.

Explotan la minería 52 empresas, que extraen cinc, cobre, plomo, plata, oro, cemento, fluorita, caliza, arcilla, cal viva, yeso, cal hidratada, carbonato de calcio y roca fosfórica. Más de 5,500 empresas se dedican a la manufactura y por encima de 2,000 a la producción de alimentos, bebidas y tabaco —más del 38 por ciento del total—. Otras 1,000 se centran en la manufactura de productos metálicos, maquinaria y equipo en general, 700 son industrias de la madera y sus productos —incluidos muebles—, 650 de textiles, prendas de vestir e industria del cuero; casi 500 manufacturan productos minerales no metálicos —excepto derivados del petróleo y del carbón— y casi 300 trabajan el papel y sus productos, imprentas y editoriales. Más de 90 producen sustancias químicas, derivados del petróleo, carbón, hule y plástico; 55 son industrias de distintos tipos y 22 se abocan a la metálica básica. Hay más de 270 empresas constructoras, entre ellas 18 grandes y 10 gigantes. La generación bruta de energía eléctrica es de más de 4,000 gigawatts por hora. Cerca de 27,000 establecimientos se dedican al comercio y unos 180 al turismo, con una capacidad superior a las 6,000 habitaciones.

Las empresas de autotransporte de carga del estado son casi 350. En San Luis Potosí hay alrededor de 8,500 km de caminos: el 47 por ciento rurales, el 30 por ciento de alimentadores estatales y un 23 por ciento de troncales federales. La red ferroviaria es de unos 1,300 km. El estado posee 11 aeródromos y 2 aeropuertos. Hay 34 radiodifusoras, 22 estaciones repetidoras de televisión y 4 emisoras locales.

Sinaloa

El estado de Sinaloa se localiza en la región norte de la costa del Pacífico, al norte en los 27° 02', al sur en los 22° 29' de latitud norte, al este en los 105° 23' y al oeste en los 109° 28' de longitud oeste. Colinda al norte con Sonora y Chihuahua, al este con Durango y Nayarit, al sur con Nayarit y con el océano Pacífico y al oeste con el golfo de California y Sonora. Tiene una superficie total de 54,488 km², lo que representa el 2.9 por ciento de la superficie nacional; reúne a 18 municipios y su capital es Culiacán.

Sus elevaciones principales son el picacho Los Frailes, con una altitud de 3,180 m sobre el nivel del mar, la Mesa San Bartolo (2,520 m), el Cordón El Copo Alto (2,520 m), los cerros Pelón (2,500 m), Los Algodones (2,300 m) y La Bandera (2,280 m).

Se reconocen, asimismo, dos regiones hidrológicas. La primera es la de Sinaloa, formada en el estado por la cuenca de los ríos Piaxtla, Elota y Quelite, por las cuencas de los ríos San Lorenzo, Culiacán, Mocorito y Sinaloa, la cuenca de la bahía Lechuguilla-Ohuira-Navachiste, la del río Fuerte y la del estero de Bacorehuis. La segunda región hidrológica sinaloense está formada por las cuencas de los ríos Acaponeta, Baluarte y Presido. Además de los mencionados se reconocen, entre otros, los ríos Fuerte, Sinaloa, Ocoroni, Elota, Choix, Surutato, Humaya, Los Cedros, Palmarito y

Evora. Se encuentran los lagos Agua Grande y El Caimanero; se localizan también las presas El Comedero, Ahome, El Humaya, Bacurato, Sanalona, El Salto, El Sabinal, Guamúchil, Las Juntas y Las Tortugas.

Los climas presentes en el estado son el cálido subhúmedo con lluvias en verano, semicálido subhúmedo con lluvias en verano, templado subhúmedo con lluvias en verano, semiseco muy cálido y cálido, seco muy cálido y cálido, seco semicálido, muy seco muy cálido y cálido. La temperatura media anual es de los 24.2 y los 25.6 °C, aunque se han dado

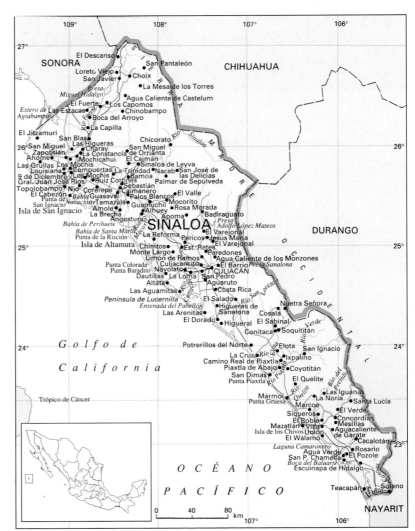

Mientras el litoral del norte es bajo y arenoso, el sur del estado se cubre de montañas que rodean el río Presidio con su espesa vegetación.

temperaturas de 24 y 26.8 °C. La precipitación promedio oscila entre los 433.5 y los 926.4 milímetros. Se registran precipitaciones extremas de 174.4 y 1,332.8 milímetros.

Hay selva en el 40.09 por ciento de la superficie del estado, con guinolo, mauto y palo colorado. El 34.75 por ciento está cultivado. La entidad se halla cubierta de bosques en un 14.71 por ciento, donde crecen los pinos real, prieto y colorado, además del madroño. En un 2.77 por ciento del estado crecen matorrales, entre ellos destacan pitahaya, palo fierro, guayacán y palo brea. Otro 7.36 por ciento está cubierto de plantas como mangle rojo y chamizo. El 0.32 por ciento de la superficie está cubierto de pastizales, donde crece el buffel.

En el estado viven especies como águila, aguililla cola roja, ajolote, au-ra, berrendo, boa, borrego cimarrón, cachorón, camaleón, cantil, carpintero velloso, castor, codorniz, corua, coyote, cuervo, chirrionera, chulo, esmerejón, gavilán ratonero, güilota, halcón negro, huico, jabalí, juancito, lechuza, lince, mapache, margay (gato), monstruo de Gila, ninfa, nutria, ocelote, pichicuate, puma, rana, rata algodonera, ratón de campo, salamandra, sapo toro, sibori, tecolote, tejón, tortuga, trepatroncos, venados cola blanca y bura, zopilote, zorras gris y norteña y zorrillo nariz de puerco.

Historia

Abundantes petroglifos que representan soles, espirales, figuras humanas y animales dan testimonio de los antiguos pobladores de Sinaloa que, sin embargo, no han sido muy estudiados. Durante la época prehispánica, los grupos indígenas que habitaron la región fueron cahítas, tahues, totorames, acaxees y xiximes. Los cronistas españoles mencionan a los sinaloas, boyomos, tocomos, yaquimis y mayos como pobladores. Algunos de estos grupos desarrollaron los textiles estampados, la cerámica, la plumería, las armas e instrumentos como hachas, escudos y flechas. Entre los años 1350 y 1400 se desarrolló la cultura de Culiacán, cuya influencia se extendía hasta las costas de los actuales estados de Sinaloa, Jalisco y Nayarit.

Las violentas huestes de Nuño Beltrán de Guzmán llegaron a la región y en 1531 fundaron San Miguel de Culiacán, población que, debido a la explotación de los naturales y a las enfermedades que éstos padecían, no prosperó. En 1564, el gobernador de Nueva Vizcaya, Francisco de Ibarra —denominado «el Fénix de los conquistadores» por su bondad y altruismo— buscaba ampliar sus dominios y llegó a tierras culiacanas, fundando algunos poblados. Su interés lo llevó a encontrar varios yacimientos mineros que le dieron gran riqueza. Ello haría posible edificar los tres majestuosos templos barrocos de la entidad: El Rosario, Concordia y Copala.

La mayoría de los primeros pobladores hispanos abandonó la región debido a la falta de grandes riquezas y a los constantes ataques de los indígenas. Ya en 1585, nuevos colonizadores fundaron el poblado de San Felipe de Sinaloa, nombre que se extendió a toda la región. En el año de 1591 los jesuitas se establecieron en los poblados e iniciaron su labor evangelizadora. Como apoyo a las misiones y debido a la hostilidad de los naturales, se establecieron algunos presidios y se construyó el Fuerte de Montes Claros.

Poco después de haberse iniciado la guerra de Independencia, un seguidor de la causa de Miguel Hidalgo llevó la insurgencia a Sinaloa, donde tuvo buena acogida. Un movimiento organizado por el indígena Apolonio García, de gran popularidad, apoyó a los rebeldes, aunque fue sofocado. Tras el triunfo de la Independencia, en 1824 las provincias de Sinaloa y Sonora fueron convertidas en el Estado Libre de Occidente. Sin embargo, la difícil administración de territorios tan lejanos entre sí provocó su separación en 1830, tras la cual la localidad de Culiacán fue proclamada capital de Sinaloa. En 1822, Mazatlán fue designado puerto de altura, al tiempo que se convertía en la mayor población de la entidad. En 1823 alcanzó la categoría de ciudad, mientras las minas de Cosalá, El Rosario y Concordia iban cobrando nuevo auge.

Un prolongado período de dificultades acarreó gran inestabilidad social: en 1847 y durante casi un año, Sinaloa fue invadida por los estadounidenses, en su afán por adueñarse de territorios mexicanos. Entre 1849 y 1851, una fuerte epidemia de cólera diezmó a la población. En el año de 1858, las pugnas entre liberales y conservadores ocasionaron algunas batallas. A partir de 1864, y durante dos años, los pobladores mantuvieron luchas constantes para expulsar a los invasores franceses.

En 1873 se creó el Liceo Rosales en Mazatlán y un año después el Liceo Rosales en Culiacán, instituciones laicas que antecedieron a la Universidad Autónoma de Sinaloa. En 1886, el visionario ingeniero estadounidense Albert Owen propuso un proyecto de república socialista. No se consolidó pero dejó fructíferos cimientos para la actual prosperidad de la agricultura, la ganadería y la industria.

Petroglifos y collares de caracoles indican la presencia de tribus nómadas en el estado de Sinaloa; los más belicosos fueron los xiximes, de filiación yuto-azteca.

Durante la época porfiriana se promovió la construcción de obras de riego y vías férreas. Agregadas a los ingenios azucareros, propiciaron la creación de nuevos asentamientos humanos.

Durante la Revolución de 1910 el estado no sufrió mayores consecuencias; las principales movilizaciones fueron de orden político, por ejemplo para apoyar la propuesta antirreeleccionista de Madero. Hubo, además, algunas batallas. Al triunfo de la Revolución en el estado se impulsaron grandes obras de riego que han permitido una mejor explotación de los abundantes recursos naturales. La producción pesquera y el turismo han convertido a Sinaloa en una de las entidades más estables y prometedoras de la nación, a pesar de ser cuna de peligrosos narcotraficantes.

Actualidad

El estado alberga a 2,534,835 habitantes; de ellos, casi dos terceras partes menores de 40 años. El municipio de Culiacán concentra a un 29.3 por ciento de la población del estado. La población económicamente activa alcanza un 55 por ciento, casi toda ocupada. En el área urbana de Culiacán se emplea en la rama de los servicios más del 40 por ciento de la población, el comercio absorbe casi al 25 por ciento, la industria de la transformación da trabajo a un 10 por ciento y el gobierno a un 8 por ciento. Hay cerca de 25,000 personas que hablan una lengua indígena: mayo, mixteco, zapoteco, triqui, náhuatl, tarahumara, maya, tlapaneco y yaqui, además de otras mexicanas y amerindias.

El calendario electoral señala que el gobernador se elige el 8 de

Después de varios traslados, Culiacán se fijó como capital del estado de Sinaloa. Su catedral comenzó a construirse en 1842. La diócesis se designó en 1884.

unas 340,000 disponen de todos los servicios, más de 1,600 cuentan con agua entubada y drenaje, arriba de 100,000 con agua entubada y energía eléctrica y casi 10,000 con drenaje y energía eléctrica. Otras 40,000 cuentan con un solo servicio. El estado administra más de 1,000 fuentes de abastecimiento de agua que aportan casi 10,600 millones de m^3 por día. Las presas son capaces de almacenar poco menos de 23,000 millones de m^3 de agua. El estado cuenta con 15 plantas de tratamiento de aguas residuales, que procesan un volumen de casi 25,000 millones de m^3 por año. Existen unas 550,000 tomas eléctricas en el estado, de las que casi todas son residenciales, 46,000 comerciales, y cerca de 3,000 industriales. Hay, además, un total de casi 19,000 km de líneas eléctricas tendidas.

El producto interno bruto (PIB) estatal es de unos 25,000 millones de pesos; los comercios, restaurantes y hoteles producen el 23 por ciento y la industria agropecuaria, silvícola y pesquera aporta casi el 23 por ciento. Un 20 por ciento corresponde a los servicios comunales, sociales y personales; los servicios financieros, seguros y bienes inmuebles aportan casi el 13 por ciento; los transportes, almacenamiento y comunicaciones un 10 por ciento, la industria manufacturera un 8 por ciento y la construcción, por encima del 4 por ciento.

Unas 117,500 empresas se dedican a la agricultura. Las unidades de producción rurales cubren una superficie total superior a los 2.24 millones de hectáreas. En cultivos cíclicos, se produce maíz, sorgo, frijol, garbanzo, algodón, cártamo, trigo, papa, arroz y soya, además de otros productos; en cultivos perennes, pastos, caña de azúcar, mango, cocotero y alfalfa, entre otros. Cerca de 242,600 empresas se dedican a la

noviembre del año en que concluye el período constitucional, de seis años, y toma posesión el día 18 de mayo inmediato a la elección. Los diputados son electos el 19 de marzo del año en que concluye el período de tres años y toman posesión el 17 de abril inmediato a la elección. Las autoridades municipales son electas el 19 de marzo del año en que concluye su período, de tres años, y toman posesión el 1 de junio inmediato a la elección.

El estado de Sinaloa posee casi 6,000 escuelas y una planta docente cercana a los 33,000 maestros para 700,000 alumnos de los niveles preescolar, primaria, capacita-

ción para el trabajo, secundaria, profesional medio y bachillerato. En el nivel superior se encuentran inscritos casi 50,000 alumnos en los Institutos Tecnológicos de Los Mochis, de Culiacán y del Mar, la Universidad de Occidente (unidades Mochis, Culiacán, El Fuerte, Guamuchil, Guasave y Mazatlán), la Escuela Normal de Sinaloa, la Escuela de Contabilidad y Administración y la Escuela de Derecho y Ciencias Sociales, entre otros centros.

La entidad cuenta con más de 500,000 viviendas, 275 de las cuales son colectivas, para un promedio de 4.8 ocupantes por vivienda;

ganadería; se crían aves de corral, ganado porcino, equino, bovino, caprino, ovino, conejos y abejas, aparte de la producción de huevos, leche y miel. Unas 26,000 empresas se dedican a la actividad forestal; se explotan diversas especies de pino (82.7 %), otros árboles (15.4 %) y encino. El volumen de captura pesquera es superior a las 140,000 toneladas. Se explota atún (45 %), sardina crinuda industrial (18 %) y sardina bocona industrial, camarones —altamar y estero—, huachinango y otras especies. La acuicultura tiene un volumen de producción de casi 13,000 toneladas.

La minería estatal extrae minerales metálicos —oro, plata, plomo, cinc, cadmio y cobre— y minerales no metálicos —caliza, puzolana, yeso, talco, arcilla, arena, grava y sal—. Cerca de 5,000 empresas se dedican a la manufactura, unas 2,000 de las cuales —casi el 40 por ciento del total— producen alimentos, bebidas y tabaco. Alrededor de 1,000 elaboran productos metálicos, maquinaria y equipo en general; 600 son industrias de la madera y sus productos, incluidos en ellos muebles; otro tanto similar produce textiles, prendas de vestir

Situada en la bahía del mismo nombre, Mazatlán es un renombrado centro turístico y posee uno de los puertos de cabotaje más importantes del Pacífico.

y artículos de cuero. Más de 300 procesan productos minerales no metálicos, excepto derivados del petróleo y del carbón, y casi el mismo número se centra en el papel y sus productos, imprentas y editoriales; unas 100 son industrias de distintos tipos y 80 producen sustancias químicas, derivados del petróleo, carbón, hule y plástico.

La industria de la construcción sinaloense se dedica en un 47 por ciento a la edificación, en un 23 por ciento a la realización de obras de riego y saneamiento, un 14 por ciento a obras de electrificación y comunicaciones, un 8 por ciento a obras de transporte, otro 8 por ciento a diversos tipos de obras y un mínimo a obras petroleras y petroquímicas. La generación bruta de energía eléctrica es de casi 6,000 gigawatts por hora. Cerca de 26,500 establecimientos se dedican al comercio y casi 300 al turismo, con una capacidad cercana a las 14,000 habitaciones.

Hay unas 270 empresas de autotransporte de carga y 63 de pasajeros. En Sinaloa se cuentan 16,500 km de caminos: el 40 por ciento de terracería, poco menos del 40 por ciento revestidos y casi un 20 por ciento pavimentados. La red ferroviaria es de unos 1,200 km. El estado cuenta con 124 aeródromos y 3 aeropuertos. Hay 53 radiodifusoras, 12 estaciones repetidoras de televisión y 5 locales.

Mazatlán («tierra de venados») cuenta con una gran flota pesquera y camaronera. Promueve también la pesca deportiva del marlín, el pez vela y el dorado.

Sonora

El estado de Sonora se localiza en el extremo noroeste de la República Mexicana, al norte en los 32° 29', al sur en los 26° 18' de latitud norte, al este en los 108° 25' y al oeste en los 115° 03' de longitud oeste. Colinda al norte con Estados Unidos, al este con Chihuahua y Sinaloa, al sur con Sinaloa y el golfo de California y al oeste con el golfo de California y Baja California.

Esta entidad tiene una superficie total de 184,934 km², lo que constituye el 9.2 por ciento de la superficie del país. En el estado coexisten 72 municipios y su capital es Hermosillo.

Las elevaciones principales son el cerro Pico Guacamayas, que tiene una altitud de 2,620 m sobre el nivel del mar, las sierras Los Ajos (2,620 m), San José (2,540 m), La Charola (2,520 m), La Mariquita (2,500 m), San Luis (2,480 m), Hachita Hueca (2,480 m), La Madera (2,360 m), Aconchi (2,180 m), Mazatán (1,540 m), El Pinacate (1,200 m) y, por último, la sierra Libre (1,180 m).

Se reconocen, asimismo, cinco regiones hidrológicas en el estado de Sonora: la primera es la de Río Colorado, formada en el estado por la cuenca de Bacanora-Mejorada; la segunda es la región Sonora Norte, articulada por las cuencas de los ríos San Ignacio, Concepción A. Cocóspera y Desierto de Altar-río Bámori; la tercera región hidrológica sonorense se forma por las cuencas de los ríos Mayo, Yaqui, Mátape, Sonora y Bacoachi; la cuarta región en el estado es la llamada Sinaloa, formada por las cuencas del río Fuerte y también del Estero de Bacorehuis; y, por último, está la quinta región hidrológica, que es la llamada Cuencas Cerradas del Norte —Casas Grandes—, configurada por la cuenca del río Casas Grandes. Además de los mencionados destacan, entre otros, los ríos Bavispe, Cedros, Magdalena, Mayo, Aros, Sonoyta, Colorado, Moctezuma, Sonora, San Miguel de Altar, Sahuaripa, El Plomo y San Francisco. Se encuentran en la entidad los esteros Teópari, Yavaros y Agiabampo. Aparte, se localizan también las presas El Novillo, Oviachic, Mocúzari, Angostura, Abelardo L. Rodríguez, Cuauhtémoc, Comaquito, Cajón de Onapa, Punta de Agua, El Tápiro y el Plomo.

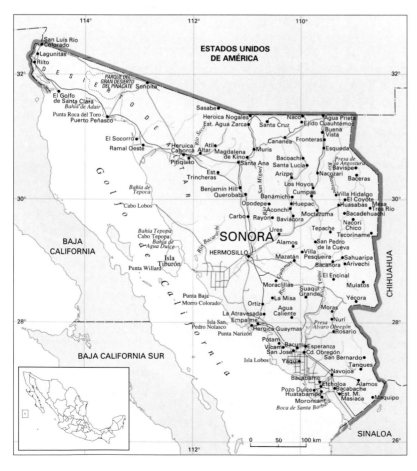

Los climas presentes en el estado son el cálido subhúmedo con lluvias en verano, semicálido subhúmedo con lluvias en verano, templado subhúmedo con lluvias en verano, semifrío subhúmedo con lluvias en verano, semiseco muy cálido y cálido, semiseco semicálido, semiseco templado, seco muy cálido y cálido, seco semicálido, seco templado, muy seco muy cálido y cálido, y muy seco semicálido. La temperatura media anual se encuentra entre los 17.2 y los 25.7 °C, aunque se ha llegado a registrar temperaturas de 16.2 y 26.2 °C. La precipitación promedio fluctúa entre 247.8 y 510.4 milímetros, pero se registran precipitaciones extremas de 130 y 686.8 milímetros.

En un 46.86 por ciento del estado hay matorral, entre el que se encuentra gobernadora, mezquite, palo verde y sangregado. La selva cubre el 13.72 por ciento de la superficie estatal, con palo Brasil, chilicote, torote y mauto. Los pastizales de zacate abarcan el 12.48 por ciento. Hay bosques en un 12.23 por ciento: diferentes especies de pino, además de encino y táscate. A la agricultura se dedica el 6.61 por ciento, otro 8.1 por ciento es de plantas como la cholla, el mezquite y el chamizo.

El estado cuenta con especies como águila, aguililla cola roja, ajolote, aura, berrendo, boa, borrego cimarrón, cachorón, camaleón, cantil, carpintero velloso, castor, codorniz, corúa, coyote, cuervo, chirrionera, chulo, esmerejón, gavilán ratonero, güilota, halcón negro, huico, jabalí, juancito, lechuza, lince, mapache, margay (gato), monstruo de Gila, ninfa, nutria, ocelote, pichicuate, puma, rana, rata algodonera, ratón de campo, salamandra, sapo toro, sibori, tecolote, tejón, tortuga, trepatroncos, venados cola blanca y bura, zopilote, zorras gris y norteña y zorrillo nariz de puerco.

La más grande de las tres regiones fisiográficas es el Desierto de Sonora, al centro, norte y noroeste. Las otras son la Sierra Madre Occidental y el litoral costero.

Historia

A través de los instrumentos de piedra encontrados en el actual estado de Sonora, se sabe de la existencia de dos culturas que se desarrollaron en torno al año 7000 a.C., una en el complejo llano del desierto y la otra en la zona costera y las islas. Se tiene conocimiento de posteriores asentamientos humanos, alrededor del año 3000 a.C.. Hasta el 700 d.C. estas culturas mantuvieron una economía mixta de agricultura y caza-recolección. A finales del período se intensificó un comercio incipiente, sobre todo en las zonas fronterizas con las grandes culturas del centro de México. Del 700 a.C. al 1100 d.C. se consolidaron la agricultura y el comercio, y florecieron culturas como la de la Concha, que favoreció el desarrollo de Trincheras y Huatabampo. Los grupos étnicos que se encontraban en la entidad eran los de filiación yumana, pimas, seris, ópatas, eudeves, joyas, pimas bajos, cahitas, apaches, tarahumaras y guarijíos.

Los primeros intentos de conquista en la región estuvieron a cargo de Nuño Beltrán de Guzmán en 1531, pero no llegaron hasta territorio sonorense. Dos años más tarde, Diego de Guzmán quiso acercarse a dichas tierras, pero tampoco lo consiguió. Alrededor de 1536, Álvar Nuñez Cabeza de Vaca recorrió tierras sonorenses; al llegar a Culiacán informó sobre la existencia de dos grandes montañas de oro, por lo que se organizaron expediciones que deberían localizarlas y conquistar el territorio; sin embargo no lograron adentrarse. En esos momentos, la Nueva Vizcaya, que incluía las regiones circunvecinas, se había consolidado y había establecido poblaciones hasta el río Yaqui, pero Sonora se mantenía sin explorar.

Los jesuitas se aventuraron por la región, en 1591, con el objetivo de establecer misiones e iniciar la conversión y conquista de los naturales. Fundaron misiones con una sólida base económica, lo que faci-

Carranza y Obregón en Sonora. Carranza asentó su gobierno en Hermosillo y formó un gabinete con el apoyo de los caudillos sonorenses.

litó el dominio español y lo hizo eficaz durante la Colonia. Fue este mecanismo el que logró la expansión hispana en toda la región. El padre Eusebio Francisco Kino fue uno de los misioneros jesuitas más conocidos ahí. Las misiones generaban excedentes y eran la vía más fácil de colonización. De esta manera mantuvieron el control del mercado durante la Colonia, por lo que recibieron amplio apoyo de la Corona.

La minería fue una actividad socorrida, aunque poco redituable comparada con la de otras regiones. A partir de la rebelión yaqui de 1740 y las constantes sublevaciones de los apaches, se establecieron varios presidios. Las misiones jesuitas buscaban la evangelización y la mano de obra para la subsistencia interna de los asentamientos. En contraste, los reales de minas explotaban a los indígenas y los presidios querían aprovecharlos como soldados para nuevas conquistas. Estas diferencias acarrearon múltiples conflictos que, aunados a la expulsión de la Compañía de Jesús, en 1767, incrementaron la crisis. Los jesuitas fueron

sustituidos por los franciscanos pero, a diferencia de aquéllos —que mantenían a las comunidades como un sistema integrado—, los segundos las manejaron como establecimientos disgregados. Todo ello propició el decaimiento de las misiones y dejó el camino abierto para el robo de tierras y la explotación de los naturales.

La guerra de Independencia no llegó hasta la entidad; sin embargo, hubo algunas movilizaciones políticas. En 1821 se juró la Independencia. Más tarde se unieron las provincias de Sonora y Sinaloa, creando el Estado Libre de Occidente. La difícil administración de territorios tan distantes entre sí propició que para 1830 se volvieran a dividir, instalándose en Hermosillo el Congreso de Sonora. En 1837 Sonora adquirió el rango definitivo de Estado Libre, Soberano e Independiente.

En 1848 la entidad fue invadida por los estadounidenses. Así permaneció hasta la firma del tratado de Guadalupe Hidalgo, por el cual Antonio López de Santa Anna entregó más de la mitad del territorio nacional a cambio de una conside-

rable suma. Los invasores se comprometieron a defender la frontera de los constantes ataques apaches. Sin embargo, se mostraron reticentes al diálogo con el gobierno. El tratado de La Mesilla, establecido entre Santa Anna y los estadounidenses, entregó a estos últimos parte del territorio sonorense y los eximió de cuidar la frontera. Después de la revolución de Ayutla y la Reforma, al consolidarse el régimen liberal en Sonora, se reanudó la subyugación militar de los yaquis para conquistar su territorio con fines comerciales.

En 1865, el puerto de Guaymas fue invadido por los franceses durante un año, después del cual los liberales tomaron el poder. Durante el Porfiriato se fortaleció la economía. Se construyeron vías férreas, se apoyó a la industria con capitales extranjeros (sobre todo estadounidenses y chinos) y se intensificó la explotación del cobre. Por lo demás, se expandieron la agricultura, las fábricas de hilados y tejidos, de ropa y cerveza, al igual que la banca. Hermosillo se convirtió en centro político, cultural, financiero, comercial, agrícola e industrial. Todas estas mejoras no involucraban a la mayoría de la población, puesto que las ganancias se repartían entre un limitado círculo de empresarios.

Desde la época colonial, los yaquis se habían mantenido en constante rebelión, debido al robo de sus tierras y la explotación de la que eran víctimas. La última asonada, al mando de Cajeme, había asombrado a la población y no fue derrotada sino hasta 1909. El descontento general de los habitantes por éste y otros problemas no se hizo esperar. Se creó el Club García Morales o Club Verde, de oposición política. En la fábrica de Cananea se formó la Unión Liberal Humanidad, adherida al Partido Liberal Mexicano que encabezaban los hermanos Flores Magón. Ésta pedía mejoras salariales y laborales pero fue disuelta con violencia.

Todos estos antecedentes hicieron que la propuesta antirreeleccionista de Francisco I. Madero fuera acogida con entusiasmo. Se crearon dos grandes grupos opositores a Porfirio Díaz, por un lado los magonistas, que trabajaban en los centros mineros y urbanos y, por otro, los maderistas que eran propietarios, comerciantes y profesionistas. Los conflictos entre quienes apoyaban a Venustiano Carranza y aquellos que apoyaban la Convención de Aguascalientes (con Francisco Villa y Emiliano Zapata como principales defensores), dividieron a la entidad hasta 1915, después de lo cual cayó en una profunda crisis económica y social.

Los conflictos posteriores a la lucha armada hicieron frecuentes los cambios de gobierno. Sin em-

Palacio de Gobierno de Hermosillo, ciudad que fue declarada capital del estado en 1879. En sus orígenes fue una ranchería seri llamada Pitic.

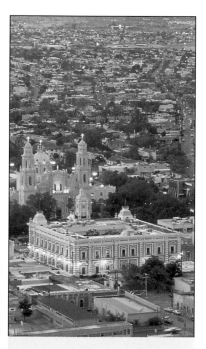

Situada entre la montaña, el mar y el desierto, Hermosillo, la capital de Sonora, debe su nombre al patriota José María González de Hermosillo.

bargo, todos los gabinetes buscaron mejoras. Entre ellas se contaron: la abolición de las prefecturas, el establecimiento de municipios libres, la apertura de centros de enseñanza, la observancia de las jornadas laborales permitidas por la ley, la apertura de la Universidad de Sonora, la construcción de presas y carreteras, y el apoyo a la agricultura y los sistemas de riego. En ese contexto resurgieron el puerto de Guaymas y la actividad turística y pesquera, se impulsó la ganadería y crecieron los centros urbanos.

Actualidad

El estado alberga a 2,213,370 habitantes, las dos terceras partes menores de 40 años. El municipio de Hermosillo concentra al 27.5 por ciento de la población del estado. Está activo un 54 por ciento de ésta y ocupado un 96.9 por ciento. En el área urbana de Hermosillo, el 40 por ciento trabaja en la rama de los servicios, el comercio absorbe casi al 22 por ciento, la industria de la transformación ocupa al 17 por ciento y el gobierno a poco más del 6 por ciento. Hay más de 48,000 personas que

hablan una lengua indígena en el estado: mayo, yaqui, mixteco, guarijío, zapoteco, maya, seri, triqui, tarahumara y pima, entre las lenguas más frecuentes.

El calendario electoral vigente señala como fecha de elección para gobernador el 1 de septiembre, cada seis años, y la de diputados y autoridades municipales, el 6 de julio, cada tres años. Las tomas de posesión de todas las autoridades se realizan el 13 de octubre.

Sonora tiene más de 4,000 escuelas y una planta docente de 26,000 maestros para 536,000 alumnos de los niveles preescolar, primaria, capacitación para el trabajo, secundaria, profesional medio y bachillerato. En el nivel superior se encuentran inscritos más de 50,000 alumnos, en la Universidad de Sonora, el Instituto Tecnológico de Sonora y la Normal Superior.

La entidad cuenta con alrededor de 475,000 viviendas, 265,000 de las cuales son colectivas, para un promedio de 4.4 ocupantes por vivienda; unas 345,000 cuentan con todos los servicios, 3,000 con agua entubada y drenaje, 85,000 con agua entubada y energía eléctrica y 4,500 con drenaje y energía eléctrica. El estado administra unas 890 fuentes de abastecimiento de agua. Las presas son capaces de almacenar casi 10,000 millones de m³ de agua. Se cuenta con 54 plantas de tratamiento de aguas residuales, que procesan un volumen de 1,250 litros por segundo. Existen 477,000 tomas eléctricas. De ellas, 432,000 son residenciales, 40,000 comerciales, y 4,000 industriales. Hay en total 23,000 km de líneas eléctricas tendidas.

El producto interno bruto (PIB) estatal es de casi 30,000 millones de pesos; los comercios, restaurantes y hoteles producen el 24 por ciento; el 18 por ciento corresponde a los servicios comunales, sociales y personales; la industria manufacturera aporta el 16 por ciento; la industria agropecuaria, silvícola y pesquera un 14 por ciento; los servicios financieros, seguros y bienes inmuebles casi el 13 por ciento; los transportes, los almacenamientos y las comunicaciones el 10 por ciento y la construcción apenas algo más del 4 por ciento.

Unas 52,000 empresas se dedican a la agricultura. Las unidades de producción rurales cubren una superficie total cercana a los 12.3 millones de hectáreas. El estado produce, en cultivos cíclicos, trigo, maíz, algodón, sorgo, cártamo, garbanzo, ajonjolí, sandía, papa y melón, además de otros cultivos; en cultivos perennes, vid, alfalfa, naranja, espárragos y nogal, entre otros. Cerca de 30,000 empresas se dedican a la ganadería; crían aves de corral, ganado equino, bovino, porcino, caprino, ovino, conejos y abejas. También destaca la producción de huevos, pieles, leche y otros productos. Unas 10,000 empresas se centran en la actividad forestal, con la explotación de mezquite (50 %), pino (30 %), y encino (17 %), además de palo fierro y otras maderas.

El volumen de captura pesquera es superior a las 413,000 toneladas. La mayor captura es la de sardina (70 %), pero también sobresalen la de almeja, bagre, baqueta, camarones —altamar, bahía y de cultivo—, caracol, carpa, cazón, corvina, huachinango, jaiba, jurel, langosta, lisa, lobina, mojarra, ostión y pargo, pulpo, sierra y tiburón. La acuicultura tiene un volumen de producción superior a las 6,000 toneladas anuales.

Practican la minería unas 8 empresas, que extraen minerales metálicos tales como cobre (75 %), molibdeno (10 %), oro (10 %), plata, plomo, cinc y hierro. Entre los minerales no metálicos se extrae caliza, wollastonita, rocas dimensionales, sulfato de sodio, zeolitas, yeso, arcilla, barita, perlita, grafito, boratos, mármol y carbonato de sodio.

Cerca de 5,500 empresas se dedican a la manufactura; unas 2,000 a la producción de alimentos, bebidas y tabaco —el 35 por ciento del total—, 1,200 a productos metálicos, maquinaria y equipo en general y 850 son industrias de la madera y sus productos —incluidos muebles—. Otras 500 trabajan en la producción de textiles, prendas de vestir e industria del cuero, 450 en productos minerales no metálicos —excepto derivados del petróleo y del carbón—, 350 en el papel y sus productos, imprentas y editoriales, y 80 producen sustancias químicas, derivados de petróleo, carbón, hule y plástico.

Hay 370 empresas constructoras, entre ellas 12 grandes y 12 gigantes. La generación bruta de energía eléctrica es de casi 6 millones de megawatts por hora. Cerca de 25,000 establecimientos se dedican al comercio y 240 al turismo, con una capacidad que rebasa las 10,000 habitaciones.

Las empresas de autotransporte de carga del estado son 185, y las de pasajeros 60. Hay alrededor de 24,000 km de caminos: el 75 por ciento rurales, el 15 por ciento de alimentadores estatales y un 10 por ciento de troncales federales. La red ferroviaria supera los 2,000 km. El estado posee 188 aeródromos y 5 aeropuertos. Hay 86 radiodifusoras, 62 estaciones repetidoras de televisión y 4 locales.

Escenario de combates contra los piratas, asediado durante la Independencia y la Reforma, el puerto de Guaymas es actualmente un gran centro pesquero.

Tabasco

El estado de Tabasco se localiza en el sudeste de México, en la planicie costera del Golfo, al norte en los 18° 39', al sur en los 17° 15' de latitud norte, al este en los 91° 00' y al oeste en los 94° 07' de longitud oeste. Colinda al norte con el golfo de México y Campeche, al este con Campeche y la República de Guatemala, al sur con Chiapas y al oeste con Veracruz. Tiene un área total de 24,661 km², con lo que representa el 1.3 por ciento de la superficie nacional; integra a 17 municipios y su capital es Villahermosa.

Las elevaciones más importantes no alcanzan los 1,000 m. Las principales son las sierras Madrigal, con una altitud de 900 m sobre el nivel del mar, Tapijulapa (900 m), los cerros La Pava (880 m), La Ventana (560 m) y la sierra Puana (560 m).

Se reconocen asimismo dos regiones hidrológicas: la de Coatzacoalcos está formada, en el estado, por la cuenca de los ríos Tonalá y Lagunas del Carmen y Machona; la segunda es la llamada Grijalva-Usumacinta, formada por las cuencas del río Usumacinta, de la laguna de Términos y del río Grijalva-Villahermosa. Además de los mencionados surcan el estado, entre otros, los ríos Mezcalapa-Grijalva, Tepetitán-Chilapa, San Pedro, San Pedro y San Pablo, Puxcatán, Tancochapa-Tonalá, Tacotalpa-La Sierra, Zanapa-Las Flores, Samaria, Cuxcuchapa, Puya-catengo, Nacajuca, Santana, Naranjeño, Teapa y Bitzal. Entre los lagos se cuentan El Carmen, Machona, Mecoacán, Santa Anita, El Viento, Ismate-Chilapilla, El Rosario, Cantemual, Maluco, Guanal, San José del Río y La Palma.

Los climas presentes en el estado son el cálido húmedo con lluvias todo el año, cálido húmedo con lluvias abundantes en verano y cálido subhúmedo con lluvias en verano. La temperatura media anual fluctúa entre 26 y 27.3 °C, por más que se registran temperaturas extremas de 23 y 27.8 °C. La precipitación media varía de los 1,530.4 a los 3,316.1 milímetros. Se registran precipitaciones extremas de 1,028.4 y 4,363.5 milímetros.

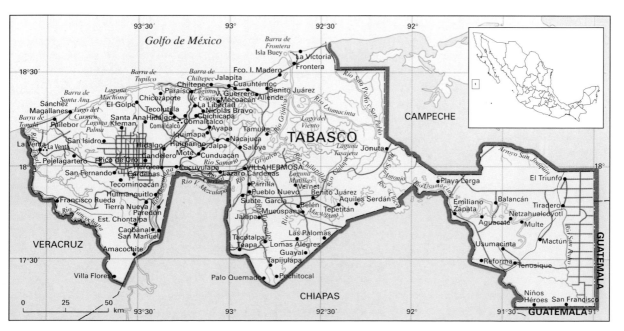

Una gran extensión del estado de Tabasco la forman meandros entrantes de la cuenca Grijalva-Usumacinta. En la foto, cercanías de Villahermosa.

Hay pastizales en el 30.62 por ciento de la superficie estatal, con estrella africana, elefante o merkerón, zacate alemán, jaragua y grama remolino. Los cultivos se extienden por el 25.82 por ciento del estado; las zonas tular-popal cubren el 23.58 por ciento, con distintas clases de tule, tulillo y quentó. Las selvas de canshán, sombrerete, laurel, chicozapote, palo mulato y chaká cubren el 16.19 por ciento; los mangles negro, rojo y blanco cubren un 2.75 por ciento de la superficie y otras plantas un 1.04 por ciento.

Entre las variadas especies que componen la fauna natural pueden encontrarse venado, puerco de monte, jabalí, cereque, tortuga, lagarto, pochitoque, loro, manatí, tlacuache, hurón, cacomixtle, mono araña, sarahuato, pato, pipije, diversas especies de quelonios, calandrias, cenzontle, colibrí, nutria, ardilla, erizo, mapache, mico de noche, tortuga de mar, hicotea, tusa, comadreja, garza, iguana, tepezcuintle, piguas, curuco, gubina, topén, guao, chiquiguao, mojina, martucha y oso hormiguero.

Historia

Hace unos 3,000 años se asentó en el actual territorio de Tabasco la cultura olmeca, que ha sido denominada la «cultura madre» de Mesoamérica. Se sitúa a Tabasco dentro del área maya, pero con influencia olmeca y mexica. Los olmecas se desarrollaron en diversos centros como Jonuta, Comalcalco, Tortuguero, Reforma, Pomoná, El Arenal y La Venta. La presencia náhuatl en la región es anterior al momento de esplendor mexica, pero fue en ese período cuando se incrementó, puesto que los mexicas establecieron en territorio olmeca diversas avanzadas para controlar sus dominios.

En 1518 partió de Cuba, al mando de Juan de Grijalva, la expedición que pisó por primera vez territorio tabasqueño y que fue bien recibida por los naturales. Un año después, Hernán Cortés llegó a territorio mexicano y entabló en Etla la primera batalla de su campaña conquistadora. Como muestra de rendición, los naturales le entregaron diversos bienes entre los que se

encontraba, en calidad de esclava, la Malinche, quien sería fundamental para el posterior avance y dominio del territorio.

Los naturales de Tabasco, sobre todo los cimatanes, rechazaron el dominio español, asediando las fundaciones, por lo que en 1528 éstos tuvieron que abandonar el territorio. Enterado Francisco de Montejo de los acontecimientos, envió a su hijo *El Mozo* a pacificar la región y ampliar el dominio español; la provincia quedó sometida, en 1530. Durante la Colonia, su avance se vio dificultado por epidemias, plagas, tempestades, inundaciones y la piratería. Villahermosa, declarada puerto menor, logró consolidar cierta bonanza económica y se convirtió en el asentamiento más significativo de la región. En 1795 se trasladaron allí los poderes, y desde entonces fue la ciudad principal.

Debido a la lejanía y al abandono que sufría la zona durante la Colonia, la guerra de Independencia apenas llegó a Tabasco, más que como rumores. En 1821 se proclamó la Independencia con el juramento del plan de Iguala y los tratados de Córdoba. Al instalarse en México la Soberana Junta Provisional Gubernativa, Tabasco no tuvo representación, al ser considerado provincia de Yucatán. En 1824, tras largas discusiones sobre su conformación, se creó el Estado Libre y Soberano de Tabasco, lo que dio nacimiento a su propio congreso constituyente. En 1833, una epidemia de cólera *morbus* acabó con poblaciones enteras.

En 1846, los estadounidenses desembarcaron en Frontera, con el propósito de invadir el territorio mexicano; intentaron en varias ocasiones la toma de la capital del estado, pero fueron derrotados, no sin antes bombardear Villahermosa, hasta dejarla en ruinas. En 1858, durante la guerra de Reforma, los conservadores tomaron la capital por un mes, tras el que la ciudad volvió al régimen constitucional. Éste fue interrumpido de nuevo por la intervención francesa, derrotada por los republicanos en 1864.

Durante el Porfiriato se impulsó el desarrollo con la construcción de vías férreas, y el estímulo educativo trajo consigo la edificación del Instituto Juárez, primer centro de enseñanza superior del estado. Sin embargo, el costo social que llevó consigo y las constantes reelecciones de Porfirio Díaz allanaron el terreno para la Revolución de 1910.

El movimiento antirreeleccionista encabezado por Francisco I. Madero tuvo eco en Tabasco en el Club Liberal Melchor Ocampo, el que también se oponía al régimen de Díaz. Los ideales revolucionarios se expandieron por el estado, en parte gracias al periódico *La Revista de Tabasco*, fundado en 1906. Hubo diversos levantamientos armados que expandieron la insurgencia por el estado; un sector del mismo apoyó la usurpación de Victoriano Huerta, lo que incrementó las sublevaciones, que triunfaron y obtuvieron el apoyo de Venustiano Carranza. En 1917 se juró en Villahermosa la nueva Constitución Política de los Estados Unidos Mexicanos.

Durante los años siguientes se impulsaron la educación, la agricultura y la ganadería. Prosperaron las organizaciones obreras, las luchas feministas y la industria; todo ello bajo un régimen que muchos consideraban incapaz de garantizar libertades políticas reales.

Actualidad

El estado acoge a 1,889,367 habitantes, tres cuartas partes de ellos menores de 40 años. El municipio del Centro alberga casi al 27 por ciento de la población del estado, activa en un 50 por ciento, y casi toda ocupada. En el área urbana de

Palacio de Gobierno de Villahermosa, capital del estado en 1825 con el nombre de San Juan Bautista de Tabasco. En 1916 recuperó su nombre actual.

Villahermosa trabaja en la rama de los servicios el 43 por ciento de la población, mientras que el comercio absorbe a un 20 por ciento, el gobierno en torno al 11 por ciento y la industria de la transformación, un 10 por ciento. Hay 51,500 personas que hablan una lengua indígena: chontal de Tabasco, chol, tzeltal, maya, zapoteco, náhuatl, tzotzil, zoque, mixteco, mixe, totonaca, chontal de Oaxaca, otomí, tojolabal, chinanteco, popoluca, mazateco, mazahua, mixteco de Puebla, lacandón, purépecha, huasteco, chontal, huave, popoloca y tarahumara se encuentran entre las más frecuentes.

El calendario electoral del estado señala que el gobernador, los presidentes municipales y los regidores se eligen el segundo miércoles de noviembre y que todas estas autoridades, una vez electas, toman posesión el 1 de enero del año siguiente al de la votación. Los diputados federales y los senadores se eligen el primer miércoles de julio y toman posesión de su cargo el 1 de septiembre.

El estado de Tabasco cuenta con un total de 4,600 escuelas y una planta docente de unos 22,000 maestros para 560,000 alumnos que se encuentran entre los niveles preescolar, primaria, capacitación para el trabajo, secundaria, profesional medio y bachillerato. En el nivel superior hay inscritos cerca de 30,000 alumnos, en la Universidad Juárez Autónoma de Tabasco, el Instituto Tecnológico de Villahermosa y la Universidad Pedagógica Nacional, entre otros centros.

La entidad cuenta con alrededor de 356,000 viviendas, de las cuales 133 mil son colectivas, para un promedio de 4.9 ocupantes por vivienda; unas 220,000 disfrutan de todos los servicios, 3,000 cuentan con agua entubada y drenaje, 14,000 con agua entubada y energía eléctrica y 63,000 con drenaje y energía eléctrica. El estado administra unas 410 fuentes de abastecimiento de agua que aportan casi 534,500 m^3 por día, y 20 plantas de tratamiento de aguas residuales que procesan un volumen de 25 millones de m^3 por año. Existe un total de 351,500 tomas eléctricas en el estado, de las que 314,000 son residenciales, 36,500 comerciales y 1,000 industriales. El estado dedica 123 hectáreas de terreno a tiraderos de basura a cielo abierto y 17 a rellenos sanitarios.

El producto interno bruto (PIB) del estado es de casi 17,000 millones de pesos; los comercios, restaurantes y hoteles producen un 33 por ciento, el 17 por ciento corresponde a los servicios comunales, sociales y personales; la minería aporta el 13 por ciento, los servicios financieros, seguros y bienes inmuebles el 11 por ciento, la industria agropecuaria, silvícola y pesquera el 7.5 por ciento (poco más que la industria manufacturera), los transportes, almacenamiento y comunicaciones el 6.5 por ciento y la industria de la construcción casi el 4 por ciento.

Unas 95,000 empresas se dedican a la agricultura. Las unidades de producción rurales cubren una superficie total cercana a 1.8 millones de hectáreas. El estado produce, en cultivos cíclicos, maíz, arroz, sorgo, frijol, sandía, chile verde, melón, jitomate y chile seco, ade-

más de otros productos; en cultivos perennes, naranja, limón, piña, papaya, mango, toronja, aguacate, chicozapote, mamey, tamarindo, cacao, coco, caña de azúcar, plátano, café, hule y pimienta. Cerca de 72,600 empresas se dedican a la ganadería; se crían aves de corral, ganado porcino, bovino, equino, ovino, caprino, conejos y abejas; se produce también leche, vísceras, pieles, huevos y miel. Unas 42,000 empresas se dedican a la actividad forestal. Del volumen obtenido, el 58.2 por ciento son maderas corrientes tropicales, el 41.8 por ciento restante son maderas preciosas. El volumen de captura pesquera es superior a las 46,000 toneladas. La captura sin registro oficial asciende a un 40 por ciento; se explotan especies como tilapia, ostión, bandera, sierra, peto y mojarra, entre otras. La acuicultura tiene un volumen de producción anual de 26,000 toneladas.

Extraen petróleo y gas natural 4 empresas mineras, y otras 26 explotan minerales no metálicos. El PIB de este rubro asciende a más de 2,000 millones de pesos, casi todos por la extracción de petróleo crudo

y gas natural, cantidad que representa el 11 por ciento del total nacional.

Cerca de 3,000 empresas se dedican a la manufactura, 1,200 a la producción de alimentos, bebidas y tabaco —más del 40 por ciento del total—, 500 a los productos metálicos, maquinaria y equipo en general; 450 son industrias de la madera y sus productos —incluidos muebles—, 400 de textiles, prendas de vestir y artículos de cuero; 180 se centran en el papel y sus productos, imprentas y editoriales, 133 elaboran productos minerales no metálicos —excepto derivados del petróleo y el carbón—, 22 producen sustancias químicas, derivados del petróleo y el carbón, hule y plástico; y 14 son industrias manufactureras de distintos tipos. Hay en el estado 460 empresas constructoras, 6 de ellas grandes y 8 gigantes. La generación de energía eléctrica alcanza una potencia real instalada de más de 1,000 megawatts. Cerca de 15,000 establecimientos se dedican al comercio y 120 al turismo, con una capacidad de alojamiento cercana a las 4,500 habitaciones.

Las empresas de autotransporte de carga del estado son poco más de 100 y las de pasajeros alcanzan la misma cantidad. Se extienden por Tabasco alrededor de 6,000 km de caminos: el 60 por ciento alimentadores estatales, el 30 por ciento rurales y un 11.5 por ciento troncales federales. La red ferroviaria es de alrededor de 315 km. Las instalaciones portuarias de protección alcanzan algo más de 3,000 m lineales y las de atraque alcanzan casi la misma longitud; las áreas de almacenamiento cubren una superficie de 95,000 m². El estado posee 17 aeródromos y un aeropuerto. Existen, por último, 22 radiodifusoras, 10 estaciones repetidoras de televisión y 2 locales.

Tabasco cuenta con condiciones de calor y humedad ideales para el cultivo del cacao, cuyos granos se utilizaron durante siglos como unidades de intercambio.

Tamaulipas

El estado de Tamaulipas se localiza en el extremo nordeste del país, al norte en los 27° 40', al sur en los 22° 12' de latitud norte, al este en los 97° 08' y al oeste en los 100° 08' de longitud oeste. Colinda al norte con el estado de Nuevo León y Estados Unidos, al este con Estados Unidos y el golfo de México, al sur con el golfo de México y los estados de Veracruz y San Luis Potosí, y al oeste con los estados de San Luis Potosí y Nuevo León. La entidad tiene una superficie total de 79,862 km², lo que representa el 4.1 por ciento de la superficie del país, donde se organizan 43 municipios en torno a su capital, Ciudad Victoria.

Las elevaciones principales son las sierras El Pedregoso, con una altitud de 3,280 m sobre el nivel del mar, Los Borregos (3,240 m), La Gloria (3,220 m), el cerro El Nacimiento (3,180 m), las sierras El Pinal (3,000 m) y Las Brujas (2,900 m), la mesa Juárez (2,780 m), y las sierras Mocha (2,760 m), Chiquita (1,720 m) y Borrada (1,240 m).

Existen cuatro regiones hidrológicas: la de Bravo-Conchos, formada en el estado por las cuencas de los ríos Bravo-Matamoros-Reynosa, Bravo-San Juan, Bravo-Sosa, la de la Presa Falcón-Río Salado y, finalmente, la del río Bravo-Nuevo Laredo. La segunda región hidrológica, San Fernando-Soto La Marina, se forma por las cuencas de los lagos De San Andrés y Morales, la cuenca del río Soto La Marina, la

de la Laguna Madre y la del río San Fernando. La región hidrológica Pánuco, tercera tamaulipeca, se forma por parte de las cuencas del río Pánuco, del río Tamesí y del Tamuín. La cuarta región hidrológica, El Salado, se forma por parte de la cuenca de la Sierra Madre. Además de los mencionados se reconocen, entre otros, los ríos Guayalejo, Barberena, Pedregoso, Sabinas, San Carlos, Panales, Chihue, Pilón, El Tigre, Ocampo, Flechadores, San Vicente, Chorreras, Santa Ana, Palmas, Los Olmos, Las Ánimas, Los Mimbres, Burgos, Olivares, Grande, San Lorenzo, Purificación, Corona, El Salado, Las Tinajas, San Antonio y Blanco. En el estado se encuentran, además, los lagos Champayán, El Barril, Anda La Piedra y La Nacha,

así como el Vaso el Culebrón. Se localizan también las presas Internacional Falcón, Las Adjuntas, Marte R. Gómez, Guadalupe Victoria, La Escondida, La Loba y Ramiro Caballero.

Los climas presentes en la entidad son el cálido subhúmedo con lluvias en verano, semicálido húmedo con lluvias abundantes en verano, semicálido subhúmedo con lluvias en verano, semicálido subhúmedo con lluvias escasas todo el año, templado subhúmedo con lluvias en verano, templado subhúmedo con lluvias escasas todo el año, semifrío subhúmedo con lluvias en verano, semiseco muy cálido y cálido, semiseco semicálido, semiseco templado, seco muy cálido y cálido, seco semicálido, y seco templado.

Favorecida por el clima cálido y húmedo, la parte baja de la sierra de Tamaulipas presenta una vegetación tropical; en la parte alta abundan las coníferas.

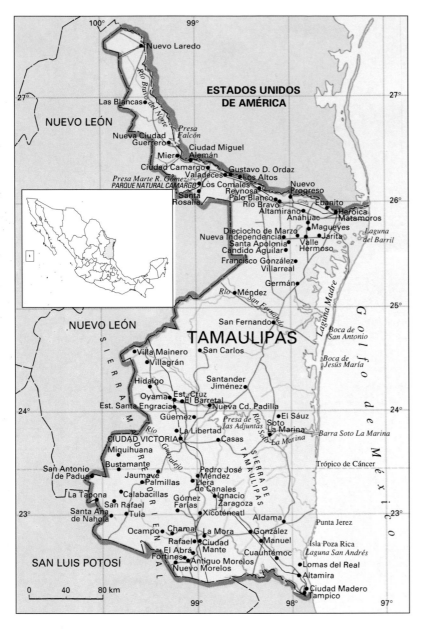

copalillo, pino chino y nogal; los chaparrales de encino, sotol, lechuguilla, maguey y la banderita cubren el 0.29 por ciento.

El estado cuenta con especies animales como rana, ninfa, sibori, salamandra, ajolote, sapo toro, tortuga, cachorón, camaleón, pichicuate, cantil, corua, boa, chirrionera, zorra gris, venado, puma, coyote, ratón de campo, rata algodonera, puma, lince, tejón, jabalí, mapache, águila, halcón negro, gavilán ratonero, tecolote, lechuza, zopilote, codorniz, cuervo, güilota, tinamú canelo, cojolita, oso negro, jaguar, correcaminos, guajolote salvaje, pato, ganso y paloma cola blanca.

Historia

Una de las seis grandes culturas que se establecieron en la sierra del actual estado de Tamaulipas data de una antigüedad mayor a los 8,000 años. Estas seis culturas se desarrollaron en cuatro diferentes economías: la de caza, recolección y pesca —que ocupaba las cuencas de los ríos Purificación, de las Conchas y Bravo—; la de los semisedentarios de la Sierra Madre, la de los sedentarios de la Tamaulipa Oriental y la de los sedentarios del sur, denominados «huastecas». El número de grupos indígenas que habitaron la región se calcula entre 72 y 107.

En los mapas de Américo Vespucio, realizados a partir de sus viajes entre 1497 y 1502, aparecen las costas de Tamaulipas y algunos de sus ríos. Otras expediciones, en 1517 y 1518, recorrieron costas y tierras de la región. Después de la conquista de Tenochtitlan, Hernán Cortés encomendó la conquista de la zona de la huasteca a Gonzalo de Sandoval. Cuando se impuso el dominio hispano, numerosas familias de españoles, mexicas y tlaxcaltecas se dispusieron a conformar poblados en la nueva provincia de Tamaulipas, en especial en la villa de

La temperatura media anual se encuentra entre los 18.5 y los 32.8 °C, però hay temperaturas extremas de 18.3 y 35.1 °C. La precipitación promedio fluctúa entre los 335.9 y los 738.9 milímetros. Se registran precipitaciones extremas de 178.9 y 1,267 milímetros.

Los matorrales crecen en un 31.48 por ciento del estado, con plantas como la gavia, corbagallina e izote. Hay selva en el 21.31 por ciento de la superficie, con aguaca-

tillo, tepeguaje, guácima, palo mulato y cruceto. Se dedica a la agricultura el 18.06 por ciento. El mezquital cubre el 9.26 por ciento, donde crecen mezquite, ébano, nagua blanca, cruceto y gavia. Los pastizales se extienden por el 7.80 por ciento: hay estrella africana, zacates privilegio, pangola, buffel y tres barbas. La superficie está cubierta de bosques en un 6.42 por ciento, donde abundan distintas especies de encino y árboles como

Tampico. Sin embargo, no fue sino hasta mediados del siglo XVIII cuando José de Escandón logró explorar y conquistar todo el territorio, donde fundó 22 poblados.

Durante la época colonial, la labor misionera de los franciscanos, sobre todo la de fray Andrés de Olmos, sirvió para hacer menos riguroso el trato de los españoles hacia los indígenas y les permitió conservar algunas fuentes económicas, como por ejemplo la explotación de la lechuguilla, fibra que hasta mediados del siglo XX ha sido fundamental para el comercio internacional. De cualquier manera, la persecución a los indígenas y la esclavitud caracterizaron las actividades coloniales que, en lo económico, se centraban en la agricultura, la ganadería, el comercio y la minería.

Al iniciarse la guerra de Independencia, el entonces gobernador de la provincia reunió las tropas bajo su jurisdicción con el fin de apoyar a los realistas; sin embargo, las tropas se declararon a favor de la insurgencia. Asimismo la población apoyó la rebelión con movimientos militares y revolucionarios.

Bajo el mando de Ignacio Allende, Miguel Hidalgo y Mariano Jiménez, los insurgentes de la entidad se apoderaron de las villas del norte, fungieron como representantes del movimiento en Estados Unidos y se mantuvieron al frente de la campaña independentista de 1812-1813, en Texas. Francisco Javier Mina y fray Servando Teresa de Mier organizaron una expedición naval y militar para apoyar la causa insurgente. Al proclamarse el plan de Iguala, en 1821, que ponía fin a la época colonial, se juró la Independencia en la entidad. En 1824, el Acta Constitutiva de la Federación sentó las bases para la elaboración de la Constitución Federal que reconoció como estado a la denominada «provincia de Nuevo Santander», que a

Mural que representa al colonizador José de Escandón; en 1749 inició la conquista de la región del Seno Mexicano, a la que denominó Nuevo Santander.

partir de ese momento se llamó Tamaulipas. Al año siguiente se proclamó la constitución local y se dispuso la creación de una corte de justicia.

Durante la intervención estadounidense, el estado fue tomado por los invasores. Al firmarse el tratado de Guadalupe Hidalgo, la entidad perdió buena parte de su territorio. Al implantarse las leyes de Reforma, el obispo de Tamaulipas emitió un decreto que distribuyó en su jurisdicción, en el cual se establecía la entrega pacífica de los bienes eclesiásticos, así como la obligación de que a todo sacramento debía anteceder la legalización del mismo. A partir de ese momento se entablaron varios enfrentamientos entre grupos políticos, que provocaron gran inestabilidad social. A ello se sumó la intervención francesa, en que los invasores tomaron algunas zonas. Durante el Imperio de Maximiliano, se vivió una gran violencia en el estado.

La época porfiriana destacó por la paz social y los beneficios económicos: el activo comercio internacional de mercancías americanas y europeas, la inversión extranjera, la

construcción de vías férreas, el desarrollo industrial, la creación de grandes latifundios y el apoyo a la educación.

Al iniciarse la Revolución de 1910, Tamaulipas se adhirió a la causa de Francisco I. Madero con una notable participación. El estado fue lugar estratégico para los constitucionalistas por encontrarse en la frontera y hacer posible la obtención de armamento. En 1913 Lucio Blanco tomó la ciudad de Matamoros, desde donde se organizaron las incursiones que dominaron al nordeste y centro del país, y se realizó el primer reparto agrario del norte de la República. Después de la Convención de Aguascalientes, se promulgaron leyes agrarias, hubo reparto de terrenos baldíos y se fomentó la pequeña propiedad.

En 1920 se promulgó la Constitución estatal, basada en la nacional de 1917, y un año más tarde, tras la caída de Venustiano Carranza, se redactó otra. Antes de que Emilio Portes Gil llegara a la presidencia de la República, fue gobernador de Tamaulipas, donde fundó el Partido Socialista Fronterizo, que sirvió de base para la posterior creación del

En la desembocadura del río Pánuco, la ciudad y puerto de Tampico se enorgulle-ce de la arquitectura de estilo Art Nouveau *que rodea la Plaza de la Libertad.*

Partido Nacional Revolucionario, en 1929. Al superar las secuelas de la Revolución, recibieron fuerte impulso la educación, la agricultura y el reparto agrario. Aparte se organizó la industria petrolera y se fortaleció la infraestructura urbana y de comunicaciones, así como la explotación pesquera.

Actualidad

El estado alberga 2,747,114 habitantes, de los cuales casi las dos terceras partes son menores de 40 años. El municipio de Matamoros concentra poco más del 15 por ciento de la población. Se considera económicamente activa al 53 por ciento de dicha población y casi toda ocupada. En el área urbana de Matamoros trabaja en la rama de los servicios un 33 por ciento de la población, la industria de la transformación emplea al 31 por ciento, el comercio al 16 por ciento, la

construcción al 7 por ciento y las comunicaciones y transportes casi al 4 por ciento. En el área urbana de Nuevo Laredo, la rama de los servicios absorbe al 35 por ciento de la población, la industria de la transformación al 21 por ciento, el comercio casi al 17 por ciento, las comunicaciones y transportes a un 10 por ciento y al 7.5 por ciento la construcción. Hay más de 10,000 personas que hablan una lengua indígena: náhuatl, huasteco, pame, totonaca, zapoteco, otomí, mazahua, maya, mixteco, purépecha, tarahumara, mixe, chinanteco, tepehua, mazateco, popoluca, tzotzil, chichimeca jonaz, huichol y popoloca, entre las más importantes en razón del número de hablantes.

El calendario electoral del estado señala como fecha de elección para gobernador el primer domingo de diciembre y la toma de posesión se lleva a cabo el 5 de febrero si-

guiente. Los diputados son electos también el primer domingo de diciembre, y toman posesión el 31 del mismo mes. Las autoridades municipales —presidente, síndicos y regidores— son elegidas el primer domingo de diciembre y la toma de posesión se lleva a cabo el 1 de enero siguiente.

Tamaulipas tiene más de 4,600 escuelas y una planta docente de casi 30,000 maestros para 627,000 alumnos de los niveles preescolar, primaria, capacitación para el trabajo, secundaria, profesional medio y bachillerato. En el nivel superior se encuentran inscritos unos 45,000 alumnos, en la Universidad Autónoma de Tamaulipas, el Instituto Tecnológico de Ciudad Madero, la Universidad Valle del Bravo, el Instituto Tecnológico de Matamoros y el Instituto Tecnológico de Ciudad Victoria, entre otros centros.

La entidad cuenta con cerca de 600,000 viviendas, 236 de las cuales son colectivas, para un promedio de 4.2 ocupantes por vivienda; unas 390,600 cuentan con todos los servicios, 4,000 con agua entubada y drenaje, 114,000 con agua entubada y energía eléctrica y 4,500 con drenaje y energía eléctrica. Las presas son capaces de almacenar poco más de 14,000 millones de m^3 de agua. El estado cuenta con 44 plantas de tratamiento de aguas residuales y nueve lagunas de oxidación, entre otros recursos, que procesan un volumen de unos 113 millones de m^3 por año. Existen unas 653,500 tomas eléctricas en el estado, la mayoría residenciales, con más de 60,000 comerciales y 5,000 industriales.

El producto interno bruto (PIB) del estado es cercano a los 30,000 millones de pesos; los comercios, restaurantes y hoteles producen el 21 por ciento del total y el 18.5 por ciento corresponde a los servicios comunales, sociales y personales. El rubro de transportes, almacenamiento y comunicaciones aporta el 17 por ciento, la industria manufacturera casi el 14 por ciento y los servicios financieros, seguros y bienes inmuebles más del 12 por ciento. La industria agropecuaria, silvícola y pesquera representa un 10 por ciento y la construcción casi el 6 por ciento.

Unas 97,000 empresas se dedican a la agricultura. Las unidades de producción rurales cubren una superficie total cercana a los 6 millones de hectáreas. En cultivos cíclicos, el estado produce sorgo, maíz, cártamo, soya, trigo, algodón, hortalizas, frijol, forrajes y arroz, además de otros. En cultivos perennes produce caña de azúcar, cítricos, pastos y henequén, entre otros. Cerca de 162,500 empresas se dedican a la ganadería; se crían aves de corral, ganado equino, porcino, bovino, caprino, ovino, conejos y abejas. Unas 27,000 empresas se ocupan de la actividad forestal y explotan maderas corrientes tropicales (75.8 %), coníferas (12.9 %) y latifoliadas (11.3 %). El volumen de captura pesquera es cercano a las 32,500 toneladas, con especies como camarón, lisa, jaiba, tilapia, bagre, cazón, croca, corvina, huachinango, robalo, tiburón, trucha, carpa y ostión, entre otras. La acuicultura tiene un volumen de producción de unas 440 toneladas.

El producto interno bruto (PIB) de la minería estatal es de casi 236 millones de pesos (el 1.2 por ciento del PIB nacional del rubro). Se extrae plata, plomo y oro, petróleo crudo, gas natural y condensado.

Cerca de 6,000 empresas se dedican a la manufactura, 2,300 de las cuales se centran en la producción de alimentos, bebidas y tabaco —el 38 por ciento del total—; 1,200 en la manufactura de productos metálicos, maquinaria y equipo en general, 700 son indus-

La economía de Tampico se asienta en la industria petrolera. Además de refinerías y plantas petroquímicas posee un oleoducto a Ciudad Victoria y Monterrey.

trias de la madera y sus productos —incluidos muebles—, 640 producen textiles, prendas de vestir y artículos de cuero, casi 500 abarcan papel y sus productos, imprentas y editoriales, unas 370 productos minerales no metálicos —excepto derivados del petróleo y el carbón—, y 130 sustancias químicas, derivados del petróleo y el carbón, así como productos de hule y de plástico. Por lo demás, 114 son industrias de distintos tipos y 8 se abocan a la industria metálica básica.

Se produce un volumen de más de 147,000 barriles de petrolíferos (combustóleo, gasolina, diesel, gas seco, asfaltos, gas licuado, turbosina y otros), y más de 264,000 toneladas de petroquímicos (etano, etileno, polietileno de baja densidad, azufre, butadieno, estireno, hidrógeno y tetrámero). La industria maquiladora cuenta con 306 establecimientos en el estado, y produce

cerca de 8,000 millones de pesos de valor agregado. Hay más de 500 empresas constructoras, 35 medianas, 16 grandes y 16 gigantes. Cerca de 35,000 establecimientos se dedican al comercio y 364 al turismo, con una capacidad cercana a las 13,000 habitaciones.

Hay 700 empresas de autotransporte de carga y 5 de pasajeros. En Tamaulipas hay alrededor de 7,000 km de caminos, más del 40 por ciento rurales, el 30 por ciento troncales federales y casi otro 30 por ciento alimentadores estatales. La red ferroviaria se aproxima a los 1,000 km. Las instalaciones portuarias de atraque rebasan los 1,800 m y las de protección casi llegan a 3,000; las áreas de almacenamiento portuario tienen una extensión de 86,500 m^2. El estado cuenta con un aeropuerto. Hay 87 estaciones radiodifusoras, 56 estaciones repetidoras de televisión y 6 locales.

Tlaxcala

El estado de Tlaxcala se localiza en el vértice sudeste de la mesa central de la República Mexicana, al norte en los 19° 44', al sur en los 19° 06' de latitud norte, al este en los 97° 38' y al oeste en los 98° 43' de longitud oeste. Colinda al norte con Hidalgo y Puebla, al este y sur con Puebla, y al oeste con Puebla, México e Hidalgo. La entidad tiene una superficie total de 4,027 km², con lo que representa el 0.2 por ciento de la superficie nacional. En ella se conjuntan 60 municipios y su capital es Tlaxcala.

Las principales elevaciones son el volcán Matlalcuéyetl (La Malin-che), con una altitud de 4,420 m sobre el nivel del mar, los cerros El Huilotepec (3,500 m), Huilapitzo (3,500 m), San Gabriel (3,340 m), Huintetépetl (3,220 m), Tlaxcoxolo (3,080 m), San Nicolás (3,020 m), Cuatlapanga (2,900 m) y Soltepec (2,860 m).

Existen asimismo tres regiones hidrológicas: la primera es la del Balsas, formada en el estado por la cuenca del río Atoyac; la segunda región la forma la cuenca del río Moctezuma; la tercera es la llamada Tuxpan-Nautla, con la cuenca del río Tecolutla. Otros ríos del estado son el Atotonilco, Altzayanca, Agegela, Amomoloc, Atenco, Los Llorones, La Caldera, El Fondón, El Capulín, Xonecuila, Xalpatlahuaca, Zahuapan, Atocha, El Rosario, Los Lavaderos-Tizar, Petatula, La Calzada, El Lindero Grande, Rojano, San Diego, Hueyotlipan, Santa Ana Ríos, Totolac, Tecoac, Texcalac, Viejo, San José, La Mancera, Tlacaxolo, Tenexac, Las Lajas, El Bautisterio, Tepexilac-La Trinidad y el Águila. Se localizan también las presas Atlangatepec, San Fernando, La Luna, El Sol, Recova, El Muerto, Lázaro Cárdenas y Tenexac, además de los lagos Acuitlapilco, Zacatepec, Jalnene y Teometitla.

En la entidad se dan los climas templado subhúmedo con lluvias en verano, semifrío subhúmedo con lluvias en verano, semiseco templado, y frío. La temperatura media anual se encuentra entre los 13.8 y los 15.7 °C, aunque se han registrado temperaturas extremas de 10.8 y 16.7 °C. La precipitación promedio fluctúa entre los 431 y los 846.9 milímetros. Se han registrado precipitaciones extremas de 167.1 y 1,072.6 milímetros.

El 83.66 por ciento de la superficie estatal se dedica a la agricultura. Está cubierta de bosques en un 13.41 por ciento, donde crecen ocote, sabino, oyamel y encino. Los pastizales de zacates banderita y navajita ocupan el 2.58 por ciento de la superficie. Otro 0.33 por ciento lo cubren plantas de diversas especies.

Se encuentran, entre otras, las siguientes especies animales: conejo,

Conocido como Falda Azul, el volcán extinguido de La Malinche está dentro del Parque Nacional del mismo nombre, la única región boscosa del estado.

tlacuache, pato, coyote, ardilla, venado, gato montés, armadillo, águila, halcón, gavilán, víbora de cascabel, topo, rata, cóndor, liebre, tusa, zorrillo, lobo, jabalí, coralillo, pájaro carpintero, cardenal, primavera, camaleón, cenzontle, xintete, quebrantahuesos, coquitos, chillón, gorrión, dominico y cacomixtle.

Historia

Los pobladores más antiguos del actual estado de Tlaxcala fueron los olmeca-xicalancas. Se instalaron en su capital, Cacaxtla, y en otros poblados como Mixco, Tenanyecac, Xochitecatl, Xilxochitla y Xocoyuacan. Más tarde fueron expulsados por los toltecas y por los poyauhtecas, estos últimos llamados también «tlaxcaltecas» y provenientes de Tula. El primer señorío de los

tlaxcaltecas en la entidad se desarrolló en Tepeticpac, cuyos integrantes se dedicaron a la agricultura y entablaron relaciones comerciales con los pueblos costeros hasta alcanzar un gran poderío, que propició hostilidades con los mexicas. La república de Tlaxcallan estaba formada por cuatro grandes señoríos autónomos que mantenían comunicación para organizarse. Ello posibilitó su fortalecimiento, a la vez que un amplio desarrollo de la astronomía, arquitectura, escultura, pintura, poesía y cerámica, entre otras actividades.

A su llegada, Hernán Cortés se enteró de la enemistad entre tlaxcaltecas y mexicas, por lo que propuso a los primeros que se le unieran para llevar a cabo la conquista de los segundos. Los tlaxcaltecas se

negaron y libraron dos grandes batallas, en las que resultaron derrotados. Como era la costumbre de la época, los vencidos debían aliarse a los vencedores, situación que los españoles aprovecharon para conquistar Tenochtitlan, en 1521.

Con ello los tlaxcaltecas obtuvieron privilegios, como regirse por un gobierno integrado sólo por indígenas, no pagar tributos, portar escudo de armas, montar a caballo, usar títulos honoríficos, hacer descubrimientos propios, explotar minerales y trabajar sus tierras. Tlaxcala fue nombrada «muy noble, leal e ilustre». En 1524 los franciscanos llegaron y durante el siglo XVI construyeron los conventos de Tlaxcala, Atlangatepec, Hueyotlipan, Huamantla, Tepeyanco, Chiautempan, Totolac, Ixtacuixtla y Nativitas.

Los indios tlaxcala, aliados de Hernán Cortés contra los aztecas. Mural de Desiderio Xochitiotzin en el Palacio de Gobierno de Tlaxcala.

Al iniciarse la guerra de Independencia, el territorio de Tlaxcala se declaró aliado de la Corona. No obstante, diversas regiones de la entidad se levantaron en armas. Después de consumada la Independencia y tras el triunfo de los federalistas sobre los centralistas en 1847, Tlaxcala fue declarada territorio federal. En 1855, tras la caída de Antonio López de Santa Anna, la entidad alcanzó el rango de Estado Libre y Soberano. En 1868 se promulgó la constitución local, que aceptaba las leyes de Reforma.

En Tlaxcala se libró la batalla decisiva entre los partidarios de Sebastián Lerdo de Tejada y los de Porfirio Díaz. Ésta dio el poder a los últimos. Desde 1885 hasta la caída de Díaz, la entidad contó con un gobierno que impulsó la industria, la agricultura y la enseñanza, con un elevado costo social. Tal situación promovió el surgimiento de centros de conspiración, que se guiaban por los lineamientos del poblano Aquiles Serdán. De estos centros surgieron grupos armados que apoyaron las propuestas de Francisco I. Madero.

A la caída de Madero hubo levantamientos armados. Tras la promulgación de la Carta Magna de 1917 se expidió la constitución local. Mientras el país buscaba consolidarse, en Tlaxcala hubo varios acontecimientos de importancia: en 1930, Marcos Hernández se levantó contra el sistema de alcabalas, en 1938 se logró la derogación de un impuesto predial y de la ley de Expropiación por Causa de Utilidad Pública. Ya en las últimas décadas se crearon el Instituto de Estudios Superiores de Tlaxcala, la Escuela de Derecho, la Escuela Normal Superior, la Escuela de Comercio y la Universidad Autónoma de Tlaxcala, entre otras instituciones educativas.

Actualidad

El estado cuenta con 961,912 habitantes, de los cuales las dos terceras partes son menores de 40 años. El municipio de Tlaxcala reúne un 7.6 por ciento de la población del estado, el de Apizaco un 7 por ciento, el de Huamantla casi el 7 por ciento y el de Chiautempan un 5.9 por ciento. La población económicamente activa es casi la mitad del total y aproximadamente toda está ocupada. En el área urbana de Tlaxcala, la industria de la transformación emplea al 30 por ciento de la población económicamente activa. La rama de los servicios da empleo al 26 por ciento, el comercio al 17 por ciento, la agricultura, ganadería, silvicultura, caza y pesca al 11 por ciento, y el gobierno al 6 por ciento. Hay alrededor de 27,000 personas de habla indígena: náhuatl, otomí, totonaca, zapoteco, mixteco, mazateco, maya, huasteco, purépecha, mazahua, popoloca y mixe, entre las lenguas más comunes.

Tanto en el estado como en los municipios, el tercer domingo de noviembre se elige gobernador, diputados locales, presidentes municipales, síndicos y regidores. Las fechas de toma de posesión son el 15 de enero para el titular de gobierno, el 1 de diciembre para los diputados locales y el 3 de enero para las autoridades municipales.

Tlaxcala tiene unas 1,600 escuelas y una planta docente de 11,000 maestros para 257,500 alumnos de los niveles preescolar, primaria, capacitación para el trabajo, secundaria, profesional medio y bachillerato. En el nivel superior se encuentran inscritos más de 14,000 alumnos en la Universidad Autónoma de Tlaxcala, el Instituto Tecnológico de Tlaxcala y el Instituto Tecnológico de Apizaco, principalmente.

La entidad cuenta con alrededor de 172,000 viviendas, unas 50 de las cuales son colectivas, para un promedio de 5 ocupantes por cada una. Cerca de 127,500 tienen todos los servicios, cerca de 1,000 cuentan con agua entubada y drenaje, 34,000 con agua entubada y energía eléctrica y cerca de 2,000 con drenaje y energía eléctrica. Más de 6,000 viviendas disponen de un solo servicio.

El estado acoge y administra unas 390 fuentes de abastecimiento de agua, que aportan cerca de 155,000 m^3 por día. Las presas son capaces de almacenar 78.5 millones de m^3 de agua. El estado cuenta con más de 100 plantas de tratamiento de aguas residuales. El tendido abastece a 174,000 tomas eléctricas, casi todas residenciales, unas 19,000 comerciales, y 750 industriales. El estado dedica 44 hectáreas para rellenos sanitarios.

El producto interno bruto (PIB) es de unos 6.3 millones de pesos. La industria manufacturera aporta un 27 por ciento; los comercios, restaurantes y hoteles el 16.5 por ciento y casi otro tanto corresponde a los servicios comunales, sociales y personales. Los servicios financieros, seguros y bienes inmuebles aportan un 15 por ciento, los transportes, el almacenamiento y las comunicaciones casi el 10 por ciento, la industria agropecuaria, silvícola y pesquera más del 8 por ciento, y la industria de la construcción casi el 7 por ciento.

Se dedican a la agricultura unas 77,000 empresas. Las unidades de producción rurales cubren una superficie total superior a las 241,000 hectáreas. El estado produce, en cultivos cíclicos, maíz, trigo, cebada, frijol, papa, avena, habas seca y verde, cilantro, tomate verde, espinaca, acelga, amaranto, chícharo, cebolla, col y ajo, entre otros productos; en cultivos perennes, alfalfa, pastos, durazno y manzano, entre otros. Hay más de 48,000 empresas ganaderas; se crían aves de corral, ganado equino, porcino, bovino, ovino, caprino, conejos y abejas. Además se produce leche, huevos, miel y la-

Sobre los llamativos colores de la parroquia de San José resaltan los mosaicos de talavera de la cúpula. En su interior hay retablos del siglo XVIII.

na. Unas 4,500 empresas se dedican a la actividad forestal; se explota pino (62.8 %), oyamel (30 %), encino (5.2 %) y otras maderas. El volumen de captura acuícola es de 627 toneladas; se explota carpa barrigona (55 %), espejo (31 %) y herbívora, entre otras especies; para ello se cuenta con cerca de 1,000 embalses de distintos tipos como jagüeyes y estanques.

Practican la minería 35 empresas, que explotan canteras y extraen arena, grava y arcilla. Algo más de 3,000 empresas se centran en la manufactura, de las cuales unas 1,300 se dedican a la producción de alimentos, bebidas y tabaco (42.5 % del total), 660 a textiles, prendas de vestir e industria del cuero; casi 500 a productos metálicos, maquinaria y equipo en general, 235 a productos minerales no metálicos —excepto derivados del petróleo y el carbón— 220 a la madera y sus productos —incluidos muebles—, y casi 90 al papel y sus productos, imprentas y editoriales.

Alrededor de 50 producen sustancias químicas, productos derivados de petróleo y carbón, hule y plástico. Otras empresas se dedican a industrias de distintos tipos y a la industria metálica básica. Hay más de 80 empresas constructoras, entre ellas una grande y una gigante. La empresa generadora de energía eléctrica tiene un PIB de más de 43 millones de pesos. Cerca de 14,000 establecimientos se dedican al comercio y más de 80 al turismo, con una capacidad cercana a las 800 habitaciones.

Las empresas de autotransporte de carga del estado son más de 230 y las de pasajeros más de 40. En Tlaxcala hay alrededor de 2,500 km de caminos: el 50 por ciento rurales, el 40 por ciento alimentadores estatales y un 10 por ciento de troncales federales. La red ferroviaria se extiende por más de 300 km. El estado posee 11 aeródromos y 2 aeropuertos. Hay 5 radiodifusoras, 3 estaciones repetidoras de televisión y una emisora local.

Veracruz

El estado de Veracruz se encuentra en la parte media oriental y sudoriental de la República Mexicana, al norte en los 22° 28', al sur en los 17° 09' de latitud norte, al este en los 93° 36' y al oeste en los 98° 39' de longitud oeste. Colinda al norte con Tamaulipas y el golfo de México, al este con el golfo de México, Tabasco y Chiapas; al sur con Chiapas y Oaxaca y al oeste con Puebla, Hidalgo y San Luis Potosí. Tiene un área de 71,954 km² y representa el 3.7 por ciento de la superficie nacional. La constituyen 210 municipios y su capital es Xalapa.

Las elevaciones principales del estado son los volcanes Citlaltépetl (Pico de Orizaba), con una altitud de 5,610 m sobre el nivel del mar, y Cofre de Perote (4,200 m), los cerros Tepozteca (3,140 m) y Cuamila (2,980 m), el volcán San Martín Tuxtla (1,680 m), la sierra de Santa Marta (1,500 m), el cerro San Martín Pajapan (1,160 m), y las sierras Otontepec (1,160 m) y la Garganta (860 m).

Se reconocen asimismo seis regiones hidrológicas. La del Balsas, formada en el estado por la cuenca del río Atoyac; la segunda región, Pánuco, la forman la cuenca del río Pánuco, la del Tamesí y la del Moctezuma. La región Tuxtla-Nautla incluye a la cuenca de los ríos Nautla y otros, la del río Tecolutla, la del Cazones, la del Tuxpan y la del Tamihua. La cuarta región, la de Papaloapan, la forman las cuencas de los ríos Papaloapan, Jamapa y otros. La región Coatzacoalcos la forman las cuencas del río Tonalá y de las Lagunas del Carmen y Machona y la cuenca del río Coatzacoalcos. La región Grijalva-Usumacinta la forman las cuencas de los ríos Grijalva-Villa Hermosa y Grijalva-Tuxtla Gutiérrez.

Además de los mencionados, se reconocen los ríos Chicayan, Tamacuil, Tempoal, Bobos-Nautla, Diamante, Muerto, Paso de Ovejas, Hueyapan, San Juan, Uxpanapa, Cazones, Tecolutla, Necaxa, Actopan y Chichiquila, entre otros. En el estado se encuentran los lagos y lagunas Tamiahua, De Alvarado, Catemaco, María Lisamba, La Tortuga, Pueblo Viejo, Chairel, Grande, Tampamachoco, de Tamés (Chila), Ostión, Mezcalapa, Mandinga, Pajarillos y Sontecomapan. Se localizan también las presas Paso de Piedras (Chicayan), Canseco, La Cangrejera, Tiradores, Tuxpan y El Encanto.

En la entidad se dan los climas cálido húmedo con lluvias todo el año, cálido húmedo con lluvias abundantes en verano, cálido subhúmedo con lluvias en verano, semicálido húmedo con lluvias todo el año, semicálido húmedo con llu-

En la fértil sierra de los Tuxtlas se encuentra la laguna de Catemaco, famosa por sus plantas medicinales. Su desagüe natural forma el salto de Eyipantla.

Entrada al fuerte de San Juan de Ulúa, el primero construido por los españoles. Más tarde la Inquisición lo utilizó como penal.

vias abundantes en verano, semicálido subhúmedo con lluvias en verano, templado húmedo con lluvias todo el año, templado húmedo con lluvias abundantes en verano, templado subhúmedo con lluvias en verano, semifrío húmedo con lluvias abundantes en verano, semifrío subhúmedo con lluvias en verano, semiseco templado y frío. La temperatura media anual oscila entre los 9.4 y los 24.4 °C, aunque se han llegado a registrar temperaturas de 8.3 y 25.8 °C. La precipitación promedio fluctúa entre los 448.9 y 2,023.3 milímetros. Se registran precipitaciones extremas de 301.5 y 2,676.2 milímetros.

El 43.37 por ciento de la superficie estatal está dedicada a la agricultura; son pastizales el 29.23 por ciento, donde crecen grama, estrella de África, pangola, kikuyu y pri-

vilegio; la selva de palo mulato, guaje, palma real, tronadora y ceiba ocupa un 23.59 por ciento; el bosque, un 3.81 por ciento, en el que se cría pino, oyamel, ilite, encino y ocozote.

Componene la fauna estatal, entre otras especies, conejo, pato, coyote, ardilla, venado, gato montés, tlacuache, armadillo, águila, halcón, gavilán, víbora de cascabel, topo, rata, cóndor, liebre, tuza, jabalí, coralillo, pájaro carpintero, cardenal, primavera, camaleón, cenzontle, xintete, quebrantahuesos, coquitos, chillón, gorrión, dominico, cacomixtle, zorrillo, búho, sabanera, mapache, onza, mofeta, bejuquillo, mazacuate ratonera, periquillo, garza, pato salvaje, paloma mora, gorrión pecho amarillo, coralillo falsa, venado —en franca extinción—, tepezcuintle, mono y manzate.

Historia

Se calcula que los restos arqueológicos más antiguos de Veracruz datan del 1500 a.C. y están distribuidos por 1,200 lugares de la entidad. En el actual territorio de Veracruz se desarrollaron tres grupos étnicos: los huastecos, los totonacos y los olmecas. Los huastecos habitaron la región norte, donde dejaron escasos vestigios. Los totonacos se asentaron en la región central y extendieron su territorio durante el clásico tardío; sus vestigios más sobresalientes se encuentran en El Tajín, Yehualichan, Nepatecuhtlan, Las Higueras, Nopiloa y el Zapotal. Este grupo formó parte del imperio de Tula hasta 1450, fecha en que fue invadido por las fuerzas de la Triple Alianza mexica. Los olmecas se establecieron al sur del actual estado, desarrollando una gran cultura que

Palacio de Gobierno de Xalapa, la población más antigua de Veracruz (siglo XIV). Su nombre deriva de la voz náhuatl Xallapan: en el agua del arenal.

hacia el 1200 d.C. edificó el centro de Tres Zapotes.

Alrededor de 1518, Juan de Grijalva, Alonso Dávila, Pedro de Alvarado y Francisco Montejo desembarcaron en las costas, recorrieron las vías fluviales e hicieron un reconocimiento del territorio. En 1519, Hernán Cortés arribó a San Juan de Ulúa, donde erigió el primer ayuntamiento de América, denominado la Villa Rica de la Vera Cruz. Incursionó en el territorio para establecerse en un sitio más propio. De esta manera fundó, en el poblado totonaca de Quiahuiztlán, el primer pueblo hispano, nombrado Villa Rica. Allí permaneció hasta 1599, cuando se trasladó al lugar original de desembarco, el ahora puerto de Veracruz.

Durante los inicios de la Conquista, la población indígena disminuyó debido a la peste, la viruela y los trabajos forzados a que la obligaban los escasos españoles que se establecieron en la entidad. En 1546

se iniciaron los trabajos de evangelización, que acarrearon fuertes pugnas territoriales entre encomenderos, misioneros y eclesiásticos. El puerto se convirtió en centro de comunicación con España, de donde se recibían mercancías europeas y hacia donde partían productos americanos como metales preciosos, guajolotes, maíz, cacao, vainilla, aguacate, ixtle, algodón y frijol. Ello propició ataques de piratas durante el siglo XVI y parte del siguiente.

Veracruz obtuvo escudo de armas, por Cédula Real, en 1523. En 1618 se fundó la villa de Córdoba. Durante el siglo XVIII se fortalecieron los asentamientos militares y se edificaron numerosos templos y conventos. Hacia el fin de la Colonia, Veracruz era uno de los puertos más activos de Hispanoamérica, que servía como punto comercial de importaciones y exportaciones con el Viejo Mundo.

Las ideas revolucionarias se gestaron a partir de 1808; tras el levantamiento armado, en Dolores, aparecieron pequeñas y numerosas partidas independentistas. En el puerto desembarcaron refuerzos de los realistas, lo que intensificó y dificultó la lucha insurgente. Sin embargo, ésta se apoderó de buena parte de la región. En 1820 se decretó la libertad de imprenta y se canceló el Santo Oficio de la Inquisición. En 1822 Xalapa juró la Independencia aunque los españoles siguieron fortificados en Ulúa hasta 1825. Los conflictos entre imperialistas, federalistas y centralistas acarrearon grandes pugnas políticas, sobre todo porque Veracruz fue uno de los más importantes centros de acción de Antonio López de Santa Anna.

Luego vinieron años difíciles: los estadounidenses ocuparon el puerto de Veracruz de 1845 a 1848, mientras los indígenas, negros y mulatos, que vivían en la huasteca se sublevaron para exigir títulos de propiedad de sus tierras. En 1856 varios campesinos firmaron un manifiesto de ideología comunista y anarquista, que desesperó a los conservadores, quienes, además, se oponían a las leyes de Reforma. En el estado se llevaron a cabo varias batallas entre liberales y conservadores. Los franceses ocuparon Veracruz de 1862 a 1867.

Durante el Porfiriato se desarrollaron las artes, la industria, el comercio y la agricultura; se construyeron vías férreas y se ampliaron las instalaciones portuarias, se abolieron las alcabalas y se reorganizó la propiedad de la tierra y los linderos. Por otro lado, las sublevaciones indígenas y obreras ponían al descubierto las arbitrariedades y el costo social de la dictadura. La huelga de la fábrica de Río Blanco fue uno de los puntales de la Revolución que, en 1910, se extendió por toda la entidad, apoyada por indígenas y campesinos, pero sobre todo por obreros y pequeños empresarios. En

1914 se estableció el primer gobierno revolucionario, encabezado por los constitucionalistas. Durante el período revolucionario, y posrevolucionario los obreros mantuvieron viva la lucha por la igualdad y la estabilidad social.

Actualidad

El estado alberga a 6,901,111 habitantes, cuyas dos terceras partes son menores de 30 años. El municipio de Veracruz reúne al 6.6 por ciento de la población del estado y el de Xalapa a un 5.6 por ciento. La población económicamente activa del estado asciende a casi el 54 por ciento, casi toda ocupada. En el área urbana de Veracruz se emplea en la rama de los servicios un 43 por ciento de la población, en el de comercio el 24 por ciento, en la industria de la transformación el 11 por ciento, en las comunicaciones y transportes casi el 10 por ciento y en el gobierno cerca del 5 por ciento. Hay algo menos de 600,000 personas de habla indígena: emplean náhuatl, totonaca, huasteco, popoluca, zapoteco, chinanteco, otomí, mazateco, tepehua, mixteco, zoque, mixe, maya, tzotzil, chontal de Oaxaca y popoloca, entre otras lenguas.

El calendario electoral señala que el gobernador se elige el primer domingo de septiembre del año en que concluye el período constitucional. Toma posesión el 1 de diciembre inmediato a la elección. Los diputados son electos el primer domingo de septiembre del año en que acaba el período respectivo y toman posesión el 1 de octubre inmediato a la elección. Las autoridades municipales son electas el primer domingo de octubre del año en que termina el período respectivo y toman posesión el 1 de diciembre inmediato a la elección.

Veracruz tiene más de 8,000 escuelas y una planta docente de

La tranquila población de Tlacotalpan debe su prosperidad al cultivo de la caña de azúcar. Reviste importancia su Iglesia de la Candelaria y la Plaza de Armas.

40,000 maestros, para un millón de alumnos de los niveles preescolar, primaria, capacitación para el trabajo, secundaria, profesional medio y bachillerato. En el nivel superior se encuentran inscritos 82,500 alumnos en la Universidad Veracruzana, el Instituto Tecnológico de Veracruz, el Instituto Tecnológico de Orizaba, la Universidad Pedagógica Nacional y el Instituto Tecnológico de Estudios Superiores de Monterrey, entre otras.

En la entidad se reúnen alrededor de 1.5 millones de viviendas, 570 de las cuales son colectivas, para un promedio de 4.6 ocupantes por vivienda. Unas 777,000 cuentan con todos los servicios, 13,500 con agua entubada y drenaje, 124,000 con agua entubada y energía eléctrica y 124,000 con drenaje y energía eléctrica. El estado posee más de 1,000 fuentes de abastecimiento de agua que aportan casi 1.5 millones de m^3 por día. Las presas son capaces de almace-

nar alrededor de 870 millones de m^3 de agua. El estado cuenta con cerca de 60 plantas de tratamiento de aguas residuales, que procesan un volumen de 56,000 millones de m^3 por año, y tiene una capacidad instalada de casi 2,000 litros por segundo. Existen más de 1.3 millones de tomas eléctricas, casi todas residenciales, 136,000 comerciales, y más de 4,000 industriales. Hay un total de 236,876 km de líneas eléctricas.

El producto interno bruto (PIB) del estado es de unos 56,000 millones de pesos; los comercios, restaurantes y hoteles producen casi el 22 por ciento y la industria manufacturera casi el 20 por ciento. El 16.5 por ciento corresponde a los servicios comunales, sociales y personales; los servicios financieros, seguros y bienes inmuebles aportan un 13 por ciento; los transportes, almacenamiento y comunicaciones un 10 por ciento; la industria agropecuaria, silvícola y pesquera poco más

Aunque por su costoso mantenimiento ha cedido protagonismo a Tampico, el puerto de Veracruz sigue siendo eje de una importante zona agrícola e industrial.

que eso y la industria de la construcción casi el 6 por ciento.

Se dedican a la agricultura alrededor de 458,000 empresas. Las unidades de producción rurales cubren una superficie total cercana a los 6 millones de hectáreas. El estado produce, en cultivos cíclicos, maíz, sorgo, frijol, arroz, papa, sandía, soya, chile verde, haba seca y tabaco, además de otros productos; en cultivos perennes es significativa la caña de azúcar. Más de 320,000 empresas se dedican a la ganadería, y se crían aves de corral, ganado equino, porcino, bovino, ovino, caprino, conejos y abejas; destaca también la producción de leche, huevos, miel y otros productos. Hay casi 200,000 empresas forestales; se explotan pino (61.2 %), maderas corrientes tropicales (14 %), encino, maderas preciosas y otras. El volumen de captura en la pesca es cercano a las 141,500 toneladas; se explotan ostión (12.7 %), tilapia (11.4 %), jaiba, lebrancha, sierra, peto y camarón, entre otras especies (32.9 %). La captura sin registro oficial asciende al 31.5 por ciento de la pesca estatal. La acuicultura tiene un volumen de más de 34,000 toneladas.

El producto interno bruto (PIB) de la minería del estado es de más de 840 millones de pesos (más del 4 % del total nacional). Practican la minería unas 120 empresas, que extraen petróleo crudo y gas natural —con una contribución del 3 por ciento al total nacional—, explotan canteras y extraen arena, grava y arcilla. Casi 15,000 empresas se dedican a la manufactura; cerca de 7,000 a la producción de alimentos, bebidas y tabaco —el 46.5 por ciento del total—; 2,200 son industrias de la madera y sus productos —incluidos muebles—, otras tantas venden productos metálicos, maquinaria y equipo en general; casi las mismas producen textiles, prendas de vestir y artículos de cuero, y 780 elaboran productos minerales no metálicos —excepto derivados del petróleo y el carbón—. Casi 600 se centran en el papel y sus productos, imprentas y editoriales y 145 producen sustancias químicas, derivados del petróleo y el carbón, hule y plástico. Casi 80 son industrias de distintos tipos y 11 se abocan a la metálica básica. Hay cerca de 700 empresas constructoras, la mayoría micro, 5 grandes y 17 gigantes. La generación bruta de energía eléctrica es de unos 22,000 gigawatts por hora. Más de 74,000 establecimientos se dedican al comercio y cerca de 1,000 al turismo, con una capacidad cercana a un total de 30,000 habitaciones.

El volumen de producción de petrolíferos en el estado asciende a más de 33,000 barriles por día. Se produce gasolina, gas licuado, combustóleos, diesel, kerosinas y otros productos. El volumen de la producción de petroquímicos es de más de 14 millones de toneladas; se produce anhídrido carbónico, amoníaco, etano, etileno, pentanos, oxígeno, mezcla de xilenos, benceno, dicloroetano, polietileno de baja y alta densidad, tolueno, óxido de etileno, acetaldehído, paraxileno y cloruro de vinilo, por mencionar una parte representativa de toda la producción.

Las empresas de autotransporte de carga son más de 300 y las de pasajeros 165. La red carretera de Veracruz alcanza los 11,000 km: un 40 por ciento de alimentadores estatales, el 30 por ciento de caminos rurales y casi otro tanto de troncales federales. Las instalaciones portuarias de protección tienen una extensión superior a los 10,000 m y las de atraque casi 15,000 m. Las áreas de almacenamiento cubren más de 633,000 m². La red ferroviaria se extiende por cerca de 1,700 km. El estado posee 31 aeródromos y 3 aeropuertos. Hay 105 radiodifusoras, 20 estaciones repetidoras de televisión y 2 locales.

Yucatán

YUCATAN

El estado de Yucatán se localiza en la parte noroeste de la península del mismo nombre, al norte en los 21° 36', al sur en los 19° 30' de latitud norte, al este en los 87° 32' y al oeste en los 90° 25' de longitud oeste. Colinda al norte con el golfo de México, al este con Quintana Roo, al sur con Quintana Roo y Campeche y al oeste con Campeche y el golfo de México. Tiene un área total de 43,379 km², con lo que representa el 2.21 por ciento de la superficie nacional; lo constituyen 106 municipios y su capital es Mérida.

Las principales elevaciones son el cerro Benito Juárez, con una altitud de 210 m sobre el nivel del mar y el Cordón Puc (150 m). Configu-

ran el estado dos regiones hidrológicas: la de Yucatán Norte (Yucatán), formada allí por las cuencas de Quintana Roo y la de Yucatán; y la región de Yucatán Este (Quintana Roo), formada por las Cuencas Cerradas. Esta región se caracteriza por una ausencia total de corrientes superficiales, pero los acuíferos subterráneos son frecuentes y voluminosos. Forman un sistema de vasos comunicantes que desembocan en el mar, con profundidades de niveles freáticos que alcanzan los 2 o 3 m, en el cordón litoral, y llegan hasta los 130 m en el vértice sur. En el centro y noroeste de la entidad existen acuíferos subterráneos expuestos, debido al hundimiento total o parcial de la bóveda calcárea; se denominan «cenotes», «rejo-

llados» y «aguadas». En el estado se hallan las lagunas Flamingos y Rosada; se localizan también allí los esteros Celestún, Yucalpetén, Río Lagartos, El Islote y Yolvé.

Los climas presentes en Yucatán son el cálido subhúmedo con lluvias en verano, semiseco muy cálido y cálido, seco muy cálido y cálido. La temperatura media anual se encuentra entre 24.4 y 26.4 °C, aunque se dan asimismo temperaturas de 22.3 y 27.7 °C. La precipitación fluctúa entre los 472.9 y los 1,184.5 milímetros. Se registran precipitaciones extremas de 102.6 y 1,779.1 milímetros.

La selva se va extendiendo por el 73.91 por ciento de la superficie del estado, con kitamche', chakah, ts'its'ilche', tsalam y chukum; se de-

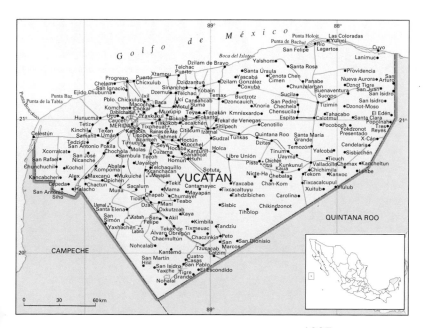

En la Península de Yucatán son frecuentes los cenotes, depósitos de agua subterráneos que fueron vitales para los mayas.

Existen pocos cursos de agua permanente; en las estaciones lluviosas se forman arroyos y cascadas como la de Agua Azul.

niales de elaborada arquitectura que eran ejes sociopolíticos y económicos, sostenidos por una agricultura desarrollada y por el comercio. De igual manera, los mayas lograron grandes conocimientos sobre matemáticas y astronomía; elaboraron sistemas numéricos y calendáricos de gran precisión, así como una escritura glífica y pictórica muy avanzada. Representativas de este período son las ciudades de Uxmal, Kabah, Xlapak, Sayil, Labná, Maní, Chacmultún y Okintok.

Hacia el final del primer milenio de nuestra era, durante el período posclásico, llegaron a la región los toltecas, y desarrollaron la cultura maya-tolteca, en las ciudades de Chichen-Itzá, Izamal y T'ho. Después de unos 200 años, estas ciudades decayeron y surgió la Liga de Mayapán, conformada por señoríos como los de Tulum, Uxmal, Chichen-Itzá y Mayapán. Durante este período dominó la influencia tolteca, cuyo principal ejemplo se encuentra en Chichen-Itzá. Las luchas

dica a la agricultura el 11.94 por ciento de la superficie estatal; son pastizales el 9.57 por ciento de la superficie, donde crece buffel, zacate guinea y estrella africana, además de los manglares de botoncillo-kanché, tsakolkom-sakoko y de mangles común y negro-xtauché. El 1.31 por ciento lo ocupan otras plantas como la verdolaga de playa y el uvero.

Componen la fauna del estado: jabalí, venado, puercoespín, gato montés, puerco de monte, pavo, conejo, tigrillo, armadillo, chachalaca, tlacuache, tepezcuintle, codorniz, tortuga, culebra, víbora, tusa, cojolite, jaguar, tapir, mono araña, mico de noche, guacamaya, lechuza, tucán, loro, faisán, nutria, mapache, chivicoyo, cardenal, iguana, zorro, pavo de monte, torcaza, saraguato, zarigüeya, basilisco, camaleón, gaviota, garza, flamenco, calamar, camarón, pulpo, pelícano, tzutzuy y chel.

Historia

En la cueva de Loltún, que data de hace unos 7,000 años, se localizan los restos más antiguos de poblamiento de la región. Los asenta-

mientos mayas más tempranos del Preclásico se ubican en ciudades como Dzibilchaltún, Oxkintok, Acanceh y Yaxuná. Durante el período clásico, que va del siglo IV al X d.C., se dio el mayor florecimiento de la cultura maya. Ésta se hallaba dominada por grandes centros ceremo-

La ciudad maya de Uxmal («tres veces construida») tuvo su apogeo entre los años 600 y 900, cuando se levantaron los grandes edificios.

internas entre los miembros de la Liga trajeron consigo la decadencia de las ciudades y la desarticulación total de la cultura maya.

Las primeras exploraciones españolas a las costas de la península se registraron en 1506. Alrededor de 1511, Jerónimo de Aguilar y Gonzalo Guerrero, sobrevivientes de un naufragio, entablaron el primer contacto entre españoles e indígenas. En 1517 y 1519 tocaron las islas y costas de Yucatán nuevas incursiones. Los distintos señoríos mayas establecidos en la región opusieron focos aislados de resistencia que imposibilitaron el acceso a los españoles. Para 1527, Francisco Montejo, quien poseía títulos y oficios emitidos por la Corona, se dispuso a conquistar la península, pero la resistencia indígena diezmó su ejército, obligándolo a regresar a Nueva España.

Durante varios años, los Montejo (padre e hijo) y Alonso Dávila, intentaron en vano la conquista de la región, pero se retiraron a Tabasco. Tras sangrientas batallas, fundaron la ciudad de Mérida, en 1542, y al año siguiente la Villa de Valladolid. Para el año de 1545, toda la península se encontraba bajo el dominio español desde la gubernatura de Yucatán, que abarcaba los actuales territorios de Yucatán, Quintana Roo, Campeche, Belice y parte de Guatemala.

Como la península carecía de riquezas minerales, la economía se basó en el tráfico de esclavos y en la implantación de encomiendas, que garantizaba las labores agrícolas y ganaderas con mano de obra gratuita. Ello propició levantamientos indígenas como los de 1546, 1561, 1601, 1638, y el del indio Jacinto Canek en 1761.

El inquisidor fray Diego de Landa fue, por un lado, el destructor de los indígenas, su cultura y sus códices; en contraste dejó la fuente his-

El convento franciscano de San Miguel Arcángel, en Mani, comparte con otros de la zona su aspecto fortificado. Fue escenario de un sangriento auto de fe.

tórica y etnográfica más rica de la región: la *Relación de las cosas de Yucatán*. Durante el virreinato, tuvieron un amplio desarrollo las artes, en especial la danza y la música.

Durante la época colonial, la presencia de los franciscanos y las leyes de Indias impidieron que los descendientes de españoles se adueñaran de las tierras de las «repúblicas de indios». La situación se transformó a partir de la guerra de Independencia, que no modificó la relación entre los indígenas y el resto de la sociedad. Después de la Independencia, la entidad apoyó al grupo que defendía la Constitución de 1824, que declaraba el federalismo como forma de organización para los estados de la República.

Al triunfar el centralismo, en 1834, la península se separó del resto del país, lo cual propició que

los hacendados ocuparan las tierras de los indígenas. Éstos no toleraron la forma de vida que se les imponía e iniciaron la guerra de Castas, que se extendió por toda la región. Los rebeldes se mantuvieron libres e independientes hasta principios del siglo XX, aunque, bajo el pretexto de la pacificación, se inició un fuerte tráfico de esclavos hacia Cuba que terminó durante la presidencia de Benito Juárez. Tras el triunfo de los republicanos, en 1846, Yucatán volvió a integrarse en el territorio nacional.

Durante la dictadura de Porfirio Díaz se consolidaron la paz social y un fuerte desarrollo económico, basado en la explotación del henequén. Sin embargo, las ganancias eran para los hacendados, quienes controlaban a la población mediante las tiendas de raya. Ello propició lo

Desde los balcones del Palacio Municipal de Mérida se aprecia la antigua catedral, de estilo renacentista, acabada de construir a finales del siglo XVI.

que se conoce como «primera chispa de la Revolución». Ésta consistió en la declaración de las deprimentes condiciones sociales de Yucatán, el desconocimiento del gobierno porfirista y la convocatoria a una junta gubernativa.

En el año de 1915, vislumbraron los primeros triunfos de la Revolución, después de lo cual vino un proceso de crecimiento económico que se vio mermado, hacia 1935, por la caída internacional de los precios del henequén. Hacia 1980 se buscaron otras formas de subsistencia y se fomentó la industria de ropa, zapatos y cemento.

Actualidad

El estado acoge a 1,655,707 habitantes; las tres cuartas partes, menores de 40 años. El municipio de Mérida alberga al 42.4 por ciento de la población del estado. La población económicamente activa alcanza casi el 60 por ciento, y está ocupada en su gran mayoría. En el área urbana de Mérida trabaja en la rama de los servicios cerca del 45 por ciento de la población, el comercio absorbe casi al 22 por ciento, la industria de la transformación al 15 por ciento y el gobierno a más del 5 por ciento. Hay alrededor de 546,000 personas que hablan una lengua indígena en el estado: maya, mixe, zapoteco, chol, náhuatl, mixteco, tzotzil, popoluca, chontal y chontal de Tabasco, entre las más comunes.

La elección de gobernador, de diputados locales y autoridades municipales se lleva a cabo el último domingo de noviembre. La toma de posesión del gobernador se realiza el 1 de febrero siguiente a la elección. La de las demás autoridades estatales tiene lugar el 1 de enero siguiente a la votación.

Yucatán tiene casi 3,000 escuelas y una planta docente de más de 21,000 maestros para 430,000 alumnos de los niveles preescolar, primaria, capacitación para el trabajo, secundaria, profesional medio y bachillerato. En el nivel superior se encuentran inscritos más de 18,000 alumnos en la Universidad Autónoma de Yucatán, el Instituto Tecnológico de Mérida, la Normal Superior de Yucatán y el Centro de Estudios Superiores Justo Sierra O'Reilly, entre otras instituciones educativas.

La entidad cuenta con unas 330,500 viviendas, de las cuales unas 150 son colectivas, para un promedio de 4.7 ocupantes por vivienda; 173,000 cuentan con todos los servicios, casi 400 con agua entubada y drenaje, más de 100,000 con agua entubada y energía eléctrica y 3,000 con drenaje y energía eléctrica. Una cantidad cercana a las 40,000 viviendas cuenta con tan sólo un servicio. El estado dispone de un total de 670 fuentes de abastecimiento de agua que aportan casi 3 millones de m^3 por día. Hay cerca de 90 plantas de tratamiento de aguas residuales, que procesan un volumen de casi un total de 4 millones de m^3 por año. Existen más de 400,000 tomas eléctricas, casi todas residenciales, con 42,000 comerciales, y casi 2,000 industriales. Hay un total cercano a los 8,000 km de líneas eléctricas. Se usa una superficie de 240 hectáreas para tiraderos de basura.

El producto interno bruto (PIB) estatal supera los 14,000 millones de pesos; los comercios, restaurantes y hoteles producen más del 22 por ciento y casi lo mismo corresponde a los servicios comunales, sociales y personales. Los servicios financieros, seguros y bienes inmuebles aportan un 17 por ciento, la industria manufacturera el 12.5 por ciento, los transportes, almacenamiento y comunicaciones poco me-

En el límite entre Yucatán y Campeche se encuentra la reserva ecológica de Celestún, donde es posible acercarse en lanchas a una colonia de flamencos.

nos, la industria agropecuaria, silvícola y pesquera casi el 10 por ciento y la construcción por encima del 6 por ciento.

Más de 100,000 empresas se dedican a la agricultura. Las unidades de producción rurales cubren una superficie total cercana a los 2 millones de hectáreas. El estado produce, en cultivos cíclicos, maíz, calabacitas, sandía, chile verde, hortalizas, jitomate, pepino, melón, rábano, frijol, cilantro y chayote; en cultivos perennes, pastos, henequén, naranja dulce, limón agrio, toronja, papaya y sábila, además de otros. Más de 62,000 empresas se dedican a la ganadería: se crían aves de corral, ganado porcino, bovino, equino, ovino, caprino, conejos y abejas; aparte se producen huevos, miel, leche, pieles y cera. Hay más de 32,000 empresas forestales, que explotan, sobre todo, especies corrientes tropicales, además de palma de huano. El volumen de captura pesquera es superior a las 44,000 toneladas, de pulpo (40 %), mero (15 %), además de armado, atún, bonito, camarón, carito, cazón, corvina, chacchi, huachinango, jaiba, langosta, mojarra, pargo, robalo, rubia, sardina, sierra y tiburón, entre otras especies. El porcentaje de captura sin registro oficial asciende casi

al 26 por ciento. En cuanto a la acuicultura, tiene un volumen de producción de 3 toneladas y se explota tilapia, rana y jaiba.

Practican la minería 72 empresas, que explotan canteras y extraen arena, grava y arcilla; también se extraen y benefician otros minerales no metálicos. La producción salinera, por ejemplo, supera las 400,000 toneladas. Unas 13,500 empresas se dedican a la manufactura, cerca de 8,000 a la producción de textiles, prendas de vestir e industria del cuero (un 55 por ciento del total); casi 4,000 a alimentos, bebidas y tabaco (cerca del 30 por ciento), 700 a la madera y sus productos —incluidos muebles—, y una cantidad similar a productos metálicos, maquinaria y equipo en general. Más de 280 se centran en el papel y sus productos, imprentas y editoriales, unas 225 son manufactureras de productos minerales no metálicos —excepto derivados del petróleo y el carbón— y 117 son industrias manufactureras de distintos tipos.

Hay 354 empresas constructoras, de ellas 7 son grandes y 7 gigantes. La generación neta de energía es de casi 3,000 gigawatts por hora. Unos 26,000 establecimientos se dedican al comercio y 170 al turismo, con una capacidad cercana a las 6,500 habitaciones.

Las empresas de autotransporte de carga del estado son 120 y las de pasajeros casi 100. La red carretera yucateca mide 7,500 km: de ella, el 47 por ciento son caminos rurales, el 26 por ciento alimentadores estatales, el 18 por ciento son troncales federales y menos del 10 por ciento brechas mejoradas. La red ferroviaria supera los 600 km. El estado dispone de 4 aeródromos y un aeropuerto. Hay 30 radiodifusoras, 25 estaciones repetidoras de televisión y 2 emisoras locales.

Con sus 3 km de largo por 1.5 de ancho, Chichén Itzá («ciudad al borde del pozo de los brujos del agua») es uno de los mayores atractivos turísticos de Yucatán.

Zacatecas

El estado de Zacatecas se localiza en la porción meridional de la Mesa del Norte, al norte en los 25° 09', al sur en los 21° 04' de latitud norte, al este en los 100° 49' y al oeste en los 104° 19' de longitud oeste. Colinda al norte con Durango y Coahuila, al este con Coahuila, Nuevo León y San Luis Potosí; al sur con Guanajuato, Jalisco y Aguascalientes y al oeste con Jalisco, Nayarit y Durango. Tiene un área total de 75,040 km², con lo que representa el 3.7 por ciento de la superficie nacional. Está compuesto de 57 municipios y su capital es Zacatecas.

Sus elevaciones principales son las sierras El Astillero, con una altitud de 3,200 m sobre el nivel del mar, de Sombrerete (3,100 m) y Fría (3,030 m), el cerro La Aguililla (2,850 m), el pico de Teyra (2,790 m), los cerros el Picacho (2,700 m) y Los Amoles (2,650 m), la sierra de Morones (2,660 m), el cerro Las Pintas (2,390 m) y la sierra El Hojasenal (2,230 m).

Se conocen, asimismo, cuatro regiones hidrológicas: la primera es la de Presidio-San Pedro, formada en el estado por la cuenca del río San Pedro; la segunda región la integran las cuencas de los ríos Santiago-Guadalajara, la del Verde-Grande, la de Juchipila, la del Bolaños y la cuenca del río Haynamota. Otra región hidrológica del estado es la Nazas-Aguanaval, formada aquí por las cuencas del río Aguanaval y la de las Lagunas Mayrán y Viesca. La cuarta y última región es la formada por las cuencas de Matehuala, Sierra Rodríguez, Camacho-Gruñidora, Fresnillo-Yesca, San Pablo y otras cuencas y la de la presa San José-Los Pilares. Además de los mencionados surcan el estado, entre otros, los ríos Juchipila, Atengo-San Andrés, Jerez, Valparaíso, Tlaltenango y San Francisco. En el estado se encuentran los lagos y lagunas El Tule, La Zacatecana y San Juan de Ahorcados; se localizan también las presas Leobardo Reynoso, Excamé, El Chique, Tayahua II, Boca del Tesoro, El Cazadero, Achoquen y Santa Rosa.

En la zona centro-sur del estado se levanta la sierra de Zacatecas, que se origina en la Sierra Madre Occidental y conforma accidentes como la sierra de los Pinos.

En la entidad se dan los climas cálido húmedo con lluvias todo el año, semicálido subhúmedo con lluvias en verano, templado subhúmedo con lluvias en verano, semifrío subhúmedo con lluvias escasas todo el año, semiseco muy cálido y cálido, semiseco semicálido, semiseco templado, seco semicálido, seco templado y muy seco semicálido. La temperatura media anual se encuentra entre los 15.3 y los 23.6 °C, aunque se llegan a registrar también temperaturas de 14.5 y 25.2 °C. La precipitación promedio fluctúa entre los 272.8 y los 732.4 milímetros. Se registran precipitaciones extremas de 120 y 1,110 milímetros.

Los matorrales se extienden sobre el 38.82 por ciento del territorio estatal: allí crecen ocotillo, hojasén, gobernadora, candelilla y guayule. A la agricultura se dedica el 27.38 por ciento de la superficie estatal; los pastizales cubren el 15.67 por ciento con zacatón, liendrilla, zacate tres barbas, navajita velluda y huizache chino. Los bosques ocupan el 12.66 por ciento del territorio zacatecano, con pinos blanco y chino y varias especies del llamado «pino colorado» y piñonero. Sobre el 3.53 por ciento de la superficie de Zacatecas crecen diversos tipos de vegetales, y la selva de papelillo amarillo, quiebra platos y cabeza de viejo cubre hasta el 1.94 por ciento de estas tierras.

La nutrida fauna zacatecana está constituida, entre otras numerosas especies, por venado cola blanca, jabalí de collar, coyote, guajolote, puma, gato montés, pato, ancera, tejón, liebre, gavilán, aura, cenzontle, chencho, codorniz, correcaminos, víbora de cascabel, venado bura, tlacuache, paloma güilota, ganso, pato, grulla gris, garceta, zorra gris, agachona, ganga, gallareta, tlacuache, cacomixtle, tejón y zorrillo listado.

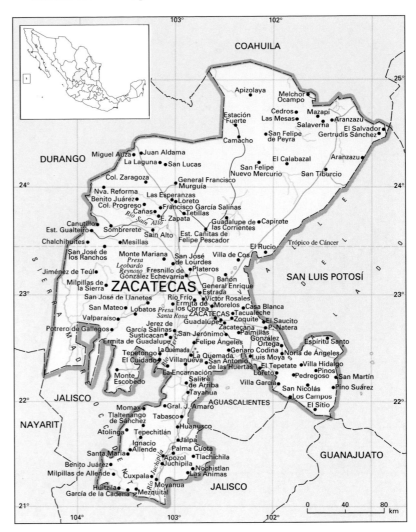

Historia

Los primeros pobladores permanentes (al menos de los que se tiene noticia) que habitaron el territorio del actual estado de Zacatecas fueron los zacatecanos, guachichiles, irritilas y tecuexes, hacia el año 1000 d.C. Algunos de estos grupos desarrollaron una gran cultura denominada Chalchihuites —aludiendo a la región—, cuyos vestigios se pueden apreciar en centros arqueológicos como La Quemada, Altavista, Las Ventanas y El Tepizuasco.

Las huestes de Nuño Beltrán de Guzmán, apoyadas por las de Cristóbal de Oñate y las de Pedro Almíndez de Chirino, empezaron a incursionar en el territorio a partir de 1530. Tras la conquista de la región, ésta pasó a formar parte del territorio de Nueva Galicia; sin embargo no fue del todo dominada puesto que los indígenas, al mando de Tenamaxtle, se mantuvieron durante años en franca rebelión, misma que costó a la Corona innumerables bajas.

En 1548, Juan de Tolosa fundó la ciudad de Zacatecas, cerca de lo que denominó el cerro de La Bufa, rico yacimiento de plata. A partir de ese momento comenzó la explotación del metal, con minas como las de Fresnillo, Sombrerete, San Martín, Noria, Chalchiuites, Pinos, Mazapil, Concepción del Oro, Real de Ángeles, Nieves y Mezquital del

La catedral de Zacatecas fue construida a partir de 1729. Es una de las máximas expresiones del barroco mexicano, con elementos indígenas en su fachada norte.

braron los tratados de Córdoba, que pusieron fin a la lucha independentista. Nochistlán fue la primera ciudad zacatecana que juró la Independencia. Sobrevino un tiempo de reestructuración de los gobiernos de todo el país; Zacatecas estableció el primer Congreso Constituyente local, en el que estaban representados todos los estados libres y soberanos. En 1825 se juró la Constitución del estado; a partir de ese año se inició el restablecimiento: se organizó la policía y el ejército, se buscó mediar en los conflictos políticos, se dio fomento a las industrias de la seda, el algodón y la lana, se impulsó la agricultura y la minería y se promovió la educación gratuita y obligatoria.

El establecimiento del estado se vio empobrecido por dos razones: en 1864, los franceses invadieron Zacatecas obteniendo un dominio total de la capital y regiones circunvecinas; durante la guerra de Reforma, la entidad se opuso a las propuestas de Benito Juárez. Al consolidarse la República hubo un tiempo de bonanza. Sin embargo, la inconformidad ante la dictadura de

Oro, que fueron las principales fuentes de riqueza de la Nueva España y, por extensión, de Europa y el mundo entero. Ya en el año de 1549 funcionaban en Zacatecas 34 compañías dedicadas a la explotación de la plata. En ese mismo año se estableció la Alcaldía Mayor en la entidad.

La ciudad se convirtió en punto central del Nuevo Mundo, fue lugar de partida para las expediciones que conquistaron el norte y gran centro comercial. Para el siglo XVIII alcanzó una inestimable bonanza, reflejada en la arquitectura civil y religiosa, que perdura hasta la fecha. Sin embargo, el costo social de semejante empresa acarreó un descontento que culminó con la guerra de Independencia.

A partir de 1810, surgieron los primeros brotes de insurgencia en la parte occidental de la entidad. Para 1811, los altos jefes insurgentes entraron en la capital. Al dirigirse hacia el norte del país, fueron aprehendidos en Acatita de Baján, a excepción de Ignacio López Rayón,

quien desde la capital del estado redactó un documento en el que daba a conocer las causas de la insurgencia. Siguieron años violentos, en especial se recuerdan la batalla del Grillo y la de Peotillos, la toma de la plaza de San Agustín y la hacienda del Espíritu Santo. En 1821 se cele-

El actual palacio de Gobierno fue la residencia de los condes de la Laguna y en 1867 lo habitó Juárez. En la espadaña se aprecia el escudo de Zacatecas.

Porfirio Díaz redundó en el estallido de la Revolución.

En 1910, Zacatecas se unió al
partido Antirreeleccionista obteniendo el único triunfo reconocido
de éste en el país; al siguiente año,
los hechos violentos fueron más frecuentes. Para 1913, tras la muerte
de Francisco I. Madero, los zacatecanos se adhirieron al plan de Guadalupe y fueron los primeros en
desconocer el gobierno de Victoriano Huerta. Al año siguiente, una
vez establecido el primer gobierno
revolucionario, se llevó a cabo la conocida toma de Zacatecas en la que
se derrotó al gobierno huertista. En
1917 se promulgó la ley agraria del
estado y, al año siguiente, la Constitución estatal.

Actualidad

El estado alberga a 1,351,207 habitantes; las dos terceras partes, menores de 40 años. El municipio de
Fresnillo acoge a un 13,5 por ciento
de la población del estado y el de
Zacatecas al 9.1 por ciento. La población económicamente activa del
estado supera el 50 por ciento, casi
totalmente ocupado. En el área urbana de Zacatecas se emplea en la
rama de los servicios más del 40 por
ciento de los habitantes. En el comercio trabaja más del 20 por ciento de la población, en el gobierno
casi un 13 por ciento, en la industria de la transformación casi un 10
por ciento y en la de la construcción más del 6 por ciento. En Zacatecas hay unas 1,250 personas de
lengua indígena: tepehuan, náhuatl,
huichol, purépecha, otomí, mazahua, mixteco, maya, zapoteco,
huasteco, tarahumara, totonaca y
chinanteco figuran entre las lenguas
que cuentan con grupos de hablantes más numerosos.

La fecha límite para elegir gobernador y diputados es el primer
domingo de julio, y las fechas de toma de posesión son el 12 y 7 de

Un teleférico une el cerro del Grillo con el cerro de la Bufa, símbolo de la ciudad de Zacatecas. En menos de diez minutos hace un recorrido de 650 m.

septiembre, respectivamente. Las
autoridades municipales —presidentes, síndicos y regidores—, son
electas el primer domingo de diciembre y toman posesión el día 1
de enero.

Zacatecas tiene casi 5,000 escuelas y una planta docente de 18,000
maestros para 380,000 alumnos de
los niveles preescolar, primaria, capacitación para el trabajo, secundaria, profesional medio y bachillerato.
En el nivel superior hay inscritos
más de 14,000 alumnos en la Universidad Autónoma de Zacatecas, el
Instituto Tecnológico de Zacatecas y
la Universidad Pedagógica Nacional,
entre otros centros.

La entidad cuenta con alrededor de 275,000 viviendas para un

promedio de 5.9 ocupantes por vivienda; 160,000 poseen todos los
servicios, 1,800 agua entubada y
drenaje, casi 64,000 agua entubada
y energía eléctrica y 4,400 drenaje y
energía eléctrica.

El estado administra cerca de
1,000 fuentes de abastecimiento de
agua, con un aporte aproximado
de 232,600 m³ por día. Las presas
son capaces de almacenar 753 millones de m³ de agua. Hay 21 plantas de tratamiento de aguas residuales, que procesan un volumen de 55
millones de m³ anuales. Existen
más de 300,000 tomas eléctricas,
casi todas residenciales, con unas
34,000 comerciales y 1,300 industriales. Hay más de 18,000 km de
líneas eléctricas.

cos: oro, plata —que representan más del 43 por ciento del valor de la producción minera estatal—, plomo (16 %), cobre (11 %), cinc (26 %) y cadmio. En el estado se explotan también recursos minerales no metálicos. El PIB de esta industria casi alcanza los 400 millones de pesos, con lo que aporta el 2 por ciento nacional del ramo.

En Zacatecas, más de 3,600 empresas se dedican a la manufactura; unas 1,250 a la producción de alimentos, bebidas y tabaco —más del 34 por ciento del total—, arriba de 700 a productos metálicos, maquinaria y equipo en general, y más de 600 a textiles, prendas de vestir e industria del cuero. Casi 500 se centran en productos minerales no metálicos —excepto derivados del petróleo y el carbón—, 435 en la madera y sus productos —incluidos muebles—, casi 100 en el papel y sus productos, imprentas y editoriales, y 24 son industrias manufactureras de distintos tipos.

Hay 146 empresas constructoras, 2 grandes y una gigante. Zacatecas cuenta con dos subestaciones de transmisión de energía eléctrica (con una potencia de transmisión de 276 megawatts), 33 subestaciones de distribución y 45 transformadores de distribución. Más de 16,600 establecimientos se dedican al comercio y una cantidad superior a 150 al turismo, con una capacidad que gira en torno a las 1,000 habitaciones.

Las empresas de autotransporte de carga son 345 y las de pasajeros, 135. En Zacatecas hay casi 10,000 km de caminos, casi el 70 por ciento rurales, un 16 por ciento troncales federales y casi otro tanto alimentadores estatales. La red ferroviaria es de casi 700 km. El estado cuenta con 10 aeródromos y un aeropuerto. Hay 19 radiodifusoras, 10 estaciones repetidoras de televisión y 5 emisoras locales.

La manufactura de sombreros se cuenta entre las artesanías de Zacatecas, así como la madera con incrustaciones de nácar y los cuchillos de fierro forjado.

El producto interno bruto (PIB) del estado es superior a los 9 millones de pesos. La industria agropecuaria, silvícola y pesquera aporta más del 25 por ciento; los comercios, restaurantes y hoteles el 18 por ciento y los servicios financieros, seguros y bienes inmuebles otro tanto. Similar es el aporte de los servicios comunales, sociales y personales. Los transportes, almacenes y comunicaciones contribuyen con el 7 por ciento, la industria de la construcción con más del 5 por ciento y la industria manufacturera con casi el 5 por ciento.

Unas 130,600 empresas se dedican a la agricultura. Las unidades de producción rurales cubren una superficie total cercana a los 4 millones de hectáreas. El estado produce,

en cultivos cíclicos, frijol, maíz, avena forrajera, cebada, trigo, chiles seco y verde, además de otros, en cultivos perennes, durazno, nopal, tuna, alfalfa, guayabo y vid. Cerca de 100,000 empresas se dedican a la ganadería; se crían aves de corral, ganado equino, bovino, porcino, caprino, ovino, conejos y abejas. Además se producen leche, miel y huevos. Cerca de 19,000 empresas se dedican a la actividad forestal, con la explotación de pino (55 %), y encino (43 %), además de otras especies madereras. El volumen de producción acuícola supera las 10,000 toneladas; se explota mojarra tilapia (60 %) y carpa (35 %), además de bagre y lobina.

Practican la minería 72 empresas, que explotan minerales metáli-

Cronología

HECHOS POLÍTICOS

Período precolombino

2000-1200 a.C. Asentamientos mayas en Chiapas y Yucatán.

800 a.C. Incremento de la población y de la producción en el Altiplano y el sudeste.

250-850 d.C. Apogeo de Tula, Teotihuacan y civilizaciones de occidente.

1200 Los sobrevivientes de Tula se extienden por el Altiplano.

Pirámide del Sol en Teotihuacan.

Período precolombino

1325 Los aztecas fundan México-Tenochtitlan.

1338 Al surgir diferencias entre los mexicas, un grupo separatista funda Tlatelolco.

1376 Los mexicas crean estructuras de gobierno. Acamapichtli es el primer tlatoani.

1384 Conducidos por Culhuatecuhtlicuanex, los tlaxcaltecas fundan Tepeticpac.

1392 Tezozómoc se apodera de Chalco.

1396 Los mexicas ocupan Cuautitlán.

1400 En Azcapotzalco, Tezozómoc establece un señorío con sus dos nietos.

1411 Ometochtli Ixtlixóchitl gobierna los 77 cacicazgos de Texcoco.

1430 Se solemniza la Triple Alianza.

1457 Moctezuma Ilhuicamina conquista el territorio amuzgo.

1495 Ahuízotl funda Huaxyacac (Oaxaca).

CULTURA Y SOCIEDAD

2000-1200 a.C. Comienzan a surgir las culturas de occidente.

1200 a.C. Auge de la cultura olmeca. En zonas mayas se edifican algunos centros ceremoniales.

250-850 d.C. Auge de Mesoamérica.

900 En el sur y el sudeste la cultura maya alcanza su máximo nivel.

Colosal cabeza olmeca en piedra, de La Venta.

Estatua de Vasco de Quiroga en Tzintzuntzan.

1351 Primera ceremonia del Fuego Nuevo.

1354 Primera erupción registrada del volcán Popocatépetl.

1448 Heladas tempranas, hambruna en el área de los azteca-acolhua-tepanecas.

1465 Moctezuma Ilhuicamina construye un acueducto de Chapultepec a Tenochtitlan.

1478 En Madrigal de las Altas Torres, Ávila, España, nace Vasco de Quiroga.

1490 Muere Aquiauhtzin, guerrero y autor del *Canto a las mujeres de Chalco*.

1493 En Medina del Campo, Valladolid, España, nace Bernal Díaz del Castillo.

1497 Américo Vespucio viaja por el continente que llevará su nombre.

1499 En Sahagún, reino de León, España, nace fray Bernardino de Sahagún.

1500-1550

1517 Primeras expediciones españolas por el golfo de México.

1519 Hernán Cortés y sus hombres llegan a México. Entran a Tenochtitlan.

1521 Cortés toma Tenochtitlan, apresa a Cuauhtémoc y lo somete a tormento.

1522 Cortés es designado gobernador y capitán general de la Nueva España.

1525 Muere Cuauhtémoc en Izancanac. El dominio colonial alcanza los territorios de Guatemala y Honduras.

1526 Exploración del golfo de California o mar de Cortés.

1535 Creación del virreinato de Nueva España.

1542 Se dictan las nuevas Leyes de Indias, que regulan el dominio colonial.

1547 Se establece la Inquisición para perseguir a herejes y delincuentes.

1548 Carlos I otorga el título de Muy Noble, Insigne, Muy Leal e Imperial a la Ciudad de México.

1551-1600

1554 Gracias a los yacimientos de plata se funda la ciudad de Guanajuato.

1555 Primer Concilio Provincial Mexicano, en el que participa Vasco de Quiroga.

1563 Fundación de la ciudad de Durango.

1566 Fracasa el plan para proclamar rey de México al español Martín Cortés.

1569 En Veracruz, derrota de los piratas ingleses comandados por John Hawkins.

1579 Francis Drake saquea el puerto de Huatulco en el Pacífico.

1580 Apertura del Correo Mayor.

1596 El Santo Oficio juzga a Luis de Carvajal por «judaizante».

Panorámica de la ciudad de Guanajuato.

HECHOS POLÍTICOS

1507 Cuarta y última ceremonia del Fuego Nuevo.

1523 Llegan a México los tres primeros monjes franciscanos.

1525 Fray Pedro de Gante funda una escuela para educar a los indígenas.

1525 Concluye la Junta Apostólica, primer sínodo en la Nueva España.

1526 Llegan frailes dominicos. Desarrollo de los beneficios mineros.

1527 Fray Juan de Zumárraga, primer arzobispo de México.

1529 Una Cédula Real prohíbe la violación de correspondencia.

1530 Gran epidemia de topitonzahuatl (sarampión). Numerosos decesos.

1531 El indio Juan Diego reporta haber visto a la Virgen de Guadalupe.

1536 Se establece la primera imprenta oficial.

1553 Abre sus cursos la Real y Pontificia Universidad de México.

1557 Se funda el Hospital Real de los Naturales.

1565 Muere en Uruapan Vasco de Quiroga, *Tata* Vasco.

1566 En Madrid, España, muere fray Bartolomé de la Casas a los noventa años.

1568 Bernal Díaz del Castillo concluye la *Historia de la Conquista de la Nueva España*.

1572 Llega a México la Compañía de Jesús.

1573 Comienza la construcción de la catedral metropolitana.

1576-1577 Una epidemia de matlazahuatl (tifus) mata a dos millones de indígenas.

1581 Nace el dramaturgo Juan Ruiz de Alarcón.

1592 El virrey Luis de Velasco, hijo, hace construir la Alameda Central.

Retrato del virrey Luis de Velasco, hijo.

CULTURA Y SOCIEDAD

1601-1650

HECHOS POLÍTICOS

1601 La ciudad de Veracruz se traslada a su emplazamiento actual.

1609 Alzamiento en Veracruz de los esclavos negros capitaneados por Yanga.

1616 En Sinaloa y Durango se rebelan los tepehuanes; matan a varios jesuitas.

1624 El virrey Diego Carrillo de Mendoza embarga los bienes del clero.

1625 Tras el fuerte ataque de la escuadra holandesa se amuralla el puerto de Acapulco.

1627 Se prohíbe el comercio entre la Nueva España y Perú.

1629 Copiosas lluvias y gran inundación en la Ciudad de México.

1633 Corsarios holandeses saquean el puerto de Campeche.

1641 Fundación de la ciudad de Villahermosa en el istmo de Tehuantepec.

Catedral de la ciudad de Guadalajara.

CULTURA Y SOCIEDAD

1604 Los jesuitas edifican el templo de San Francisco Javier en Tepozotlán.

1618 En la ciudad de Guadalajara se consagra la catedral.

1621 Primera cátedra de cirugía en la Universidad de México.

1624 En defensa del clero, un motín repudia al virrey gritando «¡Muera el hereje!».

1629 La imagen de la Virgen de Guadalupe se traslada a la catedral.

1632 Concluyen las obras de desagüe en el valle de México. Nace el pintor Baltasar de Echave Orio.

1645 Nace Carlos de Sigüenza y Góngora, humanista y literato.

1649 Inauguración de la catedral de la ciudad de Puebla.

1650 Muere en Cuitaxtla la monja Alférez, legendaria travesti colonial.

LIBRA
ASTRONOMICA,
Y PHILOSOPHICA
EN QUE
D. Carlos de Siguenza y Gongora
Cosmographo, y Mathematico Regio en la
Academia Mexicana,
EXAMINA
no solo lo que à su Manifiesto Philosophico
contra los Cometas opuso
el R. P. EUSEBIO FRANCISCO KINO de la Compañia de
Jesus, sino lo que el mismo R. P. opuso, y pretendio hacer
demostrado en la Exposicion Astronomica
del Cometa del año de 1681.

Portada de una obra de Carlos de Sigüenza y Góngora.

1651-1700

HECHOS POLÍTICOS

1651 El día del Corpus se enfrentan las jerarquías del virrey y el cabildo de la Iglesia.

1656 San Luis Potosí obtiene el título de ciudad.

1666 En las Informaciones Guadalupanas se discuten las apariciones de la Virgen.

1677 Se cumplen las formalidades para fundar Toluca.

1682 Fundación de Paso del Norte, posterior Ciudad Juárez.

1683 Antonio Benavides, el «falso visitador», es encerrado en un calabozo. Los españoles toman Baja California.

1692 Tumulto en la Ciudad de México por la escasez y elevado precio del maíz.

1693 Escasez general de pan.

1696 Estudiantes amotinados queman la picota en la plaza principal de México.

CULTURA Y SOCIEDAD

1651 Se prohibe el ingreso de jesuitas extranjeros a las Indias españolas. Nace en Nepantla Juana de Asbaje o sor Juana Inés de la Cruz.

1665 Erupción del volcán Popocatépetl.

1667 Dedicación de la catedral metropolitana.

1681 Llega el jesuita Eusebio Francisco Kino, quien funda 76 misiones en el norte.

1692 Fuerte temblor de tierra en el centro de la Nueva España.

1694 Un eclipse total de sol perturba a los indígenas.

1695 Muere sor Juana Inés de la Cruz. En Oaxaca nace el pintor Miguel Cabrera.

1699 Durante un auto de fe son ejecutadas 17 personas.

1700 Fallece Carlos de Sigüenza y Góngora.

1701-1725

1703 Un bando fija precios de control a varios artículos de consumo.

1707 Llega a Guadalajara el nuevo arzobispo Diego Camacho y Ávila.

1718 En la región norte del territorio se funda San Antonio, Texas.

1719 Se establece el Tribunal de la Acordada para castigar a los ladrones.

1720 El virrey, marqués de Valero, encarga a la Compañía de Jesús la misión del Gran Nayar. Las Leyes de Indias suprimen la encomienda.

1721 Tras numerosos enfrentamientos culmina la conquista de Nayarit.

La Gaceta de México, *primera publicación periódica.*

1701 Tumulto por la prohibición del baratillo (comercio ambulante).

1707 Epidemia de viruela en los valles de México, Puebla y Tlaxcala.

1709 Se inaugura la parroquia de Nuestra Señora de Guadalupe.

1710 Nace Lucas José Anaya, autor del poema *Descenso y humillación de Dios para el ascenso y exaltación del hombre.*

1711 Manuel Zumaya estrena *Parténope*, primera ópera mexicana.

1716 Inundaciones en la Ciudad de México.

1720 Se construye el Ayuntamiento de la Ciudad de México.

1722 Aparece la primera publicación periódica: La *Gaceta de México y noticias de Nueva España.*

1724 Bendición de la iglesia de Corpus Christi en la capital.

1726-1750

1726 Fundación oficial de la Casa de la Moneda, destacado centro de acuñación.

1728 El rey Felipe V aprueba las Ordenanzas de la Muy Nobilísima y Leal Ciudad de México.

1730 Suspensión del comercio entre México y Venezuela.

1731 La Aduana de Santo Domingo reglamenta alcabalas y otros impuestos.

1740 Comienza la disolución de la Armada de Barlovento.

1743 George Arson captura el galeón de Filipinas y obtiene un cuantioso botín.

1745 Romualdo de Herrera es nombrado teniente del rey en la ciudad de Campeche.

1747 Se inicia la colonización de Tamaulipas.

1749 Motín en Querétaro causado por el hambre.

El templo del Sol en Palenque, descubierto en 1750.

1729 Nace el humanista Francisco Javier Alegre.

1731 En Veracruz nace Francisco Javier Clavijero.

1734 Llegan a México las Brígidas, última orden que ingresa al país durante el Virreinato.

1735 Nace el astrónomo Antonio León y Gama.

1736 Llega a México el erudito italiano Lorenzo Boturini.

1737 Nace en Ozumba el matemático José Antonio Alzate y Ramírez.

1743 Nace Francisco Sedano, autor de un célebre *Diario.*

1744 Concluye la edificación de la catedral de Morelia.

1750 Se descubren las ruinas mayas de Palenque.

1751-1775

HECHOS POLÍTICOS

1761 Se establece el ejército permanente de la Nueva España.

1765 Queda pactada la libertad de comercio en América.

1766 Creación del estanco del tabaco.

1767 Carlos III decreta la expulsión de los jesuitas de España y sus colonias.

1769 En la región de California fray Junípero Serra funda San Diego.

1770 Un decreto establece la lotería para la beneficencia pública.

1772 Se funda el Banco de Avío y Minas.

1774 Carlos III establece el Sacro y Real Monte de Ánimas, antecedente del Montepío.

1775 La Nueva España se apodera de Alaska.

La Virgen de Guadalupe, patrona de la Nueva España.

CULTURA Y SOCIEDAD

1752 Los seris y pimas destruyen poblados y misiones católicas en Sonora.

1753 En la Ciudad de México queda concluida la construcción del Teatro Principal.

1756 La Virgen de Guadalupe es jurada patrona de la Nueva España.

1758 Concluye la construcción de la parroquia de Santa Prisca en Taxco.

1763 Muere Juan José de Eguiara y Eguren, enciclopedista mexicano.

1768 Establecimiento de la Escuela Real de Cirugía en la Nueva España.

1771 José Antonio Alzate ingresa en la Academia de Ciencias de París.

1772 José Antonio Bartolache publica *El Mercurio Volante*, primera revista médica del continente.

1776-1800

1776 Fundación de San Francisco, California.

1777 Se crea el Tribunal de Minería para administrar los beneficios del país.

1779 En Charleston, Carolina del Sur, Estados Unidos, nace Joel R. Poinsett.

1781 Fundación de Los Ángeles, California.

1783 La Ciudad de México se divide en alcaldías de barrio.

1786 El virrey Bernardo de Gálvez divide la Nueva España en doce intendencias.

1796 Las tropas militares se acantonan en Xalapa y Orizaba.

1798 En Guanajuato comienza la construcción de la Alhóndiga de Granaditas.

1799 Conspiración de los machetes acaudillada por Pedro de la Portilla.

1776 Nace José Joaquín Fernández de Lizardi.

1778 Se establece la Escuela de Bellas Artes.

1779 En Santa Clara, California, se hace la primera cesárea.

Retrato del navegante italiano Alejandro Malaspina.

1784 En Veracruz el doctor Francisco Hernández realiza la primera sinfisiotomía.

1788 Se inauguran cursos en el Jardín Botánico.

1790 El censo de Revillagigedo contabiliza 4,636,074 habitantes en la Nueva España.

1791 Expedición de Alejandro Malaspina por las costas de California.

1792 Nace Lucas Alamán, historiador y político.

1793 El virrey Revillagigedo inaugura el servicio de alumbrado público.

1800 Andrés Manuel del Río descubre el vanadio, elemento de la tabla periódica.

1801-1810

1801 Las milicias provinciales se acantonan en la ciudad de Xalapa.

1803 Llega a México el arzobispo Francisco Javier Lizana y Beaumont.

1804 La Real Cédula de Consolidación de Vales daña profundamente la economia novohispana.

1806 En San Pablo Guelatao, localidad de Oaxaca, nace Benito Juárez.

1807 Una Orden Real impone el castigo a galeras por peculado.

1808 Un grupo propone al virrey José de Iturrigaray encabezar un gobierno independiente. El plan fracasa.

1809 Falla la conspiración de Valladolid.

1810 Miguel Hidalgo lanza el «grito de independencia» en el pueblo de Dolores.

1811-1820

1811 Después de caer en una trampa, Hidalgo muere fusilado en Chihuahua.

1812 En España las Cortes de Cádiz promulgan una constitución liberal en nombre del rey.

1813 Morelos convoca al Congreso de Chilpancingo, que emite el decreto de Independencia de México.

1814 El Congreso de Chilpancingo promulga la Constitución de Apatzingán.

1815 Fusilan a Morelos en San Cristóbal Ecatepec.

1816 En Zamora, Michoacán, nace Pelagio Antonio de Labastida, arzobispo de México.

1817 Fusilamiento de Francisco Javier Mina. Muerte de Gertrudis Bocanegra.

1818 Estados Unidos reconoce a Luis de Onís para negociar el trazado de la frontera.

1820 Restauración de la Constitución de Cádiz en España y sus colonias.

1801 Nace el escritor José Joaquín Pesado.

1802 En Augsburgo, Alemania, nace el pintor Johann Moritz Rugendas.

1803 Alexander von Humboldt llega a Acapulco.

Fusilamiento de Morelos en San Cristóbal Ecatepec.

1804 Francisco Xavier Balmis realiza una campaña de vacunación contra la viruela.

1805 Aparece el *Diario de México*.

1806 Un terremoto destruye el templo de Zapotlán el Grande en Jalisco.

1807 Nace Leopoldo Río de la Loza, precursor de la farmacopea mexicana.

1809 En San Cristóbal de las Casas nace Manuel Larráinzar, político y diplomático.

1811 Se publica en París el *Ensayo político sobre el Reino de la Nueva España* de Humboldt.

1812 José María Cos edita el *Ilustrador Nacional*, periódico insurgente.

1813 Concluye la construcción del Tribunal o «Palacio» de Minería.

1814 Nace en Francia Charles Brasseur de Bourbourg, traductor del *Popol Vuh*.

1815 Se suspenden las reuniones de la Junta Superior del Monte de Piedad.

1816 José Joaquín Fernández de Lizardi publica la primera novela mexicana: *El periquillo sarniento*.

1817 Queda prohibido el tráfico de esclavos.

1818 Thomas Murphy introduce la máquina de vapor para el desagüe de minas.

1819 Se publica el segundo tomo de la *Biblioteca hispano-americana septentrional* de José Mariano Beristáin.

1821-1830

1821 El plan de Iguala declara la Independencia de México. Entra el Ejército Trigarante a la Ciudad de México.

1822 Instalación del primer Congreso Nacional. Iturbide se proclama emperador.

1823 Antonio López de Santa Anna lanza el plan de Casa Mata, que desconoce a Iturbide. Éste abandona el país. Guatemala, Honduras y Nicaragua y Chiapas se separan de México.

1824 Iturbide es fusilado en Padilla, Tamaulipas. Se promulga la primera Constitución. Guadalupe Victoria, primer presidente.

1825 Rendimiento de San Juan de Ulúa, último bastión español en México.

1827 Decreto de expulsión de los españoles.

1828 En la Acordada se enfrentan partidarios de Vicente Guerrero y de Manuel Gómez Pedraza. Saqueo del Parián.

1829 Fracaso de la expedición española que llega a México para emprender la reconquista.

1830 Nace en Oaxaca Porfirio Díaz.

Acta de Independencia de México, 1821.

1831-1840

1831 Un decreto crea el Censo General de la República.

1832 Ignacio Comonfort se suma al movimiento de Santa Anna contra Anastasio Bustamante.

1833 Mariano Arista proclama el plan de Huejotzingo. Santa Anna se convierte en dictador.

1834 Expulsión de Valentín Gómez Farías.

1836 Al promulgarse la Constitución de las Siete Leyes, Texas se separa de la República.

1837 Se funda el Banco Nacional de Amortización de la Moneda de Cobre.

1838 Guerra de los pasteles entre México y Francia.

1839 Con la firma de un tratado de paz concluye la guerra entre Francia y México.

1840 Los indios pápagos resuelven expulsar a los blancos de su territorio.

1821 Se dictan leyes para poblar el país mediante inmigraciones extranjeras.

1822 Fundación del Conservatorio de Antigüedades de la Universidad.

1823 Establecimiento de La Estrella Polar, asociación liberal, política y literaria.

1824 Surge la Academia de Medicina Práctica.

1825 Guadalupe Victoria inaugura el primer Museo Nacional.

1826 México recibe a exiliados procedentes de la República de Centroamérica.

1827 Instalación del Instituto de Ciencias y Artes de Oaxaca.

1828 En Nueva York aparece el libro *Arte nuevo de cocina y repostería, acomodado al uso mexicano*.

1829 Muere la antigua corregidora de Querétaro, Josefa Ortiz de Domínguez.

Sede de la antigua Biblioteca Nacional.

1831 Lord Kingsborough publica el libro *Antiquities of Mexico*.

1832 En Purísima del Rincón, Guanajuato, nace el pintor Hermenegildo Bustos.

1833 Un decreto crea la Biblioteca Nacional.

1834 Se publica el recetario *Cocinero mexicano*.

1835 Juan Nepomuceno Almonte publica la *Noticia estadística sobre Texas*.

1837 Ignacio Rodríguez Galván da a conocer su narración *Manolito el pisaverde*.

1838 Agustín Caballero y Joaquín Beristáin establecen una academia musical, germen del Conservatorio.

1839 La marquesa Calderón de la Barca viaja por todo el territorio nacional.

1840 José Ignacio Aguado funda el Instituto de San Francisco de Sales.

1841-1850

1851-1860

1841 Liquidación del Banco Nacional de Amortización de la Moneda de Cobre.

1842 Los liberales alcanzan la mayoría en el Congreso. Santa Anna abandona la capital. Lo reemplaza Nicolás Bravo, quien nombra una Junta Nacional Legislativa.

1843 Son proclamadas las Bases de Organización Política de la República Mexicana.

1844 El gobierno vende las principales salinas a compradores particulares.

1845 Texas se anexa a Estados Unidos.

1846 Se promulga el Acta Constitutiva y de Reformas. Estalla la guerra con Estados Unidos.

1847 Tropas estadounidenses desembarcan en Veracruz. El enemigo se apodera de la capital.

1848 El tratado de Guadalupe Hidalgo pone fin a la guerra. México pierde la mitad de su territorio. José Joaquín de Herrera es nombrado presidente de México

1853-1857 Las costas mexicanas sufren repetidos ataques filibusteros.

1853 Santa Anna, «dictador perpetuo». Venta de La Mesilla.

1854 En Ayutla, Guerrero, se proclama un plan contra Santa Anna.

1855 La revolución de Ayutla se extiende. Santa Anna abandona el país.

1856 Reunión de un Congreso Constituyente. Nacionalización de los bienes eclesiásticos.

1857 Elecciones presidenciales. Triunfa Comonfort. Benito Juárez, presidente de la Suprema Corte de Justicia. Nueva Constitución.

1858 Plan de Tacubaya. Félix Zuloaga derroca a Comonfort. Comienza la guerra de Reforma.

1859 Tratado Mon-Almonte. Tratado McLane-Ocampo. Leyes de Reforma.

1860 El ejército liberal derrota al conservador. Acaba la guerra de Reforma.

Escena de la guerra con Estados Unidos, de 1846.

1851 Francisco Zarco, Vicente Riva Palacio, Juan de Dios Peza y José Tomás de Cuéllar fundan el Liceo Hidalgo.

1852 Después de vivir en Europa, el compositor Luis Baca Elorriaga regresa a México.

1853 Se restablece la Compañía de Jesús. Una bula papal erige a San Luis Potosí en obispado.

Retrato del liberal Ignacio Comonfort.

1841 Se funda el Consejo de Salubridad.

1843 Santa Anna manda derribar el Parián.

1844 Nace José Encarnación Payén, director de bandas militares.

1845 Matías Béistegui y Francisco Vértiz realizan la primera transfusión sanguínea.

1846 Pelegrín Clavé, director de la Academia de San Carlos.

1848 Concluye la primera etapa de la guerra de castas en Yucatán.

1850 José Agustín Arrieta expone su cuadro *Eneas* en la Ciudad de México.

1854 Estreno del Himno Nacional Mexicano.

1856 Se cancelan los primeros timbres mexicanos, que ostentan el busto de Hidalgo.

1857 Un decreto de Comonfort impone el uso del sistema métrico decimal.

1858 Fuerte temblor de tierra en la Ciudad de México; el gobierno acondiciona albergues.

1859 En el mismo año de su muerte, Juan Díaz Covarrubias publica *Gil Gómez el insurgente*.

1860 El ingreso total mexicano es 21 veces menor que el británico y 30 que el estadounidense.

1861-1870

HECHOS POLÍTICOS

1861 Juárez suspende los pagos de la deuda extranjera.

1862 Desembarcan tropas españolas, inglesas y francesas. El ejército liberal es derrotado.

1863 En Miramar, una comisión ofrece la corona de México a Maximiliano de Habsburgo.

1864 Maximiliano y su consorte Carlota llegan a México. Juárez traslada su gobierno al norte.

1865 Maximiliano lanza la ley de tolerancia de cultos y la ley penal que castiga con la muerte a los prisioneros de guerra.

1866 Estados Unidos reconoce a Juárez como presidente. Napoleón III ordena el retiro de las tropas francesas.

1867 Las fuerzas liberales sitian a los imperialistas en Querétaro. Maximiliano es fusilado. Se restablece el orden constitucional.

1869 Alzamientos campesinos en Michoacán, Querétaro, Veracruz, Puebla, Oaxaca, Hidalgo y Chiapas.

1870 Se promulga el Código Civil.

CULTURA Y SOCIEDAD

1861 Rosete Aranda realiza funciones de teatro-guiñol. Secularización de los hospitales religiosos.

1862 La Sociedad de Antropología de París publica *Instructions Ethnologiques pour le Mexique*.

1863 Joaquín de la Cantolla y Rico reanuda sus vuelos en globo.

1864 Se funda el Banco de Londres, México y Sudamérica.

1865 Comienzan a emplearse estructuras metálicas para la construcción.

1867 Creación de la Escuela Nacional Preparatoria.

1868 En Chihuahua se funda el Banco de Santa Eulalia, con el objetivo de regular las actividades mineras.

1869 Inauguración del ferrocarril mexicano que une a Puebla con México.

1870 Nace Amado Nervo. Se funda la destilería tequilera de la Casa Sauza.

1871-1880

1871 Juárez es reelegido. Porfirio Díaz alega fraude y proclama el plan de la Noria.

1872 Muere Juárez. Lo sucede Sebastián Lerdo de Tejada.

1873 Las leyes de Reforma son incorporadas a la Constitución.

1874 Lerdo de Tejada pierde el apoyo popular. Sublevación de Porfirio Díaz.

1875 Guerra civil en Sonora por la imposición del gobernador José Pesqueira.

1876 Lerdo de Tejada, candidato a la presidencia. Díaz lanza el plan de Tuxtepec que desconoce la elección. Lerdo abandona el país.

1877 Porfirio Díaz asume el poder como presidente provisional. Las elecciones lo legitiman.

1879 En Nadadores, Coahuila, nace el revolucionario Lucio Blanco.

1880 Comienza el cuatrienio del presidente Manuel González. El general Sóstenes Rocha es nombrado director del Colegio Militar.

1871 Aniceto Ortega concluye *Guatemotzin*, ópera que preludia el nacionalismo.

1873 Suicidio del poeta Manuel Acuña.

1874 Ireneo Paz publica *Amor de viejo*.

1875 Francisco Pimentel presenta su *Cuadro descriptivo y comparativo de las lenguas indígenas de México*.

1876 En el panteón de Dolores se inaugura la Rotonda de los Hombres Ilustres.

1878 México ingresa en la Unión Postal Universal. Rafael Lavista realiza la primera histerectomía por vía abdominal. El censo de H. W. Bates contabiliza 9,169,700 habitantes.

1879 El Congreso aprueba un contrato para tender un cable submarino de Estados Unidos a Veracruz.

1880 Nace Manuel Romero de Terreros, estudioso de la cultura mexicana.

Fachada de la Escuela Nacional Preparatoria.

1881-1890

1882 El Congreso ordena la abolición de las alcabalas y de las aduanas interiores.

1884 Al concluir el mandato de Manuel González, Porfirio Díaz regresa al poder.

1885 Bernardo Reyes sustituye a Genaro García como gobernador de Nuevo León.

1886 En Buatachive, Sonora, las fuerzas del gobierno vencen a los indios yaquis y mayos.

1887 Las regiones políticas de Baja California adquieren el rango de distritos.

1888 El Congreso aprueba una reforma de la Constitución para permitir la reelección presidencial.

1889 Nace en Corrales de Abrego, Zacatecas, Joaquín Amaro.

1890 Concluyen los trabajos de la Primera Conferencia Internacional Americana.

Antigua sede del Congreso, donde se abolieron las aduanas interiores.

1891-1900

1891 Establecimiento de relaciones diplomáticas entre México y Brasil.

1892 Cuarto período de Porfirio Díaz. La deuda externa se duplica.

1893 José Ives Limantour es nombrado secretario de Hacienda.

1894 Esteban Chassay demuestra la propiedad mexicana del archipiélago del Norte.

1895 Ramón Corral es elegido gobernador constitucional de Sonora.

1896 Comienza el quinto período de Porfirio Díaz.

1897 Se expide la primera ley general de instituciones de crédito.

1898 El ministro francés intenta acreditar la soberanía de su país sobre la isla de Clipperton.

1900 Sexta reelección de Porfirio Díaz.

HECHOS POLÍTICOS

1881 Muere Manuel Orozco y Berra, autor de *Historia antigua y de la Conquista en México*.

1882 Fundación de la Compañía Telefónica Mexicana, pionera del sector.

1883 Nace Antonio Caso, quien sentará los fundamentos de la educación superior.

1884 Se establece el Banco Nacional de México, posterior Banamex.

1885 Es inaugurado el Observatorio Astronómico de Tacubaya.

1886 Margarita Chorné recibe el primer título profesional otorgado a una mujer.

1887 Nace en Durango Fanny Anitúa, destacada cantante de ópera.

1888 Comienza a aplicarse la vacuna antirrábica de Louis Pasteur.

1890 La Ciudad de México cuenta con 300 luces eléctricas de 2,000 bujías, 500 mechones de gas y 1,130 luces de trementina.

Retrato de un trabajador agrícola.

1890 Auge de los latifundios. Explotación masiva de los campesinos.

1892 Fundación de la Sociedad Anónima de Conciertos.

1893 Entre cuatro millones de indios mexicanos, sólo cuatro mil saben leer.

1894 Aparece la *Revista Azul* que sienta los cánones del Modernismo.

1895 Inauguración de la Escuela Nacional de Homeopatía.

1896 Gabriel Veyne realiza la primera función de cine. Nace David Alfaro Siqueiros.

1897 El número de fábricas de aguardiente en el país asciende a 1,972.

1898 Julio Ruelas, Jesús E. Valenzuela, Amado Nervo, Rubén M. Campos, José Juan Tablada, Manuel José Othón y Balbino Dávalos fundan la *Revista Moderna*.

1900 El 78 por ciento de la población activa se dedica a labores agrícolas y ganaderas.

CULTURA Y SOCIEDAD

1901-1910

HECHOS POLÍTICOS

1901 Se celebra el primer Congreso Liberal Mexicano.

1902 Durante la Segunda Conferencia Panamericana, el gobierno mexicano exige leyes de extradición de los anarquistas.

1904 Séptima reelección de Porfirio Díaz.

1905 Se publica el Manifiesto del Partido Liberal Mexicano.

1906 Huelgas obreras en Cananea y Atlixco. Porfirio Díaz intenta sofocarlas.

1907 En Aguascalientes, huelga de los operarios de la Fundición Central.

1908 Entrevista Díaz-Creelman. Madero publica *La sucesión presidencial.*

1909 Creación de los partidos Democrático Reyista, Nacionalista Democrático y Antirreeleccionista.

1910 Estalla la Revolución. Se sublevan Emiliano Zapata y Pancho Villa.

CULTURA Y SOCIEDAD

1901 Surgen los periódicos *El Monitor Liberal* y *El Disloque.*

1903 Federico Gamboa publica *Santa.* Comienza a funcionar el primer alto horno.

1904 Se construyen 409 km de vías férreas. El total del país asciende a 16,522 km.

1905 Se inaugura el Hospital General.

1906 Miguel Ángel de Quevedo funda los Viveros de Coyoacán. Llega al país María Conesa.

1907 Apertura del Toreo de la Condesa.

1908 Muere Melesio Morales, máxima figura de la música mexicana en el siglo XIX.

1909 Alfonso Reyes, José Vasconcelos, Pedro Enríquez Ureña y Antonio Caso fundan el Ateneo de la Juventud.

1910 Se inaugura el manicomio de la Castañeda en Mixcoac.

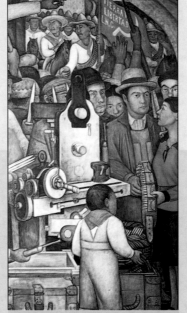

Mural de Diego Rivera: el pueblo en armas durante la Revolución.

1911-1920

HECHOS POLÍTICOS

1911 Francisco I. Madero toma posesión como presidente. Zapata proclama el plan de Ayala.

1912 Félix Díaz, sobrino del dictador, se subleva en Veracruz.

1913 Victoriano Huerta da un golpe de Estado. Madero es asesinado. Venustiano Carranza se proclama jefe del Ejército Constitucionalista.

1914 Tropas estadounidenses desembarcan en Veracruz. Entra en la capital el Ejército Constitucionalista. Zapata, Villa y Carranza rompen sus alianzas. Convención de Aguascalientes.

1915 Obregón derrota a Villa.

1916 En Querétaro se instala un Congreso Constituyente.

1917 El 5 de febrero se promulga una nueva Constitución.

1919 Zapata es asesinado en Chinameca. Álvaro Obregón, candidato a la presidencia.

1920 Carranza muere asesinado en Tlaxcalantongo.

CULTURA Y SOCIEDAD

1911 Nace Mario Moreno «Cantinflas».

1912 El Comité Internacional de la Cruz Roja reconoce a la rama mexicana.

1913 Primeras determinaciones gravimétricas con instrumentos modernos.

1914 En Álamos, Sonora, nace María de los Ángeles Félix.

1915 Alfonso L. Herrera funda la Dirección de Estudios Biológicos.

1916 Aparece el diario *El Universal.*

1918 Jesús T. Acevedo se pronuncia contra las fórmulas arquitectónicas arcaizantes.

1919 Creación de la Academia Mexicana de la Historia.

1920 Peste bubónica en Veracruz y a lo largo de sus inmediaciones. Erupción del volcán Popocatépetl.

1921-1930

1921 Huelga de campesinos en Michoacán.
1923 Asesinato de Villa en Parral.
1924 Es elegido presidente de la República Plutarco Elías Calles.
1925 Se establece por decreto el Banco de México.
1926 La Iglesia católica suspende los cultos. El gobierno cierra los templos. Guerra cristera.
1927 En el castillo de Beauchot muere la princesa Carlota de Bélgica.
1928 Asesinato de Obregón. Creación del Partido Nacional Revolucionario.
1929 José Gonzalo Escobar se levanta en el norte. Concluye la guerra cristera.

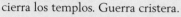

Álvaro Obregón, estratega militar y político.

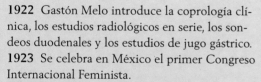

1922 Gastón Melo introduce la coprología clínica, los estudios radiológicos en serie, los sondeos duodenales y los estudios de jugo gástrico.
1923 Se celebra en México el primer Congreso Internacional Feminista.
1924 Inauguración del Estadio Nacional en la Ciudad de México.
1925 Se establece el intercambio de giros telegráficos entre México, Estados Unidos y Canadá.
1926 En la temporada de fútbol de primera división Pedro Amaya, del América, y Miguel Ruiz, del Necaxa, resultan campeones de goleo.
1927 Jesús González Ureña efectúa el primer censo de la lepra.
1928 Aparece la revista *Contemporáneos*.
1929 *Dios y ley* de Guillermo Calles y *El águila y el nopal* de Miguel Contreras Torres, primeras películas sonoras.
1930 Isaac Ochoterena realiza estudios sobre la oncocercosis.

1931-1940

1931 Ingreso de México en la Liga de Naciones.
1932 Pascual Ortiz Rubio renuncia a la presidencia, por oposición de las fuerzas políticas.
1933 El gobierno crea bancos de desarrollo para apoyar a los sectores productivos.
1934 Lázaro Cárdenas es elegido presidente.
1935 Calles es expulsado del Partido Nacional Revolucionario (PNR).
1936 Destierro de Calles. Fin del «maximato».
1938 Expropiación petrolera. El PNR se convierte en Partido de la Revolución Mexicana (PRM). Levantamiento de Saturnino Cedillo.
1939 México declara su neutralidad en la Segunda Guerra Mundial.
1940 Fusión de las organizaciones de petróleo en la paraestatal Petróleos Mexicanos. Manuel Ávila Camacho llega a la presidencia.

Imagen del edificio central del Banco de México.

1931 Suspensión de cultos en los templos del Distrito Federal.
1932 Alfonso Caso y su equipo descubren joyas prehispánicas en Monte Albán.
1934 Vuelve a México Carmen Romero Rubio, viuda de Porfirio Díaz.
1935 Juan Orol dirige su filme clásico *Madre querida*.
1936 Reparto ejidal en la comarca lagunera. Fundación del Instituto Politécnico Nacional.
1937 Se crea la Secretaría de Asistencia Social. Rodolfo Usigli estrena *El gesticulador*.
1938 Es creado el Consejo Consultivo de Bellas Artes.
1939 Fundación de la leprosería de Zoquiapan. Se inaugura el Instituto de Salubridad y Enfermedades Tropicales.
1940 Leon Trotsky es asesinado en su residencia de Coyoacán.

HECHOS POLÍTICOS

CULTURA Y SOCIEDAD

1941-1950

1941 Calles regresa del exilio y se queda a vivir en la Ciudad de México.

1942 México declara la guerra al Eje. Se funda el Congreso Nacional Obrero.

1943 En el Distrito Federal, Diego Martínez jura como presidente de la República Española.

1944 El gobierno funda el Instituto Mexicano del Seguro Social.

1946 Miguel Alemán Valdés asume la presidencia. El PRM se convierte en Partido Revolucionario Institucional (PRI).

1947 Harry S Truman, presidente estadounidense, visita México.

1948 El Banco de México se retira del mercado de cambios. Devaluación del peso.

1949 Los conceptos de ingreso más importantes son los impuestos al comercio exterior.

El compositor mexicano Carlos Chávez.

1941 Eduardo Nicol y Eduardo García Maynez fundan el Centro de Estudios Filosóficos de la Universidad Nacional.

1943 En Michoacán hace erupción el volcán Paricutín.

1944 Se funda el Instituto Nacional de Cardiología.

1945 Emilio «Indio» Fernández dirige *La perla*, basada en la novela de John Steinbeck.

1946 Fundación de la Hemeroteca Nacional y de la Academia de Artes y Ciencias Cinematográficas.

1947 Carlos Chávez, director del Instituto Nacional de Bellas Artes.

1948 Matilde Landeta filma *Lola Casanova*, primera película mexicana dirigida por una mujer. Premio Ariel para *La perla*.

1949 Se crea el Instituto Nacional Indigenista. Muere José Clemente Orozco.

1950 Comienzan las obras de la Ciudad Universitaria, en México, D.F.

1951-1960

1951 México establece relaciones con Irak y firma la paz con Alemania.

1952 Se crea el estado de Baja California. Adolfo Ruiz Cortines es elegido presidente.

1953 Los presidentes de Estados Unidos y México inauguran la presa Falcón.

1954 Nueva devaluación del peso frente al dólar.

1956 El Partido Comunista Mexicano celebra una asamblea plenaria y revisa sus bases.

1957 Guatemala solicita a México que los pescadores mexicanos no incursionen en sus aguas territoriales.

1958 Adolfo López Mateos, nuevo presidente.

1959 Se funda el Instituto de Seguridad y Servicios Sociales de los Trabajadores del Estado.

1960 Nacionalización de la industria eléctrica.

1951 Se instituye la celebración del Día Nacional de la Libertad de Prensa.

1952 Se inaugura la Ciudad Universitaria, sede de la Universidad Nacional.

1953 La mujer obtiene el derecho al voto. En Guanajuato se escenifican los entremeses cervantinos.

1954 Se establece el aguinaldo como gratificación anual obligatoria.

1955 Juan Rulfo publica su novela *Pedro Páramo*.

1957 Muere el pintor Diego Rivera.

1958 Jaime Torres Bodet es nombrado secretario de Educación Pública. El costo de la vida se calcula en 850.2 unidades (1939=100).

1959 Muere el escritor Alfonso Reyes.

1960 Luis Ortiz Macedo organiza la exposición *Cuatrocientos años de Arquitectura Mexicana*.

1961-1970

1961 El gobierno crea una partida para la industria alimenticia y la minería.

1962 Se deroga la ley federal de colonización. Se expiden 40,269 acuerdos de inafectabilidad agrícola.

1963 Fundación de la Central Campesina Independiente.

1964 Charles de Gaulle, presidente de Francia, visita México. Gustavo Díaz Ordaz es investido presidente.

1965 Antonio Carrillo Flores asiste a la segunda Conferencia Interamericana.

1967 Alfonso García Robles promueve el tratado de Tlatelolco de proscripción de armas nucleares.

1968 Disturbios estudiantiles y matanza de Tlatelolco.

1969 Gustavo Díaz Ordaz y Richard Nixon inauguran la presa de La Amistad.

1970 Luis Echeverría Álvarez es elegido presidente.

Imagen de un peso mexicano de plata.

1971-1980

1971 Asesinato de Melchor Ortega Camarena, ex presidente del PRI.

1973 México y Nueva Zelanda establecen relaciones diplomáticas.

1974 Fundación del Partido Mexicano de los Trabajadores.

1975 La reina Isabel II de Inglaterra visita México. Suspensión de las relaciones limitadas con España.

1976 El peso se devalúa. José López Portillo llega a la presidencia.

1977 México participa en la Conferencia sobre Cooperación Económica Internacional.

1978 El Partido Comunista Mexicano, el Socialista Revolucionario y el Popular Socialista obtienen registro oficial.

1979 El papa Juan Pablo II visita México.

1980 En Chiapas se enfrentan terratenientes y campesinos.

HECHOS POLÍTICOS

1962 Carlos Fuentes publica *La muerte de Artemio Cruz*.

1963 Ley de participación de los trabajadores en las utilidades de las empresas.

1964 Eduardo Mata es designado director de orquesta residente en el Festival del Berkshire Music Center.

1965 Juan García Ponce publica su volumen *Autobiografía*.

1966 Con un encuentro entre los equipos de fútbol América y Torino de Italia se inaugura el estadio Azteca.

1968 Se llevan a cabo los Juegos Olímpicos en México.

1969 Inauguración de la línea 1 del Sistema de Transporte Colectivo (metro).

1970 México es sede del Campeonato Mundial de Fútbol.

Emblema del Campeonato Mundial de Fútbol, de 1970.

1971 Se inaugura en la Ciudad de México el Polyforum Cultural Siqueiros.

1972 Se funda la Compañía Nacional de Teatro.

1973 Un temblor de 7.8 grados en la escala de Mercalli sacude la República.

1974 Un censo realizado por el periódico *Excelsior* registra 470 seris en el norte.

1975 Felipe Cazals dirige *Canoa*. Jaime Humberto Hermosillo filma *La Pasión según Berenice*.

1977 Arturo Ripstein dirige *El lugar sin límites*. Se publica el periódico *Unomásuno*.

1978 Muere el matador de toros Fermín Espinosa, «Armillita».

1979 Guillermina Bravo recibe el Premio Nacional de Artes.

1980 Federico Ibarra presenta sus *Tres canciones de amor para barítono*.

CULTURA Y SOCIEDAD

1981-1990

HECHOS POLÍTICOS

1981 Baja el precio del petróleo. La economía nacional se resiente.

1982 El peso pierde la mitad de su valor. Nacionalización de la banca. Miguel de la Madrid, nuevo presidente.

1983 Como consecuencia de la contracción de las finanzas públicas se eleva el ahorro interno.

1984 Arrestan a Arturo Durazo Moreno, ex jefe de policía de la Ciudad de México.

1986 México es admitido en el Acuerdo General sobre Aranceles Aduaneros y Comercio (GATT).

1987 En el PRI surge la Corriente Democrática, dirigida por Cuauhtémoc Cárdenas.

1988 Carlos Salinas de Gortari toma posesión como presidente.

1989 El Partido Acción Nacional triunfa en las elecciones para gobernador en Baja California. Se funda el Partido de la Revolución Democrática.

1990 Se crea la Comisión Nacional de Derechos Humanos. Se aprueba una iniciativa para reprivatizar la banca.

CULTURA Y SOCIEDAD

1981 López Portillo inaugura el museo Rufino Tamayo.

1982 El volcán Chichonal hace erupción. Alfonso García Robles obtiene el Premio Nobel de la Paz.

1983 Muere la actriz Dolores del Río.

1984 Fundación de la Academia Nacional de Ciencias.

1985 Un terremoto de 7.8 grados en la escala de Richter sacude la Ciudad de México.

1986 Nuevamente México es sede de la Copa Mundial de Fútbol.

1987 Eloy Cavazos regresa a los ruedos. Torea 9 corridas, corta 21 orejas y 6 rabos.

1988 El huracán Gilberto azota la costa del golfo de México.

1989 El escritor Octavio Paz, Premio Nobel de Literatura.

1990 Juan Pablo II visita México.

1991-2001

1991 Se restablecen las relaciones entre el Estado y las Iglesias.

1992 EE UU, México y Canadá firman el Tratado de Libre Comercio de América del Norte.

1993 Es asesinado en Guadalajara el cardenal Juan Jesús Posadas Ocampo.

1994 En Chiapas se levanta el Ejército Zapatista de Liberación Nacional. Asesinato de Luis Donaldo Colosio y José F. Ruiz Massieu.

1995 Asesinato de Abraham Polo Uscanga.

1996 Matanza de Aguas Blancas, en Guerrero.

1997 Muere Fidel Velázquez. El PRI pierde la mayoría absoluta en el Congreso. Cuauhtémoc Cárdenas, primer jefe electo del Distrito Federal.

1998 Estalla el problema del Fondo Bancario de Protección al Ahorro.

1999 Elecciones internas del PRI.

2000 Vicente Fox, del PAN, resulta elegido presidente.

2001 Marcha de los zapatistas desde Chiapas hacia el Distrito Federal.

La llegada del EZLN al centro de la capital.

1991 En el santuario de Chalma, Estado de México, mueren 42 personas aplastadas.

1992 Explosiones del drenaje destruyen veinte cuadras del sector Reforma en Guadalajara.

1993 El atleta Miguel Miranda bate el récord de los 100 metros planos.

1994 El cortometraje *El héroe* de Luis Carlos Carrera obtiene la Palma de Oro en Cannes.

1995 Mario Molina, Premio Nobel de Química.

1996 Muere Lola Beltrán, reconocida intérprete de música vernácula.

1997 Muere Emilio Azcárraga. El huracán Paulina azota las costas del Pacífico Sur.

1998 Muere Octavio Paz.

1999 Nueva visita de Juan Pablo II a México.

2000 Tras diez meses de huelga en la UNAM se pone fin a la medida de fuerza.

2001 Erupción del Popocatépetl.

Biografías

Este apéndice biográfico no pretende ser exhaustivo
sino abarcar algunos de los nombres más representativos
en los distintos ámbitos de la historia, la política,
la cultura, las artes, etcétera.

Biografías

Acuña, Manuel

Nació en Saltillo, Coahuila, el 27 de agosto de 1849; murió en la Ciudad de México el 6 de diciembre de 1873. A los 16 años se trasladó a la capital de la República, donde despertó su interés por la literatura. Sin embargo, en lugar de estudiar letras se inscribió en la

Manuel Acuña está considerado como el genuino exponente de la segunda generación romántica mexicana.

Escuela de Medicina. A partir de 1869 comenzó a colaborar en diversas publicaciones periódicas, tales como *El Libre Pensador*, *El Federalista* y *El Eco de Ambos Mundos*. Su poesía estuvo fuertemente influida por el Romanticismo español, representado por Gustavo Adolfo Bécquer, y por cierto pesimismo que lo llevó a cuestionar el sentido de la existencia, tal como se aprecia en su poema «Ante un ca-

dáver». Impulsado por su espíritu nacionalista, fundó junto con algunos colegas la sociedad literaria Nezahualcóyotl. En 1872 estrenó *El pasado*, la única de sus obras teatrales que se conservan (la otra, cuyo título era *Donde las dan las toman*, nunca llegó a representarse y hoy se encuentra perdida). Su amor desesperado y no correspondido por Rosario de la Peña, quien le inspiró su célebre «Nocturno», lo llevó a darse muerte por propia mano. Durante mucho tiempo fue un autor olvidado, hasta que en el año 1911 apareció la primera edición de sus *Poesías completas* en París.

Agustín, José

Nació el 19 de agosto de 1944 en Acapulco, Guerrero. Su interés por la literatura se manifestó a temprana edad. A los 14 años asistió a su primer taller literario y a los 16 escribió su primera novela: *La tumba*, la cual apareció publicada en 1964. Durante varios años asistió a los cursos de Juan José Arreola. Se inscribió en la Facultad de Filosofía y Letras de la Universidad Nacional Autónoma de México, pero abandonó muy pronto las aulas. Más tarde ingresó en el Centro de Estudios Cinematográficos de la misma universidad. Fue becario del Centro Mexicano de Escritores entre 1966 y 1967, y de la fundación Guggenheim, en 1978. Colaboró en periódicos como *El Día*, *El Heraldo de México* y *Excélsior*, y en revistas co-

mo *Piedra Rodante*, *Cine Avance* y *Claudia*. Fue uno de los más conocidos representantes de La Onda, movimiento literario de los años sesenta. En 1970 fue encarcelado por posesión y consumo de drogas; permaneció varios meses en la cárcel de Lecumberri, donde conoció al escritor José Revueltas. Se desem-

Discípulo de Arreola, José Agustín es uno de los mayores narradores mexicanos contemporáneos.

peñó como profesor residente en la Universidad de Denver, Estados Unidos, y participó en el International Writing Program de la Universidad de Iowa. Su obra incluye guiones para cine, crónicas, traducciones, piezas teatrales, novelas y cuentos. Entre sus libros más conocidos están *De perfil* (1966), *Inventando que sueño* (1968), *Cerca del fuego* y *El rock de la cárcel* (1986).

Alamán, Lucas

Nació en Guanajuato el 18 de octubre de 1792; falleció en la Ciudad de México el 2 de junio de 1853. Cursó estudios superiores en el Colegio de Minas, donde destacó

Lucas Alamán, que en política fue conservador a ultranza, fue progresista en los ámbitos social y económico.

en áreas como mineralogía, física, química y botánica. Viajó por casi toda Europa y a su regreso a México fue nombrado secretario de la Junta de Salud Pública. Así se inició una larga carrera política que habría de convertirlo en diputado, senador y secretario de Relaciones Exteriores, cargo este último que desempeñó en tres ocasiones. Formó parte del triunvirato integrado por Pedro Vélez y Luis Quintanar, que se encargó del poder ejecutivo del 23 al 31 de diciembre de 1829. Aunque abrazó la ideología conservadora toda su vida y abogó en favor de la monarquía, en el terreno práctico manifestó siempre una actitud progresista basada en la búsqueda de la igualdad política y social en el país. Fundó la Compañía Unida de Minas y el Banco de Avío. Además, organizó el Archivo General de la Nación, creó el Museo de Antigüedades e Historia Natural y

estimuló la formación de escuelas de arte y agricultura. Fue acusado de complicidad en el asesinato de Vicente Guerrero, cargo que rechazó y del cual fue absuelto en 1834. Se le considera uno de los principales impulsores del desarrollo económico e industrial de México durante el siglo XIX. Fue autor de varios textos de historia y minería.

Alemán Valdés, Miguel

Nació en Sayula, Veracruz, en 1900; murió en la Ciudad de México el 14 de mayo de 1983. Estudió leyes y fue magistrado del Tribunal Superior de Justicia del Distrito y Territorios Federales, senador de la República, gobernador constitucional de Veracruz (en el período comprendido entre 1936 y 1940), y presidente del grupo de gobernadores que se constituyó para apoyar al ejecutivo federal en la expropiación petrolera (1938). Dirigió la campaña para la presidencia del general Manuel Ávila Camacho; posteriormente, de 1940 a 1945, fue secretario de Gobernación y en 1946 asumió la presidencia de la República, ostentándola hasta 1952. Las consecuencias de la posguerra, ya muy evidentes en 1946, se agudizaron a continuación y afectaron considerablemente el período presidencial de Alemán, con una disminución de las exportaciones y un aumento del déficit en la balanza de pagos. Durante su presidencia, las reservas del Banco de México disminuyeron pero, también creció la industria siderúrgica y las campañas sanitarias lograron que bajara de modo considerable la tasa de mortalidad. Fue miembro de las academias Mexicana, Española, Colombiana y Nicaragüense de la Lengua y doctor *honoris causa* por varias universidades nacionales y extranjeras.

Alfaro Siqueiros, David
(Ver Siqueiros, David Alfaro)

Altamirano, Ignacio Manuel

Nació en Tixtla, Guerrero, en 1834; murió en San Remo, Italia, el 13 de febrero de 1893. Hijo de una familia indígena, aprendió a hablar español hasta los catorce años. Estudió derecho en el Colegio de San Juan de Letrán y combatió a los conservadores durante la guerra de Reforma. Plenamente identificado con los ideales juaristas, fue elegido diputado al Congreso de la Unión en 1861. Participó activamente en la lucha contra la intervención francesa. Su desempeño en las batallas

Militar y patriota, Ignacio Manuel Altamirano fue también un gran educador y un hombre de letras.

de Tierra Blanca, Cuernavaca y Querétaro le permitió alcanzar el grado de coronel. Junto a su labor política y militar, Altamirano desarrolló una intensa actividad docente en la Escuela Nacional Preparatoria, la Escuela de Comercio, la de Jurisprudencia y la Nacional de Profesores, entre otras instituciones educativas. Personalidad de múltiples intereses y gran sensibilidad artística, fue un importante hombre de letras que cultivó la poesía, la novela, el relato corto y el artículo periodístico. Entre sus obras más celebradas están: *Clemencia* (1868), *Rimas, Navidad en las montañas* (ambas de 1871) y *El zarco* (aparecida póstumamente, en 1901). Fue enterrado en la Rotonda de los Hombres Ilustres.

Alvarado Tezozómoc, Fernando

Nació alrededor de 1520 en la antigua Tenochtitlan; murió en el mismo lugar, transformado ya en la Ciudad de México, en 1610. Concebido en el seno de una familia mexica de origen aristocrático, su padre, Diego Huanitzin o Diego Alvarado Huanitzin, era descendiente de Axayácatl, mientras que su madre, Francisca Moctezuma, era la decimonovena hija de Moctezuma Xocoyotzin. Fue educado como cristiano y, por lo tanto, se le enseñó a rechazar a los dioses, mitos y costumbres de los antiguos mexicanos. Sin embargo, él se mantuvo fiel a la memoria de sus antepasados y se transformó en depositario de la historia oral de su pueblo. Se le considera uno de los pocos cronistas de origen mexica que dejaron testimonio de su civilización. Se desempeñó como intérprete o nahuatlato en la Real Audiencia de México. Al mismo tiempo se dedicó a preparar la *Crónica mexicana* y la *Crónica mexicáyotl* con información obtenida de sabios indígenas, antiguos sacerdotes y varios códices. La primera fue escrita en castellano y apareció en 1878, mientras que la segunda se redactó en lengua náhuatl y se publicó a mediados del siglo XX. En ambas el autor relata la historia del imperio mexica, desde el mítico asentamiento en Aztlán hasta la Conquista española.

Álvarez, Juan

Nació en 1790 en Santamaría de la Concepción Atoyac, en el actual estado de Guerrero; falleció en la hacienda La Providencia, también en Guerrero, en 1867. Sus bienes fueron expropiados cuando tenía 17 años y, en noviembre de 1810, se unió como soldado raso a las fuerzas de José María Morelos, ascendiendo rápidamente a capitán. Ya con el grado de comandante, participó en el asalto de Tixtla y fue perseguido por los españoles por su contribución a la lucha insurgente. Al proclamarse la Independencia, fue nombrado capitán general de Acapulco. Luchó con Vicente Guerrero para deponer a Agustín de Iturbide y se adhirió a Antonio López de Santa Anna para derrocar a Anastasio Bustamante. Combatió a Bustamante por su centralismo y al movimiento que defendía la religión, los fueros y los privilegios del clero y el ejército. En 1838, aun repudiando a Santa Anna, le ofreció sus servicios para luchar contra la intervención francesa. En 1841, con el gobierno de Nicolás Bravo, creó el departamento de Acapulco, que no obtuvo reconocimiento constitucional. En 1854 promulgó el plan de Ayutla contra la dictadura de Santa Anna. Al triunfar el movimiento, Álvarez fue nombrado presidente provisional el 4 de octubre de 1855. En septiembre de 1856 renunció a su cargo por sus conflictos con los liberales moderados. Durante la guerra de Reforma encabezó la lucha constitucionalista en su estado natal.

Anaya, Pedro María

Nació en el municipio de Huichapan, Hidalgo, el 20 de mayo de 1794; falleció en la Ciudad de México el 21 de marzo de 1854. Siendo capitán, se adhirió al bando insurgente en junio de 1821. As-

cendió a general en 1833 y fue ministro de Guerra de agosto a diciembre de 1845, bajo el mando de José Joaquín de Herrera. Fue elegido diputado y presidente del Congreso. En dos ocasiones ocupó, de forma interina, la presidencia de la República (del 2 de abril al 20 de mayo de 1847 y del 13 de noviembre de ese mismo año al 8 de enero de 1848). Durante la invasión estadounidense fue hecho prisionero cuando dirigía la defensa del puente y el convento de Churubusco. Del 22 de septiembre de 1852 al 5

Entre 1845 y 1854 Pedro María Anaya ocupó cargos públicos, entre ellos, la presidencia interina de la República.

de enero de 1853 fue ministro de Guerra y Marina en el gobierno de Mariano Arista. Al momento de su muerte ocupaba el cargo de director general de Correos.

Arista, Mariano

Nació en la ciudad de San Luis Potosí en 1802; falleció en alta mar, a bordo del *Tagus*, en 1855. Fue el primer presidente de la República Mexicana que recibió pacíficamente el poder; lo hizo de manos del general José Joaquín Herrera, el 15 de enero de 1851. Las consecuencias de la guerra contra Estados

Mariano Arista fue el primer presiden-te de la República Mexicana que reci-bió el poder de modo pacífico.

Unidos, la situación económica del país, la ruina del erario público y la falta de apoyo del Congreso, lo obligaron a presentar su renuncia el 5 de enero de 1853. Durante el período en el que ocupó la presidencia, intentó moralizar la administración pública y atraerse a hombres de reconocida valía, sin que le importaran las facciones políticas. Al abandonar el poder se afincó en Sevilla. Murió en el vapor que lo trasladaba de Portugal a Francia para recibir atención médica.

Armendáriz, Pedro

Nació en la Ciudad de México, en 1912; murió en Los Ángeles, California, en 1963. Hijo de padre mexicano y madre estadounidense, estudió en San Antonio, Texas, y en San Luis Obispo, California. Debutó en el cine en 1935 con la película *María Elena*. Pero no fue sino hasta los años cuarenta, con cintas como *Flor silvestre*, *Bugambilia*, *La perla* y *Enamorada* cuando alcanzó pleno reconocimiento. Bajo la guía del director Emilio «el *Indio*» Fernández desarrolló una inconfundible personalidad cinematográfica de fuertes rasgos nacionalistas. Con

frecuencia encarnó a hombres duros y viriles, a indígenas, campesinos y revolucionarios. Interpretó en varias ocasiones a Pancho Villa y alternó con actrices de la talla de María Félix y Dolores del Río. Con esta última formó una de las parejas legendarias de la cinematografía mexicana, en la película *María Candelaria*. Además de realizar una brillante carrera en México, participó en varias producciones hollywoodenses dirigidas por cineastas como John Ford (*Fort Apache*) y John Huston (*We were Strangers*). Entre los numerosos reconocimientos internacionales que recibió destacan el Ariel, otorgado por la Academia de Ciencias y Artes Cinematográficas de México (1948 y 1953), la Palma de Oro en Cannes (1946) y el León de Oro de la Bienal de Venecia (1947).

Arreola, Juan José

Nació en Ciudad Guzmán, Jalisco, en 1918. Debido a la precaria situación económica de su numerosa familia, se vio obligado a abandonar los estudios a muy corta edad para dedicarse a los más diversos oficios. Fue, entre otras muchas cosas, vendedor ambulante, cobrador, panadero, corrector de pruebas en una editorial y actor. En 1943 publicó su primer cuento, «Hizo el bien mientras vivió», y en 1946 viajó a Francia, donde conoció al gran actor y director teatral Louis Jouvet. De regreso en México cultivó con igual entusiasmo el teatro y la literatura. Fue esta última actividad la que le dio los mayores éxitos. En su producción escrita destacan los libros *Confabulario*, *Bestiario*, *Palindroma* y *La feria*. Se le considera uno de los narradores que más influyó a las generaciones que le siguieron. Su prosa, elegante y depurada hasta la perfección, combina la fantasía, el humor y la reflexión

metafísica. Obtuvo el Premio Xavier Villaurrutia, el Nacional de Periodismo, el Nacional de Lingüística y Literatura, el que otorga la Universidad Nacional Autónoma de México y el de Literatura de Jalis-

La producción literaria de Juan José Arreola se mueve en equilibrio entre lo personal y las preocupaciones sociales.

co. Además, fue condecorado por el Ministerio de Cultura francés como Oficial de las Artes y las Letras. En 1997 le fue entregado el premio internacional Alfonso Reyes.

Ávila Camacho, Manuel

Nació en Teziutlán, Puebla, el 24 de abril de 1897; murió en la Herradura, en el Estado de México, el 13 de octubre de 1955. A los 17 años de edad se incorporó al movimiento revolucionario y fue subteniente en la brigada Aquiles Serdán, perteneciente a las fuerzas constitucionalistas. Participó en las tomas de Puebla y de la capital de la República en 1915 y por ello fue ascendido a teniente. En 1918 pasó a la brigada Benito Juárez y alcanzó el grado de teniente coronel. En 1920 ascendió a coronel a propuesta del general Lázaro Cárdenas. En

Ligado a la Revolución desde los 17 años, Ávila Camacho fue presidente de la República entre 1940 y 1946.

1929 participó en la campaña de los estados de Sonora y Sinaloa y fue ascendido a general de brigada. Cuando Cárdenas se hizo cargo del gobierno de la República, Ávila Camacho fue designado oficial mayor de la Secretaría de Guerra y Marina. En 1937 el presidente lo nombró titular del ramo, cargo al que renunció el 17 de enero de 1939 para presentarse a las elecciones presidenciales, que se efectuaron en julio de 1940. Ávila Camacho asumió la presidencia el 1 de diciembre del mismo año. Su gobierno se caracterizó por el absoluto respeto a los derechos humanos y dio paso a los presidentes de extracción civil.

Azuela, Mariano

Nació el 1 de enero de 1873, en Lagos de Moreno, Jalisco; falleció el 1 de marzo de 1952 en la Ciudad de México. En 1899 obtuvo el título de médico en Guadalajara. Combinó la práctica clínica con la creación literaria. Su primera novela, *María Luisa*, data de 1907. Se identificó con la causa de Francisco I. Madero y luchó contra el dictador Porfirio Díaz. Al estallar la Revolución se incorporó como médico militar al ejército de Julián Medina, quien compartía los ideales villistas. Con el triunfo de Carranza se vio obligado a exiliarse en El Paso, Texas, donde escribió su novela más importante: *Los de abajo*. Al regresar a México comenzó a publicar una serie de novelas naturalistas y de tema revolucionario que, con el tiempo, lo convirtieron en una de las mayores figuras de la literatura mexicana de todas las épocas. Su obra, cargada de gran vigor e indudable profundidad, recrea el drama del hombre enfrentado a su propia aventura existencial. En 1949 obtuvo el Premio

Mariano Azuela confesaba que su vocación de escritor nació del desencanto ante el acontecer político.

Nacional de Artes. Además de *Los de abajo*, destacan en su producción escrita: *Andrés Pérez maderista* (1911), *Las moscas* (1918), *El desquite* (1925), *Sendas perdidas* (1949) y *Esa sangre* (1956).

Barragán, Miguel

Nació en Valle del Maíz, San Luis Potosí, en 1789; falleció en la Ciudad de México en 1836. Formó parte del Ejército Trigarante, que logró la Independencia, y el 20 de junio de 1824 fue nombrado comandante general de Veracruz. Al enterarse de la precaria situación de los españoles que ocupaban el fuerte de San Juan de Ulúa, el 5 de noviembre de 1825 exigió la rendición de la plaza y, al día siguiente, obtuvo su capitulación. Como recompensa por sus acciones militares, el Congreso de Veracruz lo nombró jefe político. Comprometido en el plan de Montaño para atacar a las logias yorkinas, al fracaso de éste vivió exiliado en Ecuador, Guatemala y Estados Unidos. De regreso en el país fue ministro de Guerra y Marina bajo los gobiernos de Antonio López de Santa Anna y Valentín Gómez Farías. Del 28 de enero de 1835 al 27 de febrero de 1836, fecha de su fallecimiento, sustituyó a Santa Anna en la presidencia de la República.

Barreda, Gabino

Nació en 1818 en Puebla, Puebla; murió en 1881 en la Ciudad de México. Realizó los primeros estudios en su estado natal y, más tarde, marchó a la capital del país para ingresar al Colegio de San Ildefonso. Abandonó la carrera de derecho antes de graduarse y se inscribió en el Colegio de Minería para estudiar química. Posteriormente se recibió como médico, profesión que comenzó a ejercer durante las guerras de 1843 y 1847. Viajó a París para completar su formación científica. Allí conoció a Augusto Comte y su filosofía positivista. Convencido del valor de esta doctrina para resolver los problemas fundamentales de México, regresó al país para tratar de implantarla. Sin embargo, la intervención francesa y la instauración del gobierno de Maximiliano lo obligaron a refugiarse en Guanajuato, donde ejerció la medicina y continuó sus estudios filosóficos. Con el triunfo de la República fue llamado por Antonio Martínez Castro, ministro de Justicia del presidente Benito Juárez, para participar en una reforma educativa nacional de inspiración positivista. El resultado fue la ley del 2 de diciembre de 1867, la cual ordenaba, entre otras cosas, la creación de la Escuela Preparatoria, y señalaba que la educación primaria debería ser

Gabino Barreda introdujo en México el positivismo y organizó las instituciones de enseñanza.

obligatoria, gratuita y laica. Su obra escrita, dispersa en periódicos como *El Federalista* y *El Siglo XIX*, fue reunida en el libro *Opúsculos, discusiones y discursos* (1877).

Bocanegra, José María

Nació en Labor de la Troje, Aguascalientes, en 1787; murió en San Ángel, Ciudad de México, en 1862. Estudió leyes y fue diputado al primer Congreso Constituyente; apoyó la subida al trono de Agustín de Iturbide, aunque se opuso al ejercicio abusivo del poder. En 1827 regresó al Congreso y el 26 de enero de 1829 fue nombrado ministro de Relaciones Interiores y Exteriores por el presidente Guadalupe Victoria. A partir del 1 de abril mantuvo el cargo en el gabinete de Vicente Guerrero. El 16 de diciembre, tras el pronunciamiento de Anastasio Bustamante, Guerrero pidió autorización al Congreso para salir a combatirlo y Bocanegra se hizo cargo de la presidencia, con carácter interino, por designación del Congreso. Permaneció en el puesto sólo cinco días, dado que el 23 de diciembre los militares acuartelados en la Ciudad de México pusieron en la presidencia a un triunvirato formado por Pedro Vélez, Lucas Alamán y Luis Quintanar. Bocanegra fue ministro de Hacienda durante los mandatos de Valentín Gómez Farías y Antonio López de Santa Anna. Ocupó la cartera de Relaciones Exteriores bajo los gobiernos de Nicolás Bravo, Valentín Canalizo y el propio Santa Anna.

Boturini Benaducci, Lorenzo

Nació en 1702 en la Villa de Sondrio, obispado de Como, Italia; murió alrededor de 1750 en Madrid, España. De familia noble, estudió en Milán y vivió en Trieste y Viena. Durante un viaje a España conoció a la condesa Santibáñez, descendiente de Moctezuma II. Ella lo comisionó para cobrar en su nombre una pensión en la Nueva España, adonde se trasladó en 1736 y donde permaneció por ocho años. Durante ese tiempo, Boturini se apasionó por el pasado prehispánico. Reunió códices, mapas, manuscritos, esculturas y objetos ornamentales hasta formar la más grande colección de piezas indígenas de aquella época. A causa de una serie de intrigas, la autoridad virreinal lo encarceló e incautó su colección. Después de algunos meses fue puesto en libertad y en 1744 se embarcó de regreso a España. Durante la travesía fue capturado por unos piratas, quienes luego lo liberaron en Gibraltar. Regresó enfermo y arruinado a España, donde fue reivindicado por el rey, y recibió una pensión vitalicia. Escribió varias obras históricas, entre ellas *Idea de una nueva historia general de la América septentrional* y un *Catálogo del museo indiano*. Una parte de su colección se perdió y la otra fue rescatada y expuesta por la Real y Pontificia Universidad de México. Este conjunto de objetos se considera un antecedente del primer Museo Nacional.

Bravo, Nicolás

Nació en Chilpancingo, en el actual estado de Guerrero, en 1786; murió en la misma ciudad, en 1854. El 16 de mayo de 1811 se unió a las fuerzas de Hermenegildo Galeana y obtuvo el mando militar de la provincia de Veracruz, cargo en el que destacó por su entereza y magnanimidad. Consumada la Independencia, el Congreso Constituyente lo nombró miembro de la regencia a partir del 28 de septiembre de 1821. Gobernó con Manuel de Heras Soto y Miguel Valentín y Tamayo hasta el siguiente 18 de mayo, cuando una facción militar proclamó emperador a Agustín de Iturbide. Derrocado éste el 19 de marzo de 1823, el Congreso entregó el poder ejecutivo a un triunvirato formado por Bravo, Guadalupe Victoria y Pedro Celestino Negrete, que gobernó hasta el 10 de octubre de 1824. En 1839 Bravo encabezó el Consejo, un órgano de gobierno que respaldaba al ejecutivo, y ocupó de forma interina la presidencia de la República desde el 10 al 19 de julio de ese año. Tras entregar el poder a Bustamante, permaneció retirado hasta 1841, cuando fue elegido diputado por el Estado de México. Sustituyó al presidente Antonio López de Santa Anna (octubre de 1842 a marzo de 1843) y ocupó de nuevo la presi-

Nicolás Bravo ocupó en diversas ocasiones la presidencia de la República, pero siempre como interino.

dencia en 1846, cuando Mariano Paredes Arrillaga se puso al frente del ejército; pero sólo duró en el poder una semana, pues el día 5 de agosto triunfó el pronunciamiento federalista de José Mariano Salas.

Bustamante, Anastasio

Nació en Jiquilpan, Michoacán, en 1780; falleció en San Miguel de Allende, Guanajuato, en 1853. Durante la guerra de Independencia obtuvo el grado de coronel. El 19 de marzo de 1821, a instancias de Agustín de Iturbide, proclamó en la hacienda de Pantoja la separación de España. El mismo Iturbide lo nombró miembro de la Junta Gubernativa y de la regencia del Imperio. Más tarde, el presidente Guadalupe Victoria le concedió el mando de las provincias internas, teniendo ya el grado de general de división.

En 1828 fue nombrado vicepresidente de la República, bajo el mandato de Vicente Guerrero. El 4 de diciembre de 1829, Bustamante se levantó en armas y, con carácter interino, el 1 de enero de 1830 asumió la presidencia, cargo en el que permaneció hasta 1832 cuando partió a Veracruz para combatir a los rebeldes que se habían pronunciado contra el gobierno. Lo sucedió Melchor Múzquiz. En 1833, como parte del plan de pacificación, Bustamante fue desterrado. Regresó a México en 1836 y el 17 de abril de 1837 el Congreso lo proclamó presidente. Del 20 de marzo al 18 de julio de 1839, dejó la presidencia para luchar contra el general José de Urrea, quien pugnaba por el movimiento liberal. De nuevo en la presidencia, permaneció en el cargo del 19 de julio de 1839 hasta el 22 de septiembre de 1841, cuando, bajo la presión de Antonio López de Santa Anna y el general Mariano Paredes y Arrillaga, cedió el gobierno a Javier Echeverría.

Calles, Plutarco Elías

Nació en Guaymas, Sonora, el 25 de septiembre de 1877; falleció en la Ciudad de México el 19 de octubre de 1945. Quedó huérfano a los cuatro años y ejerció la docencia desde muy joven. En 1912 ingresó al ejército y participó en la Revolución en las filas obregonistas. En 1915 obtuvo el grado de coronel. Ese mismo año fue nombrado por Venustiano Carranza gobernador y comandante militar de Sonora. En 1917 inició un segundo período en ambos cargos. Fue elegido presidente de la República para el período 1924-1928. Como jefe del ejecutivo impulsó importantes reformas económicas tendientes a estabilizar el país, entre ellas la creación del Banco de México como una entidad semiprivada, y la pro-

mulgación de la ley General de Instituciones de Crédito. Hacia 1926 sus discursos anticlericales y el cierre de templos católicos dieron lugar a la guerra Cristera. Al término

Plutarco Elías Calles, presidente entre 1924 y 1928, quiso una república con «tierras y libros para todos».

de su período fundó, en 1929, el Partido Nacional Revolucionario y durante casi seis años ejerció una gran influencia en el gobierno de la República. A este período se le conoce como *Maximato*. Desterrado por Lázaro Cárdenas, se estableció en San Diego, California, de donde regresó a principios de los años cuarenta. Se le considera una de las figuras más polémicas de la historia mexicana del siglo XX.

Canalizo, Valentín

Nació en Monterrey, Nuevo León, en 1794; murió en la Ciudad de México en 1850. En 1811 entró como cadete al Regimiento de Celaya y juró la Independencia el 2 de marzo de 1821. Fue ascendido a teniente coronel y, consumada la separación de España, ayudó a José Joaquín de Herrera en la campaña de Jalisco. Fue miembro de la junta que condenó a muerte a Vicente Guerrero en 1831. De 1835 a 1841 combatió activamente a los liberales. En 1843 apoyó el establecimiento de la dictadura de Antonio López de Santa Anna y éste le confió la presidencia interina del 4 de octubre de 1843 al 4 de junio de 1844. Tras devolver el poder a Santa Anna, se puso al frente del ejército del Norte. Ocupó de nuevo la presidencia a partir del 21 de septiembre de 1844, durante la licencia que se le concedió a Santa Anna para ir a combatir a sus enemigos. El 6 de diciembre de 1844, los soldados contrarios a Santa Anna apresaron a Canalizo y entregaron el gobierno a José Joaquín de Herrera. Después de una temporada en el exilio, Canalizo regresó a México en 1846 y fue ministro de Guerra y Marina en el gabinete de Valentín Gómez Farías.

Carballido, Emilio

Nació en 1925 en Córdoba, Veracruz. Estudió letras inglesas y literatura dramática en la Facultad de Filosofía y Letras de la Universidad Nacional Autónoma de México. Fue becario del Centro Mexicano de Escritores y del Instituto Rockefeller. Fungió como subdirector de la Escuela de Teatro de la Universidad Veracruzana y fue maestro de arte dramático en el Instituto Nacional de Bellas Artes. Cultivó diversos géneros literarios, pero fue en el terreno de la dramaturgia donde alcanzó mayor renombre. Autor de más de cincuenta piezas teatrales, saltó a la fama con obras como *Rosalba y los llaveros* (1950) y *Felicidad* (1955). A éstas le siguieron, entre muchas otras, *Yo también hablo de la rosa, Te juro Juana que tengo ganas, Fotografía en la playa* y la exitosa *Rosa de dos aromas*, que permaneció varios años en cartelera. Su estilo se carac-

teriza por el empleo del habla coloquial y una gran penetración psicológica, casi siempre en un contexto irónico. Escribió guiones cinematográficos, entre ellos el de *Macario*, que Roberto Gavaldón dirigió en 1959. Entre sus novelas destacan *El sol, El norte* y *Las visitaciones del diablo*. También fue autor del libro de cuentos *La caja vacía*. En 1996 recibió el Premio Nacional de Literatura.

Cárdenas Del Río, Lázaro

Nació el 21 de mayo de 1895, en Jiquilpan, Michoacán; murió el 19 de octubre de 1970 en la Ciudad de México. Militar de profesión, participó en la Revolución bajo el mando del general Plutarco Elías Calles. Defendió la causa constitu-

Militar que gobernó como civil, Lázaro Cárdenas fue hijo de la Revolución Mexicana pero no de su violencia.

cionalista y resultó herido en 1923. En 1928 fue elegido gobernador de Michoacán, cargo que aprovechó para realizar una importante labor reformadora que le ganó prestigio en todo el país. En 1923 ocupó la secretaría de Guerra y Marina y en 1934 fue elegido presidente de la

República. Durante su administración dejó atrás el uniforme militar y gobernó como civil. Una de sus primeras iniciativas fue acabar con la influencia de Calles, quien había mantenido las riendas del poder durante el Maximato. Defensor de una política modernizadora y democrática, fomentó la educación a todos los niveles, estimuló la formación de organizaciones sindicales, renovó la administración pública e impulsó, como nadie lo había hecho antes, la reforma agraria. Concedió asilo a los ciudadanos españoles que huían de la Guerra Civil. Sus convicciones nacionalistas lo llevaron a nacionalizar los ferrocarriles en 1937 y, al año siguiente, la industria petrolera, que estaba en manos de compañías británicas y estadounidenses. Se lo recuerda como uno de los mayores estadistas mexicanos de todos los tiempos.

Cárdenas Solózano, Cuauhtémoc

Nació en 1934 en la Ciudad de México. Su padre fue Lázaro Cárdenas, presidente de México entre 1934 y 1940. Estudió la carrera de ingeniería civil en la Universidad Nacional Autónoma de México. En 1961 inició su participación política en el Movimiento de Liberación Nacional. En los años sesenta se convirtió en directivo de la Siderúrgica Lázaro Cárdenas. Fue senador de la República por el Partido Revolucionario Institucional (PRI) y subsecretario forestal y de la fauna de la Secretaría de Agricultura y Ganadería. En 1980 se convirtió en gobernador de Michoacán, puesto que en 1928 ya había ocupado su padre. En la década de los años ochenta encabezó la «corriente democrática» del PRI, la cual buscaba la renovación interna del partido oficial. Ante la resistencia que halló, en 1987 abandonó dicho partido y lanzó su candidatura a la presidencia de la República para el período 1988-1994, apoyado por varios grupos de oposición. Su derrota en estos comicios, calificados por él como «poco claros», lo llevaron a fundar, junto con varios simpatizantes, el Partido de la Revolución Democrática (PRD). Se postuló nuevamente a las elecciones presidenciales de 1994, pero fue derrotado por Ernesto Zedillo. Más tarde, el 6 de julio de 1997 se convirtió en el primer gobernante de la Ciudad de México democráticamente electo.

Carlota Amalia de Bélgica

Nació en 1840 en Laeken, Bélgica; murió en 1927 en el castillo de Bouchot, cerca de Bruselas. Su nombre completo era María Carlota Amalia Augusta Victoria Cle-

La emperatriz Carlota no vivió en persona la caída de Maximiliano; había viajado a Europa en busca de apoyo.

mentina Leopoldina. Era hija del rey Leopoldo I de Bélgica y de la princesa María Luisa de Orleans. Contrajo matrimonio en 1857 con el archiduque Maximiliano de Habsburgo. El 10 de abril de 1864 ambos recibieron en el castillo de

Miramar a la comisión enviada por la Junta de Notables de México para ofrecerles el trono del país, el cual aceptaron creyendo que era una petición de todo el pueblo. El 12 de junio de aquel año llegaron a la capital de México y luego se instalaron en el castillo de Chapultepec. En su corto reinado, Carlota asumió las funciones propias de su rango y, durante algunos meses, mientras Maximiliano visitaba el interior del país, encabezó la regencia del Imperio. La presión de los grupos liberales, con Benito Juárez, el presidente legítimo, a la cabeza, y la imposibilidad de Maximiliano para mantener el control militar en el país, pusieron en peligro la Corona, obligando a Carlota a viajar a Francia en busca de apoyo, en 1866. Tras fracasar en la empresa, marchó a Roma para entrevistarse con el papa. Fue entonces cuando se manifestaron los primeros síntomas de su enajenación mental. Jamás regresó a México. Fue recluida en el palacio de Laeken y luego en el castillo Bouchot, donde sobrevivió a todos los personajes de la efímera «aventura mexicana».

Carranza, Venustiano

Nació el 29 de diciembre de 1859 en Cuatro Ciénegas, hoy Cuatro Ciénegas de Carranza, Coahuila; murió asesinado el 21 de mayo de 1920 en Tlaxcalantongo, Puebla. Descendiente de una rica familia de hacendados, estudió leyes en la Ciudad de México. Se unió al movimiento revolucionario de Francisco I. Madero, quien lo nombró ministro de Guerra y Marina. Más tarde se convirtió en gobernador de su estado natal. Tras el asesinato de Madero, luchó contra Victoriano Huerta, y fue reconocido como primer jefe del Ejército Constitucionalista, lo cual le permitió entrar triunfante a la Ciudad de México al

Venustiano Carranza fue el motor de la estrategia de legalización de la Revolución Mexicana.

fin de la Revolución. En mayo de 1917, en medio de la agitación que provocó la lucha por el poder de las fuerzas contrarias al derrocado Huerta, asumió la presidencia de la República. Su mandato duró solamente tres años, durante los cuales logró puso en marcha proyectos que habrían de cambiar el rumbo del país. Reorganizó el despacho de Hacienda y puso orden en la circulación monetaria; repartió casi doscientas mil hectáreas de tierra, reconstruyó los sistemas de comunicación y revitalizó la actividad económica del país. A él se debe la promulgación de la Constitución Política de los Estados Unidos Mexicanos, el 5 de febrero de 1917, en la ciudad de Querétaro.

Carrera Sabat, Martín

Nació en Puebla en 1806; falleció en la Ciudad de México en 1871. En 1821 se unió al Ejército Trigarante y, a la edad de 16 años, obtuvo el grado de teniente. Ocupó distintos cargos mientras iba ascendiendo en su carrera militar. Formó parte de la Junta Nacional Legislativa encargada de redactar las Bases de Organización Política de la República Mexicana o «bases orgánicas» en 1843. Fue senador de la República (1844-1846) y consejero del gobierno (1846). Cuando se produjo la invasión estadounidense era comandante general de artillería, y terminada la guerra, fue general en jefe de las tropas permanentes y la Guardia Nacional. Fue consultor confidencial del Ministerio de Guerra de 1850 a 1852, y gobernador militar y político de la Ciudad de México de 1853 a 1855. Cuando el general Antonio López de Santa Anna renunció a la presidencia de la República, a consecuencia del plan de Ayutla, una junta de representantes lo nombró presidente interino. Carrera ostentó el cargo del 15 de agosto al 12 de septiembre de 1855, fecha en la que renunció a la presidencia para dejar el poder al general Rómulo Díaz de la Vega.

Carvajal, Francisco

Nació en la ciudad de Campeche en 1870; murió en la Ciudad de México en 1932. Cuando el general Victoriano Huerta, que había disuelto previamente el Congreso, se vio obligado a abandonar el poder acosado por la sublevación de Francisco Villa, Carvajal ocupaba la Secretaría de Relaciones Exteriores. Ante el vacío de poder, se hizo cargo de la presidencia de la República el 15 de julio de 1914. Su mandato fue muy breve, pues el 13 de agosto del mismo año, mientras la insurrección triunfaba en todo el territorio nacional, Carvajal se vio obligado a entregar incondicionalmente el poder a los revolucionarios.

Caso, Alfonso

Nació en 1896 en la Ciudad de México; murió en el mismo lugar en 1970. Estudió filosofía y leyes; sin embargo, su gran pasión por la historia y, específicamente, por el pasado precolombino de México, lo llevó a obtener la licenciatura en

Alfonso Caso es considerado como el padre de la arqueología y etnografía del México precolombino.

arqueología. Su desempeño profesional se repartió entre la docencia y la investigación. Impartió las materias de arqueología mexicana y epistemología en la Escuela Nacional de Altos Estudios; enseñó filosofía del derecho en la Facultad de Jurisprudencia, y arqueología mexicana en la Escuela Nacional de Antropología, institución que él mismo ayudó a fundar. En 1933 fue nombrado director del Museo Nacional de Arqueología, Historia y Etnología, y en 1944 se convirtió en rector de la Universidad Nacional Autónoma de México. Como investigador, Caso contribuyó al estudio de las culturas prehispánicas. Fue jefe de excavaciones de la zona arqueológica de Monte Albán y escribió numerosos libros sobre aspectos religiosos, calendáricos y culturales de los pueblos del México antiguo. Entre otras obras suyas destacan: *La religión de los aztecas* (1936), *Calendario y escrituras de las antiguas culturas de Monte Albán* (1947) y *Reyes y reinos de la Mixteca*, editada póstumamente.

Castellanos, Rosario

Nació en la Ciudad de México el 25 de mayo de 1925; murió en Tel Aviv, Israel, el 7 de agosto de 1974. Pasó su infancia y adolescencia en

Comitán, Chiapas. Estudió filosofía en la Universidad Nacional Autónoma de México y tomó cursos de estética y estilística en la Universidad de Madrid. Ejerció la docencia en México y Estados Unidos. A lo largo de su vida fue una incansable promotora cultural, preocupada por difundir, sobre todo, las riquezas del mundo amerindio. Trabajó en el Instituto Nacional Indigenista en Chiapas y en la Ciudad de México, y fomentó las artes escénicas. Se la recuerda, sobre todo, por su importante trabajo literario, en el cual destacan poesías, cuentos y novelas. Su obra poética exploró temas como la soledad, la muerte y la angustia existencial en los libros *Trayectoria del polvo* (1948), *De la vigilia estéril* (1950) y *Lívida luz* (1960). En sus novelas, en cambio, se internó en los terrenos de cierto naturalismo poético con temas indígenas.

Poetisa y narradora, Rosario Castellanos fue tal vez la escritora mexicana más relevante del siglo XX.

El problema social (explotación del indio, prejuicios de clase, etcétera) ocupa un lugar preponderante en ellas. *Balún Canán* (1957) y *Oficio de tinieblas* (1962) ofrecen buenos ejemplos de su estilo.

Castro, Ricardo

Nació el 7 de febrero de 1864 en Durango, Durango; murió en la Ciudad de México en 1907, víctima de pulmonía. Su talento pianístico se manifestó desde la niñez y escribió sus primeras composiciones a los trece años. En 1877 se trasladó a la capital de la República para inscribirse en el Conservatorio Nacional de Música, donde fue alumno de Juan Salvatierra, Melesio Morales y Antonio Balderas. En 1890 se recibió como pianista y realizó una exitosa gira por Estados Unidos, presentando recitales en Nueva Orleans, Washington, Nueva York y Filadelfia. Sus primeras partituras muestran una marcada inclinación por los estilos francés e italiano. Ejemplo de ello es su ópera *Giovanni de Austria*, que dejó inconclusa por parecerle a él mismo demasiado italianizante. Entonces comenzó la búsqueda de un estilo más acorde con la cultura nacional. Ello lo convirtió en precursor del nacionalismo en la música mexicana. Su ópera *Atzimba* narra el romance de una princesa tarasca con un capitán español. En 1902 viajó a Europa, donde compuso varias óperas, tales como *La leyenda de Rudel* y *Satán vencido*. Su amplia producción musical incluye danzas, mazurkas, gavotas, berçeuses y scherzos. Su vals *Capricho* gozó de una popularidad enorme.

Ceballos, Juan Bautista

Nació en Durango, Nueva Vizcaya, en 1811; murió en París, Francia, en 1859. Gracias a la influencia de Santos Degollado y Melchor Ocampo, fue elegido diputado al Congreso de la Unión en 1842 y 1851. De 1845 a 1848 actuó como secretario general del gobierno y, en mayo de 1852, fue nombrado presidente de la Suprema Corte de Justicia. A la caída de Mariano Aris-

ta, el 5 de enero de 1853, fue presidente de la República por ministerio de ley; entonces obtuvo y asumió de inmediato las facultades extraordinarias que el Congreso había negado a su antecesor. El 19 de enero siguiente disolvió la Cámara con un golpe militar. El 8 de febrero se rehusó a permanecer en el puesto y entregó la presidencia a Manuel María Lombardini. En 1856 fue elegido diputado al Congreso Constituyente por Michoacán y Colima. Poco después cambió su residencia a Europa.

Chávez, Carlos

Nació en la Ciudad de México el 13 de junio de 1899; murió en el mismo lugar el 2 de agosto de 1978. Estudió piano, armonía y composición musical con Manuel

En la obra de Carlos Chávez se funden las vanguardias musicales con las raíces indígenas.

M. Ponce, Pedro Luis Ogazón y Juan B. Fuentes. Completó su formación de manera autodidacta y en 1921 dio su primer concierto con composiciones propias. Viajó por Europa, y a su regreso fue el líder de la nueva música mexicana

que recuperaba elementos de las vanguardias musicales de la época y los sintetizaba con la tradición indígena. Esto dio por resultado obras de carácter moderno que rescatan las raíces autóctonas. Entre 1928 y 1935 dirigió el Conservatorio Nacional de Música e impartió la cátedra de creación musical. Entre 1947 y 1952 dirigió el Instituto Nacional de Bellas Artes. Fue un gran promotor cultural que difundió por el mundo la música mexicana de concierto; además, se desempeñó como director de orquesta y teórico musical. Recibió infinidad de reconocimientos en Suecia, Italia, Bélgica, Cuba, Francia y Estados Unidos. En 1958 se le concedió el Premio Nacional de las Artes (otorgado por el gobierno de México). El repertorio de sus composiciones incluye, entre otros trabajos, sinfonías, oberturas, ballets y numerosas piezas para piano. La *Sinfonía india* y la ópera *Pánfilo y Laureta* se cuentan entre sus obras más representativas

Colosio, Luis Donaldo

Nació el 10 de febrero de 1950 en Magdalena de Kino, Sonora; murió asesinado el 23 de marzo de 1994 en Tijuana, Baja California. Estudió la licenciatura en economía por el Instituto Tecnológico de Estudios Superiores de Monterrey y obtuvo la maestría en desarrollo regional por la Universidad de Pennsylvania, Estados Unidos. Durante dos años realizó trabajos de investigación en Viena, Austria, y de regreso en México se desempeñó como asesor en la Secretaría de Programación y Presupuesto. Perteneció al Instituto de Estudios Políticos, Económicos y Sociales del Partido Revolucionario Institucional (PRI). En 1985 fue elegido diputado por su distrito natal; dos años más tarde ocupó el puesto de oficial mayor del Comité

Ejecutivo Nacional (CEN) del PRI. Fue senador por el estado de Sonora y, desde 1988, se desempeñó como presidente del CEN de su partido. Su ascendente carrera política se vio recompensada en 1993, cuando el PRI lo postuló como candidato a la presidencia de la República para las elecciones del año siguiente. Inició su campaña reco-

Luis Donaldo Colosio, partidario de la separación entre el PRI y el gobierno, fue asesinado en 1994.

rriendo varios estados y pronunció discursos a favor de una política económica más abierta y una separación efectiva entre el partido oficial y el gobierno. Pereció víctima de un atentado durante un acto proselitista que se celebraba en la humilde localidad de Lomas Taurinas, Tijuana.

Comonfort, Ignacio

Nació en Puebla, en 1812; falleció cerca de Chamacuero, Guanajuato, en 1863. En 1832 se sumó al movimiento del general Antonio López de Santa Anna contra Anastasio Bustamante, alcanzando el grado de capitán de caballería. Al término de esta campaña y hasta 1834 fue comandante militar del distrito de Izúcar de Matamoros. En 1842 llegó a la Ciudad de México como di-

putado. Estando al mando de la guarnición de Acapulco, secundó el plan de Ayutla y viajó a San Francisco y Nueva York para obtener fondos. Santa Anna abandonó el país el 9 de agosto de 1855. El general Juan Álvarez asumió la presidencia de la República y nombró a Comonfort ministro de Guerra y Marina, cargo que desempeñó hasta el 10 de diciembre de 1855. Tras la renuncia de Álvarez, Comonfort asumió, en calidad de sustituto, la presidencia y permaneció en ella hasta el 30 de noviembre de 1857. Proclamada la nueva Constitución de corte liberal, fue elegido presidente de la República. El 17 de diciembre se proclamó el plan de Tacubaya que, fraguado por los conservadores y apoyado por el mismo, proclamaba nula la Carta Magna. Comonfort se trasladó a Veracruz y, de allí, a Estados Unidos. En 1863, ya en plena guerra contra los franceses, el presidente Benito Juárez aceptó su ofrecimiento y lo puso a la cabeza del Ejército del Centro. Nombrado general en jefe de un ejército derrotado, el 13 de noviembre murió cerca de Chamacuero durante una emboscada, herido por una lanza que le atravesó el corazón.

Córdova, Arturo de

Nació en 1908 en Mérida, Yucatán; falleció en la Ciudad de México en 1973. Su verdadero nombre era Arturo García Rodríguez. Comenzó su carrera profesional como periodista y llegó a ser subdirector de la agencia de noticias United Press en Santiago de Chile. Su carrera cinematográfica se inició en 1935 con *Celos*, película mexicana dirigida por el emigrante ruso Arcady Boytler. Su filmografía es muy extensa y casi toda fue realizada en México; sin embargo, también filmó varios largometrajes en Estados Unidos,

donde encarnó para la Paramount a tipos latinos al lado de figuras como Ingrid Bergman, Gary Cooper y Joan Fontaine. Realizó todo tipo de filmes, desde comedias y sainetes hasta dramas y melodramas. Su especialidad eran personajes atormentados que, con frecuencia, se hundían en la locura. Su apostura y rebuscada elegancia lo hicieron célebre. Entre sus películas más recordadas se encuentran *La Paloma*, que narra los amores extramatrimoniales de la emperatriz de México Carlota; *La Zandunga* (1937), donde compartió créditos con Lupe Vélez; *En la palma de tu mano* (1950), cuya interpretación de adivino chantajista le ganó un premio

Primera estrella del cine mexicano, Arturo de Córdova fue merecedor del premio Ariel en varias ocasiones.

Ariel; *Él* (1952), oscuro drama dirigido por Luis Buñuel, y *El esqueleto de la señora Morales* (1959), comedia de humor negro sobre un taxidermista atormentado por su exigente mujer.

Corro, José Justo

Nació en Guadalajara, Jalisco, en 1794; murió en la misma ciudad en 1864. Cursó estudios de leyes y fue ministro de Justicia y Negocios Eclesiásticos del 18 de marzo de 1835 al 26 de febrero de 1836. Cuando falleció el general Miguel Barragán (presidente interino durante la ausencia de Antonio López de Santa Anna, que estaba combatiendo a los secesionistas en Texas), la Cámara de Diputados, en su sesión del día 27 de febrero de 1836, lo designó presidente de la República, cargo que ostentó hasta el 19 de abril de 1837. Durante su período presidencial se produjeron algunos acontecimientos señalados, como la promulgación por el Congreso, el día 30 de diciembre de 1836, de las Siete Leyes Constitucionales, de corte centralista, y la retirada de las fuerzas mexicanas derrotadas en Texas. Corro convocó a elecciones y cedió el poder a Anastasio Bustamante para retirarse a la vida privada en su ciudad natal.

Hernán Cortés, que desembarcó en Yucatán en 1519 y entró triunfante en Tenochtitlan dos años después.

Cortés, Hernán

Nació en 1485 en Medellín, provincia de Badajoz, España; murió en 1547 en Castilleja de la Cuesta, España. De linaje noble pero sin riquezas, estudió leyes en Salamanca, aunque nunca se graduó. En 1504 marchó a Santo Domingo y, siete años después, participó en la expedición de Diego de Velázquez a Cuba. En febrero de 1519 dejó la Habana con once barcos y setecientos hombres para conquistar el imperio mexica. Desembarcó en Yucatán y entabló batallas contra las tribus de la región, fundando la Villa Rica de la Vera Cruz, actual ciudad de Veracruz. Quemó sus naves y marchó hacia Tenochtitlan, capital del imperio mexica. Tomó como aliados a los tlaxcaltecas y, ese mismo año, él y sus hombres llegaron al valle de México, donde fueron recibidos por Moctezuma Xocoyotzin, al que más tarde harían prisionero. Después de varios enfrentamientos, conquistó la ciudad, la cual cayó el 13 de agosto de 1521, tras 75 días de resistencia encabezada por Cuauhtémoc. Regresó a España, donde fue nombrado marqués del Valle de Oaxaca. Con este título volvió a México en 1530, como jefe militar del gobierno colonial. Realizó numerosas exploraciones en territorio americano. En 1541 volvió a España para acompañar a Carlos V en una infructuosa campaña bélica en Argel. Sus *Cartas y Relaciones* son valiosos documentos para conocer la historia de la Conquista.

Cosío Villegas, Daniel

Nació en 1898 en la Ciudad de México; murió en el mismo lugar en 1976. Se graduó como abogado el año 1925 y se adhirió a la línea humanista y reformadora de José Vasconcelos, a quien apoyó durante su fracasada campaña presidencial. Fue, durante mucho tiempo, el principal impulsor de las ciencias sociales en el país, convirtiéndose en parte del grupo que fundó la Escuela de Economía de la Universidad Nacional, de la que fue profesor y director general. Contribuyó de manera decisiva a la creación del Fondo de Cultura Económica, institución de fomento editorial que dirigió hasta 1940. Coordinó la *Historia moderna de México*, en diez volúmenes, y redactó cinco de ellos. Durante toda su vida tomó parte en la cultura y la política de

Economista e historiador, Daniel Cosío Villegas, fue un agudo observador de la vida política mexicana

México. Se distinguió como observador crítico y atento del sistema de gobierno. En libros como *El sistema político mexicano* (1972), *El estilo personal de gobernar* (1974) y *La sucesión presidencial* (1975), presentó un lúcido análisis de los vicios y las peculiaridades de la estructura administrativa del país emanada de la Revolución y caracterizada, según él, por el presidencialismo, la corrupción y la dictadura de partido. En 1971 recibió el Premio Nacional de Letras.

Cruz, sor Juana Inés de la

Nació el 12 de noviembre de 1648, bajo el nombre de Juana de Asbaje y Ramírez de Santillana, en la hacienda de San Miguel, jurisdicción de Amecameca, en el actual Estado de México; murió en la Ciudad de México el 17 de abril de 1695.

Poetisa de delicado acento, sor Juana Inés de la Cruz, se enfrentó con los convencionalismos de su época.

Desde muy joven sorprendió a sus contemporáneos por su inteligencia y sensibilidad. Después de formar parte de la corte de la virreina, marquesa de Mancera, se incorporó a la vida religiosa, primero en el convento carmelita de Santa Teresa la Antigua, luego y definitivamente en la orden de las Jerónimas. Está considerada no sólo como la más alta personalidad de la lírica española del siglo XVII, sino una de las mayores poetas de todos los tiempos. Practicó el culteranismo y el conceptismo, y demostró un ingenio comparable al de Góngora o Quevedo. Espíritu reflexivo, analítico, científico y artístico, escribió poesía, drama, prosa y ensayo. Su actitud rebelde e inquieta le causó dificultades en una sociedad conservadora y rígida, en la cual la mujer no podía desarrollar libremente actividades intelectuales. Fue autora de la *Carta Athenagórica*, la *Respuesta a sor Filotea de la Cruz*, y el largo poema *Primero sueño*. También escribió autos sacramentales, comedias y sainetes. Murió a los 46 años contagiada por una fiebre maligna de proporciones epidémicas.

Cuauhtémoc

Nació en Tenochtitlan alrededor de 1492; murió en 1525 en Izancanac, región ubicada en el actual país de Honduras. Su nombre significa «águila que cae». Era hijo del soberano Ahuízotl y quedó huérfano a los tres años. Su educación fue aristocrática, como correspondía a un miembro de la realeza. Ingresó al *calmecac*, donde recibió la instrucción que lo preparó para la vida adulta. Tras la llegada de los conquistadores a Tenochtitlan y después de la muerte de Cuitláhuac, quien sólo gobernó durante un breve período, Cuauhtémoc subió al poder. Se convirtió así en líder del vasto imperio mexica. Emprendió la defensa heroica de Tenochtitlan, la cual fue sitiada por Hernán Cortés y su ejército durante casi tres meses. Finalmente, después de 75 días de resistencia, se vio obligado a entregarse. Desde entonces hasta su muerte vivió en cautiverio y, según cuenta la tradición, le quemaron los pies para que revelara dónde había escondido el tesoro de la corona azteca. Al parecer, resistió el suplicio.

Cuauhtémoc, último emperador mexica, intentó sin éxito agrupar a los aztecas para combatir a los españoles.

En 1524, Cortés realizó una expedición a América Central y lo llevó consigo. Durante el trayecto el conquistador fue informado de una conspiración fraguada por Cuauhtémoc y lo mandó ejecutar. Las generaciones posteriores lo han reverenciado como héroe nacional y símbolo del valor y el sacrificio por la patria.

Cuevas, José Luis

Nació en la Ciudad de México en 1934. Su educación artística fue casi totalmente autodidacta, pues sólo recibió algunas lecciones en la Escuela Nacional de Pintura y Escultura de la Esmeralda. Realizó su primera exposición en 1948 en la capital de la República, y a los 20 años presentó en Washington varios de sus trabajos. Viajó por casi todo el mundo para realizar exposiciones, dictar conferencias, dar clases y organizar actividades artísticas. Dedicado básicamente al dibujo, su obra tiene un fuerte carácter expresionista. En sus tintas, grabados y litografías se aprecia una deformación de la figura humana y gran libertad de trazo. Se inclinó hacia los temas sórdidos y oscuros que sugerían una gran preocupación social. No obstante, rechazó los contenidos ideológicos obvios y los reclamos políticos. Esta postura lo enfrentó con la escuela mexicana y, específicamente, con el muralismo representado por José Clemente Orozco, Diego Rivera y David Alfaro Siqueiros. Ganó infinidad de reconocimientos nacionales e internacionales, entre ellos el Premio Nacional de Artes (otorgado por el gobierno de México) y el Premio Internacional de Dibujo de São Paulo. En 1992, en la Ciudad de México se inauguró un museo que lleva su nombre, para albergar piezas de su colección particular.

Díaz de la Vega, Rómulo

Nació en la Ciudad de México en 1804; falleció en Puebla en 1877. En 1830 combatió junto a Nicolás Bravo contra Vicente Guerrero y Juan Álvarez. Se sublevó en 1833 y permaneció dos años confinado en Puebla. Durante la invasión estadounidense cayó prisionero y fue llevado a Nueva Orleans (1847). Regresó gracias a un canje de prisioneros, fue nombrado comandante general de la plaza de México y, en 1848, segundo jefe de la División de Oriente. Firmada la paz con Estados Unidos, desempeñó diferentes comandancias militares y gobernó Yucatán entre 1853 y 1854. En 1855 fue designado gobernador de Tamaulipas. Con el triunfo del plan de Ayutla y siendo Martín Carrera presidente interino, fue comandante general y gobernador del Distrito Federal. Cuando Martín Carrera renunció, el 12 de septiembre de 1855, Díaz de la Vega ocupó la primera magistratura del país hasta noviembre de 1856. En 1863 fue miembro de la Junta de Notables que ofreció el trono de México a Maximiliano de Habsburgo.

Díaz Mirón, Salvador

Nació en 1853 en la ciudad de Veracruz, donde también murió en 1928. Hijo de una familia culta (su padre era poeta y ensayista), recibió una esmerada educación humanística. Desde muy joven mostró marcada inclinación hacia el periodismo, que lo llevó a colaborar en publicaciones de Veracruz y la Ciudad de México. En 1879 inició su carrera política al convertirse en diputado por Jalancingo, en su estado natal. Entre 1884 y 1885 fue diputado del Congreso de la Unión. En vísperas de las elecciones generales de 1892 fue a prisión por homicidio. Cuatro años después resultó absuelto al considerarse que actuó en defensa propia. Durante el gobierno de Victoriano Huerta dirigió el periódico *El Imparcial*. Con la caída del dictador, tuvo que permanecer fuera del país entre 1914 y 1920. Vivió en España y después en Cuba hasta que Venustiano Carranza autorizó su regreso a México. La producción poética de Díaz Mirón que se conserva es bastante reducida, pues una parte se perdió y otra fue destruida por el propio autor. Su obra se divide en tres etapas: la primera muestra la influencia del romanticismo europeo; la segunda, recogida en su libro *Lascas*, es más intimista e introspectiva, mientras que la tercera depura su estilo hasta llevarlo a una extrema concisión. Entre sus poemas más conocidos están «El fantasma», «Paquito» y «Ojos verdes». En 1941 se publicó un volumen con su poesía completa.

Porfirio Díaz, cuya dictadura promovió el desarrollo capitalista, pero profundizó las desigualdades sociales.

Díaz Mory, Porfirio

Nació en Oaxaca el 15 de septiembre de 1830; murió en París el 2 de julio de 1915. De cuna humilde y huérfano de padre desde muy joven, ejerció diversos oficios para sobrevivir. Inició la carrera de leyes y, en 1849, ingresó al ejército, en el que se distinguió por su valor en la guerra de Reforma y la resistencia contra la intervención francesa. Fue ascendido a general a los 31 años. El 26 de noviembre de 1876, con el plan de Tuxtepec, se alzó en armas para derrocar al presidente Sebastián Lerdo de Tejada. A partir de entonces, con el breve interludio (1880-1884) del mandato de Manuel González, gobernó el país durante más de treinta años. Ejerció una dictadura inflexible y absoluta que permitió el desarrollo económico de México en detrimento del desarrollo político. Durante su mandato, el país pagó la deuda externa y modernizó la industria y las comunicaciones. Sin embargo, ello se logró a costa de una drástica reducción de las libertades civiles e individuales, y del aumento de las injusticias y desigualdades sociales. Esta situación dio lugar, en 1910, a una reacción violenta que marcó el inicio de la Revolución. El 25 de mayo de 1911 abandonó el país y se exilió en Francia, donde murió cuatro años más tarde.

Díaz Ordaz, Gustavo

Nació en San Andrés Chalchicomula (Ciudad Serdán), en el estado de Puebla, en 1911; falleció en la Ciudad de México el 15 de julio de 1979. Cursó estudios de derecho en la Universidad de Puebla, donde se graduó en 1937. Tras ocupar diversos cargos y ser, de 1958 a 1963, secretario de Gobernación, fue designado candidato a la presidencia por el Partido Revolucionario Institucional. El día 8 de septiembre de 1964, el Congreso de la Unión lo declaró presidente electo. Asumió el poder el 1 de diciembre siguiente. Durante su mandato puso en marcha programas importantes: uno para equilibrar la inversión y el financiamiento; otro de aerofotogrametría, que abarcó todo el territorio nacional; uno de control de los contratos de obras públicas, y, finalmente, otro de coordinación del sector agropecuario. Los objetivos de su gobierno fueron alcanzar un crecimiento económico del 6 por ciento anual, dar prioridad al sector agropecuario, impulsar la industrialización, corregir los desequilibrios en el desarrollo y conseguir una mayor equidad en la distribución de los ingresos nacionales. El 1 de diciembre de 1970 entregó el poder a Luis Echeverría y, al reanudarse las relaciones diplomáticas con España, fue nombrado embajador el 4 de abril de 1977. De su gestión presidencial se recuerda especialmente la matanza de Tlatelolco, un despliegue militar del gobierno para acallar las protestas estudiantiles que arrojó centenares de muertos y heridos el 2 de octubre de 1968.

Echeverría, Francisco Javier

Nació en Xalapa, Veracruz, en 1797; murió en la Ciudad de México en 1852. Autodidacta, fue diputado local en 1829. El presidente Antonio López de Santa Anna le confió el Ministerio de Hacienda del 5 de mayo al 1 de septiembre de 1834. Formó parte del Consejo de Estado durante la presidencia de Anastasio Bustamante y fue de nuevo ministro de Hacienda del 27 de julio de 1839 al 23 de marzo de 1841. El 22 de septiembre de 1841 asumió la presidencia de la República y permaneció en ella hasta el 10 de octubre de aquel año, cuando Santa Anna se reinstaló en el poder. En 1850 regresó a la escena política como diputado.

En la época de Echeverría el desorden de las finanzas mundiales produjo en México un fenómeno de «atonía».

Echeverría Álvarez, Luis

Nació en la Ciudad de México el 17 de enero de 1922. Cursó estudios de derecho en la Universidad Nacional Autónoma de México. Inició su carrera política a los 22 años como secretario particular del general Rodolfo Sánchez Taboada, que presidía el Partido de la Revolución Mexicana. Ocupó distintos cargos oficiales, entre ellos el de secretario de Gobernación en el gabinete del presidente Gustavo Díaz Ordaz. El 14 de noviembre de 1969 fue elegido candidato del Partido Revolucionario Institucional a la presidencia de la República. Triunfó en las elecciones de 1970 y gobernó desde el 1 de diciembre del mismo año hasta el 30 de noviembre de 1976. Su período presidencial cargó con las consecuencias de la represión oficial del movimiento estudiantil de 1968. En el ámbito internacional se iniciaba un fenómeno de inflación-recesión que tuvo efectos relevantes para México. El gobierno de Echeverría optó por una política de apertura para restaurar la normalidad de la vida democrática. En cuanto a las relaciones exteriores, pretendió diversificar el comercio y las fuentes de tecnología y financiamiento. Durante todo su mandato, la tasa de inflación creció hasta alcanzar el 27 por ciento anual. En su último informe de gobierno dio a conocer una brusca e irrefrenable devaluación del peso frente al dólar, la primera en más de dos décadas.

Félix, María

Nació el 8 de abril de 1914 en el rancho El Quiriego, cerca de Álamos, Sonora. Su verdadero nombre es el de María de los Ángeles Félix Güereña. Pasó su infancia en Guadalajara, donde ganó un concurso de belleza. Su debut cinematográfico fue en 1942, como protagonista de la película *El peñón de las ánimas*, dirigida por Miguel Zacarías. Consiguió sus primeros éxitos importantes al año siguiente, con *La*

Arquetipo de la belleza apasionada, María Félix es la actriz mexicana más célebre internacionalmente.

mujer sin alma y *Doña Bárbara*. En casi todas sus películas encarnó a una criatura altiva y desdeñosa que se rebelaba ante el arquetipo de la mujer sometida al macho arrogante. A medio camino entre la devoradora de hombres y el arquetipo de la beldad inalcanzable, representó a la «mujer fatal». Su filmografía es muy amplia, incluye melodramas campiranos y revolucionarios, dramas urbanos y adaptaciones de novelas realistas y naturalistas. Se la recuerda por cintas como *Enamorada* (1946), *Río Escondido* (1949), *La diosa arrodillada* (1947), *Doña Diabla* (1951) y *Juana Gallo* (1961). Trabajó en varias películas en Francia, Italia y España, y obtuvo el premio Ariel a la mejor actriz en tres ocasiones. Actuó en películas de cineastas de la talla de Fernando de Fuentes, Emilio «el Indio» Fernández, Luis Buñuel y Jean Renoir.

Fernández, Emilio

Nació el 26 de marzo de 1904 en Mineral del Hondo, Coahuila; murió el 6 de agosto 1986 en la Ciudad de México. Fue conocido con el sobrenombre de «el Indio». Hijo de padre mexicano e india kikapú, estudió la carrera militar y se unió a

«El Indio» Fernández se adscribió en sus películas a un realismo poético y nacionalista, de raíces indígenas.

la Revolución. Salió del país a causa de su complicidad en un frustrado levantamiento contra Álvaro Obregón. Vivió en Estados Unidos, donde ejerció diversos oficios, entre ellos el de doble de cine. Regresó a México en 1933 para incursionar

en la industria fílmica local como actor. En 1941 dirigió su primera película: *La isla de la pasión*. Se le considera uno de los más grandes cineastas mexicanos y el principal representante del llamado «nacionalismo cinematográfico». Junto con el fotógrafo Gabriel Figueroa, el escritor y argumentista Mauricio Magdaleno, y los actores Pedro Armendáriz, Dolores del Río y María Félix, formó uno de los más importantes y exitosos equipos creativos del cine nacional. Entre sus mejores películas están: *María Candelaria* (1943), *Flor silvestre* (1943), *Bugambilia* (1944), *La perla* (1945), *Enamorada* (1946) y *Salón México* (1946). Recibió importantes distinciones en México y en los festivales de Cannes, Locarno y Venecia.

Fernández de Lizardi, José Joaquín

Nació el 15 de noviembre de 1776 en la Ciudad de México; murió en el mismo lugar el 21 de junio de 1827. Hijo de una familia acomodada, recibió una esmerada educación. En su juventud abrazó los ideales monárquicos; sin embargo, influenciado por el pensamiento ilustrado francés, renegó de esta postura y se adhirió a la causa independentista promovida por Miguel Hidalgo. También manifestó simpatía hacia José María Morelos y, a causa de ello, fue enviado a prisión. Publicó versos, panfletos y artículos satíricos contra del gobierno colonial. En 1812 fundó el periódico *El Pensador Mexicano*, cuyo título terminaría por convertirse en apodo del propio autor. Dicha publicación fue la primera de una serie dedicada a criticar los abusos y las injusticias del gobierno virreinal. Escribió fábulas y obras de teatro. Su celebridad se debe, sin embargo, a sus novelas, género que él mismo inauguró en tierras americanas. Libros

Fernández de Lizardi, autor de la primera novela escrita en tierras latinoamericanas, El periquillo sarniento.

como *El periquillo sarniento*, *La Quijotita y su prima*, *Pepita la planchadora* y *La vida y hechos del famoso caballero don Catrín de la Fachenda*, son clásicos de la literatura mexicana; pertenecen al género costumbrista nacional, pero recrean a la vez el espíritu y los temas de la picaresca española. Fernández de Lizardi fue el primer autor mexicano que empleó la cultura popular como base de su obra.

Figueroa, Gabriel

Nació en la Ciudad de México en 1908; murió en el mismo lugar en 1997. Desde muy joven se interesó por el arte. Cursó estudios de pintura en la Academia de San Carlos y de música en el Conservatorio Nacional. Sin embargo, tras conocer al fotógrafo Eduardo Guerrero, se decidió por su profesión. Figueroa se trasladó a Estados Unidos, donde se familiarizó con los secretos de la lente. Sus empeños en pro de la naciente industria cinematográfica mexicana datan de 1933. Su primer trabajo formal fue la fotografía de *Allá en el Rancho Grande*, comedia ranchera dirigida en 1938 por Fernando de Fuentes, que lo hizo merecedor de un premio en el Festival de Venecia. A partir de los años cuarenta se convirtió en el camarógrafo habitual de Emilio «el Indio» Fernández, con el cual formó una mancuerna excepcional. Maestro de la luz y de los contrastes cromáticos, Figueroa dotó al cine nacional de fuerza expresiva y profundidad poética de corte nacionalista. Su trabajo fue reconocido en prácticamente todos los festivales internacionales y, en México, mereció el premio Ariel en varias ocasiones. Entre sus numerosas cintas destacan: *María Candelaria, La perla, Enamorada, La malquerida, Maclovia, Río Escondido, Los olvida-*

El fotógrafo Gabriel Figueroa aportó un personal acento lírico a la obra de muchos directores de cine mexicanos.

dos, El rebozo de la Soledad, Simón del desierto y *Macario*. Una de sus últimos trabajos para el cine fue la película *Bajo el volcán*, basada en la novela homónima de Malcolm Lowry y dirigida por John Huston.

Fox, Vicente

Nació el 2 de julio de 1942 en Ciudad de México. Hijo de madre vasca y padre mexicano de ascendencia irlandesa. Recibió una esmerada educación católica e incluso estuvo a punto de abrazar el sacerdocio. Se casó con Lillian de la Concha, de quien se separaría tras veinte años de matrimonio en el que la pareja adoptó cuatro hijos. Es licenciado en Dirección de Empresas por la jesuítica Universidad Iberoamericana de la capital mexicana. Previamente realizó diferentes trabajos. Fue vendedor de forraje, calzado charro... hasta que entró de representante en Pepsi Cola, para pasar poco después a la Coca Cola, donde en una brillante carrera empresarial alcanzó el puesto de consejero-delegado e hizo de México el mayor consumidor *per capita* de la marca. En 1988 ingresó en el Partido de Acción Nacional (PAN), atraído por su líder Manuel J. Clouthier. Ejerció como diputado panista entre 1988 y 1991. Sus cuatro años al frente de la gobernación del estado de Guanajuato (1995-1999), en los que impulsó una serie de reformas modernizadoras, lo avalaron como candidato a la presidencia del país. Tras una ardua campaña, el 2 de julio de 2000, día de su 58 aniversario, resultó elegido para el puesto con el 42,7 por ciento de los votos de los mexicanos, que ponían así fin a siete décadas de gobiernos del Partido Revolucionario Institucional.

Fuentes, Carlos

Nació el 11 de noviembre de 1928 en Panamá, donde su padre se desempeñaba como embajador. Se licenció en derecho por la Universidad Nacional Autónoma de México y completó sus estudios en Ginebra, Suiza. Entre 1956 y 1957 fue becario del Centro Mexicano de Escritores. Su actividad profesional fue, desde entonces, muy variada, pues no sólo colaboró en revistas literarias, escribió guiones y ejerció la crítica cinematográfica, sino que también impartió clases y conferencias en universidades nacionales y extranjeras. Sus cuentos, novelas y ensayos lo revelaron como una de las personalidades más influyentes y originales de México durante la segunda mitad del siglo XX. Gran parte de su obra fue traducida a numerosos idiomas. Libros como *Los días enmascarados* (1954), *La región más transparente* (1958), *La muerte de*

Carlos Fuentes es uno de los mejores exponentes de la novelística mexicana de la segunda mitad del siglo XX.

Artemio Cruz (1962), *Zona sagrada* (1967) y la ambiciosa *Terra Nostra* (1975) representaron verdaderos hitos en la narrativa nacional, pues exploraron con profundidad los valores, mitos y contradicciones del ser mexicano. Ganó, entre otros, el Premio Xavier Villaurrutia, el Rómulo Gallegos, el Nacional de Literatura, el Menéndez y Pelayo y el Miguel de Cervantes.

Fuentes, Fernando de

Nació en 1895 en Veracruz, Veracruz; falleció en 1958 en la Ciudad de México. Comenzó su carrera profesional en la década de los treinta como colaborador de Antonio Moreno en *Santa*, una de las primeras películas sonoras mexicanas. También fue adaptador de varios argumentos para cine. Realizó su primer trabajo como director con *El compadre Mendoza*, que data de 1933. Más tarde, en 1935, realizó *Vámonos con Pancho Villa*. Ambas cintas constituyen notables acercamientos a la Revolución Mexicana. En ellas el conflicto es visto de una manera inteligente, sin demagogia o populismo. En 1936 alcanzó éxito internacional con *Allá en el Rancho Grande*, comedia que inauguró el género ranchero. Su extensa filmografía incluyó todo tipo de largometrajes: sainetes, dramas psicológicos y adaptaciones de grandes obras literarias. Aunque su carrera se orientó, sobre todo, hacia los terrenos de lo comercial, consiguió trabajos de admirable eficacia narrativa e indiscutible valor artístico. Otras películas suyas son: *El jefe máximo* (1940), *La mujer sin alma* (1943), *Hasta que perdió Jalisco* (1945) y *Crimen y castigo* (1950). Fue uno de los cineastas mexicanos que más contribuyeron al desarrollo de la industria fílmica nacional.

Galindo, Blas

Nació el 3 de febrero de 1910 en San Gabriel, hoy Ciudad Carranza, Jalisco; murió en 1993 en la Ciudad de México. Durante su adolescencia organizó un coro y una banda en su pueblo natal y, posteriormente, viajó a la capital de la República para ingresar al Conservatorio Nacional de Música. Fue alumno de José Rolón, Candelario Huízar y Carlos Chávez. Realizó estudios superiores en la Berkshire Academy de Massachusetts, donde conoció al compositor Aaron Copland. Se desempeñó como docente y fue jefe del Departamento de Música del Instituto Nacional de Bellas Artes en 1949. Entre 1961 y 1965 dirigió la Orquesta Sinfónica del Instituto Mexicano del Seguro Social. Reci-

bió el Premio Nacional de Artes en 1965, y en 1968 fue aceptado como miembro de la Academia de Artes. Sus aportaciones a la música mexicana de concierto son enormes. Compuso obras corales, de cámara, sinfónicas y ballets. Fue gran defensor del folclore y en sus piezas se advierte la influencia de los ritmos indígenas. Ello dotó a su trabajo de un inconfundible sabor nacionalista en el que la música académica se enriqueció con elementos populares. Ejemplos de ese sincretismo son *Sones de mariachi* (1940) y *Titoco Tico* (1971) para instrumentos indígenas de percusión.

Federico Gamboa, diplomático y escritor, alcanzó popularidad con Santa, *una novela despreciada por la crítica.*

Gamboa, Federico

Nació el 22 de diciembre de 1864 en la Ciudad de México; murió en el mismo lugar el 15 de agosto de 1939. Logró superar una juventud marcada por la adversidad y, en 1888, ingresó a la carrera diplomática. A los 24 años inició un largo viaje que habría de llevarlo, como representante diplomático, a Brasil, Argentina, algunos países de América Central y Estados Unidos. En 1913 fue secretario de Relaciones

Exteriores dentro del gabinete de Victoriano Huerta. Desde el principio alternó sus actividades como diplomático y funcionario público con la literatura. Escribió cuentos y novelas. También intentó con poca fortuna la dramaturgia. Su novela más conocida es *Santa*, un verdadero éxito popular menospreciado por la crítica. Formó parte de la llamada «corriente naturalista», tendencia caracterizada por la crudeza de la expresión y la sordidez de sus temas. Dicha postura manifestaba una tendencia moralizadora y, con frecuencia, caía en el melodrama. Otros libros suyos son *Apariencias*, *Suprema ley*, el volumen de cuentos *Del natural* y el libro de memorias *Impresiones y recuerdos*.

García Robles, Alfonso

Nació el 20 de marzo de 1911 en Zamora, Michoacán; murió el 2 de septiembre de 1991 en la Ciudad de México. Obtuvo la licenciatura en derecho por la Universidad Nacional Autónoma de México y después marchó a Europa para continuar sus estudios en la Universidad de París y en la Academia de Derecho Internacional de La Haya. Se integró al servicio exterior mexicano en 1939 y fue enviado a Estocolmo, Suecia. Inició entonces una brillante carrera diplomática que lo llevó a viajar por todo el mundo, desempeñando diversos cargos. Al concluir la Segunda Guerra Mundial, como secretario de Asuntos Internacionales de la Comisión Nacional de Planeación para la Paz, participó en las reuniones que dieron lugar a la Carta de las Naciones Unidas. Entre 1961 y 1964 fue embajador de México en Brasil y en 1970 fue nombrado subsecretario de Relaciones Exteriores. Desempeñó un importante papel en las reuniones para el desarme de América Latina celebradas en la Ciudad de

Alfonso García Robles obtuvo el Premio Nobel de la Paz en 1982, compartido con la sueca Alva Myrdal.

México en 1964. Éstas dieron lugar, tres años después, al tratado de Tlatelolco, que proscribe las armas nucleares en América Latina. Como reconocimiento a una vida entregada a la lucha contra la carrera armamentista, en 1982 le fue otorgado el Premio Nobel de la Paz.

García Terrés, Jaime

Nació en la Ciudad de México el 15 de mayo de 1924; murió en el mismo lugar el 29 de abril de 1996. Obtuvo la licenciatura en derecho por la Universidad Nacional Autónoma de México (UNAM). Sus intereses se orientaron muy pronto hacia la literatura, la teoría del arte y la filosofía. Marchó a Francia para estudiar estética en la Universidad de París y filosofía medieval en el Colegio de Francia. De regreso en México se desempeñó como consejero, subdirector y director interino del Departamento de Literatura del Instituto Nacional de Bellas Artes (1949-1952). A partir de 1948 y hasta 1953 dirigió la revista *México en el Arte*, mientras se desempeñaba como consejero del Instituto de Teatro de la Organización de las Naciones Unidas para la Educa-

ción, la Ciencia y la Cultura (UNESCO). Bibliófilo apasionado, dirigió la Comisión Editorial de la UNAM de 1953 a 1955. Más tarde, se le nombró director general de Difusión Cultural del mismo centro de estudios. En 1965 fue embajador de México en Grecia y, posteriormente, director del Fondo de Cultura Económica, la principal institución de fomento editorial en México. Además de ser un importante promotor cultural, escribió ensayos, crítica literaria y poesía. Fue miembro de el Colegio Nacional y, en sus últimos años, dirigió la Biblioteca Nacional.

Goitia, Francisco

Nació en 1882 en Patillos, Zacatecas; murió en 1960 en la Ciudad de México. A los 16 años de edad abandonó su pueblo natal para marchar a la capital de la República, donde realizó estudios de arte en la Academia de San Carlos. Fue discípulo de los paisajistas Julio Ruelas, Germán Gedovius y José María Velasco. En 1904 viajó a Eu-

Expresionista y social, la pintura de Francisco Goitia tiene origen en la experiencia revolucionaria del artista.

ropa y en España realizó su primera exposición importante. Su regreso a México coincidió con el estallido de la Revolución, y Goitia se unió a las filas de Francisco Villa. Esta experiencia hizo surgir en él un sincero compromiso social que conservó toda la vida. A partir de 1926 se desempeñó como profesor de arte en los planteles de la Secretaría de Educación Pública y en la Academia de San Carlos. A los 44 años recibió el Premio Nacional de Artes. Goitia rehuyó la fama y durante las últimas décadas de su vida vivió aislado en una casa rústica de Xochimilco. Inmersa en la corriente realista e impresionista, su obra devino en un modernismo expresionista típicamente mexicano, cargado de profundas inquietudes sociales. Ejemplo de ello se encuentra en cuadros como «Tata Jesucristo», «El ahorcado» y «El velorio». El director de cine Diego López narró su historia en el film *Goitia, un dios para sí mismo*.

Gómez Farías, Valentín

Nació en Guadalajara, Jalisco, en 1781; falleció en la Ciudad de México en 1858. Catedrático de la Universidad de Guadalajara y médico en ejercicio, fue precursor del liberalismo y acudió a las Cortes españolas que se reunieron en Cádiz en 1812 para deliberar sobre el texto de la Constitución Política de la Monarquía Española. Diputado en el primer Congreso Nacional, firmó la propuesta para que Agustín de Iturbide fuera elegido emperador, pero se sumó luego a la insurrección de Antonio López de Santa Anna. Fue ministro de Hacienda con Manuel Gómez Pedraza y ejerció el poder ejecutivo en cinco ocasiones, la primera en 1833 y la última en 1847. Su gobierno se caracterizó por un abierto desafío al poder del clero y por la defensa de la autoridad civil. Negó el pase a las bulas papales procedentes de Roma, suprimió la Real y Pontificia Universidad de México y abolió la pena de muerte por delitos políticos. Durante el conflicto de Texas defendió la integridad del territorio nacional. Al triunfo del plan de Ayutla presidió el Congreso Nacional Constituyente. Para evitar la posible profanación de su tumba,

Defensor de la sociedad civil, Valentín Gómez Farías se caracterizó por su anticlericalismo.

fue sepultado en su propia casa. En 1933 sus restos fueron trasladados a la Rotonda de los Hombres Ilustres del panteón civil de Dolores.

Gómez Pedraza, Manuel

Nació en Querétaro, en 1789; murió en la Ciudad de México en 1851. Fue ministro de Guerra y Marina con el presidente Guadalupe Victoria y, a partir de elementos heterogéneos, formó un grupo político que sirvió como base del Partido Moderado. Se presentó como candidato a la presidencia de la República en las elecciones de 1828, pero el 3 de diciembre, tras haber ganado los comicios, renunció a sus derechos y abandonó el país ante la amenaza militar de sus adversarios. El 5 de noviembre de 1832 fue lla-

mado a ocupar la presidencia y entró a la Ciudad de México el 3 de enero de 1833. Pocos días después de su toma de posesión, convocó al Congreso que eligió presidente a Antonio López de Santa Anna. En 1841 fue ministro de Relaciones Exteriores; en 1846 formó parte del Consejo de Gobierno y asumió de nuevo la cartera de Relaciones en 1847. En febrero de 1848 fue presidente de la Cámara de Senadores, y en 1850 contendió a la presidencia, pero fue derrotado por el general Mariano Arista.

González, Manuel

Nació en el rancho El Moquete, municipio de Matamoros, en 1833; murió en Chapingo en 1893. En 1847 inició su carrera militar enfrentándose a la invasión estadounidense. En 1862, Porfirio Díaz lo destinó al Ejército de Oriente y en 1863 fue jefe del Ejército del Centro. De 1871 a 1873 fue diputado federal por Oaxaca; se adhirió a los planes de Porfirio Díaz, y en 1877, cuando comenzó el primer período presidencial de éste, fue nombrado gobernador y comandante militar de Michoacán con el grado de general de división. Fungió como secretario de Guerra y Marina del 28 de abril de 1878 al 15 de noviembre de 1879. Fue presidente de la República del 1 de diciembre de 1880 al 30 de noviembre de 1884, fecha en la que el poder volvió a manos de Díaz, quien siempre había permanecido tras bambalinas dirigiendo las acciones políticas. Durante su mandato se fundó el Banco Nacional de México. Al terminar su cuatrienio, fue elegido gobernador de Guanajuato, cargo que mantuvo hasta su muerte. Su cadáver reposa en la Rotonda de los Hombres Ilustres del Panteón civil de Dolores.

González Garza, Roque

Nació en 1885 en Saltillo, Coahuila; murió en 1962 en la Ciudad de México. Luchó con Francisco I. Madero y tomó parte en las batallas de

Roque González Garza, que combatió junto a Pancho Villa, fue presidente de la República en 1915.

Casas Grandes y Ciudad Juárez, donde actuó como parlamentario ante el general Navarro. Tras el asesinato de Madero, se sumó a las filas de Pancho Villa y combatió en distintas batallas. Representó a Villa en la Convención de Aguascalientes y fue uno de los redactores del manifiesto que publicó ésta el 13 de noviembre de 1914. Después de la caída del general Eulalio Gutiérrez, ocupó la presidencia de la República del 16 de enero al 11 de junio de 1915. Con el triunfo del constitucionalismo, Venustiano Carranza lo obligó a exiliarse y sólo volvió al país tras la muerte de éste.

Guerrero, Vicente

Nació el 10 de agosto de 1782 en Tixtla, hoy Ciudad Guerrero, Guerrero; murió fusilado en Cuilapan, en el estado de Oaxaca, el 14 de febrero de 1831. Hijo de campesinos, ejerció el oficio de arriero. Tras el histórico «grito de Dolores» que dio inicio a la guerra de Independencia, se unió a las filas de José María Morelos. Más tarde, cuando Morelos fue ejecutado por las tropas leales a la corona española, Guerrero se mantuvo al frente del ejército rebelde y protegió el recién creado Congreso mexicano. En 1821 dio su apoyo a Agustín de Iturbide y secundó el plan de Iguala, mediante el cual se proclamó la Independencia de México. No obstante, cuando Iturbide fue nombrado emperador, Guerrero decidió sublevarse. Formó parte del gabinete de Guadalupe Victoria, primer presidente de México, como ministro de Guerra y Marina. En abril de 1829, después de innumerables conflictos políticos, llegó a la presidencia, pero su mandato sólo duró ocho meses y medio. Entre las medidas tomadas durante su administración estuvo el tercer decreto para la

Guerrero pasó a la historia como luchador de la Independencia y promovió la abolición de la esclavitud.

abolición de la esclavitud. En 1830 fue derrocado por el vicepresidente Anastasio Bustamante, quien, con el apoyo del Congreso, lo declaró «imposibilitado para gobernar la República». Víctima de una traición concertada entre Bustamante, Fran-

cisco Picaluga y Miguel González, se le formó un juicio sumario y fue condenado a muerte y ajusticiado.

Gutiérrez, Eulalio

Nació en 1880 en Santo Domingo, Coahuila; murió en 1939 en Saltillo. En 1906 se unió al Partido Liberal Mexicano y, posteriormente, al Antirreeleccionsita. Cuando Francisco I. Madero fue ejecutado, en 1913, combatió al usurpador Victoriano Huerta hasta la victoria de Venustiano Carranza, en agosto de 1914. En ese año fue nombrado presidente interino de la República por la Convención de Aguascalientes, cargo que ocupó a partir del 6 de noviembre. El 13 de enero de 1915 privó del mando militar a Pancho Villa y Emiliano Zapata y se vio obligado a abandonar la capital el día 16. En esta última fecha se dirigió a San Luis Potosí e hizo público un manifiesto en el que se pronunciaba contra Francisco Villa y Carranza. El 2 de junio del mismo año dio a conocer en Ciénaga del Toro un nuevo manifiesto en el que declaraba el fin de sus funciones presidenciales. Se exilió en Estados Unidos. A su regreso fue senador por Coahuila y, más tarde, gobernador y comandante militar de San Luis Potosí. Tomó parte en el levantamiento escobarista y, tras la amnistía otorgada por el gobierno, se retiró de la vida pública.

Haro, Guillermo

Nació el 21 de marzo de 1913 en la Ciudad de México; murió en 1988 en el mismo lugar. Cursó estudios en la Facultad de Filosofía y Letras de la Universidad Nacional Autónoma de México y, posteriormente, viajó a Estados Unidos. En el observatorio astronómico de la Universidad Harvard perfeccionó sus conocimientos de astronomía.

De regreso en México ingresó como investigador al Observatorio Astrofísico de Tonanzintla, Puebla, del que sería director a partir de 1950. Muy pronto se convirtió en el profesional de su ramo más influyente en el país, por lo cual se le nombró director del Observatorio Astronómico Nacional, situado en la Ciudad de México. Promotor incansable de la cultura científica y gran divulgador de ésta, presidió la Academia de la Investigación Científica y el Instituto Nacional de Astrofísica, Óptica y Electrónica. Publicó numerosos ensayos y realizó exhaustivas investigaciones sobre diversos cuerpos celestes. Un tipo de galaxias azules lleva su nombre y una serie de objetos siderales es conocida con el nombre de Herbig-Haro, en honor a sus dos descubridores. Recibió numerosos premios nacionales e internacionales, entre

Astrónomo de renombre internacional, Guillermo Haro descubrió diversos cuerpos siderales.

ellos la Medalla Luis G. León de la Sociedad Astronómica Mexicana y la Medalla Mijaíl Lomonosov de la Unión de Repúblicas Socialistas Soviéticas. Fue marido de la escritora Elena Poniatowska.

Herrera, José Joaquín de

Nació en Xalapa, Veracruz, en 1792; falleció en la Ciudad de México en 1854. Inició su carrera militar en el regimiento de la corona. En 1817 fue nombrado comandante de Acapulco y Tecpan. El 5 de agosto de 1820 se retiró como teniente coronel, pero en 1821, tras la proclamación del plan de Iguala, tomó el mando de la guarnición de Perote, marchando hacia Orizaba para reunirse con Antonio López de Santa Anna. Representó a su estado en el primer Congreso Constituyente y en 1823 fue uno de los diputados que aceptaron la abdicación de Iturbide como emperador. El día 31 del mismo mes fue nombrado capitán general de la Ciudad de México. Ocupó cargos políticos y militares. Cuando presidía el Consejo de Estado, en 1844, el Senado nombró presidente interino de la República a Valentín Canalizo, quien se encontraba en San Luis Potosí, y Herrera lo sustituyó en el cargo del 12 al 21 de septiembre. Herrera volvió a asumir el poder ejecutivo, como sustituto de Santa Anna, del 7 de diciembre de 1844 al 14 de junio de 1845, fecha en que fue elegido presidente constitucional. Permaneció en el cargo hasta ser depuesto por una rebelión el 30 de diciembre del mismo año. Tras la firma de los tratados de Guadalupe Hidalgo, suscritos entre los gobiernos de Estados Unidos y México en 1848, fue presidente constitucional hasta el 15 de enero de 1851, cuando entregó el poder a Mariano Arista

Hidalgo y Costilla, Miguel

Nació el 8 de mayo de 1753 en la hacienda de San Diego de Corralejo, Pénjamo, Guanajuato; murió el 30 de julio de 1811 en la ciudad de Chihuahua. Siguió estudios de teología, escolástica y moral y, a los veinte años, obtuvo el bachillerato en teología. Se ordenó sacerdote y en 1790 fue nombrado rector del Colegio de San Nicolás. Al morir su hermano José Joaquín, quien era cura del pueblo de Dolores, Miguel lo reemplazó. En esa localidad, la noche del 15 de septiembre de 1810, lanzó el célebre «grito de Dolores», por el cual se alzaba en armas contra las autoridades colo-

Con el célebre «grito de Dolores» Miguel Hidalgo dio inicio al movimiento de emancipación de la patria.

niales. Este suceso marcó el inicio de la guerra de Independencia de México. Al frente de un ejército de sólo trescientos hombres, Hidalgo tomó algunas localidades cercanas. A su lado marcharon su hermano Mariano y tres líderes más: Ignacio Allende, Ignacio Aldama y Mariano Abasolo. En lugar de avanzar hacia la capital, por miedo al saqueo y la violencia de sus tropas, Hidalgo fue hacia Guadalajara, donde se convirtió en jefe de un ilusorio gobierno insurgente. Luchó para abolir la esclavitud, decomisar los bienes de los españoles y mejorar las condiciones de vida de los indios. Fue detenido como consecuencia de una traición en Acatita de Baján y condenado a muerte y ejecutado. En México se le conoce como el «Padre de la Patria».

Huerta, Adolfo de la

Nació en Hermosillo, Sonora, en 1881; murió en la Ciudad de México en 1955. En 1908 inició una activa propaganda política contra la dictadura de Porfirio Díaz, como representante del Club Antirreeleccionista de Guaymas. El 20 de febrero de 1913 se presentó en Monclova ante Venustiano Carranza, que se había levantado en armas contra Victoriano Huerta. Derrotado el usurpador, De la Huerta fue gobernador provincial de Sonora de mayo de 1916 a agosto de 1917. Tras ser senador de la República, fue cónsul general en Nueva York en 1918 y gobernador constitucional de Sonora del 1 de septiembre de 1919 al 23 de abril de 1920. A la caída de Carranza, el Congreso de la Unión lo nombró presidente sustituto de la República, el 1 de junio de 1920. Bajo el mandato de Álvaro Obregón se desempeñó en la cartera de Hacienda y Crédito Público del 1 de diciembre de 1920 al 25 de septiembre de 1923. Renunció al cargo para presentar su candidatura a la presidencia de la República. Cuando Obregón dio su apoyo a Plutarco Elías Calles, De la Huerta se levantó en armas en Veracruz, el 7 de diciembre de 1923. El movimiento fue sofocado en junio de 1924 y De la Huerta huyó a Estados Unidos; tiempo después reingresó al territorio nacional.

Huerta, Victoriano

Nació en 1845 en Colotlán, Jalisco; murió en 1916 en El Paso, Texas, Estados Unidos. Realizó estudios en el Colegio Militar de Chapultepec, de donde egresó con el grado de teniente. Ocupó distintos puestos dentro del Estado Mayor durante la dictadura de Porfirio Díaz. Participó en las campañas que reprimieron las rebeliones de los indios mayas en Yucatán y de los indios yaquis en Sonora. Luchó contra los zapatistas en Guerrero y Morelos y desempeñó un papel esencial en la comisión que acompañó a Díaz rumbo al destierro. En 1911 se declaró partidario de Francisco I. Madero cuando éste subió al poder. El nuevo presidente lo nombró comandante militar de la Ciudad de México, confiándole la defensa de la recién recuperada democracia. Sin embargo, Huerta lo traicionó para tomar el poder. El 22 de febrero de 1913 mandó asesinar a Madero y al vicepresidente José María Pino Suárez, disolvió el Congreso e instauró una dictadura militar. En 1914, las derrotas de las fuerzas federales frente al Ejército Constitucionalista lo obligaron a renunciar. Se exilió en Londres y luego en España. Quiso regresar a México, pero fue detenido en Estados Unidos y acusado de conspirar a favor de Alemania. Se le internó en la cárcel militar de Fort Bliss, en Texas, Estados Unidos. Al enfermar de cirrosis hepática, le fue permitido morir junto a su familia.

Humboldt, Alexander von

Nació en 1769 en Berlín, Alemania; murió en 1859 en la misma ciudad. En 1789 se inscribió en la Universidad de Francfort del Oder para estudiar ciencias administrativas. Sin embargo, su verdadera vocación era la ciencia natural, especialmente la biología y la geología. Realizó pequeñas expediciones por el bajo Rin y en 1791 comenzó a estudiar mineralogía. Más tarde asumió la dirección de las Minas de Westfalia. Espíritu inquieto, en 1799 realizó el viaje más importante de su vida,

Biólogo, geólogo y naturalista alemán, Humboldt fue un observador de la realidad social de la Nueva España.

que lo llevó a recorrer buena parte de América. El 5 de junio arribó a las costas de Venezuela, remontó el río Amazonas y el Orinoco, visitó Cuba, Santafé de Bogotá y Perú. También ascendió al monte Chimborazo, cumbre máxima de los Andes ecuatorianos. Durante la travesía recolectó conchas, insectos, piedras y plantas. El 22 de marzo de 1803 llegó a Acapulco y realizó numerosos recorridos por México, visitando la capital y las ciudades de Guanajuato, Toluca, Veracruz, Cholula y Puebla. En México realizó estudios mineralógicos y geológicos; puso además especial atención a la flora y la fauna de diferentes regiones. Fruto de este viaje fue su obra *Viaje a las regiones equinocciales del Nuevo Continente*, publicada en varios volúmenes. Se le recuerda como un lúcido observador de la realidad política y social de la Nueva España de aquella época.

Infante, Pedro

Nació en Mazatlán, Sinaloa, el 18 de noviembre de 1917; murió el 15 de abril de 1957 en un accidente de aviación cerca de Mérida, Yucatán. Cuando era muy joven se trasladó con su familia a Guamúchil, donde

ejerció el oficio de carpintero y adquirió nociones de música. Formó parte de un grupo musical en la localidad de Guasave y, en 1939, viajó a la Ciudad de México para trabajar en la radiodifusión. Su fama como intérprete de música vernácula se inició en 1943, cuando grabó su primer disco. Desde entonces y hasta su fallecimiento grabó más de trescientas canciones, muchas de ellas grandes éxitos populares. Su ingreso al cine data de 1943 con la película *La feria de las flores*. Participó, sobre todo, en comedias rancheras; sin embargo, también trabajó en filmes patrióticos, dramas y melodramas. Se convirtió en el galán y cantante favorito del cine nacional, y en el arquetipo del mexicano leal, alegre, mujeriego y valiente. Obtuvo el premio Ariel en 1956 por *La vida no vale nada*; por su papel en la cinta *Tizoc* fue galardonado póstumamente en Berlín con el Oso de Plata, y en Hollywood con el Globo de Oro. Entre sus filmes más exitosos están: *Jesusita en Chihuahua, Viva mi desgracia, Nosotros los pobres, Ustedes los ricos, Ahí viene Martín Corona* y *Dos tipos de cuidado*.

Cantante popular y galán cinematográfico, Pedro Infante encarnó el prototipo del charro mexicano.

Iturbide, Agustín de

Nació el 27 de octubre de 1783 en la antigua Valladolid, hoy Morelia, Michoacán; murió fusilado el 19 de julio de 1824 en Padilla, Tamaulipas. A muy corta edad ingresó al ejército en calidad de alférez del Regimiento Provincial de Valladolid. Combatió los primeros levantamientos independentistas encabezados por Miguel Hidalgo y José María Morelos; sin embargo, en febrero de 1821, firmó con Vicente Guerrero el plan de Iguala, que proclamaba la Independencia de México. Marchó hacia la capital de la República al frente de un ejército y entró a la ciudad el 27 de septiembre del año siguiente. Ratificó la Independencia nacional mediante los tratados de Córdoba. El 21 de julio de 1822 se convirtió, con el nombre de Agustín I, en emperador constitucional de México. Su gobierno duró sólo diez meses, tiempo durante el cual no pudo impedir la debacle económica derivada de la prolongada guerra, ni controlar el descontento de la oposición. Tras disolver el Congreso, fue obligado a abdicar por Antonio López de Santa Anna y enviado al exilio. Vivió en Italia y en Gran Bretaña. En 1824 regresó a México con el propósito de defender la Independencia, pero fue detenido y fusilado como traidor a la patria. Más de diez años después de su muerte, el gobierno lo rehabilitó como figura histórica y sus cenizas se depositaron en la catedral metropolitana.

Jiménez, José Alfredo

Nació el 19 de enero de 1926 en Dolores Hidalgo, Guanajuato; falleció el 23 de noviembre de 1973 en la Ciudad de México. Siendo niño se trasladó junto con su familia a la capital de la República, y a los 14 años compuso su primera canción.

Durante su juventud ejerció los más variados oficios, desde futbolista hasta mesero en un restaurante. En 1948, acompañado por el trío Los Rebeldes, cantó por vez primera en la radio. Pero no fue hasta 1950 que comenzó a ganar celebridad gracias a su canción *Yo*, grabada por Andrés Huesca y sus Costeños. Comenzó así una fructífera carrera que lo convirtió en el más destacado compositor de canciones rancheras en México. Sus melodías fueron interpretadas por Jorge Negrete, Pedro Infante, Miguel Aceves Mejía, Lola Beltrán, Javier Solís y la española María Dolores Pradera, entre otros. Sus canciones más famosas son: *El rey*, *No me amenaces*, *Amanecí en tus brazos*, *Paloma que-*

José Alfredo Jiménez fue uno de los más importantes compositores de canciones populares mexicanas.

rida, *Caminos de Guanajuato*, *Caballo blanco* y *Un mundo raro*. Trabajó en teatro, televisión, radio y cine. En este último medio alcanzó gran popularidad gracias a cintas como *Martín Corona* (1950), *Póker de ases* (1952), *Guitarras de medianoche* y *La feria de San Marcos* (1957). Su música sincera y directa arraigó profundamente en el gusto popular mexicano.

Jiménez Mabarak, Carlos

Nació en 1916 en la Ciudad de México; murió el 21 de junio de 1994 en el mismo lugar, a consecuencia de una caída. A los cuatro años fue llevado a vivir a Guatemala debido a que su madre era miembro del servicio exterior mexicano. Hasta 1932 vivió en Santiago de Chile, donde recibió sus primeras lecciones de piano. Estudió armonía e historia de la música en el Instituto de Altos Estudios Musicales de Bruselas. En 1937 regresó a México, donde impartió clases en el Conservatorio Nacional de Música. También fue bibliotecario en una dependencia de la Secretaría de Educación Pública, y pianista en la Escuela Nacional de Danza. Fue nombrado consejero musical de la embajada de México en Austria. Sus composiciones abarcan diversos géneros: sinfonías, conciertos, música de cámara, canciones, piezas corales, óperas y ballets. También escribió partituras para cine y fue galardonado con una Diosa de Plata por la banda sonora de la cinta *Los recuerdos del porvenir* (1968) y con un premio Ariel por *Veneno para las hadas* (1985). Entre sus obras se recuerdan, sobre todo, *Sinfonía en mi bemol*, *Balada del pájaro*, *Balada del venado y la luna*, *La ronda junto a la fuente* y el *Concierto para piano y percusiones*. En 1986 fue objeto de un homenaje por parte del Instituto Nacional de Bellas Artes.

Juárez, Benito

Nació el 21 de marzo de 1806 en San Pablo Guelatao, Oaxaca; murió el 18 de julio de 1872 en la Ciudad de México. Hijo de indios zapotecas, no aprendió a hablar español hasta los trece años. Fue educado por sus abuelos y por un tío. Estudió leyes e inició su carrera política como diputado de Oaxaca (1832-

El reformador Benito Juárez, promulgó las leyes de separación entre Iglesia y Estado y defendió la no intervención.

1833). A partir de 1847 se desempeñó como gobernador de su estado natal, cargo que ocupó hasta 1852. Con la llegada al poder de Antonio López de Santa Anna, fue desterrado junto con otros liberales y vivió en La Habana, Cuba. A la caída de Santa Anna, regresó para fungir como ministro de Justicia en el gabinete de Juan Álvarez. Sin embargo, el golpe de Estado encabezado por Ignacio Comonfort lo llevó al exilio en Panamá. Regresó a México para asumir la presidencia de la República el 11 de enero de 1858. Promulgó las leyes de Reforma, que ordenan, entre otras cosas, la separación de la Iglesia y el Estado, así como la nacionalización de los bienes eclesiásticos. Permaneció fuera de la capital durante la guerra de Reforma y asumió plenamente el poder al concluir ésta. Con la suspensión del pago de la deuda externa que, a causa de la escasez de recursos, Juárez decretó en 1861, el país enfrentó la amenaza militar de Gran Bretaña, España y Francia. Las dos primeras naciones aceptaron negociar, pero Francia invadió el país y en 1864 impuso al archiduque Maximiliano de Habs-

burgo como emperador de México. Tras la retirada de las tropas francesas y el fusilamiento de Maximiliano en Querétaro (1867), Juárez retornó a la presidencia para iniciar otro período. En 1871, un año antes de su muerte, fue reelegido. Se le considera el máximo impulsor del no intervencionismo y de la separación entre la Iglesia y el Estado.

Kahlo, Frida

Nació en Coyoacán, Ciudad de México, en 1910 (según otras fuentes fue en 1907); murió en el mismo lugar en 1954. A los 16 años sufrió un accidente de tránsito que le fracturó la columna vertebral y le produjo, a lo largo de toda su vida, enorme sufrimiento físico. Aprendió pintura de manera autodidacta, siempre guiada por sus instintos y vivencias. En 1928 ingresó al Partido Comunista y al año siguiente

Aparentemente ingenuos y surrealistas, los autorretratos de Frida Kahlo dan cuenta del dolor de su vida.

contrajo matrimonio con el pintor Diego Rivera. En la década de los treinta participó en el movimiento de solidaridad con la República Española y, junto con Rivera, renegó del estalinismo, adhiriéndose a la línea política representada por León Trotski. Viajó por Europa, donde se

relacionó con artistas como Vassily Kandinsky, Joan Miró y André Breton. La pintura de Kahlo se caracteriza por su fuerte contenido autobiográfico, el cual se expresa mediante recursos simbólicos que se acercan al surrealismo. Su estilo debe mucho al arte popular mexicano y transmite una gran pasión. Fue miembro del Seminario de Cultura Mexicana (1942) y profesora de la Escuela de Artes Plásticas La Esmeralda (1943-1944). En 1953 inauguró, en la Galería de Arte Contemporáneo, la única exposición individual que hizo en México.

Lagos Cházaro, Francisco

Nació en 1878 en Tlacotalpan, Veracruz; falleció en 1932 en la Ciudad de México. A los 31 años, en 1909, se incorporó al movimiento antirreeleccionista que se oponía a Porfirio Díaz y que luego desembocó en la insurrección maderista. En 1911 fue elegido síndico del Ayuntamiento de Orizaba. En 1913 pasó a presidir el Tribunal Superior de Justicia del estado de Coahuila. Por decisión de la Convención de Aguascalientes y para apaciguar los enfrentamientos entre las distintas facciones revolucionarias, fue presidente de la República del 10 de junio al 10 de octubre de 1915.

Landeta, Matilde

Nació en 1910 en San Luis Potosí, en el estado del mismo nombre. Su familia emigró a la capital de la República, donde estudió hasta la preparatoria. Gracias a su hermano, el actor Eduardo Landeta, ingresó a la industria cinematográfica como *script-girl*. Entre 1932 y 1944 trabajó para grandes directores. Posteriormente se desempeñó como asistente de dirección con Julio Bracho, y trabajó junto a Mauricio Magdaleno y Ramón Peón. En

1948, gracias al apoyo del cineasta Roberto Gavaldón, debutó como directora con la cinta *Lola Casanova*, adaptación de la novela homónima de Francisco Rojas González. Al año siguiente, después de vencer muchas dificultades, volvió a inspirarse en otra obra del mismo escritor para realizar *La Negra Angustias*, película sobre una mujer convertida en líder revolucionaria. En 1951 filmó *Trotacalles*, drama ubicado en un arrabal urbano. A causa de los prejuicios de un medio cinematográfico dominado por los hombres, el trabajo de Landeta fue obstaculizado. Pese a ello, rodó más de cien cortometrajes para la televisión estadounidense y presidió el consejo de premiación de la Academia de Ciencias y Artes Cinematográficas. A edad avanzada rodó *Nocturno a Rosario*, basada en la vida del poeta Manuel Acuña y su amor por Rosario de la Peña.

Lara, Agustín

Nació en el puerto de Veracruz el 30 de octubre de 1897; murió en la Ciudad de México el 6 de noviembre de 1970. Estudió piano a muy corta edad y, tras una breve estancia en el Colegio Militar, se dedicó a tocar en bares, cafés y salas de cine mudo. En 1931 comenzó a trabajar en la radio y alcanzó celebridad gracias a sus canciones de corte romántico. En esa misma década realizó sus primeras giras por la República y el extranjero. Varios intérpretes famosos de aquella época, como Ana María Fernández y Toña la Negra, popularizaron sus melodías. A partir de los años cuarenta se convirtió en el compositor popular más famoso de México y uno de los más apreciados en América Latina. Musicalizó numerosas películas, entre ellas *Santa*, *México lindo*, *Carne de cabaret*, *Virgen de medianoche*, *Humo en los ojos* y *Aventure-

La figura legendaria de Agustín Lara terminó de consolidarse gracias a la industria cinematográfica.

ra*. En 1945 se casó con la actriz María Félix. Compuso alrededor de setecientas canciones, entre boleros, pasodobles, baladas y tangos. Se recuerdan, sobre todo, *Farolito*, *Lamento jarocho*, *Mujer*, *Veracruz*, *Azul*, *María bonita*, *Rival*, *Arráncame la vida* y *La Cumbancha*. En 1969 recibió un homenaje en el Palacio de Bellas Artes de la Ciudad de México. Fue enterrado en la Rotonda de los Hombres Ilustres.

Lascuráin Paredes, Pedro

Nació en 1856 en la Ciudad de México; murió en 1952 en el mismo lugar. Obtuvo el título de abogado, y en 1910, al estallar la Revolución, fue síndico y presidente del Ayuntamiento de la capital. Fue dos veces secretario de Relaciones Exteriores en el gobierno de Francisco I. Madero. El 18 de febrero de 1913, Victoriano Huerta y Félix Díaz firmaron el pacto de la Ciudadela, que entregaba al primero el poder ejecutivo. El día 14, Madero fue obligado a renunciar y, para cubrir las formalidades legales, Pedro Lascuráin asumió el cargo de presidente, en el que sólo duro 45 mi-

nutos, el tiempo necesario para nombrar a Huerta secretario de Gobernación, renunciar y dejar la presidencia en sus manos.

León De La Barra, Francisco

Nació en 1863 en Querétaro; murió en 1939 en Biarritz, Francia. Fue representante de México en varios países de América y Europa. En 1905 asistió a la Conferencia de Paz de la Haya, y en 1909 se le designó embajador en Washington. En dos ocasiones fue secretario de Relaciones Exteriores (con Porfirio Díaz en 1911, y con Victoriano Huerta, de febrero de 1913 a julio de 1914). El día 21 de mayo de 1911 se firmaron los tratados de Ciudad Juárez y Díaz renunció al poder, y el día 25 León de la Barra asumió, con carácter provisional, el poder ejecutivo, hasta el 6 de noviembre de ese año, cuando lo entregó a Francisco I. Madero.

León Portilla, Miguel

Nació en la Ciudad de México el 22 de febrero de 1926. Estudió en la Universidad de Loyola, en Los Ángeles, California, donde obtuvo un grado en artes en 1951. En 1956 recibió el doctorado en filosofía por la Universidad Nacional Autónoma de México (UNAM). Entre 1955 y 1963 desempeñó los cargos de subdirector y director del Instituto Nacional Indigenista Interamericano. Desde 1963 y durante más de una década fue director del Instituto de Investigaciones Históricas de la UNAM y entre 1974 y 1975 fue nombrado cronista de la Ciudad de México. En 1995 ingresó a la Academia Nacional de Ciencias de Estados Unidos en el área especial de antropología e historia. Como antropólogo, historiador, filólogo y filósofo, León Portilla centró su interés en los pueblos del México prehispánico. Su vasta obra recoge y estudia las creencias, las tradiciones y el pensamiento de estas culturas. Entre sus libros más importantes cabe destacar *La filosofía náhuatl* (1956), *La visión de los vencidos* (1959), *Los antiguos mexicanos a través de sus crónicas y cantares* (1961), *El reverso de la Conquista* (1964), *Trece poetas del mundo azteca* (1967), *Nezahualcóyotl. Poesía y pensamiento* (1972), *Literaturas indígenas de México* (1992) y *Quince poetas del mundo náhuatl* (1994).

Lerdo de Tejada, Sebastián

Nació en 1823 en Xalapa, Veracruz; falleció en 1889 en Nueva York. Recibió las órdenes menores, pero renunció al sacerdocio para dedicarse a la abogacía. Sirvió como fiscal en la Suprema Corte (1855) y fue ministro de Relaciones Exteriores con el presidente Ignacio Comonfort del 5 de junio al 16 de septiembre de 1857. Elegido para el Congreso de la Unión, lo presidió en tres ocasiones. El 31 de mayo de 1863, cuando el go-

Sebastián Lerdo de Tejada fue sucesor legal de Juárez, de cuyo gobierno había sido ministro en varias carteras.

bierno republicano abandonó la capital, se unió a Benito Juárez y fue nombrado ministro de Relaciones, Gobernación y Justicia, el 12 de septiembre, en San Luis Potosí. Durante la intervención francesa y el Imperio, fue el hombre más cercano al presidente. Cuando triunfó la República, llegó a ser, de manera simultánea, ministro de Relaciones Exteriores y de Gobernación, presidente de la Suprema Corte y diputado. En 1871, compitió por la presidencia de la República, pero, reelecto Juárez, volvió a la Suprema Corte. El 19 de julio de 1872, a la muerte de Juárez, asumió la presidencia por imperativo legal. En 1875, el general Porfirio Díaz se pronunció contra la reelección de Lerdo para un nuevo período, promulgó el plan de Tuxtepec y derrotó a sus fuerzas en la batalla de Tecoac (16 de noviembre). El 26 de noviembre Lerdo salió rumbo a Nueva York, donde residió hasta su muerte.

Lombardini, Manuel María

Nació en la Ciudad de México en 1802; falleció en la misma capital en 1853. En 1836 tomó parte en la guerra de Texas y, en 1838, combatió contra Francia. Durante la invasión estadounidense de 1847 sobresalió por su actuación en la batalla de La Angostura y, en el mismo año, se le nombró comandante militar de la plaza de Querétaro. En 1849 asumió la jefatura de la plana mayor del ejército. En 1853, cuando Juan Bautista Ceballos se negó a continuar en la presidencia de la República, fue nombrado para sucederlo y ostentó el cargo del 7 de febrero al 20 de abril de ese año, fecha en la cual entregó la primera magistratura al general Antonio López de Santa Anna.

López de Santa Anna, Antonio

Nació en 1794 en Xalapa, Veracruz; murió en 1876 en la Ciudad de México. A los 16 años ingresó al Ejército Real de la Nueva España y participó en las campañas militares destinadas a sofocar el movimiento insurgente iniciado por Miguel Hidalgo en 1810. Con la promulgación de la Independencia se inició su protagonismo político-militar, el cual duró más de tres décadas. Hacia 1822, ya convertido en general, se alzó contra Agustín de Iturbide y su sistema monárquico. Tomó Veracruz, declarando ilegal el gobierno

Presidente en varias ocasiones, Antonio López de Santa Anna terminó proclamándose «alteza serenísima».

de Iturbide, y se pronunció a favor de la República. En 1829 fue nombrado «Benemérito de la patria» al vencer en Tamaulipas a las tropas españolas que, al mando del brigadier Isidro Barradas, pretendían reconquistar México. Entre 1833 y 1835 ejerció la presidencia en tres ocasiones y combatió en la guerra de Texas (1836), pero fue derrotado y obligado a reconocer la independencia de dicho territorio. También se enfrentó al cuerpo expedicionario francés en la «guerra de los Pasteles» (1838). En julio de 1839 fue presidente interino y entre 1841 y 1848 ocupó la primera magistratura del país en otras tres ocasiones. La guerra contra Estados Unidos, en la que México perdió Texas, Nuevo México y California, desprestigió a Santa Anna, quien se retiró de la vida pública y marchó exiliado a Colombia. Sin embargo, regresó en 1853 para asumir nuevamente el poder, autonombrándose «alteza serenísima». Su gobierno dictatorial duró hasta 1854, cuando fue derrocado y desterrado. En 1873 regresó a México, donde murió en la ignominia.

López Mateos, Adolfo

Nació en Atizapán de Zaragoza, Estado de México, el 26 de mayo de 1910; falleció en la Ciudad de México el 22 de septiembre de 1969. Fue secretario particular del gobernador del Estado de México, coronel Filiberto Gómez, y de Carlos Riva Palacio, presidente del Partido Nacional Revolucionario (PNR). Llegó a ocupar la secretaría general del comité del PNR en el Distrito Federal. En 1928, optó por el vasconcelismo y, tras el triunfo de Pas-

El presidente López Mateos impulsó la reforma de la Constitución y mejoró la imagen exterior de la Revolución.

cual Ortiz Rubio, en 1929, se exilió voluntariamente a Guatemala, aunque regresó poco después. Fue interventor del Banco Nacional Obrero y, desde 1933 hasta 1943, de Fomento en los Talleres Gráficos de la Nación. En 1946, cuando Miguel Alemán asumió la presidencia de la República, Isidro Fabela fue elegido senador por el Estado de México y López Mateos quedó como suplente. Al ser nombrado Fabela representante mexicano en el Tribunal Internacional de La Haya, López Mateos ocupó su lugar en la Cámara Alta y lo ostentó hasta 1952. El 4 de noviembre de 1957 se anunció su candidatura a la presidencia de la República y fue elegido en julio de 1958. Gobernó el país hasta el 30 de noviembre de 1964.

López Portillo y Pacheco, José

Nació en la Ciudad de México el 16 de junio de 1920. Estudió leyes en la Facultad de Derecho de la Universidad Nacional Autónoma de México. Durante el gobierno de Luis Echeverría fue secretario de Hacienda y Crédito Público y, el 20 de septiembre de 1975, aceptó su designación como candidato del Partido Revolucionario Institucional a la presidencia de la República. El 12 de diciembre lo apoyó también el Partido Popular Socialista y el 11 de enero de 1976, el Partido Auténtico de la Revolución Mexicana. Resultó electo con el 68 por ciento del padrón a su favor. Asumió el poder el 1 de diciembre de 1976. En el plano internacional, su mandato se distinguió por el establecimiento de relaciones con España, donde se había restaurado la monarquía con el rey Juan Carlos I. En mayo de 1979 rompió vínculos con la dictadura somocista y, tras constituirse el gobierno sandinista,

El sexenio de José López Portillo concluyó con una fuerte crisis económica y una elevada deuda externa.

México se opuso –en la Organización de Estados Americanos– a cualquier intervención en los asuntos internos de Nicaragua. Apoyado por Francia, trató de impulsar una solución negociada para El Salvador. Su sexenio concluyó con una grave crisis económica y rumores de un golpe de Estado. En 1982 se retiró de la vida pública dejando una cuantiosa deuda externa.

López Velarde, Ramón

Nació el 15 de junio de 1888 en Jerez, Zacatecas; murió el 19 de junio de 1921 en la Ciudad de México. Cursó la carrera de leyes en la Universidad de San Luis Potosí y desde muy joven colaboró en distintos periódicos. En 1911 fue designado candidato a diputado suplente por el Partido Católico y se presentó, sin éxito, a las elecciones. En 1914, en plena época revolucionaria, viajó a la Ciudad de México para instalarse y comenzar a ganarse la vida como abogado. Trabajó en las secretarías de Gobernación y Relaciones Exteriores. Fue profesor de literatura y publicó numerosas crónicas políticas en *El Regional de Guadalajara*, *La Nación*, *El Eco de San*

Luis, El Nacional Bisemanal, Revista de Revistas, Vida Moderna y *Pegaso*. Pasó a la historia como uno de los más finos y hondos poetas de la literatura mexicana de todos los tiempos. Ubicado entre el posromanticismo y el modernismo, López Velarde logró dar a sus versos un acento propio, melancólico, campirano e intimista que se refleja ya en su primer libro, *La sangre devota*. También publicó *Zozobra* y el célebre poema nacionalista «La suave patria». Murió a los 33 años y buena parte de su trabajo, como *El son del corazón, El minutero* y *El don de febrero*, apareció póstumamente.

Madero, Francisco I.

Nació el 30 de octubre de 1873 en Parras, Coahuila; murió el 22 de febrero de 1913 en la Ciudad de México. Hijo de una acaudalada familia de plantadores e industriales,

Hombre respetuoso y honesto, Madero desató un período convulso y decisivo de la historia mexicana.

recibió una esmerada educación y, desde muy joven, se hizo cargo de los negocios de su padre. A los treinta años, preocupado por los abusos de poder del gobernador de su estado natal, fundó el Partido Democrático Independiente. Luchó a favor de las libertades políticas e impulsó la participación del pueblo en la elección de sus gobernantes. Dicha postura, plasmada en su libro *La sucesión presidencial*, lo enfrentó al poder dictatorial de Porfirio Díaz. El Partido Antirreeleccionista lanzó su candidatura a la presidencia y Madero resultó vencedor. Sin embargo, el triunfo se le atribuyó una vez más a Díaz, lo cual llevó a Madero a protagonizar varios actos de protesta. Perseguido y encarcelado, dio a conocer el plan de San Luis Potosí con el cual, el 20 de noviembre de 1910 comenzó la Revolución. El 8 de mayo de 1911 atacó Ciudad Juárez y, tras la renuncia de Díaz, hizo su entrada triunfal a la capital mexicana el 7 de junio de ese mismo año. Elegido presidente, Madero careció de poder real para gobernar. Su talante conciliador y respetuoso produjo conflictos entre los demás líderes de la Revolución, muchos de los cuales mantenían posturas radicales. Victoriano Huerta, a quien Madero había confiado la dirección del ejército, traicionó al presidente y lo mandó asesinar para usurpar la primera magistratura de la nación.

Madrid Hurtado, Miguel de la

Nació en la ciudad de Colima, el 12 de diciembre de 1934. Cursó la carrera de derecho en la Universidad Nacional Autónoma de México y obtuvo una beca para llevar a cabo una maestría en Administración Pública en la Universidad de Harvard. De 1979 a 1981 fue secretario de Programación y Presupuesto. En 1963 ingresó al Partido Revolucionario Institucional, que el 17 de septiembre de 1981 lo designó candidato a la presidencia de la República para el período 1982-1988. En las elecciones de julio de 1982 obtuvo una aplastante victoria, superando con casi trece millones de votos a su rival más cercano. Asumió el poder ejecutivo federal el primero de diciembre de 1982. Durante su mandato, México sufrió una de las peores catástrofes de su historia: el jueves 19 de septiembre de 1985, a las 7:19 horas, la capital de la República fue sacudida por un terremoto de 7.8 grados en la escala Richter, de vastas consecuencias. Al dejar el poder ocupó la dirección del Fondo de Cultura Económica, la institución de fomento editorial más importante de México. El 9 de octubre de 1991 fue nombrado presidente del Comité Internacional de Alto Nivel para la Década, dependiente de la Organización de las Naciones Unidas.

La «Malinche» junto a Hernán Cortés. El conquistador la había recibido como regalo después de una batalla.

«Malinche» o «Doña Marina»

Nació durante la primera mitad del siglo XVI, probablemente en Painala, región de Coatzacoalcos. Se dispone de muy pocos datos biográficos sobre ella. Quizá fue hija de un cacique de Tenochtitlan, que la vendió como esclava en alguna localidad maya de Tabasco. Su nombre era Malintzin (o Malinalli en náhuatl) y fue conocida entre los españoles como «doña Marina». El 12 de marzo de 1519, después de una batalla contra una población indígena, Hernán Cortés la recibió como regalo junto con otras mujeres. Al principio vivió con Alonso Hernández de Portocarrero, pero cuando éste regresó a España se hizo amante de Cortés y tuvieron un hijo que, al igual que otro vástago del conquistador, llevó el nombre de Martín. La Malinche demostró gran facilidad para aprender el castellano y pasó a la historia como intérprete entre los conquistadores y los indígenas que hablaban náhuatl y maya. Se cree que Cortés la casó con Juan Jaramillo, otro de los conquistadores, a quien le dio una hija. Su figura no fue reivindicada hasta la segunda mitad del siglo XX, cuando dejó de ser símbolo de deslealtad. Dicho símbolo dio origen al término «malinchismo», utilizado para referirse al desprecio de los valores e intereses nacionales en aras de los intereses extranjeros.

Mata, Eduardo

Nació el 5 de septiembre de 1942 en la Ciudad de México; murió el 4 de enero de 1995 en un accidente de aviación en el estado de Morelos. Estudió composición en el Conservatorio Nacional de Música, donde asistió a los cursos de Carlos Chávez. Entre 1965 y 1972 se desempeñó como jefe del Departamento de Música de la Universidad Nacional Autónoma de México (UNAM). Más tarde fungió como director del Departamento de Ópera del Instituto Nacional de Bellas Artes. Su notable capacidad como director de orquesta fue reconocida en México y en el extranjero. Se desempeñó como director permanente de la Sinfónica de Guadalajara y como director artístico de la Sinfónica de la Universidad Nacional, que convirtió en Orquesta Filarmónica de la UNAM. Dirigió la Orquesta Filarmónica de Berlín y la Sinfónica de Londres. Con esta última realizó giras por diversos países. Viajó por todo el mundo dirigiendo prestigiosas agrupaciones musicales. Desde 1977 y por más de una década estuvo al frente de la Sinfónica de Dallas, cuyo repertorio amplió y renovó. Se distinguió también como compositor con obras como *Trío para Vaughan Williams*, *Sonata para piano*, *Sinfonía 1 «Clásica»* y *Sinfonía 2 «Romántica»*. En el año 1984 ingresó al Colegio Nacional.

El gobierno del emperador Maximiliano de Habsburgo se sostuvo mientras duró el apoyo militar de Francia.

Maximiliano de Habsburgo

Nació el 6 de julio de 1832 en Viena, Austria; murió el 19 de junio de 1867 en Querétaro, México. Hijo segundo de los archiduques Francisco Carlos y Sofía de Austria, era hermano del emperador Francisco José y marido de la princesa Carlota Amalia de Bélgica. En 1861, una junta de notables del Partido Conservador mexicano, apoyada por Napoleón III, le propuso ocupar el trono del imperio mexicano, oferta que aceptó. El 28 de mayo de 1864 Maximiliano desembarcó en Veracruz y se trasladó a la Ciudad de México. Su gobierno, que duró poco más de tres años, se sostuvo gracias al apoyo militar francés y tuvo que enfrentar la oposición de los republicanos, encabezados por el presidente Benito Juárez. En 1866, presionado por Estados Unidos y por los conflictos políticos europeos, Napoleón III decidió retirar las tropas que sostenían a Maximiliano, abandonándolo a merced de sus enemigos. Esta situación permitió a Juárez recuperar el terreno perdido y obligó al emperador a abandonar la capital, mientras Carlota viajaba a Europa para buscar ayuda. Tras el prolongado sitio de Querétaro, en 1867 fue hecho prisionero por las fuerzas leales al presidente y fusilado en el Cerro de las Campanas. Su cuerpo embalsamado fue devuelto al Imperio austro-húngaro.

Méndez, Juan Nepomuceno

Nació en la localidad actual de Tetela de Ocampo en 1820; murió en la Ciudad de México en 1894. En 1847 se inició en la carrera de las armas luchando contra la invasión estadounidense y, más tarde, combatió en las filas liberales defendiendo el plan de Ayutla. Tras haber participado en numerosas escaramuzas y en la guerra de Reforma, defendiendo el ideario liberal, cayó prisionero de los franceses en la batalla de Puebla el 5 de mayo de 1862. Enviado al destierro por el gobierno intervencionista, regresó poco después y participó en el sitio de Querétaro, así como en las revoluciones de la Noria y Tuxtepec. Cuando Porfirio Díaz venció en esta última, le encargó el gobierno de la República, mientras él salía en persecución de José María

Iglesias, vicepresidente que se oponía a la revolución. Presidió la Suprema Corte de Justicia Militar y en dos ocasiones fue gobernador del estado de Puebla.

Miramón, Miguel

Nació en la Ciudad de México en 1832; murió fusilado en el Cerro de las Campanas, en Querétaro, 1867. En 1846 ingresó al Colegio Militar. En 1852 ascendió a subteniente, y en 1853 a capitán. Miembro del Partido Conservador, fue encarcelado en 1857 por conspirar contra Ignacio Comonfort. El 18 de junio de 1858 asumió el mando del Ejército del Norte y ascendió a general de división. El 12 de enero de 1859, tras el pronunciamiento del general Echegaray que depuso a Félix Zuloaga, una junta de 47 vocales lo eligió presidente sustituto.

Miguel Miramón se opuso a Juárez y apoyó al emperador Maximiliano, junto a quien fue fusilado.

Regresando de Jalisco, asumió la presidencia el 2 de febrero de 1859. Se trataba de un gobierno conservador paralelo al legítimo, encabezado por el liberal Benito Juárez. El 1 de abril desembarcó en México el diplomático estadouni-

dense Robert McLane, que reconoció la legitimidad del gobierno de Juárez. Miramón no cejó en su empeño y, en marzo de 1860, intentó sitiar Veracruz, acción que fracasó por la intervención de naves estadounidenses. El 26 de septiembre, los constitucionalistas atacaron Guadalajara y el 22 de diciembre vencieron en Calpulalpan a las tropas de Miramón, que huyó a La Habana, Cuba. Regresó a México y se puso al servicio de Maximiliano. En 1866, junto con Márquez y otros ministros, trató de impedir la abdicación del emperador. Condenado a muerte, fue ejecutado junto a éste y el general Tomás Mejía en el Cerro de las Campanas de Querétaro.

Moctezuma I *Ilhuicamina*

Nació en 1398; murió en 1469. Su padre fue el soberano azteca Huitzilíhuitl II, y su madre, la hija del gobernante tepaneca Tezozómoc. Se distinguió en la guerra, convirtiéndose en héroe de la batalla de Tanaicán contra Maxtla, jefe de los tepanecas. Ocupó el trono en 1440, sucediendo a su tío Chimalpopoca y a su hermanastro Izcóatl. Al tomar el liderazgo de las tribus establecidas en el valle de Anáhuac, inició una política expansionista y guerrera que, en poco tiempo, convirtió a su pueblo en una verdadera potencia. Conquistó a los pueblos vecinos y los obligó a pagar tributo. Se anexó, a través de numerosas campañas, las provincias de Cuextlán, Coxolitlán, Acatlán, Tlahuitolan, Xiletepec, Piaztlán y Tamazotlán. La suya fue una monarquía teocrática y durante los treinta años que duró su reinado mantuvo un control absoluto sobre el vasto imperio mexica. Buen estratega, supo firmar alianzas con sus enemigos más poderosos, extendiendo su dominio hasta la actual Puebla y parte

de Oaxaca. Realizó importantes obras arquitectónicas en México-Tenochtitlan y sus alrededores, entre ellas una gran barrera en Texcoco para evitar que las aguas del lago se desbordaran durante la época de lluvias.

El último emperador azteca, Moctezuma II Xocoyotzin, el «señor iracundo» en náhuatl.

Moctezuma II *Xocoyotzin*

Nació en 1466, en México-Tenochtitlan; murió en 1520 en la misma ciudad. Fue hijo de Axayácatl, sexto señor de los aztecas. Durante su juventud se distinguió como hombre de grandes dotes militares y profunda religiosidad. A la muerte del emperador Ahuízotl, fue elegido noveno *tatloani*. Fue un gobernante déspota y ambicioso que tomó el control de los tres estados que, tradicionalmente, habían convivido en el valle del Anáhuac y que formaban la alianza azteca (Tenochtitlan, Texcoco y Tlacopan). Continuó con las campañas militares emprendidas por sus ancestros para ampliar el imperio, conduciendo a sus ejércitos hasta lo que hoy es América Central, incluida la actual Guatemala. Se sabe que sus ejércitos llegaron a apoderarse de la zona abarcada actualmente por Honduras y Nicaragua. En noviembre de 1519 se encontró con Hernán Cortés en Tenochtitlan y, más tarde, fue hecho prisionero por el ejército de éste. En 1521, tras la matanza de indígenas encabezada por Pedro de Alvarado, fue obligado a presentarse ante el pueblo para apaciguarlo. Sin embargo, no lo logró. Los mexicas nombraron a un nuevo emperador y apedrearon a Moctezuma. Falleció pocos días después de este incidente.

Molina, Mario

Nació en 1942 en Veracruz, en el estado del mismo nombre. Durante los años sesenta cursó estudios en la Facultad de Química de la Universidad Nacional Autónoma de México. Realizó estudios de posgrado en Estados Unidos, obteniendo un doctorado en el Instituto Tecnológico de Massachusetts. Gracias a su esfuerzo y a su interés por difundir sus conocimientos, poco después se convirtió en profesor del mismo y adquirió la ciudadanía estadounidense. Además de su trabajo docente, realizó una fructífera labor de investigación, interesándose, sobre todo, por el problema ambiental. Fue uno de los primeros científicos en alertar al mundo sobre el peligro que representan para la capa de ozono los clorofluorocarbonos, empleados en aerosoles, tanto industriales como domésticos. Desde 1974 divulgó sus descubrimientos sobre esta materia y asesoró a empresas e instituciones públicas y privadas. En 1995, la Real Academia Sueca le otorgó el Premio Nobel de Química, que compartió con el estadounidense F. Sherwood Rowland y con el neerlandés Paul Crutzen.

Moncayo, José Pablo

Nació el 29 de junio de 1912 en Guadalajara, Jalisco; murió el 16 de junio de 1958 en la Ciudad de México. Cursó estudios musicales desde muy joven en el Conservatorio Nacional. Fue alumno destacado de Carlos Chávez, quien lo introdujo a la corriente nacionalista. Trabajó como pianista en cafés y radiodifusoras antes de ser aceptado como

Director de la Orquesta Sinfónica de México, José Pablo Moncayo fue representante del nacionalismo musical.

percusionista de la Orquesta Sinfónica de México. Junto con Blas Galindo, Daniel Ayala y Salvador Contreras, fundó el Grupo de los Cuatro, conjunto de cámara dedicado a interpretar sus propias composiciones y numerosas piezas de vanguardia. En 1942 obtuvo una beca del Instituto Berkshire, en Estados Unidos, para estudiar composición con Aaron Copland. Desde 1950 dirigió la Orquesta Sinfónica Nacional e impartió clases en el Conservatorio. Pese a su prematuro fallecimiento, legó a la posteridad una gran cantidad de trabajos. Su obra sinfónica más célebre es el *Huapango*, la cual se inspira en los sones y ritmos veracruzanos. En sus composiciones se combina una

avanzada búsqueda expresiva con elementos tomados del folclore mexicano. Fue autor de *Llano Grande, Sinfonía No. 1, Homenaje a Cervantes, Amatzinac, Danza de los maíces* y *Homenaje a Carlos Chávez*. Destacan su ópera *La mulata de Córdoba* y el poema sinfónico *Tierra de temporal*, obras enmarcadas en el movimiento nacionalista.

Monsiváis, Carlos

Nació en 1938 en la Ciudad de México. Estudió en las facultades de Economía (1955-1958) y Filosofía y Letras (1955-1960), ambas de la Universidad Nacional Autónoma de México. Fue dos veces becario del Centro Mexicano de Escritores (1962-1963 y 1967-1968). Trabajó en Radio Universidad de 1960 a 1970. Desde muy joven colaboró en periódicos y revistas nacionales como *La Cultura en México, Proceso, La Jornada, Excélsior, Nexos* y *unomásuno*. Desde 1972 y hasta 1987 dirigió *La Cultura en México*, suplemento cultural de la revista *Siempre!* Entre los muchos reconocimientos obtenidos a lo largo de su carrera destacan el Premio Nacional de Periodismo en 1978, el Jorge Cuesta en 1986 y el Xavier Villaurrutia en 1996. Su obra escrita es vasta e incluye crónicas, ensayos, relatos cortos, guiones para radio y televisión, crítica literaria y cinematográfica, traducciones, prólogos y antologías de cuento y poesía. Atento observador de la cultura, la política, el arte y la vida cotidiana de México, Monsiváis se convirtió en testigo irónico y desenfadado de las grandezas y las miserias del país. Algunas de sus obras son: *Días de guardar, Amor perdido, Antología de la crónica en México, Nuevo catecismo para indios remisos, Escenas de pudor y liviandad* y *Entrada libre*.

Mora, José María Luis

Nació en 1794 en Chamacuero (hoy Comonfort), Guanajuato; murió en 1850 en París, Francia. A muy temprana edad se trasladó con su familia a Celaya y después a Querétaro. En 1807 se estableció en la Ciudad de México. Se graduó de bachiller en teología en 1818, y en 1820 la Real y Pontificia Universidad de México le concedió el grado de doctor en teología. Impartió clases de filosofía y, paralelamente, se desempeñó como periodista en *El Sol*, *La Libertad* y *El Observador de la República Mexicana*. Fue diputado por el Congreso local del Estado de México y en 1833 fue electo miembro del Congreso Nacional por el estado de Guanajuato. Hombre de profundas convicciones liberales, combatió el poder político e ideológico del clero y luchó a favor de una reforma educativa para el país. Se convirtió en consejero del presidente Valentín Gómez Farías. A la caída de éste en 1834, Mora abandonó México para instalarse en Francia. En 1847 fue nombrado embajador en Londres. Se le considera el pensador más importante y radical del liberalismo mexicano de la primera mitad del siglo XIX. Fue autor, entre otros libros, de *Catecismo político de la federación mexicana* (1831) y *México y sus revoluciones* (1836).

Morelos y Pavón, José María

Nació el 30 de septiembre de 1765 en Valladolid, actual Morelia; murió fusilado el 22 de diciembre de 1815 en San Cristóbal Ecatepec, en el actual Estado de México. Se sabe poco de su niñez y juventud, salvo su origen humilde. A los 25 años ingresó al Colegio de San Nicolás de Valladolid, cuyo rector, Miguel Hidalgo y Costilla, ejerció gran influencia sobre él, inspirándolo para

Discípulo de Miguel Hidalgo, José María Morelos prosiguió la lucha por la Independencia iniciada por su maestro.

adherirse a los ideales independentistas. En 1797 recibió las órdenes eclesiásticas y, más tarde, pasó a ocupar la parroquia de San Agustín Carácuaro, en su región natal. En 1810, año del «grito de Dolores» con el cual se inició la lucha por la Independencia de México, Morelos formó un ejército y se unió a su antiguo maestro. Hidalgo le encargó organizar los levantamientos en la zona sur del país, objetivo que cumplió de manera ejemplar, pues en sólo nueve meses de campaña logró controlar casi todo el territorio del actual estado de Guerrero. En 1813 convocó al Congreso Nacional Constituyente, el cual se reunió en Chilpancingo. Allí presentó su ideario político y social bajo el título de *Los sentimientos de la nación*. El 15 de noviembre de 1815 fue aprehendido por los españoles, que lo fusilaron un mes después, tras un juicio sumario.

Moreno, Mario (*Cantinflas*)

Nació el 12 de agosto de 1911 en la Ciudad de México; murió en el mismo lugar el 20 de abril de 1993. Cursó estudios de medicina; sin embargo, muy pronto abandonó la Universidad para dedicarse al teatro. Trabajó en compañías ambulantes y carpas de baja categoría, desempeñando papeles cómicos. Allí creó un personaje marginal y pintoresco, mezcla del «peladito» mexicano y el bribón de la picaresca española, que fue bien recibido por el público. Trabajó en el cine desde los años treinta, en películas como *No te engañes corazón* (1936), *Águila o Sol* (1937) y *El signo de la muerte* (1939), en las que interpretó papeles secundarios. Su primer gran éxito, en 1940, fue *Ahí está el detalle*, cinta que marcó el inicio de una de las carreras más brillantes de la cinematografía mexicana. Representó al personaje popular por excelencia, un sujeto pobre pero con la capacidad de superar dificultades me-

Cantinflas representó a un hombre excéntrico, capaz de salir de situaciones difíciles a base de ingenio.

diante la astucia y protagonista de unos delirantes monólogos que confunden al interlocutor. Entre sus películas más conocidas están: *Los tres mosqueteros*, *Gran Hotel*, *El gendarme desconocido*, *A volar joven*, *El siete machos* y *El bolero de Raquel*. Realizó algunos trabajos en Hollywood, entre ellos *La vuelta al mundo en ochenta días*. En 1987 recibió en México el Ariel de Oro por sus contribuciones a la cinematografía nacional.

Múzquiz, Melchor

Nació en 1790 en Santa Rosa (hoy Múzquiz), distrito de Monclova, Coahuila; murió en 1844 en la Ciudad de México. Estudió en el Colegio de San Ildefonso y se incorporó en 1810 al movimiento independentista promovido por Miguel Hidalgo. Combatió en Veracruz y Michoacán. Capturado y condenado a muerte por los realistas, fue indultado y puesto en libertad. En 1821 se adhirió al plan de Iguala y en 1824 se convirtió en gobernador del Estado de México. Durante la administración del presidente Guadalupe Victoria ascendió a general de brigada. En 1832, un decreto la Cámara de Diputados lo declaró presidente interino mientras el entonces jefe de gobierno, Anastasio Bustamante, asumía la jefatura del ejército y marchaba a Veracruz para reprimir una sublevación promovida por simpatizantes de Antonio López de Santa Anna. Múzquiz gobernó del 14 de agosto al 24 de diciembre y luego entregó el mando a Manuel Gómez Pedraza. Presidió el Supremo Poder Conservador en dos ocasiones (1836 y 1840).

Negrete, Jorge

Nació el 30 de noviembre de 1911 en Guanajuato, en el estado del mismo nombre; murió el 5 de diciembre de 1953 en Los Ángeles, California. A los 16 años ingresó al Colegio Militar, llegando a obtener el grado de capitán segundo. Paralelamente a las labores castrenses, tomó clases de canto y en 1930 debutó en la radio interpretando arias de ópera. La gran calidad de su voz y su aspecto viril y distinguido le permitieron ganar celebridad en los escenarios mexicanos y extranjeros. Su primera aparición cinematográfica fue en *La madrina del diablo*, de 1937. A partir de entonces desa-

Exponente de la cultura y el folclore mexicanos, Jorge Negrete representó el arquetipo de «charro cantor».

rrolló una carrera fílmica muy exitosa que lo convirtió, junto con el cantante Pedro Infante, en el representante de la mexicanidad. Negrete encarnó al personaje del «charro cantor», individuo apasionado, valiente, mujeriego y orgulloso. Trabajó con cineastas como Luis Buñuel, Fernando de Fuentes y Chano Urueta. Entre sus películas, casi todas de carácter folclórico, destacan *Perjura* (1938), *¡Ay Jalisco no te rajes!* (1941), *Historia de un gran amor* (1942), *Cuando quiere un mexicano* (1944), *Gran Casino* (1946) y *Dos tipos de cuidado* (1952). Contribuyó a fundar el Sindicato de Trabajadores de la Producción Cinematográfica de la República Mexicana, y la Asociación Nacional de Actores.

Negrete, Pedro Celestino

Nació en San Esteban de Carranza, Vizcaya, España, en 1777; falleció en Burdeos, Francia, en 1846. Fue seminarista en Vergara y guardia marino en El Ferrol. En 1802 se dirigió a la Nueva España donde, como teniente de fragata, persiguió a los corsarios. En 1808, se produjo la rebelión de los comerciantes que

obligó a Negrete a dejar el puerto, pero regresó en 1810 para formar parte del ejército realista de Nueva Galicia. Durante diez años combatió a los insurgentes en el occidente del país, pero el 2 de junio de 1821 se adhirió al plan de Iguala. A comienzos de 1823 apoyó el plan de Casa Mata que derrocó al imperio de Iturbide y fue miembro –con Nicolás Bravo y Guadalupe Victoria– del triunvirato que detentó el Supremo Poder Ejecutivo del 31 de marzo al 10 de octubre de 1824. En 1827, al sospecharse que estaba implicado en la conspiración del padre Arenas, fue procesado a instancias del ministro de Guerra, Manuel Gómez Pedraza y, hallado culpable, fue encarcelado en Acapulco y la Ciudad de México. Una vez absuelto, el Congreso lo desterró a Francia, donde murió.

Neri Vela, Rodolfo

Nació el 19 de febrero de 1952 en Chilpancingo, Guerrero. Cursó los primeros estudios en su ciudad natal y en 1974 se graduó como ingeniero mecánico electricista por la Universidad Nacional Autónoma de México (UNAM). Completó su formación académica en Gran Bretaña, especializándose en sistemas de telecomunicación y radiación electromagnética. En México, entre 1980 y 1983, fue jefe del área de radio del Instituto de Investigaciones Eléctricas. También se hizo cargo del departamento de planeación e ingeniería de la Secretaría de Comunicaciones y Transportes entre 1983 y 1984. En 1985 participó en el concurso convocado en México para participar en un vuelo espacial y resultó vencedor. En noviembre de ese mismo año se convirtió en el primer astronauta mexicano, al formar parte de la tripulación del transbordador espacial Atlantis, que se encargó de poner en órbita el satélite de telecomunicaciones Morelos II. Tras su regreso a México, Neri Vela ingresó a la división de estudios de posgrado de la Facultad de Ingeniería de la UNAM. Publicó varios artículos en revistas técnicas y científicas, y libros como *El planeta azul*, *Misión 61-B*, *El pequeño astronauta*, *La vuelta al mundo en ochenta horas* y *La exploración y el uso del espacio*.

Nervo, Amado

Nació en 1870 en Tepic, Nayarit; murió en 1919 en Montevideo, Uruguay. La precaria situación económica de su familia lo obligó a abandonar los estudios eclesiásticos para dedicarse al periodismo en Mazatlán y, posteriormente, en la Ciudad de México. En 1900 fue comisionado por el periódico *El Imparcial* para cubrir la Exposición

Amado Nervo, hijo literario de Rubén Darío, es el poeta modernista de la elegancia y la ternura.

Universal de París. En Europa se relacionó con algunos de los artistas más importantes del momento, entre ellos con el poeta nicaragüense Rubén Darío, quien habría de ejercer honda influencia sobre él. En México se desempeñó como profesor en la Escuela Nacional Preparatoria, y en 1906 ingresó en el servicio diplomático mexicano, cumpliendo diversas tareas en Argentina, Uruguay y España. Poeta elegante y apasionado, se adhirió a la escuela modernista, representada por Darío y Leopoldo Lugones. En 1912, la muerte de Ana Cecilia Luisa Dailliez, con quien compartió diez años de su vida, impregnó sus versos de gran melancolía y le inspiró *La amada inmóvil*, obra publicada póstumamente. Otros libros suyos son *El éxodo y las flores del camino*, *Los jardines interiores* y *Serenidad*. También escribió novelas, cuentos y crónicas.

Nezahualcóyotl

Nació en 1402 en Texcoco, en el valle de México; murió en el mismo lugar en 1472. Fue hijo del sexto señor de los chichimecas, Ixtlixóchitl, y de la princesa mexica Matlalcihuatzin. Durante los primeros años de su vida recibió una refinada educación que, con el tiempo, lo convirtió en un hombre culto y con gran sensibilidad artística. Cuando la ribera del lago de Texcoco fue invadida por los tepanecas, encabezados por su líder Tezozómoc, Nezahualcóyotl se vio obligado a huir junto con su familia. Muerto su padre, el joven príncipe organizó un frente común con las ciudades descontentas con la tiranía tepaneca. De esta forma logró recuperar su territorio y convertirse en rey. Junto con los vencedores organizó la Triple Alianza, integrada por tres secciones: Tenochtitlan, gobernada por Izcóatl; Tacuba, lidereada por Totoquiyauhtzin, y Texcoco, cuyo dirigente fue el propio Nezahualcóyotl. Fue un gran constructor que edificó palacios y monumentos. También se le atribuye la erección de un acueducto que abastecía de agua potable a Te-

Opuesto a la tiranía tepaneca, Nezahualcóyotl reinó durante 43 años. Fue, además, un gran poeta.

nochtitlan. Escribió poemas de gran belleza y profundo sentido filosófico. En ellos exaltó la naturaleza y reflexionó sobre el sentido de la vida, la brevedad de la existencia y la trascendencia humana.

«Niños héroes»

Nombre genérico con el que se designa a los seis cadetes del Colegio Militar que murieron heroicamente en la defensa del castillo de Chapultepec durante la invasión estadounidense de 1847. Ellos fueron: Juan de la Barrera, originario de la Ciudad de México, nacido en 1828; Juan Escutia, nacido en Tepic, Nayarit, alrededor de 1830; Francisco Márquez, nacido en Guadalajara, Jalisco, en 1834; Agustín Melgar, oriundo de Chihuahua, nacido entre 1828 y 1832; Fernando Montes de Oca, originario de Azcapotzalco, y Vicente Suárez, quien nació en Puebla en 1833. Todos ellos ofrendaron su vida el 13 de septiembre de 1847, cuando una columna del ejército estadounidense tomó por asalto el castillo de Chapultepec, donde se ubicaba el Colegio Militar. Estos jóvenes resistieron junto con doscientos cadetes más y 632 soldados del batallón de San Blas el ataque del invasor, antes de que éste lograra tomar finalmente el edificio. En 1947, a cien años del incidente, se descubrieron los restos de los seis cadetes en el bosque de Chapultepec, y en 1952 fueron trasladados al monumento especialmente concebido para ellos en el propio bosque. Se lo conoce como «altar a la patria» y fue diseñado por el escultor Ernesto Tamariz y el arquitecto Enrique Aragón Echegaray.

Novo, Salvador

Nació en 1904 en la Ciudad de México; murió en el mismo lugar en 1974. Realizó sus primeros estudios en Chihuahua y Torreón, Coahuila, y se licenció en derecho por la Universidad Nacional, donde también cursó estudios en la Facultad de Filosofía y Letras. En 1925 fue nombrado jefe del departamento editorial de la Secretaría de Educación Pública. Más tarde fue jefe del departamento de teatro del Instituto Nacional de Bellas Artes. Ejerció una intensa labor docente y fue autor de varios volúmenes sobre educación. A lo largo de su vida cultivó prácticamente todos los géneros literarios, destacando de manera particular en el ámbito de la poesía y la dramaturgia. Creó, junto con otros miembros de su generación, el grupo Contemporáneos. Renovador de la literatura mexicana, su poesía estuvo cargada de una vocación nacionalista que buscaba definir los valores de la mexicanidad mediante los recursos de la vanguardia artística de su época. Entre sus libros de poesía están: *XX poemas* (1925), *Nuevo amor* (1933) y *Dueño mío* (1944). Entre sus refinadas e irónicas piezas teatrales destacan *Don Quijote* (1947) y *La culta dama* (1951). En 1967 recibió el Premio Nacional de Literatura.

Autor de la música del Himno Nacional, Jaime Nunó recibió un homenaje de Porfirio Díaz.

Nunó, Jaime

Nació en 1824 en San Juan de las Abadesas, Gerona, España; murió en 1908 en Bay Side, Nueva Jersey, Estados Unidos. Aunque era de nacionalidad española, se lo considera una personalidad importante para la historia de México por haber compuesto la música del Himno Nacional. Huérfano desde muy joven, recibió las primeras nociones de música de su hermano. Más adelante tomó clases en Italia, demostrando gran talento. Gracias a ello, en 1851 fue nombrado director de la banda del Regimiento de la Reina, en Madrid. Durante un viaje a Cuba, entonces colonia española, conoció a Antonio López de Santa Anna, quien poco después regresó a México para hacerse cargo, por última vez, de la presidencia de la República. Santa Anna lo invitó a visitar el país y lo nombró director general de bandas militares. En 1853 participó en el concurso organizado por el nuevo gobierno para elegir la música del Himno Nacional. La letra había sido compuesta poco antes por Francisco González Bocanegra. Nunó

resultó vencedor. Tras la caída de Santa Anna, el compositor tuvo que salir del país. Vivió en Cuba y después en Estados Unidos. En 1901 invitado por Porfirio Díaz, regresó a México para recibir un homenaje.

Obregón, Álvaro

Nació el 19 de febrero de 1880 en Siquisiva, hacienda de Navojoa, Sonora; murió asesinado el 17 de julio de 1928 en la Ciudad de México. Hijo de campesinos, logró convertirse en presidente municipal de Huatabampo, Sonora, poco después del derrocamiento de Porfirio Díaz. Se involucró en el movimiento revolucionario y en 1912 luchó contra Pascual Orozco en Chihuahua. Simpatizó con el bando constitucionalista, comandado por Venustiano Carranza, quien habría de nombrarlo jefe del Cuerpo del Ejército del Noroeste, en el cual se

Álvaro Obregón, jefe invicto del Ejército Constitucionalista, llegó a la presidencia de la República en 1924.

distinguió como hábil estratega. El 10 de agosto firmó los acuerdos de Teoloyucan, en los que se establecía la entrada del ejército constitucionalista a la capital y la rendición del ejército de Victoriano Huerta. En 1915 perdió un brazo durante la batalla de Silao. Desde su cargo de ministro de Guerra y Marina (1916-1917) contribuyó a pacificar el país, reduciendo el poder de Francisco Villa. Sus éxitos militares y su contribución para acabar con diez años de guerra civil le permitieron alcanzar la presidencia, cargo que desempeñó entre 1924 y 1927. Impulsó el orden constitucional, así como el restablecimiento de la normalidad política y económica del país. En 1928 volvió a ganar las elecciones; sin embargo, antes de que pudiera asumir el poder, murió asesinado por el fanático religioso José de León Toral.

O'Gorman, Juan

Nació en 1905 en Coyoacán, Ciudad de México; murió en 1982 en el mismo lugar. Desde muy niño demostró gran talento para la pin-

El pintor y arquitecto Juan O'Gorman fue el último representante del muralismo mexicano.

tura y el dibujo. Sin embargo, en lugar de estudiar artes plásticas, se graduó en la Facultad de Arquitectura de la Universidad Nacional. Como segunda carrera también es-

tudio ingeniería. Fue influido por los principios del funcionalismo europeo y por la escuela suizo-alemana Bauhaus. Muy pronto, sin embargo, su sensibilidad artística volvió a imponerse, llevándolo a reunir, en un mismo acto creador, la pintura con la arquitectura. Fruto de esta propuesta fue la Biblioteca Central de Ciudad Universitaria (1952), cuyas paredes externas están recubiertas de murales realizados con piedras multicolores. A partir de entonces se convirtió en un prestigioso muralista. Destacan en esta especialidad su «Historia de la aviación», en el Aeropuerto Internacional Benito Juárez, y la «Alegoría de las comunicaciones», realizado en la sede de la Secretaría de Comunicaciones y Transportes de México. También fue creador de una importante obra de caballete. En 1972 se le concedió el Premio Nacional de Artes por sus notables aportaciones a la pintura y la arquitectura mexicanas.

Orozco, José Clemente

Nació en 1883 en Zapotlán el Grande, hoy Ciudad Guzmán, Jalisco; murió en 1949 en la Ciudad de México. Abandonó la carrera de ingeniero agrónomo para dedicarse a las artes plásticas en la Academia de Bellas Artes de San Carlos. Para ganarse la vida realizó caricaturas satíricas y viñetas para los periódicos *El Hijo del Ahuizote* y *La Vanguardia*. En 1916 presentó su primera exposición de obra de caballete en la librería Biblos de la Ciudad de México. Allí mostró su inclinación por el expresionismo y la crítica social. En 1922 inició, junto con Diego Rivera, David Alfaro Siqueiros y otros artistas, la escuela conocida como muralismo mexicano, importante corriente artística de carácter nacionalista y popular. La pintura mural de Orozco ofrece una visión histó-

El expresionismo realista de la obra de José Clemente Orozco lo revela como un artista de la Revolución.

rica del país que muestra, con gran dramatismo, acontecimientos políticos y sociales, así como la lucha de los oprimidos por alcanzar su libertad. En México realizó diversas obras monumentales, entre ellas los murales de la Escuela Nacional Preparatoria y la Suprema Corte de Justicia. En Estados Unidos pintó murales en la Biblioteca Baker del Darmouth College de New Hampshire, el Pomona College de California y la School for Social Research de Nueva York. Recibió el Premio Nacional de Artes en 1946 por su importante contribución a la pintura. Su trabajo más importante es «El hombre en llamas», sección de un amplio conjunto mural en el Hospicio Cabañas de Guadalajara, Jalisco.

Ortiz de Domínguez, Josefa

Nació en 1768 en Valladolid, hoy Morelia, Michoacán; murió en 1829 en la Ciudad de México. Huérfana desde la infancia, fue educada por su hermana María Sotero Ortiz. Estudió en el Colegio de San Ignacio de Loyola y en 1791 se casó con el licenciado Miguel Domínguez, quien, por órdenes del virrey Marquina, llegó a ser corregidor de Querétaro. Tanto ella como su marido simpatizaron con el movimiento independentista, que comenzaba a surgir por ese entonces,

Josefa Ortiz de Domínguez, que tuvo un destacado papel en la Independencia, rechazó cualquier recompensa.

y formaron parte de las reuniones secretas en las cuales se conspiró contra el gobierno español. A dichas reuniones asistieron, entre otros, los capitanes Ignacio Allende, Mariano Abasolo y Juan Aldama. Traicionados por el capitán Arias y el sargento Garrido, los conspiradores fueron descubiertos; sin embargo, Josefa Ortiz logró prevenir a los jefes de la insurgencia, entre ellos a Miguel Hidalgo, quienes se vieron obligados a adelantar el inicio de la guerra de Independencia al 16 de septiembre de 1810. Descubierta su complicidad, la corregidora fue detenida y trasladada a la Ciudad de México, donde se le hizo juicio y fue recluida durante tres años en el Convento de Santa Teresa. Consumada la Independencia rechazó cualquier recompensa por los servicios prestados a la causa insurgente.

Ortiz Rubio, Pascual

Nació en Morelia, Michoacán, el 10 de marzo de 1877; murió en la Ciudad de México el 4 de noviembre de 1963. Fue diputado a la XXVI Legislatura del Congreso de la Unión. El 30 de abril de 1915 obtuvo el grado de general de brigada. Gobernó Michoacán. Al triunfar el movimiento de Agua Prieta, fue secretario de comunicaciones y obras públicas en el gabinete de Adolfo de la Huerta. Durante el gobierno de Álvaro Obregón fue nombrado ministro de México en Alemania y Brasil. El 17 de noviembre de 1929 fue designado candidato a la presidencia por el Partido Nacional Revolucionario y se enfrentó a José Vasconcelos. Tras haber vencido en las elecciones, tomó posesión el 5 de febrero de 1930, pero el mismo día fue víctima de un atentado con proyectiles de bala que lo obligó a dejar el poder en manos de sus colaboradores durante sesenta días. Ostentó el mando del país hasta el 4 de septiembre de 1932, cuando se vio obligado a renunciar por la oposición del Congreso, de los gobernadores de los estados y del general Plutarco Elías Calles.

Pacheco, José Emilio

Nació el 30 de junio 1939 en la Ciudad de México. Estudió en las facultades de Derecho y Filosofía de la Universidad Nacional Autónoma de México. Desde muy joven se sintió atraído por la literatura y colaboró en diversas publicaciones periódicas. Desde la aparición de su primer libro de poemas, *Los elementos de la noche*, publicado en 1963, se convirtió en uno de los poetas jóvenes más prometedores de su generación. Con el tiempo, dicha promesa habría de cristalizar en obras como *El reposo del fuego* (1966), *No me preguntes cómo pasa*

el tiempo (1969), *Irás y no volverás* (1973) y *Fin de siglo* (1984), entre muchas otras. Además de la poesía, cultivó casi todos los géneros literarios. Entre sus volúmenes de cuentos destacan *La sangre de Medusa* (1955), *El viento distante* (1958-1962) y *El principio del placer* (1973). Sus novelas *Morirás lejos* y *Las batallas en el desierto* se convirtieron en clásicos de las letras mexicanas del siglo XX. También publicó crónicas, ensayos y numerosas traducciones de poesía, narrativa y teatro. Obtuvo los principales reconocimientos literarios de México, entre ellos el Premio de Poesía Aguascalientes, el Xavier Villaurrutia y el Nacional de Periodismo.

Mariano Paredes y Arrillaga sostuvo que la mejor defensa contra Estados Unidos era una monarquía.

Paredes y Arrillaga, Mariano

Nació en la Ciudad de México en 1797; murió en 1849 en el mismo lugar. En 1812 ingresó al ejército como cadete del Regimiento de Infantería de México. Tras participar en numerosas acciones militares y siendo mayor de la plaza de Puebla, se pronunció contra el Imperio de Agustín de Iturbide en 1823. En 1832 ascendió a general de brigada y fue gobernador de Jalisco del 3 de noviembre de 1841 al 28 de enero de 1843. Al estallar la guerra contra Estados Unidos se le confió la defensa del país pero, aduciendo falta de recursos financieros, se sublevó contra el presidente José Joaquín de Herrera. El 4 de enero de 1846 fue nombrado presidente de la República por la Junta de Notables. Creyó que la mejor defensa contra Estados Unidos era convertir al país en una monarquía centralista regida por un soberano español. Ello provocó un pronunciamiento del estado de Jalisco y José Mariano Salas le arrebató el poder, reimplantando el federalismo.

Paso, Fernando del

Nació en la Ciudad de México el 1 de abril de 1935. Cursó hasta el segundo año de la carrera de economía y llevó un seminario de literatura comparada en la Facultad de Filosofía y Letras de la Universidad Nacional Autónoma de México. Trabajó en diferentes agencias de publicidad y fue becario del Centro Mexicano de Escritores entre 1964 y 1965. Colaboró en varias publicaciones nacionales, como *La Palabra y el Hombre*, *Vuelta* y *Revista de la Universidad de México*. Desde 1970 residió en Londres, donde se desempeñó como locutor y redactor para la British Broadcasting Corporation (BBC). En 1986 fue nombrado agregado cultural en la embajada mexicana en París. Su obra literaria se concentró, sobre todo, en dos géneros: novela y poesía. También incursionó en el terreno de las artes plásticas como dibujante y pintor. Su primera novela, *José Trigo*, lo hizo merecedor, en 1966, al Premio Xavier Villaurrutia, mientras que la segunda, *Palinuro de México*, le permitió obtener el Premio Internacional de Novela México 1979, el Rómulo Gallegos de Venezuela, en 1982, y el Casa

de las Américas de La Habana, Cuba, en 1985. Con su tercera novela, *Noticias del Imperio*, ganó el Premio Mazatlán de Literatura. Otros libros suyos son: *Sonetos de lo diario*, *Linda 67* y *De la A a la Z por un poeta*. Es miembro de El Colegio Nacional desde el año 1996.

Pavón, José Ignacio

Nació en Veracruz, Veracruz, en 1791; falleció en la Ciudad de México en 1866. Fue regidor honorario en 1818 y secretario de la Junta de Censura en 1820. Una vez consumada la Independencia, ocupó varios cargos públicos. En 1851 fue nombrado ministro suplente de la Suprema Corte de Justicia y ocupaba este cargo cuando asumió, el 13 de agosto de 1860, la presidencia de la República. Duró en el poder sólo dos días, tiempo suficiente para convocar a la junta que eligió presidente interino al general Miguel Miramón.

Paz, Octavio

Nació el 31 de marzo de 1914 en la Ciudad de México; falleció en el mismo lugar el 19 de abril de 1998. Fue nieto del escritor Ireneo Paz. Sus intereses literarios se manifes-

El poeta y ensayista mexicano Octavio Paz fue una de las voces intelectuales más influyentes del siglo XX.

taron de manera precoz y publicó sus primeros trabajos en diversas revistas literarias. Estudió en las facultades de Leyes y Filosofía y Letras de la Universidad Nacional. En 1936 viajó a España para unirse a los republicanos durante la Guerra Civil y participó en la Alianza de Intelectuales Antifascistas. Poco después de la Segunda Guerra Mundial recibió una beca de la fundación Guggenheim y, más tarde, ingresó al servicio exterior mexicano. Viajó por diversos países europeos, y en 1962 fue nombrado embajador de México en la India. Poeta, narrador, ensayista, traductor, editor y gran impulsor de las letras mexicanas, Paz se mantuvo siempre en el centro de la discusión artística, política y social del país. Su poesía se adentró en los terrenos del erotismo, la experimentación formal y la reflexión sobre el destino del hombre. Destacan en este género *Salamandra* (1961) y *Ladera Este* (1968). Entre sus libros de ensayos están *El laberinto de la soledad* (1950), *El arco y la lira* (1956) y *Sor Juana Inés de la Cruz o las trampas de la fe* (1982). En 1990 se le concedió el Premio Nobel de Literatura y en 1993 el Premio Príncipe de Asturias.

Peña y Peña, Manuel de la

Nació en Tacuba, Ciudad de México, en 1789; murió en la misma ciudad en 1850. Estudió en el Seminario Conciliar y se licenció en jurisprudencia civil y eclesiástica. El 26 de diciembre de 1813 fue nombrado síndico del Ayuntamiento y el 23 de febrero de 1820 se le concedió una toga en la Audiencia territorial de Quito, pero no pudo vestirla al consumarse la Independencia de México. Como algunos oidores se negaron a jurar la separación de España, la regencia dispuso que Peña y Peña ocupara una de esas magistraturas el 4 de noviembre de 1821. Promulgada la Constitución Federal, fue nombrado magistrado de la Suprema Corte de Justicia el 25 de diciembre de 1824. El 22 de abril de 1837 asumió la cartera del Interior. En 1845 fue ministro de Relaciones Exteriores y Gobernación, y en 1847, con la entrada a la capital del ejército de Estados Unidos, asumió el gobierno del país en tanto presidente de la Suprema Corte. El 2 de febrero de 1848 firmó los tratados de Guadalupe Hidalgo que pusieron fin a la guerra entre Estados Unidos y México.

Peralta, Ángela

Nació en 1845 en la Ciudad de México; murió en 1883 en Mazatlán, Sinaloa. Poseedora de una prodigiosa voz, debutó en 1860, cuando sólo tenía quince años. Fue tal su éxito que pudo viajar a Europa —en compañía de su padre— para presentarse en varias ciudades importantes. Ofreció conciertos en Cádiz y en el Teatro Real de Madrid. El 23 de mayo de 1862 fue ovacionada en la Scala de Milán, el legendario teatro italiano. En virtud de las cualidades vocales y de la gracia de sus interpretaciones, Peralta fue conocida con el sobrenombre de «ruiseñor mexicano». Además de cantar, ejecutaba el arpa con singular maestría y compuso numerosas piezas románticas, entre ellas galopas, danzas, fantasías y valses. De su repertorio como compositora se recuerdan, sobre todo, las canciones *México*, *Un recuerdo de mi patria*, *Nostalgia*, *Adiós a México*, *Pensando en ti* y *Margarita*. En 1883, durante una serie de presentaciones en Mazatlán, contrajo la fiebre amarilla y falleció el 30 de agosto en los altos del Teatro Rubio, su alojamiento provisional.

Poniatowska, Elena

Nació el 19 de mayo de 1933 en París, Francia. En 1942 se trasladó a México junto con su familia, estableciéndose definitivamente en el país. Entre 1957 y 1958 fue becaria del Centro Mexicano de Escritores, y desde muy joven ejerció el periodismo, colaborando en diarios como *El Día*, *Excélsior* y *Novedades*. También trabajó en publicaciones periódicas como *Estaciones*, *Ábside*, *Artes de México*, *Revista Mexicana de Literatura* y *Revista de la Universidad de México*. Escribió ensayos, crónicas periodísticas y varias recopilaciones de entrevistas a personajes de la cultura, la política y el arte de México. En 1969 obtuvo el Premio Mazatlán con su obra *Hasta no verte Jesús Mío*. En 1970 sorprendió al medio cultural mexicano al rechazar el prestigioso Premio Xavier Villaurrutia que se le había otorgado por *La noche de Tlatelolco*, recuento testimonial sobre la matanza estudiantil de 1968. Su extensa bibliografía incluye volúmenes de cuentos, entre ellos *Querido Diego te abraza Quiela* (1978), *De noche vienes* (1979) y *La casa en la tierra* (1980); y novelas tales como *Tinísima* (1992) y *Paseo de la Reforma* (1997). En 1978 se convirtió en la primera mujer en ganar el Premio Nacional de Periodismo, y en 1987 se hizo merecedora del Premio Manuel Buendía.

Portes Gil, Emilio

Nació en Ciudad Victoria, Tamaulipas, el 3 de octubre de 1890; murió en la Ciudad de México el 10 de diciembre de 1978. Estudió derecho y, tras ocupar varios cargos públicos, en 1925 fue elegido gobernador constitucional de su estado natal. Del 28 de agosto al 30 de noviembre de 1928 desempeñó el cargo de secretario de Gobernación en el gabinete de Plutarco Elías Calles. Cuando el 17 de julio de aquel año fue asesinado el presidente electo Álvaro Obregón, Portes Gil fue designado por el Congreso para asumir provisionalmente la primera magistratura al terminar el período de Calles. Se hizo cargo del poder el 30 de noviembre y, consciente de la brevedad de su interinato, afirmó que su objetivo más importante era garantizar la limpieza de la siguiente elección presidencial. Durante su mandato enfrentó la rebelión cristera y el movimiento escobarista. Portes Gil entregó el poder el 5 de febrero de 1930 y fue, más tarde, secretario de Gobernación con el presidente Pascual Ortiz Rubio y primer representante de México acreditado ante la Liga de las Naciones (1931-1932).

Los grabados de José Guadalupe Posada son comentarios mordaces sobre la realidad social y política de su época.

Posada, José Guadalupe

Nació en 1852 en Aguascalientes, en el estado del mismo nombre; murió en 1913 en la Ciudad de México. Poseedor de una facilidad innata para el dibujo, comenzó a trabajar a los 16 años en el taller de

Trinidad Pedroso, con quien aprendió los secretos del arte litográfico. Publicó numerosas viñetas en periódicos y hojas sueltas. Entre 1883 y 1888 impartió clases de grabado en la Escuela Preparatoria de León, Guanajuato. Sin embargo, regresó después a la Ciudad de México para continuar con sus trabajos gráficos en el taller de Antonio Vanegas Arroyo. Allí ilustró libros, anuncios, liturgias de festividades, oraciones, cancioneros, almanaques, notas sensacionalistas y demás impresos. Su estilo se acercó con frecuencia a la caricatura satírica y algunos de sus trabajos aparecieron en publicaciones de oposición política al régimen de Porfirio Díaz, tales como *El Ahuizote* y *El hijo del Ahuizote*. Sus grabados, realizados con planchas de cinc, plomo o acero, son de carácter popular y recrean la vida mexicana de la época, como comentarios mordaces que denuncian el sufrimiento y la explotación del pueblo. Sus «calaveras», representaciones bufas de la muerte, se volvieron legendarias. Revalorizado póstumamente, se le considera precursor del movimiento nacionalista en las artes plásticas de México.

Quintanar, Luis

Existen pocos datos biográficos de este hombre que vivió durante el primer tercio del siglo XIX y desempeñó un papel destacado para la obtención de la Independencia mexicana. Junto al presidente Anastasio Bustamante, proclamó en Jalisco el régimen federal con la intención de facilitar el regreso de Agustín de Iturbide, el emperador derrocado. Cuando los cabecillas del pronunciamiento contra la presidencia de Vicente Guerrero se hicieron dueños de la capital, Quintanar apoyó el cuartelazo y fue designado para formar parte (con Lucas Alamán y Pedro Vélez)

del triunvirato que el 23 de diciembre de 1829 se hizo cargo del poder ejecutivo.

Autor de novelas, cuentos y piezas teatrales, José Revueltas tuvo una doble pasión: la literatura y la política.

Revueltas, José

Nació el 20 de noviembre de 1914 en Santiago Papasquiaro, Durango; murió el 14 de abril de 1976 en la Ciudad de México. Desde muy joven manifestó una gran inquietud política, que lo impulsó a integrarse al Partido Comunista Mexicano cuando contaba 18 años de edad. Su inconformismo y actitud crítica hacia el poder lo hicieron objeto de continuas persecuciones y encarcelamientos, los cuales, sin embargo, no lo hicieron renunciar a sus convicciones políticas y sociales. Fue expulsado del Partido Comunista en 1943 a causa de serias diferencias con sus dirigentes. Cultivó el periodismo, el ensayo y, esporádicamente, escribió guiones para cine, entre ellos el de *La ilusión viaja en tranvía*, dirigida por Luis Buñuel en 1953. No obstante, fue su trabajo literario el que le dio los mayores reconocimientos. Autor de novelas, cuentos y piezas teatrales de gran vigor y profundidad expresiva, plasmó en su obra la condición trágica del ser humano y las injusticias de una realidad social basada en la ex-

plotación del hombre por el hombre. Entre sus mejores novelas están *Los muros de agua* (1941), *El luto humano* (1943), *Los motivos de Caín* (1957) y *Los errores* (1964). Obtuvo el Premio Nacional de Literatura en 1943 y el Premio Xavier Villaurrutia en 1968.

Revueltas, Silvestre

Nació el 31 de diciembre de 1899 en Santiago Papasquiaro, Durango; falleció el 5 de octubre de 1940 en la Ciudad de México. Fue el mayor de cuatro hermanos que cultivaron diferentes disciplinas artísticas (José fue escritor; Fermín, pintor, y Rosaura, bailarina y actriz). Desde muy joven manifestó interés por la música. En 1913 ingresó al Conservatorio Nacional y en 1917 viajó a Estados Unidos para perfeccionar sus estudios de violín. En los años veinte y treinta difundió la música de concierto en toda la República Mexicana, ocupó la subdirección de la recién creada Orquesta Sinfónica Nacional (1928-1935) y dirigió la Liga de Escritores y Artistas Revolucionarios. Movido por sus convicciones políticas viajó a España, donde apoyó la causa republicana durante la Guerra Civil. De regreso

Violinista y compositor, Silvestre Revueltas fue uno de los máximos exponentes del nacionalismo musical.

en México compuso numerosas piezas sinfónicas y llevó a cabo una gran labor docente. Fue uno de los máximos exponentes de la corriente nacionalista y su influencia en las generaciones posteriores resultó decisiva. Sus composiciones fueron numerosas; entre ellas destacan los poemas sinfónicos *Cuauhnáhuac, Esquinas* y *Ventanas*. También destaca *Homenaje a Federico García Lorca*; compuesto en 1935. Escribió la música para las películas *La noche de los mayas* y *Redes*, así como el ballet *El renacuajo paseador*.

Reyes, Alfonso

Nació el 17 de mayo de 1889 en Monterrey, Nuevo León; murió el 27 de diciembre de 1959 en la Ciudad de México. Hijo del general y político Bernardo Reyes, que fue gobernador de Nuevo León, cursó estudios de derecho en la capital de la República, pero no ejerció la profesión. Vivió durante mucho tiempo en el extranjero

Pensador y poeta, Alfonso Reyes fue un humanista preocupado por la educación del pueblo mexicano.

(Francia, España, Argentina y Brasil) desempeñando diversas funciones diplomáticas. Regresó en 1939 a México, donde presidió la Casa de España. No sólo ocupó un lugar

clave en la vida cultural del país, sino que se convirtió en uno de los intelectuales más influyentes de toda América Latina. Hombre de una profunda erudición y gran diversidad de intereses, Reyes cultivó prácticamente todos los géneros literarios, desde la poesía hasta el ensayo, pasando por la narrativa, el teatro, la crítica y la traducción literaria. Fue un profundo humanista, preocupado por la educación y el desarrollo espiritual del individuo. Nacionalista y cosmopolita al mismo tiempo, creó una vasta obra escrita en la que destacan *Visión de Anáhuac, Ifigenia cruel, El cazador, Junta de sombras, El plano oblicuo, La afición de Grecia, Homero en Cuernavaca, Simpatías y diferencias, Las vísperas de España, Nuestra lengua, Memorias de bodega y cocina, La filosofía helenística* y muchos otros títulos.

Río, Dolores del

Nació en 1906 en Durango, Durango; murió en 1983 en Los Ángeles, California, Estados Unidos. Su verdadero nombre era Dolores Asúnsolo López Negrete. Casada a los quince años con el escritor Jaime Martínez del Río, comenzó a interpretar pequeños papeles en el cine estadounidense de la época muda, convirtiéndose en figura clave de la llamada «época de oro» de Hollywood. Entre 1925 y 1942 participó en casi treinta largometrajes, dirigidos por figuras de la talla de Raoul Walsh y King Vidor. En esos años encarnó, por lo general, a la «belleza latina», estereotipo exótico ideado por los argumentistas de Hollywood. Desde 1942 trabajó en México bajo las órdenes de directores como Roberto Gavaldón y Emilio «el Indio» Fernández en numerosas cintas de corte campirano e histórico, y en melodramas familiares. Su bello rostro y la capacidad

Dolores del Río fue una figura señera del cine mudo y se acomodó a la llegada del sonoro.

expresiva para representar heroínas temperamentales y apasionadas, la convirtieron en uno de los mayores mitos del cine mexicano. Obtuvo el premio Ariel en tres ocasiones: en 1946, por *Las abandonadas*; en 1952, por *Doña Perfecta* y, en 1954, por *El niño y la niebla*. Otros títulos importantes de su filmografía son *Flor silvestre, María Candelaria* (1943), *Bugambilia* (1944), *El fugitivo* (1947), *La malquerida* (1949) y *La cucaracha* (1958).

Rivera, Diego

Nació el 8 de diciembre de 1886 en la ciudad de Guanajuato; murió el 24 de noviembre de 1957 en la Ciudad de México. Estudió pintura en la Academia de San Carlos con Santiago Rebull y José María Velasco. A los 16 años recorrió la República dibujando paisajes y retratos y, más tarde, viajó a Europa, donde permaneció durante catorce años. En España y Francia se relacionó con notables personajes del mundo artístico de la época, entre ellos Pablo Picasso, a quien admiró. Tras abandonar el cubismo, Rivera comenzó a desarrollar un estilo muy personal, pleno de contenido revolucionario y social. En 1922, ya instalado en México, conoció a David Alfaro Siqueiros y a José Clemente Orozco, con quienes fundó el muralismo mexicano, movimiento plástico que tuvo notables repercusiones en el país durante casi tres décadas. Su obra alcanzó entonces la plenitud y se convirtió en un llamado a la toma de conciencia histórica, política y social. Por esa misma época participó en la fundación del Partido Comunista Mexicano y, en 1929, contrajo matrimonio con la pintora Frida Kahlo. La producción muralística de Rivera es muy amplia y se encuentra en edificios como la Escuela Nacional Preparatoria, la Escuela Nacional de Agricultura, el Palacio de Gobierno de Cuernavaca, el Palacio de Bellas Artes y el Palacio de Gobierno de la capital de la República. Su obra de caballete ha alcanzado elevados precios en subastas internacionales.

Robles Pezuela, Manuel

Nació en Guanajuato en 1817; murió en San Andrés Chalchicomula el 23 de marzo de 1862. Cuando estalló la guerra contra Estados Unidos era teniente coronel y fue ascendido muy pronto a coronel (1847) por su actuación en combate. En 1851 fue ministro de Guerra y Marina, pero dimitió al año siguiente para hacer un viaje de estudios por Europa. En 1856 fue ministro de Relaciones Exteriores y se desempeñó de nuevo como ministro de Guerra durante el gobierno de Félix Zuloaga. En 1858 apoyó la sublevación del general Miguel María Echegaray, que derrocó a Zuloaga, y fue nombrado presidente provisional el 23 de diciembre de 1858. El 21 de enero del año siguiente puso el poder en manos del general José Mariano Salas, quien, a su vez, lo abandonó cuando fue

elegido Miguel Miramón. Robles Pezuela fue de nuevo ministro de Guerra y Marina y luego se retiró a Guanajuato. Volvió a la Ciudad de México en el período de la intervención francesa, de la cual era partidario. Descubierto por los republicanos, fue fusilado en San Andrés Chalchicomula.

Rodríguez, Abelardo

Nació en Guaymas, Sonora, el 12 de mayo de 1889; murió en La Jolla, California, Estados Unidos, el 13 de febrero de 1967. Pasó su infancia en Nogales, localidad de su estado natal. Emigró en su juventud a Estados Unidos y regresó a México en 1913, incorporándose al Ejército Constitucionalista como

En la presidencia de Abelardo Rodríguez se desataron las tensiones con la Iglesia y se expulsó al delegado papal.

teniente. El 21 de mayo de 1920 obtuvo el grado de general brigadier y, en 1923, fue nombrado gobernador del territorio de Baja California. El 23 de diciembre de 1929 renunció a la gubernatura para estudiar en Europa y, a su regreso, fue nombrado subsecretario de Guerra. El 22 de enero de 1932 se hizo cargo de la Secretaría de Industria, Comercio y Trabajo en el gabinete de Pascual Ortiz Rubio. Aquel mismo año estalló la crisis política que culminó con la renuncia del presidente y el Congreso eligió por unanimidad a Rodríguez como jefe del poder ejecutivo. Durante su mandato se enfrentó al poder eclesiástico y expulsó del país al delegado apostólico del Vaticano. El 1 de diciembre de 1934 entregó el mando al presidente electo Lázaro Cárdenas.

Rosenblueth, Arturo

Nació en 1900 en Chihuahua, Chihuahua; murió en 1970 en la Ciudad de México. Entre 1918 y 1921 estudió medicina en la capital de la República y en 1923 marchó a Europa para especializarse en fisiología en las universidades de Berlín y París. En México impartió la cátedra de fisiología en la Universidad Nacional. En 1930 tuvo la oportunidad de realizar trabajos de investigación y ejercer la docencia en la Universidad Harvard, donde presentó innovadores estudios sobre el mecanismo químico de los neurotransmisores. En colaboración con el investigador Walter Cannon publicó su libro *Fisiología del sistema nervioso autónomo*. Después de permanecer trece años en Estados Unidos regresó a México en 1943 para convertirse en jefe del laboratorio de fisiología del Instituto Nacional de Cardiología, ocupando más tarde el puesto de director del Centro de Investigación y Estudios Avanzados del Instituto Politécnico Nacional. Fue miembro fundador de la Academia de la Investigación Científica. Sus estudios sobre los problemas del músculo cardiaco y la fundamentación matemática de las investigaciones biológicas se han convertido en clásicos de la literatura médica del siglo XX.

Hombre de múltiples intereses, Emilio Rosenblueth dedicó sus estudios a los sistemas antisísmicos.

Rosenblueth, Emilio

Nació el 8 de agosto de 1926 en la Ciudad de México; murió en el mismo lugar el 11 de enero de 1994. A los 22 años obtuvo la licenciatura en ingeniería civil por la Universidad Nacional Autónoma de México y, posteriormente, la maestría y el doctorado en esa especialidad por la Universidad de Illinois, en Estados Unidos. Preocupado por los devastadores efectos de los terremotos, estudió con profundidad la resistencia de los materiales empleados en la construcción y mejoró los sistemas antisísmicos de edificios, puentes y otras obras de ingeniería. Los resultados de tales trabajos fueron consignados en numerosos textos, tales como *Consideraciones sobre el diseño sísmico* y *Torsiones sísmicas en edificios*. Entre 1964 y 1965 fue presidente de la Academia de la Investigación Científica. Hombre de múltiples intereses, en su libro *Razas culturales*, publicado en 1982, reflexionó sobre la diversidad étnica y el mestizaje en México. Como subsecretario de Educación Pública, entre 1978 y 1982, se interesó por mejorar los métodos de enseñanza en escuelas primarias y secundarias. Fue reconocido con numerosos galardones, entre los más importantes el Premio Nacional de Ciencias y el Premio Príncipe de Asturias.

Ruiz Cortines, Adolfo

Nació en Veracruz, Veracruz, el 30 de diciembre de 1890; falleció en la misma ciudad el 3 de diciembre de 1973. A los 22 años se instaló en la Ciudad de México, donde hizo amistad con el ingeniero Alfredo Robles Domínguez. Ambos se unieron para luchar contra Victoriano Huerta, cuando el presidente Francisco I. Madero fue asesinado, en febrero de 1913. En agosto de 1914, Robles Domínguez fue nombrado gobernador del Distrito Federal por el Ejército Constitucionalista y Ruiz Cortines permaneció a su lado para ayudarle en labores administrativas, tarea que prosiguió más tarde junto al general Heriberto Jara. Al triunfar el constitucionalismo ocupó varios cargos públicos y, en 1920, apoyó la sublevación de Agua Prieta. En 1944, Ruiz Cortines fue elegido gobernador de Veracruz. Dos años más tarde, el 30 de junio de 1946, asumió la Secretaría de Gobernación en el gabinete de Miguel Alemán, que abandonó en 1951 para emprender su propia campaña presidencial como candidato del Partido Revolucionario Institucional. Resultó elegido y asumió la presidencia el 1 de diciembre de 1952. Durante su mandato, en 1953, la mujer obtuvo el derecho a votar y ser votada. Tras concluir su período, Ruiz Cortines se retiró a la vida privada.

Ruiz de Alarcón y Mendoza, Juan

Nació en 1580 o 1581, probablemente en la Ciudad de México (se ha dicho que tal vez en Taxco); murió en Madrid, España, en 1639. Hijo de una familia acomodada, en

Juan Ruiz de Alarcón, creador de la comedia de caracteres, fue una de las luminarias del Siglo de Oro español.

1600 viajó a España para estudiar derecho. Después de graduarse como bachiller en cánones y leyes por la Universidad de Salamanca, regresó en 1608 a su tierra natal, donde obtuvo el título de abogado. Ante la imposibilidad de lograr un empleo satisfactorio, se trasladó nuevamente a España, donde permaneció hasta su muerte. Empujado por una difícil situación económica, escribió para el teatro. Hasta donde se sabe, compuso veinte comedias, las primeras ocho publicadas en 1628 y las doce restantes en 1634. Del primer grupo destacaron, sobre todo, *Las paredes oyen*, *Los favores del mundo* y *La cueva de Salamanca*; mientras que del segundo obtuvieron popularidad *Ganar amigos*, *Los pechos privilegiados* y *La prueba de las promesas*. Apreciado por algunos, fue también vilipendiado por muchos de sus colegas, como Francisco de Quevedo, Luis de Góngora, Tirso de Molina y Félix Lope de Vega, quienes hicieron mofa de su joroba. En 1633 se convirtió en relator del Consejo de Indias, puesto que le permitió vivir desahogadamente y abandonar la pluma. *La verdad sospechosa* ha sido su obra más representada.

Rulfo, Juan

Nació el 16 de mayo de 1918 en Sayula, Jalisco; murió el 7 de enero de 1986 en la Ciudad de México. Su nombre completo era Juan Nepomuceno Carlos Pérez Rulfo Vizcaíno y pasó su infancia en San Gabriel, localidad cercana a su pueblo natal. Allí realizó sus primeros estudios. Vivió también en Guadalajara y después se trasladó a la capital de la República, donde, al fracasar en el examen de ingreso a la Facultad de Derecho, se vio obligado a trabajar en la Secretaría de Gobernación. El puesto le permitió recorrer el país y conocer el habla y las costumbres de diversas regiones de México. Gracias a una beca otorgada por el Centro Mexicano de Escritores, cristalizó su vocación literaria y publicó sus primeros trabajos. La obra narrativa de Rulfo consta, básicamente, de dos libros: *El llano en llamas*, volumen de cuentos aparecido en 1953, y *Pedro Páramo*, novela publicada en 1955. Ambas obras están cargadas de una gran fuerza expresiva y simbólica, y bastaron para convertirlo en una de las figuras más importantes de la literatura del siglo XX. Publicó una *Antología* con textos y artículos diversos y *El gallo de oro*, un guión cinematográfico filmado en dos ocasiones. Recibió el Premio Nacional de Letras en 1970 y el Príncipe de Asturias en 1983.

El autor de Pedro Páramo, Juan Rulfo, es una de las figuras literarias más importantes en lengua castellana.

La muerte, el pesimismo y las angustias de la soledad, marcan la obra del poeta Jaime Sabines.

Sabines, Jaime

Nació el 25 de marzo de 1926 en Tuxtla Gutiérrez, Chiapas; murió el 19 de marzo de 1999 en Ciudad de México. En 1945 se trasladó a la Ciudad de México para ingresar a la Escuela Nacional de Medicina, que dejó después de tres años. Atraído por la creación literaria, realizó estudios en la Facultad de Filosofía y Letras de la Universidad Nacional Autónoma de México y fue becario del Centro Mexicano de Escritores. *Horal*, su primer libro de poemas, data de 1950. En 1952 regresó a Chiapas, donde ejerció diversos oficios, entre ellos el de vendedor de telas y confecciones. La obtención, en 1959, del principal premio literario de su estado natal, lo decidió a cultivar la literatura en forma más intensa. Poseedor de una voz personal que no desdeña las expresiones coloquiales o las palabras vulgares, en su poesía manifestó un desgarrador pesimismo, obsesionado por la muerte y por una concepción trágica del amor. Entre sus poemarios más celebrados están: *La señal* (1951), *Adán y Eva* (1952), *Tarumba* (1956), *Diario, semanario y otros poemas en prosa* (1961) y *Nuevo recuento de poemas* (1977). En 1972 obtuvo el Premio Xavier Villaurrutia; en 1982 recibió el Premio Elías Sourasky y, en 1983, fue galardonado con el Premio Nacional de Letras.

Salas, José Mariano

Nació en 1797 en la Ciudad de México, y allí murió en 1867. En 1813 ingresó al Regimiento de Infantería de Puebla, donde logró sus primeros ascensos luchando contra los insurgentes. En 1826, cuando Nicolás Bravo proclamó el plan de Montaño, fue defensor del gobierno legítimo. En 1832 obtuvo el grado de teniente coronel y estuvo al mando de una de las columnas que atacó el fuerte de El Álamo en la guerra contra Texas. En 1844 fue nombrado jefe de la plana mayor del ejército. El 4 de agosto de 1846 lanzó un pronunciamiento desde la Ciudadela de la Ciudad de México y, arrebatando el poder al general Mariano Paredes, proclamó el establecimiento del régimen federalista. Estuvo a cargo de la presidencia de la República desde el 5 de agosto al 23 de septiembre de 1846. En ese lapso puso de nuevo en vigor la Constitución de 1824, convocó a un nuevo Congreso y entregó el poder a Antonio López de Santa Anna. Del 21 de enero al 2 de febrero de 1859, a la espera de que regresara Miguel Miramón, asumió del poder ejecutivo. Entre 1863 y 1864 formó parte (con Juan Nepomuceno Almonte y el arzobispo Pelagio Antonio de Labastida) de la regencia del Imperio Mexicano.

Salinas de Gortari, Carlos

Nació en la Ciudad de México el 3 de abril de 1948. Obtuvo la licenciatura en economía en 1969 y aquel mismo año inició actividades políticas en el Partido Revolucionario Institucional (PRI). En 1973 obtuvo el master en administración pública por la Universidad Harvard y, en 1978, se doctoró en economía política y gobierno por la misma casa de estudios. De 1979 a 1981 fue director general de política económica y social de la Secretaría de Programación y Presupuesto y, entre 1982 y 1987, secretario de esa misma cartera. En 1987, el PRI lo nombró candidato a la presidencia de la República. En las elecciones del 6 de julio de 1988 obtuvo, supuestamente, el 50.36 por ciento de los votos. Su gobierno se centró

Durante el mandato de Salinas de Gortari México firmó el Tratado de Libre Comercio.

en la modernización del país por medio de la liberalización de la economía y la democratización de las instituciones políticas. La victoria en la lucha contra la inflación, la reducción del déficit público y el formidable crecimiento económico sentaron las bases para la firma, en 1993, del Tratado de Libre Comercio (TLC) entre Canadá, Estados Unidos y México. Sin embargo, en 1994 el levantamiento armado del Ejército Zapatista de Liberación Nacional en Chiapas y el asesinato de Luis Donaldo Colosio, candidato del PRI a la presidencia de la República, cuestionaron el valor de su mandato. Repudiado por la opinión pública, que lo consideraba responsable de la crisis económica desatada en diciembre de 1994, al dejar el poder se exilió en Irlanda.

Sierra, Justo

Nació el 26 de enero de 1848 en Campeche, Campeche; murió el 13 de diciembre de 1912 en Madrid, España. Desde muy joven se trasladó con su familia a Mérida, donde realizó sus primeros estudios. Después marchó a la capital del país para continuar su formación. Obtuvo el título de licenciado en derecho en 1871 pero no ejerció la abogacía y prefirió orientarse hacia las letras, el magisterio y la política. Fue diputado y, en 1894, llegó a ser magistrado de la Suprema Corte de Justicia de la Nación. Al crearse la Subsecretaría de Educación, dependiente de la Secretaría de Justicia e Instrucción Pública, fue llamado para encabezarla. También participó en la elaboración del plan de estudios de la Escuela Nacional Preparatoria, asumiendo una postura moderada respecto al positivismo extremo imperante en la época. En 1905 se creó, por iniciativa suya, la Secretaría de Educación Pública y Bellas Artes. Su interés por la educación culminó con la fundación de la Universidad Nacional. Su obra escrita es amplia y abarca diversos géneros: poesía, ensayo, periodismo, cuento, novela, crítica e historia li-

A Justo Sierra se debe la creación de importantes centros educativos, como la Universidad Nacional.

teraria. Entre sus libros destacan: *Cuentos románticos* (1895), *Evolución política del pueblo mexicano* (1900-1902) y *Juárez, su obra y su tiempo* (1905).

Sigüenza y Góngora, Carlos de

Nació en 1645 en la Ciudad de México; murió en el mismo lugar en 1700. Estuvo emparentado con el poeta español Luis de Góngora. En 1662 ingresó a la Compañía de Jesús, en la que permaneció siete años y cursó la carrera eclesiástica como clérigo secular. En el año 1672 obtuvo la cátedra de matemáticas en la Real y Pontificia Universidad de México y en 1682 se le nombró capellán del Hospital del Amor de Dios (dedicado a atender sifilíticos), puesto que conservó hasta su muerte. Fue geógrafo del rey y, como tal, participó en expediciones científicas y colonizadoras, en las cuales realizó observaciones diversas y levantó cartas geográficas. Su obra escrita es muy amplia y aborda temas poéticos, periodísticos, matemáticos, astronómicos, históricos y geográficos. Muchos de sus libros se han perdido.

Se conservan, entre otros: *Primavera indiana* (1668), *El triunfo Parténico* (1683), *Teatro de las virtudes políticas* (1680), *Infortunios de Alonso Martínez* (1690) y *La libra astronómica y filosófica* (1691). Se le considera, junto con Sor Juana Inés de la Cruz, uno de los mayores au-

Carlos de Sigüenza y Góngora fue una de las figuras sobresalientes de la cultura mexicana del siglo XVII.

tores mexicanos del siglo XVII. A su muerte legó su biblioteca y sus instrumentos científicos a la Compañía de Jesús. Fue sepultado en la iglesia de San Pedro y San Pablo de la Ciudad de México.

Silva Herzog, Jesús

Nació el 14 de noviembre de 1892 en San Luis Potosí, San Luis Potosí; murió el 13 de marzo de 1985 en la Ciudad de México. En 1910, año en que estalló la Revolución, fue enviado por su familia a Nueva York para cursar estudios de economía. Al regresar a su ciudad natal comenzó a ejercer el periodismo en *El Demócrata* y *Redención*, y estuvo a punto de ser fusilado por sus divergencias con el ideario constitucionalista de Venustiano Carranza. En 1922 se graduó en economía

por la Escuela de Altos Estudios de la Universidad Nacional. A partir de entonces, su influencia en la vida pública del país fue constante. Preocupado por la enseñanza de su especialidad, fundó el Instituto Mexicano de Investigaciones Económicas y la Revista Mexicana de Economía. Entre 1931 y 1963 fue profesor de historia de las doctrinas económicas en la Escuela Nacional de Economía, institución que dirigió de 1940 a 1942. Como investigador se interesó por la historia de la economía y asuntos como la reforma agraria y la cuestión petrolera. Entre sus libros más destacados están *Petróleo mexicano. Historia de un problema* (1941), *El pensamiento económico en México* (1947) y *El agrarismo mexicano y la reforma agraria* (1959).

Siqueiros, David Alfaro

Nació en Chihuahua, Chihuahua, en 1896; murió en Cuernavaca, Morelos, en 1974. Realizó estudios de pintura en la Academia de San Carlos y en la Escuela al Aire Libre de Santa Anita. Después de participar en la Revolución, en la que alcanzó el grado de capitán segundo del Ejército Constitucionalista, viajó por Europa. A principios de los años veinte se relacionó con Diego Rivera y José Clemente Orozco, con los cuales fundó la corriente conocida como muralismo mexicano. Dicho movimiento se caracterizó por su gran sentido dramático, su fuerza expresiva y por un evidente contenido social que exalta las figuras del indio, el campesino y el obrero. Importantes trabajos suyos quedaron plasmados en las paredes de la Escuela Nacional Preparatoria, en las instalaciones del Sindicato de Electricistas y en el Palacio de Bellas Artes. Su obra «Los gigantes» (1932) se conserva en el Museo de Filadelfia, Estados

Unidos, y «El eco de una queja» (1937) se puede admirar en el Museo de Arte Moderno de Nueva York. En 1936 viajó a España para combatir en la Guerra Civil del lado republicano. Su militancia marxista-estalinista y su actitud crítica hacia el poder lo llevaron en varias

El pintor David Alfaro Siqueiros, uno de los máximos ejemplos del realismo épico-popular del siglo XX.

ocasiones a la prisión o al exilio. Participó en un fallido atentado en contra del disidente ruso León Trotsky, quien se había refugiado en México huyendo de Stalin. En 1966 fue galardonado con el Premio Nacional de Artes.

Tamayo, Rufino

Nació el 26 de agosto de 1899 en Oaxaca, Oaxaca; murió en 1991 en la Ciudad de México. Hijo de indígenas zapotecas, su vocación artística se manifestó desde muy joven. A los 16 años ingresó a la Academia de San Carlos, aunque la abandonó muy pronto. Trabajó en el Museo Nacional de Arqueología, donde conoció el arte prehispánico. En 1926 sorprendió a la crítica con su primera exposición de pintura y fue invitado a presentarse en el Art

Center de Nueva York. Más tarde, en 1932, fue nombrado director del departamento de artes plásticas de la Secretaría de Educación Pública. Cercano a los «tres grandes» del

El arte de Rufino Tamayo integra la herencia precolombina autóctona con la experimentación y las vanguardias.

muralismo mexicano (José Clemente Orozco, Diego Rivera y David Alfaro Siqueiros), se distinguió de ellos por su rechazo a la grandilocuencia y a los planteamientos revolucionarios, en favor de una búsqueda más personal. Creador de una importante obra mural y numerosas piezas de caballete, fue reconocido en los principales foros internacionales. Su consagración data de los años cincuenta, cuando la Bienal de Venecia instaló una Sala Tamayo, y obtuvo el Primer Premio de la Bienal de São Paulo. Sus pinturas fueron adquiridas por diversos museos del mundo, y en los años ochenta y noventa sus cuadros alcanzaron precios récord en las subastas de arte latinoamericano.

Torres Bodet, Jaime

Nació en 1902 en la Ciudad de México; se suicidó en 1974 en el mismo lugar. Cursó estudios en las escuelas Normal, Nacional Preparatoria y de Jurisprudencia. Más tarde ingresó a la Facultad de Altos Estudios de la Universidad Nacional, donde se convirtió en secretario personal del rector José Vasconcelos. Realizó una brillante carrera en el servicio público mexicano, desempeñando diversos cargos. Fue secretario de Educación Pública en dos ocasiones (1943-1946 y 1959-1964), y en 1948 fue elegido director general de la Organización de las Naciones Unidas para la Educación, la Ciencia y la Cultura (UNESCO). También fue secretario de Relaciones Exteriores y representó a México en diversos foros internacionales. Desde muy joven comenzó a cultivar la poesía y fue uno de los miembros sobresalientes del grupo Contemporáneos, surgido durante la tercera década del siglo XX. Torres Bodet publicó numerosos poemarios, entre los que sobresalen *Cripta* (1937), *Sonetos* (1949), *Fronteras* (1954) y *Sin tregua* (1957). Como prosista fue autor de numerosos ensayos de crítica literaria sobre figuras como Stendhal, Fiódor Dostoievski, Marcel Proust, Rubén Darío y Benito Pérez Galdós. También escribió novelas y cuentos cortos.

Poeta y novelista, Jaime Torres Bodet fue secretario de Educación Pública y destacado diplomático.

Toscano Barragán, Salvador

Nació en 1872 en Ciudad Guzmán, Jalisco; murió en 1947 en la Ciudad de México. Cursó estudios de ciencias y se graduó como ingeniero civil. A través de algunas publicaciones francesas se enteró de la existencia del cinematógrafo, que acababan de inventar los hermanos Lumière. A los 24 años importó algunos aparatos cinematográficos y, en 1898, abrió en la capital de la República la primera sala para exhibir películas: el Cinematógrafo Lumière, donde proyectaba cintas acompañadas con música de fonógrafo. Junto al material documental extranjero, presentó imágenes propias filmadas en diferentes lugares de México donde se libraban las batallas de la Revolución. Muchos especialistas lo consideran el primer cineasta que dio el país y el primero en realizar una película con argumento: *Don Juan Tenorio*, adaptación de la célebre pieza de José Zorrilla. A partir de entonces, Toscano combinó la exhibición con la dirección de filmes que él mismo fotografiaba. Ayudó a fundar la Compañía Mexicana de Películas, base de la industria cinematográfica mexicana. En 1949, dos años después de su muerte, su hija Carmen editó sus imágenes sobre la Revolución en la película documental *Memorias de un mexicano*.

Urueta, Cordelia

Nació el 16 de septiembre de 1908 en la Ciudad de México; murió en 1995 en el mismo lugar. Hija del diplomático Jesús Urueta, pasó buena parte de su infancia en Uruguay y Argentina. En 1920, tras la muerte de su padre, regresó a México. Su interés por la pintura y el dibujo la llevaron a inscribirse en la Escuela de Pintura al Aire Libre, fundada por Alfredo Ramos. Allí recibió clases de Gerardo Murillo, el «doctor Atl», quien la ayudó a montar su primera exposición individual. En los años treinta impartió clases de dibujo en escuelas públicas y contrajo matrimonio con el pintor Gustavo Montoya. Al igual que su padre, Urueta ingresó al servicio exterior mexicano y viajó a Francia y Estados Unidos para desempeñar diversos cargos oficiales. En 1943 volvió a México para consagrarse totalmente a la pintura. En 1955 trabajó como promotora cultural del Instituto Nacional de Bellas Artes, y estuvo entre los fundadores del Salón de la Plástica Mexicana. Sus cuadros se expusieron en las principales capitales del mundo. Retratista y paisajista excepcional, su estilo figurativo se fue estilizando hasta aproximarse al abstraccionismo. Merecen destacarse entre sus cuadros: «Engranaje» (1975), «Las muertes» (1975), «Formas ancestrales» (1980) y «Tierra Quemada» (1981).

Usigli, Rodolfo

Nació el 17 de noviembre de 1905 en la Ciudad de México; murió el 18 de junio de 1979 en el mismo lugar. Atraído por la música, ingresó

El dramaturgo Rodolfo Usigli, Premio Nacional de las Letras en 1972, cultivó también la poesía y el ensayo.

al Conservatorio Nacional. Muy pronto, sin embargo, descubrió que su verdadera vocación era el teatro y se inscribió en la Escuela de Arte Dramático de la Universidad de Yale, en Estados Unidos. Regresó a México en 1924 para realizar crónicas teatrales e impartir clases de teatro en la Universidad Nacional. Fundó el Teatro de Media Noche y, entre 1938 y 1939, fue director de la sección de teatro del departamento de Bellas Artes de la Secretaría de Educación Pública. Como creador se adhirió al grupo Contemporáneos. En 1937 estrenó su pieza más importante, *El gesticulador*, sátira social y política que critica los abusos de poder. En su momento, dicha obra fue prohibida, lo que dio lugar a un escándalo. Otros trabajos escénicos suyos son *El niño y la niebla* (1936), *Corona de sombra* (1943), *Corona de fuego* (1960) y *La función de despedida* (1969). Fue autor de ensayos sobre historia, teoría y técnica teatrales. Asimismo, publicó poesía y narrativa. En este último capítulo destaca su novela *Ensayo de un crimen* (1944), llevada al cine por Luis Buñuel.

Vasconcelos, José

Nació en 1881 en Oaxaca, Oaxaca; murió en 1959 en la Ciudad de México. En 1907 obtuvo el título de abogado por la Universidad Nacional y presidió el Ateneo de la Juventud. Conspiró contra Porfirio Díaz y luchó a favor de Francisco I. Madero (realizó labores diplomáticas y buscó apoyo para su causa). Durante la Revolución fue encarcelado y se vio obligado a abandonar el país varias veces hasta que, en 1920, el presidente Adolfo de la Huerta lo nombró rector de la Universidad. Más tarde fundó la Secretaría de Educación Pública y fue su primer titular de 1920 a 1925. En 1929 se presentó a las elecciones

Figura clave del pensamiento latinoamericano, José Vasconcelos presentó su ideario político en varias obras.

para la presidencia de la República, pero fue derrotado por Pascual Ortiz Rubio en un proceso de dudosa legitimidad. En 1940, después de un largo exilio, regresó a México para ocupar el cargo de director de la Biblioteca Nacional. Su obra literaria, abundante y variada, incluye libros de filosofía, sociología, historia y textos autobiográficos. Entre sus títulos más importantes destacan *Pitágoras, una teoría del ritmo* (1916), *Prometeo vencedor* (1920), *La raza cósmica* (1925), *Bolivarismo y monroísmo* (1934), *Ulises criollo* (1935), *Breve historia de México* (1937), *El desastre* (1938), *Hernán Cortés* (1941), y *Lógica orgánica* (1945).

Velasco, José María

Nació en 1840 en Temazcalcingo, Estado de México; murió en 1912 en la villa de Guadalupe, Ciudad de México. Desde muy joven demostró gran sensibilidad artística y enorme facilidad para el dibujo y la pintura. Cuando sólo contaba 18 años, obtuvo una plaza de profesor de perspectiva en la Academia de

Los paisajes de Velasco tienen rasgos de carácter romántico, de canto a la naturaleza.

San Carlos, institución a la que había ingresado poco antes. Fue discípulo de Santiago Rebull, Pelegrín Clavé, Manuel Carpio y el italiano Eugenio Landesio, de quienes aprendió el estilo académico. También siendo muy joven, se sintió atraído por la ciencia, específicamente por la botánica. Muestra de este interés fue su libro *La flora en el valle de México*. Trabajó como dibujante en el Museo Nacional y se desempeñó como inspector de dibujo y escultura en la Escuela Nacional de Bellas Artes. Alrededor de 1882 conoció la fotografía y se apasionó por ella. Entró en contacto con el impresionismo francés, el cual ejerció gran influencia sobre su trabajo. Sus cuadros, en su mayor parte paisajes, muestran un marcado acento romántico que busca exaltar la naturaleza. Entre sus telas más conocidas están «El valle de México», «Templo de San Bernardo» y «El puente de Metlac». Entre otros muchos premios, obtuvo en 1889 la Medalla de la Exposición Universal de París.

Vélez, Pedro

Nació en Zacatecas en 1787; falleció en la Ciudad de México en 1848. Como abogado, presidió la Suprema Corte de Justicia. Cuando el plan de Xalapa depuso al presidente José María Bocanegra, que había sustituido a Vicente Guerrero, Vélez se hizo cargo de la presidencia de la República, compartiendo el poder ejecutivo con Lucas Alamán y Luis Quintanar. Este triunvirato se mantuvo en el poder hasta el 31 de diciembre de 1829, cuando lo sucedió el presidente Anastasio Bustamante.

Victoria, Guadalupe

Nació en Tamazula, Durango, en 1786; murió en Perote, Veracruz, en 1843. Su verdadero nombre era Manuel Félix Fernández. Incorporado a las fuerzas insurgentes, en 1814, por orden del Congreso de

Guadalupe Victoria fue el primer presidente de la República; durante su mandato fue abolida la esclavitud.

Chilpancingo, tomó el mando de la rebelión en Veracruz. Su propuesta de modificar el plan de Iguala para que el gobierno fuera asumido por un antiguo insurgente y no por un príncipe extranjero le valió permanecer apartado del círculo del poder y nunca manifestó adhesión al Imperio de Iturbide. Así, a la caída de éste, se encargó del poder ejecutivo del 31 de marzo de 1823 al 10 de octubre de 1824, formando un triunvirato con Nicolás Bravo y Pedro Celestino Negrete. Celebradas las elecciones de 1824, fue elegido primer presidente de la República Mexicana y tomó posesión el 10 de octubre siguiente. Durante su mandato se decretó por segunda vez la abolición de la esclavitud, dio una amplia amnistía a los presos de conciencia y estimuló la formación de logias masónicas del rito yorkino. Terminado su mandato en 1829, Victoria se retiró de la vida pública a su hacienda de El Jobo, en la costa de Veracruz.

Villa, Pancho

Nació el 5 de junio de 1878 en la hacienda de Río Grande, Durango; murió el 20 de julio de 1923 en Hidalgo del Parral, Chihuahua. Su verdadero nombre era Doroteo Arango y quedó huérfano a muy corta edad. Por ello no pudo ir a la escuela. A los 17 años, al defender a una de sus hermanas, mató al dueño de la hacienda donde vivían y tuvo que huir al monte. Allí se dedicó al bandolerismo hasta que, en 1910, se levantó en armas contra Porfirio Díaz, contribuyendo de manera decisiva al triunfo de Francisco I. Madero. Muerto este último, en 1913 formó un ejército de tres mil hombres con los cuales creó la División del Norte, que luchó al lado de los constitucionalistas en todo el norte del país. Conquistó Chihuahua y Ciudad Juárez, proclamándose gobernador militar del estado. Al lado de Venustiano Carranza derrotó a los federales, pero más tarde se enemistó con él y en 1914 se acercó a Emiliano Zapata. Los villistas compartían los ideales agraristas del zapatismo; sin em-

Villa, personaje legendario de la Revolución, gracias a su experiencia guerrillera contribuyó al triunfo de Madero.

bargo, ello no impidió que ambos grupos terminaran distanciados. En 1916, Villa asaltó el cuartel de Columbus, Ohio, y fue perseguido por fuerzas estadounidenses. Tras el asesinato de Carranza, depuso las armas. En 1920 se retiró a la hacienda El Canutillo, en el norte de Durango. Murió en un atentado.

Villaurrutia, Xavier

Nació el 27 de marzo de 1903 en la Ciudad de México; murió el 25 de diciembre de 1950 en el mismo lugar. Abandonó los estudios de jurisprudencia para entregarse a su vocación literaria. En 1927 fundó, junto con varios entusiastas de las letras, la revista *Ulises* y, un año después, *Contemporáneos*. Esta última publicación representó un hito de la cultura mexicana y aglutinó a varias de las figuras literarias más importantes de México durante los años veinte y treinta. Brilló sobre

todo por su poesía, caracterizada por un alto concepto del rigor técnico y la obsesiva idea de la muerte. En 1933 dio a conocer su libro *Nocturnos*, pero su obra capital fue *Nostalgia de la muerte*, aparecida en 1938. Más tarde aparecerían *Décima muerte y otros poemas* y un libro póstumo titulado *Cantos a la primavera*. Otra de sus pasiones fue el teatro. Se esforzó por difundir en México las obras de autores modernos y, con este fin, fundó el Teatro Orientación. Dirigió el departamento de teatro de Bellas Artes. Fue autor de varias piezas, entre ellas *Invitación a la muerte* (1940) y *La hidra* (1941). Publicó ensayos, tradujo a autores europeos y estadounidenses, y escribió guiones cinematográficos.

Yáñez, Agustín

Nació el 4 de mayo de 1904 en Guadalajara, Jalisco; murió el 17 de enero de 1980 en la Ciudad de México. Realizó estudios de leyes en la escuela de jurisprudencia de su ciudad natal; más tarde viajó a la capital de la República para inscribirse en la Facultad de Filosofía de la Universidad Nacional. Su vida profesional se dividió entre la actividad política y la creación literaria. Fue gobernador de Jalisco, cargo que ocupó de 1953 a 1959 y que le permitió realizar reformas de importancia en los ámbitos de la cultura y la salud. Fue consejero de la presidencia de la República, y entre 1964 y 1970 se desempeñó como secretario de Educación Pública. En el terreno literario, su obra marca el final de una época caracterizada por el realismo y la denuncia social, y el principio de otra en la que, sin abandonar los temas nacionalistas ni la crítica al contexto político y social, se manifiesta una voluntad experimental orientada a la búsqueda de nuevas formas narrativas.

Entre sus novelas más importantes están *Al filo del agua* (1947), *Las tierras flacas* (1962), *Los sentidos del aire* (1964) y *Las vueltas del tiempo* (1975). También escribió cuentos, ensayos y crítica literaria. En 1973 obtuvo el Premio Nacional de Letras.

Zapata, Emiliano

Nació el 8 de agosto de 1879 en San Miguel Anenecuilco, Morelos; murió el 10 de abril de 1919 en la hacienda de Chinameca, en Cuautla, Morelos. Hijo de una familia numerosa de campesinos, quedó huérfano a los trece años. En su juventud fue agricultor y comerciante de caballos. Cuando en 1909 fue nombrado presidente de la Junta de Defensa de la Tierra de Ayala, inició su lucha contra los hacendados de su región natal. Repartió parcelas e impulsó un movimiento

Forjado entre los campesinos de Morelos, el líder Emiliano Zapata luchó por el lema «tierra y libertad».

de resistencia que coincidió con el estallido de la Revolución. Apoyó a Francisco I. Madero y, bajo la divisa de «Tierra y libertad», se unió a la insurrección general. En 1911 fue elegido jefe supremo del Movimiento Revolucionario del Sur y, gracias al apoyo popular, logró controlar el estado de Morelos. Tras la ruptura con Madero, quien le exigió la rendición, lanzó el plan de Ayala, cuya finalidad era defender las tierras usurpadas por los hacendados. En la convención de Aguascalientes concluyó una alianza con Pancho Villa, quien era el líder revolucionario del norte, y ambos se enfrentaron a Venustiano Carranza. En noviembre de 1914 los dos entraron a la capital de la República. Sin embargo, Carranza logró vencer a Villa y concentró su ataque contra Zapata, a quien hizo asesinar durante una emboscada, tendida con la complicidad del coronel Jesús Guajardo.

Zaragoza, Ignacio

Nació en 1829 en Bahía del Espíritu Santo, Texas; murió en 1862 en la ciudad de Puebla. Desde muy joven se trasladó con su familia a Monterrey, Nuevo León, donde ingresó al seminario y después se dedicó al comercio, antes de seguir la carrera de las armas. Se alistó en la Guardia Nacional de Nuevo León y participó en la revolución de Ayutla. Destacó en la guerra de Reforma contra los embates de las fuerzas conservadoras. Apoyó a Benito Juárez y contribuyó al restablecimiento, en 1861, de la república liberal. En virtud de sus servicios a la patria fue nombrado ministro de Guerra y Marina en el gabinete de Benito Juárez, cargo que abandonó para trasladarse a Veracruz y tomar el mando del Ejército de Oriente. En 1862 hizo frente a los franceses que invadieron México y fue derrotado en las Cumbres de Acultzingo. No obstante, reorganizó a sus fuerzas y emprendió la defensa de Puebla. El 5 de mayo de ese año defendió los fuertes de Loreto y Guadalupe, evitando así que el general Lorencez tomara la ciudad, y lo obligó a retirarse. Cuatro meses después de esta victoria murió a causa del tifo. En su memoria, la ciudad que él defendió se llama oficialmente «Puebla de Zaragoza».

El gobierno de Ernesto Zedillo estuvo marcado por una aguda crisis económica.

Zedillo Ponce de León, Ernesto

Nació en la Ciudad de México el 27 de diciembre de 1951 en una familia de clase media. Cursó estudios en la Escuela Superior de Economía, el Instituto Politécnico Nacional y las universidades de Bradford (Gran Bretaña) y Colorado y Yale (Estados Unidos). En esta última se doctoró con una tesis sobre la deuda externa mexicana. Afiliado al Partido Revolucionario Institucional (PRI) en 1971, fue designado subsecretario de Control Presupuestario en 1987 y defendió la aplicación de un riguroso plan para combatir la inflación. Nombrado secretario de Educación en el gabinete de Carlos Salinas de Gortari, abandonó el cargo en 1994 para dirigir la campaña del candidato presidencial del PRI, Luis Donaldo Colosio. Este último fue asesinado el 23 de marzo de 1994 y Zedillo fue seleccionado como nuevo candidato presidencial. Triunfó por un amplio margen en los comicios del 21 de agosto de 1994. Su gobierno enfrentó una de las crisis económicas más graves en la historia del país y respondió a las exigencias de la sociedad, arbitrando las medidas necesarias para la democratización del sistema. La limpieza de los comicios de 2000 posibilitó la victoria de la oposición, con lo que Zedillo pasó a la historia como el presidente que consolidó la transición.

Zuloaga, Félix María

Nació en Álamos, Sonora, en 1813; murió en la Ciudad de México en 1898. En 1853 fue nombrado presidente del Consejo de Guerra de la plaza de México. Tras haber combatido a los liberales, el 22 de enero de 1858, tras el triunfo del plan de Tacubaya, fue elegido presidente interino de la República. Ostentó el cargo hasta diciembre del mismo año. En el segundo imperio intentó aliarse con los franceses y, al

Presidente de la República tras el plan de Tacubaya, Félix María Zuloaga defendió la causa conservadora.

no lograrlo, se exilió en Cuba en 1865. Más tarde regresó a México y se dedicó a la venta de tabaco.

Índice onomástico